MODERN PORTUGUESE

MODERN PORTUGUESE

A Project of the Modern Language Association

WRITING TEAM

Fred P. Ellison
Coordinator,
University of Texas

Francisco Gomes de Matos
Coordinator for Audio-Visuals,
Yázigi Institute, São Paulo

Richard Barrutia, *University of California, Irvine*
Frederick G. Hensey, *University of Texas*
Henry W. Hoge, *Florida State University*
James L. Wyatt, *University of Texas, Arlington*

MAIN DIALOGUES AND READINGS BY

Rachel de Queiroz

ALFRED A. KNOPF, NEW YORK

THIS IS A BORZOI BOOK PUBLISHED BY ALFRED A. KNOPF, INC.

Library of Congress Catalog Card Number: 70–111970

International Standard Book Number: 0–394–30230–3

Manufactured in the United States

First Edition

9 8 7 6 5

Cover photography by special arrangement with the Museu
de Arte Brasileira in São Paulo and its director
Carlos von Schmidt.

Cover design by Robert D. Scudellari

Advisory Committee

Maria Isabel Abreu
Georgetown University

Joseph H. D. Allen
University of Illinois

Theodore Andersson
University of Texas

Mildred V. Boyer
University of Texas

Timothy Brown
University of Arizona

Henry J. Bruman
University of California,
Los Angeles

Gerrit de Jong, Jr.
Brigham Young University

Charles L. Eastlack
Cornell University

David Feldman
California State College

Oscar Fernández
University of Iowa

Ernest F. Haden
University of Texas

Russell Hamilton
University of Minnesota

Lewis Hanke
University of Massachusetts

Ronald Hilton
Stanford University

Alfred Hower
University of Florida

Claude L. Hulet
University of California,
Los Angeles

Harvey L. Johnson
University of Houston

Lloyd Kasten
University of Wisconsin

Claude Leroy
University of Wisconsin

Albert Lopes
University of New Mexico

**Mr. and Mrs. Heitor
Martins**
Indiana University

Seymour Menton
University of California,
Irvine

Raymond Moody
Indiana University

Richard Morse
Yale University

Gerald Moser
Pennsylvania State
University

Gregory Rabassa
Queens College

Guy J. Riccio
U.S. Naval Academy

William H. Roberts
University of New Mexico

Francis M. Rogers
Harvard University

Alberto Machado da Rosa
University of California,
Los Angeles

John Van Dyke Saunders
University of Florida

Raymond Sayers
Queens College

Lawrence A. Sharpe
University of North
Carolina

Earl Thomas
Vanderbilt University

Charles Wagley
Columbia University

Lt. Col. Sumner Willard
U.S. Military Academy

Directors of the MLA Foreign Language Program

William Riley Parker, 1952–1956
Theodore Andersson, 1956–1957
Kenneth W. Mildenberger, 1957–1959
Archibald T. MacAllister, 1959
Donald D. Walsh, 1959–1965
Kenneth W. Mildenberger, 1965–1969

Preface

Modern Portuguese is based on more than five years of profession-wide planning, consultation, research studies, and experimentation. It also owes much to the evaluation of the two-volume trial edition and accompanying tape recordings, which appeared in the fall of 1966. Since then it has been used by more than fifty colleges, universities, and, in a few cases, high schools, in the United States and abroad. The history and development of this textbook might well be traced to an earlier period, because it embodies the modernizing spirit expressed by the Modern Language Association's Foreign Language Program during the fifties and by the Title VI provisions of the National Defense Education Act in the following decade.

The "Modern Portuguese Project" may be divided into three phases: planning and research (1964–1965), writing and evaluation of the trial edition (1966–1967), and revision of the trial edition and preparation of the definitive edition (1968–1969).

The first phase was launched by a sizable grant from the Joint Committee on Latin American Studies of the Social Science Research Council-American Council of Learned Societies. This grant made possible a national meeting in Austin, Texas, in May 1964, attended by a number of professors (including area specialists interested in the development of the Portuguese language). It was the group's decision to give first priority to a much-needed modern Portuguese textbook—"modern" in reflecting up-to-date linguistic and pedagogical theories and in putting initial emphasis on speaking and understanding through the use of culturally authentic dialogues and drill materials without neglecting the allied skills of reading and writing. In the summer of 1964, an informally organized body of specialists gathered to advance this objective and others related to the development of Portuguese language studies. The organization called itself the Portuguese Language Development Group. It held a series of conferences at MLA annual meetings from 1964 to 1966 and became a permanent section of the American Association of Teachers of Spanish and Portuguese in 1967.

Funded primarily by the SSRC-ACLS, studies were undertaken concerning Brazilian Portuguese phonology, the structural contrasts between Spanish and Portuguese and between English and Portuguese, the development of visual aids for teaching dialogues and, among other experiments, those in teaching writing based on phonology. A corpus of tape-recorded interviews with native speakers was made for present and future syntactical studies. At the end of the first phase, collaboration began in Rio de Janeiro with the noted novelist and playwright Rachel de Queiroz and with linguists from the National Museum in Rio de Janeiro, where the project received substantial help from the Ford Foundation.

The second and third phases were financed by grants from the Foreign Language Program of the MLA, using some of the income from the epochmaking textbook, *Modern Spanish*, which has contributed in many ways to the conception of *Modern*

Portuguese. The grant made it possible to support the members of the team, who were more than willing to see all royalties go to the MLA. They met in Austin in the summer of 1966 to write the trial edition. This edition was revised by the team—this time meeting in two separate groups, in Austin and in São Paulo—in the summer of 1968. The revision of the two-volume trial edition for the present single volume (and accompanying *Instructor's Manual*) was based on classroom use by the writing team and others, on critiques from specialists, and on questionnaires returned by cooperating teachers in various parts of the United States.

As a result of the consensus thus expressed, the writers have been able to make what they consider a real improvement in the textbook, keeping and strengthening those features judged best and discarding those that proved unsuccessful. Opinion favored keeping the dialogues created by Rachel de Queiroz, the reading selections, and the cultural notes. A new alternative for special circumstances has been provided by the Visualized Dialogues which are much shorter than the Main Dialogues. The Visualized Dialogues inspired the striking set of drawings by the Brazilian Adão Gonçalves, which are in the accompanying filmstrips. They are to be used as visual cues in dialogue memorization and other display activities. The extensive treatment of phonology and orthography is unchanged, except that the drills have been kept in the text, and most explanatory material (except charts) has been shifted to the appendices. Explanations of the basic structures of grammar have likewise been maintained, with some economizing of space and the relegation of extensive explanatory material to the appendices.

A principal change aimed at reducing the size of the book was the elimination of the sections entitled Vocabulary and Pattern Practice and Vivendo a Língua. Some tests in the latter have been retained, however. The vocabulary in the former Vocabulary Supplement has been shortened and reorganized; it now focuses on useful semantic groupings and on the substitution of items within patterned slots.

A unique feature of the new textbook is the use of electronic data-processing equipment to analyze the frequency and distribution of lexical items (classified "active," "cultural notes," "grammar," and "reading") throughout the text. These are analyzed by units in the accompanying *Instructor's Manual*.

One of the most important changes was the refinement of the drills in the section Basic Structures. The drills have been reduced in number and revised for greater cultural authenticity. In addition, each drill item has been examined with a view to keeping the total number of syllables as low as possible to be consistent with the type of structure being drilled and minimum vocabulary needs. A final section, Questions and Individualized Review, combines both traditional and new features to help the student venture forth from dialogues to semifree and free expression in Portuguese.

Flexibility has been a guiding principle in the revised text, as it was in the trial edition. Although the audio-lingual approach is fundamental to the organization of this text and is recommended methodologically, the authors, foreseeing that Portuguese language studies are still in their infancy and must thrive in a variety of circumstances, have left many options to the classroom teacher or individual learner. For example, two methods of dialogue memorization are offered. And because much detailed material has been placed in the appendices, a lighter format has been achieved that, in our opinion, will make the book attractive to high-school students as well, for whom we recommend that the textbook be used over a two-year instead of a one-year period.

Modern Portuguese was originally designed for teachers who might have just started to present the language, as well as for beginning students; hence the extensive treatment of Brazilian Portuguese orthography, phonology, and grammar, now included in the appendices. The teacher is urged to consult Appendix A for an extensive discussion of pronunciation, especially the early pages, in which is detailed the system of transcription used throughout the book—a system, strictly pedagogical in aim, which was devised by the authors of this book.

In the present edition the greatly expanded teaching sections fill an entire accompanying volume, the *Instructor's Manual*. This supplement contains a brief history of the project; an extensive methodological introduction to the textbook; a contrastive study, with applications to teaching—Portuguese for Spanish Speakers—along with vocabulary lists and the computer analysis of distribution and frequency in *Modern Portuguese*. In the *Instructor's Manual* there are sample pedagogical transcriptions of the first five dialogues in the symbol system used throughout *Modern Portuguese* and, as an interesting addition, the artist's scripts on which the visuals were based, which provide the teacher with additional information.

We should like to express particular thanks to the Department of Spanish and Portuguese, the Institute of Latin American Studies, the Language Laboratory, and the Computer Center of The University of Texas at Austin, where, in the five years during which the project was developed, the writing team has come together on two occasions under propitious circumstances. The Ford Foundation, Rio de Janeiro, and the Instituto de Idiomas Yázigi, São Paulo, provided much appreciated facilities in Brazil. Special thanks are given to the Joint Committee on Latin American Studies of the Social Science Research Council and American Council of Learned Societies, New York, and the Modern Language Association of America, New York, both of which have encouraged us in many ways, particularly through financial assistance at various stages of the project's extended existence.

Finally, although it is impossible to name them all here, we also wish to thank the many other individuals and institutions who have helped in the creation of *Modern Portuguese*.

R. B.
F. P. E.
F. G. H.
H. W. H.
F. G. M.
J. L. W.

Acknowledgments

We gratefully acknowledge the valuable services, professional advice, and other assistance from the people listed below.

CONSULTANTS

Joaquim Mattoso Câmara, Universidade Federal do Rio de Janeiro
Lúcia Ramos Câmara, Universidade Federal Fluminense
Fernando and Marisa Curado, Rio de Janeiro
Gib Devine, Austin, Texas
David M. Feldman, California State College
Brian F. Head, Universidade de Coimbra, Portugal
Yonne Leite, Museu Nacional, Rio de Janeiro
Miriam Lemle, Museu Nacional, Rio de Janeiro
José Meira Lins, Recife, Pernambuco
Joselice A. Macêdo, Universidade Federal da Bahia, Salvador

SPECIAL SERVICES *(at The University of Texas)*

Neila Furlong
Quintino Garcia
Maria Odília Leal de McBride
Antônio Mendes
Teresinha Toosi
Áurea Bonato de Warren

Neil R. Hendricks
Landon L. Lockett
Joseph H. Matluck
Guillermo Rosales
Walter E. Sandoz
Ona Kay Stephenson, Project Secretary

STAFF ASSISTANTS *(at The University of Texas)*

Kendall Furlong
John Haggstrom
Dennis Hunt
Glee Ingram
Karen Lane
James Luedeke
Jo Enna Reece

RECORDING STAFF *(in São Paulo)*

Antônio Carlos Leite Palácio, Pernambuco
Maria de Lourdes Salles, São Paulo
Geraldo Kastrup, Guanabara
Gelsa Yara Maciel Brunner, Guanabara
Gustavo Nascimento, Minas Gerais
Anita Cukier, Guanabara
Flávio Ricardo Maciel Brunner, Guanabara
Rosângela Maciel Brunner, Guanabara
Michel Bulos, São Paulo

FILMSTRIP ILLUSTRATIONS (*in São Paulo*)

Adão Gonçalves

Contents

MODERN PORTUGUESE

Introduction

The aim of the authors of *Modern Portuguese* has been to create a flexible first-level textbook that would serve a growing profession having many different needs, both in this country and abroad. As in the trial edition of 1966, emphasis has been on the audio-lingual method, that is, on first developing the skills of understanding and speaking (especially in the early part of the course) and then, in harmony with these, the equally fundamental skills of reading and writing. The writers have also insisted on combining the study of the language with an integrated approach to Luso-Brazilian culture, the latter of course understood in the anthropological sense. The present volume consists of twenty units and is recommended for study over a period of two college semesters, or a period of two years in typical high schools.

As for the choice of the Brazilian as opposed to the continental variant of Portuguese, it goes without saying that the two dialects are mutually intelligible—no less so, to give a rough comparison, than the British and the American dialects of English. And just as there is nothing that may be called "standard English," there is nothing that may be called "standard Portuguese." Brazil, of course, owes a major cultural debt to Portugal, as the United States does to England and its culture. With an inevitable sense of inadequacy, the authors of *Modern Portuguese* have tried to be mindful of Portugal's great and ancient tradition in world history and civilization. The choice of dialect in this textbook has been dictated mainly by reasons of hemispheric interest, and cultural authenticity demands that it be consistently presented, especially in an audio-lingual textbook. Because the Rio de Janeiro variety of Brazilian Portuguese is so important, combining as it does most of the features of the language of central Brazil, and because it is the most widely studied of all Brazilian Portuguese dialects, a decision was made at the outset of the project to focus on this type of regional speech, as spoken by careful speakers. The dialogues reflect *Carioca*, or, generally, central Brazilian Portuguese speech, although other regions are represented through certain characters in the recorded dialogues.

A few features of *Modern Portuguese* are new; most, after thorough testing in the trial edition, remain unchanged.

Main Dialogue. Widely approved and therefore largely untouched, the Main Dialogues have been the special province of Rachel de Queiroz, one of Brazil's most distinguished novelists and playwrights. Her ear for dialogue and her insights into contemporary Brazilian life provide a lively approximation of the spoken language in culturally authentic situations. She has also created the Reading selections (see below), which add to the student's understanding of the characters and their environment.

We recommend that the Main Dialogue in each unit be thoroughly memorized, with presentation in class and later in the language laboratory. (See the *Instructor's Manual* for specific suggestions on method.) Under certain circumstances, however, as in accelerated courses, shorter dialogues may be preferable. The Visualized Dialogue (see below) has been designed as a possible substitute. Even if he does not memorize it, we strongly recommend that the student practice the Main Dialogue in the laboratory and learn it at least to the point of complete understanding and easy pronunciation and manipulation. This objective is the more urgent as much of the "grammar" vocabulary is derived from it. A list of the vocabulary in the dialogues is to be found in the *Instructor's Manual*.

The English translation has been maintained practically without change. Note, however, that the pedagogical transcriptions of the Main Dialogues of Units I to X have been partially eliminated: Only those for Units I to V have been retained (see the *Instructor's Manual*) to suggest to both the teacher and the advanced student a practical method of transcribing some characteristics of Portuguese pronunciation.

Cultural Notes. There has been little or no change in the Cultural Notes, but greater use can now be made of them as a basis of classroom discussion, especially in Units XI to XX, where the notes are entirely in Portuguese.

Visualized Dialogue. The concept of a shorter dialogue as an alternative to the Main Dialogue is new, yet it is an offshoot of the earlier book. As already mentioned, the Visualized Dialogue may, under certain conditions, replace the Main Dialogue, or it may be used as an additional dialogue for memorization or other enrichment activity. Related in many ways to the Main Dialogue, the Visualized Dialogue usually depends on the former for vocabulary; hence the need for recourse to the Main Dialogue, at least in terms of general mastery though perhaps not memorization. Questions on the Visualized Dialogue is a feature of Questions and Individualized Review (see below). Each frame of the filmstrips corresponds to a line of the Visualized Dialogue. See the *Instructor's Manual* for suggestions on the technique of presenting dialogue with visual aids.

Vocabulary Substitution. The vocabulary section has been much improved over the earlier version by a reduction in the number of items of supplemental vocabulary and by their presentation in short "fleeting dialogues." These have slots for substitution of vocabulary items and are arranged, in most cases, by semantic fields, for ease in learning. The nucleus of the vocabulary of this as well as of the trial edition has been the list of approximately 850 words of highest frequency compiled by Dr. Joselice A. Macêdo, of the University of Bahia, in her study of conversational recordings made in Rio de Janeiro and Salvador. See the *Instructor's Manual* for a discussion of the computer analysis of *Modern Portuguese*, in terms of the vocabulary items, their distribution and frequency.

The Main Dialogue, Visualized Dialogue, Vocabulary Substitution, and Active Vocabulary for the classroom are the sources of the "active" vocabulary. Units XI to XX are the basis for the "cultural notes" vocabulary. Words from the charts and explanations of Basic Structures constitute the "grammar" vocabulary. "Reading" vocabulary is based on the reading selections of Units VI to XX.

Basic Structures. Although the identification and organization of basic grammatical structures into eighty subsections remain practically unchanged, almost everything else in this indispensable part of the book has been thoroughly revised, first, with a view to reducing nonessential content or relegating useful but mainly discursive material to the appendices, and, second, in an effort to make the drill sentences more authentic and shorter in length, allowing greater concentration upon the learning objective at hand.

Stress must be laid on the need for overlearning basic patterns, that is, for repetition, manipulation, and other uses up to and beyond the point at which the patterns can be understood and spoken fairly automatically. Whether practiced in the classroom or the laboratory, all drills should normally first be performed orally, without reference to written forms. They may later be done with the printed page as stimulus, with or without the printed answers to a particular drill covered by a sheet of paper or by the student's hand. The drills begin with the introduction of a grammatical structure through simple substitution; they become progressively more difficult as they involve item substitution, questions and answers, transformation, and occasionally other exercises. The experienced teacher uses only those drills or portions of drills needed to present a structure and later to verify mastery through performance, in accordance with individual or group needs.

Pronunciation, Units I to X; *Spelling,* Units XI to XX. These sections are largely unchanged, except for most of the explanatory material for pronunciation and spelling, which has been removed to Appendices A and B, respectively. Thus, principally drill material has been kept in the text.

Acquiring the intonation and sounds of a foreign language depends very much on the availability of native models, live or taped, that can be imitated by the learner. To this end, the textbook provides a systematic program of exercises and other material. Except in simple imitation drills, a good many of the Portuguese speech sounds are paired in double columns. If read vertically, the sample words or sentences may be used as an imitation exercise; if read horizontally, the instructor may use the material for exercises of minimal contrast. Sounds thus grouped into pairs are similar in certain ways and may constitute a typical learning problem: At first it may be difficult to produce either of them at will, or the two sounds may not readily be heard as different. Exercises of this type are meant as introductory samples, for use in the classroom. Later units provide ample material for use in class or laboratory.

The section on spelling, with its drills based on the listen-say-see-copy-listen-write sequence, is closely related to the earlier section on pronunciation and is designed to bridge the gap between audio-lingual and writing skills. By first writing only those words and phrases that have previously been overlearned orally, the student can make a smooth transition from the spoken to the written word.

Questions and Individualized Review. The questions on the Main Dialogue are, of course, a standard feature of audio-lingual textbooks. The questions based on the Visualized Dialogue for each unit, however, constitute an innovation in the present edition. The filmstrips are projected in the classroom and the students are encouraged to respond to what they see, answering a question corresponding to each frame. The aim is to produce semifree and free conversation with the picture as stimulus. The teacher will surely wish to see the *Instructor's Manual* so that he can take advantage of the artist's scripts, which detail in Portuguese the content of each visual and suggest possibilities for conversation or individual reports.

The Individualized Review is also new and is the result of efforts in the trial edition to find a way to stimulate the student to engage in semifree or free conversation, using the multiple vocabulary and sentence patterns in ways that relate to the expressive needs of the individual student, who should be encouraged to converse without prompting or correction by the teacher—in this exercise above all.

Reading. The original prose readings by Rachel de Queiroz have been maintained as they appeared in the earlier edition. They recall the sprightly colloquial style of her well-known *crônicas*, and their aim here is to deepen the student's understanding of the characters and situations in the Main Dialogue. The vocabulary for reading comprehension is, of course, found at the back of the book in the vocabulary list, and it is analyzed by units in the *Instructor's Manual*.

As discussed above, the tape recordings—whether used in the language laboratory or at home—are of fundamental importance and accompany nearly all sections of the textbook. The following are available on tape: Main Dialogue, Visualized Dialogue, Vocabulary Substitution, most of the drills on Basic Structures, Pronunciation (Units I to X), Reading. The following are not on the tapes: Cultural Notes, Orthography (Units XI to XX), Questions on the Dialogues, and Individualized Review.

Both student and teacher should familiarize themselves with Appendix A, Note I: Symbols Used in This Book, and Note II: Intonation, in order to understand the method of representing sound through writing. This textbook makes no claim to exhaustive treatment of the sound system, but rather deals with what its authors consider to be the major learning problems for the American student. Sample pedagogical transcriptions of the Main Dialogues of Units I to V are in the *Instructor's Manual*. Consult the contents for page references to the section on regular and irregular verbs and the summary of personal pronouns.

Active Vocabulary for the Classroom

The following are expressions that may be useful in school or classroom routine. They are recorded on the tape of Unit I for practice. There is also a selection of boys' and girls' names in Portuguese, many of which have obvious English equivalents, others of which have no commonly used English equivalents.

MORNING GREETINGS

A. Bom dia.   *Good morning.*
B. Bom dia.   *Good morning.*
A. Como vai _____ ?   *How are _____ ?*
        o senhor   *you (to a man)*
        a senhora   *you (to a woman)*
B.   Bem, _____   *Fine, _____ .*
        obrigado   *thanks (a man replying)*
        obrigada   *thanks (a woman replying)*

AFTERNOON GREETINGS

A.   Boa tarde.   *Good afternoon.*
B.   Boa tarde.   *Good afternoon.*
A.   Tudo bem?   *Everything okay?*
B.   Bem, e _____ ?   *O.K., and _____ ?*
        você   *you*
        o senhor   *you (to a man)*
A.   Bem, _____ .   *Fine, _____ .*
        obrigado   *thanks (a man replying)*

EVENING GREETINGS

A.   Boa noite.   *Good evening.*
B.   Boa noite.   *Good evening.*
A.   Como vai?   *How are you?*
B.   _____ .   *_____ .*
        Mais ou menos   *So-so*
        Bem   *O.K.*
        Ruim   *Not so good*

LEAVETAKING

A. Até logo,_____.   *So long, _____.*
      João   *John*
      Patrícia   *Patricia*

B. Até logo,_____.   *So long, _____.*
      Iara   *Iara*
      Dr. Álvaro   *Dr. Alvaro*

IN THE CLASSROOM

A. João, atenção, por favor.   *John, attention, please.*
B. Como?   *What?*
A. Faça o favor de _____.   *Please _____.*
      repetir   *repeat*
      falar mais alto   *speak louder*
B. Pois não.   *All right.*

QUESTIONS TO ASK THE TEACHER

A. Como se diz_____em português?   *How do you say_____in Portuguese?*
      isto   *this*
B. É_____.   *It's _____.*
      um livro   *a book*
      uma cadeira   *a chair*

ASSIGNMENTS

A. Qual é o dever de amanhã?   *What is tomorrow's assignment?*
B. É_____.   *It's _____.*
      um exame oral   *an oral quiz*
      um exame escrito   *a written quiz*
      ouvir a fita no laboratório   *to listen to the tape in the lab*
      memorizar o diálogo   *to memorize the dialogue*

DOING DRILLS

A. Quero uma resposta_____.   *I want a_____answer.*
      curta afirmativa   *short affirmative*
      longa negativa   *long negative*
B. Pois não.   *All right.*
A. Atenção!_____.   *Ready?_____.*
      Escute o modêlo   *Listen to the model*
      Repita a frase   *Repeat the sentence*

B. Individualmente ou em côro?   *Individually or in chorus?*
A. Escutem e repitam, todos!   *Everyone listen and repeat!*

MORE DRILLS

A. Feche o livro.   *Close your book.*
B. Está bem.   *All right.*
A. Faço uma pergunta. Escute e responda.   *I'll ask a question. Listen and answer. "Who*
   "Quem é?" Responda!   *is it?" Answer!*
B. É_____.   *It's_____.*
   João   *John*
   a Maria   *Mary*

IN THE LANGUAGE LAB

A. Vocês estão prontos?   *Are you ready?*
B. Prontos.   *Ready.*
A. Vou ligar_____.   *I'll turn on_____.*
       o gravador   *the recorder*
       o microfone   *the microphone*
B. Espere.   *Wait.*
A. Por quê?   *Why?*
B. Não tenho_____.   *I don't have any_____.*
       fones de ouvido   *earphones*

WHAT'S YOUR NAME?

A. Como é seu nome?
B. Meu nome é_____.

Girls' Names	Boys' Names	Girls' Names	Boys' Names
Alícia	Alberto	Dorotéia	Flávio
Amélia	Alexandre	Edna	Francisco
Ana	Almir	Elisa	Frederico
Áurea	Antônio	Francisca	Gilberto
Bárbara	Artur	Gilka	Guilherme
Beatriz	Bento	Guiomar	Homero
Carolina	Bernardo	Helena	Honório
Catalina	Carlos	Inês	Jaime
Cecília	Eduardo	Isabela	João
Celeste	Fábio	Joana	Jorge
Cláudia	Fernando	Júlia	José

Girls' Names	Boys' Names	Girls' Names	Boys' Names
Leonora	Lucas	Paula	Paulo
Lúcia	Luís	Rachel (or Raquel)	Pedro
Luísa	Manuel	Regina	Roberto
Maria	Marcos	Rosa	Rogério
Maria Angélica	Miguel	Teresa	Sílvio
Maria de Jesus	Milton	Vera	Valmir
Maria de Lourdes	Nelson	Violeta	Vicente
Marisa	Nicolau		

Vocabulary for Unit Headings

diálogo principal main dialogue
explicação cultural cultural notes
diálogo visualizado visualized dialogue
vocabulário para substituição vocabulary substitution
estruturas básicas basic structures
pronúncia pronunciation
ortografia orthography
perguntas e revisão individual questions and individualized review
leitura reading

substituição simples simple substitution
substituição de um elemento item substitution
substituição de vários elementos multiple item substitution
transformação transformation
pergunta e resposta question and answer
pergunta com sugestão para resposta question and cued answer
perguntas sôbre o diálogo principal questions on the main dialogue
perguntas sôbre o diálogo visualizado questions on the visualized dialogue
revisão individual individualized review

PRIMEIRA UNIDADE

Diálogo principal: A CHEGADA DE PATRÍCIA

Personagens dos diálogos

PATRÍCIA STEPHENS, estudante americana, 20 anos
A Família Pereira:
    DR. ÁLVARO, pai, médico, 50 anos
    DONA TERESA, mãe, dona de casa, 43 anos
    IARA, filha, irmã de Moacir, estudante universitária, 19 anos
    MOACIR, filho, estudante de ginásio, 13 anos
PENHA, empregada doméstica, 30 anos
MÁRIO CAVALCANTI DE ALBUQUERQUE, arquiteto, 26 anos
JOSÉ MARIA (ZÉ MARIA) RABELO, estudante universitário, 20 anos

Patrícia vem morar no apartamento da família Pereira. Ela e êles são
velhos amigos. [1]* *O Dr. Álvaro e Iara chegam com Patrícia do*
aeroporto. Dona Teresa os espera em casa.

1. IARA: Mamãe, chegamos.
2. D. TERESA: Que prazer! Como vai, Patrícia?
3. PATRÍCIA: Bem, e a senhora? [2]
4. D. TERESA: Muito bem, obrigada.

Abraçam-se. [3]

5. Que tal o vôo?
6. PATRÍCIA: Foi ótimo.

O Dr. Álvaro entra na sala.

7. DR. ÁLVARO: Desculpem a demora. Dá muito trabalho guardar o carro.
8. PATRÍCIA: Não tem importância.
9. D. TERESA: Patrícia, você gosta de nosso nôvo apartamento? [4]
10. PATRÍCIA: Gosto, sim. Da janela vejo um pedaço da praia.

Praia de Copacabana.

---

* The numbers in brackets in each Portuguese dialogue refer to the Cultural Notes that follow the English
  equivalent. See p. 17.

Characters of the Dialogues

PATRICIA STEPHENS, American student, age 20
The Pereira Family:
  DR. ALVARO, father, doctor, 50 years old
  DONA TERESA, mother, housewife, 43 years old
  IARA, daughter, sister of Moacir, college student, age 19
  MOACIR, son, junior high school student, age 13
PENHA, the maid, age 30
MARIO CAVALCANTI DE ALBUQUERQUE, architect, age 26
JOSÉ MARIA (ZÉ MARIA) RABELO, student, age 20

Patricia comes to live with the Pereira family in their apartment [in the Pereira family apartment].* They are old friends. Dr. Alvaro and Iara arrive with Patricia from the airport. Dona Teresa is waiting for them at home.

1. IARA: Mother, we're home [we've arrived].
2. D. TERESA: Good to see you! [What a pleasure!] How are you, Patricia?
3. PATRICIA: Fine, and you?
4. D. TERESA: Very well, thanks.

They hug each other.

5. How was the flight? (How did you like the flight?)
6. PATRICIA: It was wonderful.

Dr. Alvaro enters the room.

7. DR. ALVARO: Sorry to be so slow [Forgive the delay]. It isn't easy [It's a lot of work] to put away the car.
8. PATRICIA: That's all right.
9. D. TERESA: Patricia, do you like our new apartment?
10. PATRICIA: Yes, I do. From the window I see a bit of the beach.

---

*Brackets indicate a literal translation. Parentheses are used to make a translation smoother.

[16]

Explicação cultural

[1] As Patricia explains in a letter (Unit VI), she lived for ten months with the Pereira family about four years earlier, when she had a scholarship to study in a Brazilian high school.

[2] Forms of address create an interesting cultural problem for the speaker of English because Portuguese has a number of ways to express *you*, singular or plural. The greatest degree of formality is expressed by **a senhora** and **o senhor**, and their plurals, **as senhoras** and **os senhores**. Such forms are used when the speaker wants to show respect, a marked difference in age or social level, or a lack of prior acquaintance. In situations involving a high degree of familiarity among persons—for example when they address one another on a first-name basis—the forms **você** and **vocês** may be used for both males and females.

In addressing young unmarried women one has a choice between **a senhora** and **você**, depending again on the level of formality. The form **a senhorita** is very formal and is seldom used.

Here is a useful rule to follow whenever in doubt as to how to address someone: Use only the verb form to start the sentence. Some examples are **Sabe onde é o hotel?** (*Do you know where the hotel is?*) and **Entendem meu português?** (*Do you (pl.) understand my Portuguese?*).

In addressing their teacher students should use **o senhor, a senhora**, or **professor, professôra**, or a combination of both forms: **Professor, o senhor pode repetir?** (*Professor [or teacher], can you say it again?*).

A teacher may address his students as **os senhores** (slightly formal) or as **vocês** (informal).

Note that in Portuguese in speechmaking a person says: **Meus senhores e minhas senhoras,** which is the reverse of the English sequence "ladies and gentlemen."

The very intimate form **tu** is not systematically used in Brazil and is not being taught in this book. The plural **vós** is restricted to literary and religious style. An example of this form is **Bendita sois vós entre as mulheres** (*Blessed art thou amongst women*), from the Catholic prayer "Hail Mary."

[3] The embrace, or hug, usually given after a handshake, may vary in intensity from a tap with the left hand on the other person's right shoulder to an enfolding movement with arms and hands that is reciprocated. Friendly **abraços** between men and women in public are quite appropriate in Brazil. Until this widespread custom is thoroughly observed and mastered, the American student is advised to limit himself to the indispensable handshake.

[4] The apartment building where the Pereiras live is located in Copacabana, one of Rio's residential districts. It is best known for its crescent-shaped beach and resort hotels. Hemmed in between the ocean and the round granite mountains, Copacabana is long and narrow.

Beaches are an integral part of life there and the **Carioca** or resident of Rio always wants to be near them.

pai = father
mãe = mother
irmã = sister
filha = daughter
= brother
filho = son
trabalho = work

apartamento = apartment
ótimo = wonderful
car = carro
arquiteto = architecte
janela = window
pedaço = morceau
praia = beach
obrigada = thank you

chegar = arrive
vir = come
esperar = wait
guardar = garrer
desculpem = forgive
abracar-se = s'embrasse
gostar = like
morar = live

Diálogo visualizado

Iara e Patrícia na frente do Aeroporto Internacional do Galeão.

Iara and Patricia in front of Galeão International Airport.

1. IARA: Olá, Patrícia! Como vai?
2. PATRÍCIA: Bem, e você?
3. IARA: Bem, obrigada. Que tal o vôo?
4. PATRÍCIA: Muito bom. Como vai o Dr. Álvaro?
5. IARA: Vai bem. Não demora.
6. PATRÍCIA: O que é isto—carro nôvo?
7. IARA: É sim. Você gosta?
8. PATRÍCIA: Gosto muito.

Hello, Patricia! How are you?
Fine, and you?
Fine, thanks. How was the flight?
Very good. How is Dr. Alvaro?

He's fine. He'll be here soon.
What is this—a new car?
Yes, it is. Do you like it?
I like it very much.

Vocabulário para substituição

Learn the sound, form and meaning of new vocabulary in useful contexts.

A. De que êle é professor?
B. De_____.
    português
    literatura
    história

What is he a teacher of?
Of_____.
    Portuguese
    literature
    history

A. De onde elas são?
B. Do_____.
    Brasil
    norte
    sul
    Rio
C. De_____.
    Portugal
    Lisboa
    São Paulo
    Brasília

Where are they from?
From_____.
    Brazil
    the North
    the South
    Rio
From_____.
    Portugal
    Lisbon
    São Paulo
    Brasilia

A. O que é isto?

What's this?

B. É um_____.

It's_____.

    livro   *a book*

    caderno   *a notebook*

    lápis   *a pencil*

    quadro-negro   *a blackboard*

    apagador   *an eraser*

    giz   *chalk*

    edifício   *a building*

    relógio   *a watch (or) clock*

C. É uma_____.

It's a_____.

    mesa   *table*

    cadeira   *chair*

    porta   *door*

    janela   *window*

    caneta   *pen*

    fita   *tape*

Estruturas básicas

§ 1 Presente do indicativo de ser

Present Indicative of ser

E X E M P L O S

(Nós)[1] **somos** de São Paulo.

Êles **são** do Rio.

O professor **é** de Copacabana.

---

[1]Optional first person subject pronouns are given in parentheses in this unit only.

FORMAS

Present Indicative of ser

Singular

eu	sou	1st	*I am*
*tu**	*es*	2nd	*you are*
você, etc.†			*you are*
êle			*he is*
êle, ela	é [eʰ]	3rd	*it is*
ela			*she is*

Plural

nós	somos	1st	*we are*
vós	*sois*	2nd	*you are*
vocês, etc.			*you are*
êles	são	3rd	*they are (masc.)*
elas			*they are (fem.)*

---

* Set in boldface and henceforth omitted from the drills of this verb and others are the **tu** and **vós** forms (see Cultural Note 3). With **tu** and **vós** removed, note that the second and third persons *share* the same verb forms: **é** and **são**.

† "Etc." in this case means "and all other forms of you."

FALA E ESCRITA

sõmuS[2]	somos
sÃ̃w̃	são
sOw	sou
Ę	é

Substituição simples

Replace the boldface elements of the model sentences with the words listed below the model.

1. **João** é de São Paulo.

   a. Êle é
   b. (Nós) somos
   c. Patrícia e elas são

   d. O Dr. Álvaro é
   e. Dona Teresa e êle são

---

[2]See Appendix A, Notes I and II for a discussion of pronunciation guides.

2. **(Eu) sou** do Rio.

    a. Iara e eu somos

    b. O nosso amigo é

    c. Elas são

    d. João e eu somos

    e. A família Pereira é

3. **O professor** é de Copacabana?

    a. Você é

    b. Os senhores são

    c. (Eu) sou

    d. Vocês são

    e. O estudante é

Substituição de um elemento

Replace the boldface elements of the model sentences with the words listed below and make any structural changes required. The right-hand column indicates the proper response to each cue.

1. **Êle é** estudante.

    a. Eu

    b. Patrícia

    c. Você

    d. O Sr. Silva

    e. A Sra. Silva

    Êle é estudante.

    (Eu) sou estudante.

    Patrícia é estudante.

    Você é estudante.

    O Sr. Silva é estudante.

    A Sra. Silva é estudante.

2. **Êles são** estudantes.

    a. Patrícia e eu

    b. Vocês

    c. Elas

    d. Êles

3. **(A) Patrícia é** estudante.

    a. Eu

    b. Você

    c. Iara

    d. Zé Maria

4. **(A) Patrícia e eu** somos estudantes.

    a. Nós

    b. Elas

    c. Vocês

    d. Patrícia e Iara

5. **(Eu) sou** do norte.

    a. Nós

    b. Vocês

    c. Êle

    d. Mário e Zé Maria

    e. Você

    f. O professor

    g. O americano

    h. Os brasileiros

Pergunta com sugestão para resposta

Answer each question by using the cue in boldface. Cover the answers in the right-hand column with a piece of paper and uncover each one when you wish to check your response.

1. De que êle é professor? **de português**   Êle é professor de português.
2. De que o senhor é professor? **de línguas³**   (Eu) sou professor de línguas.
3. De que ela é professôra? **de história**   Ela é professôra de história.
4. De que vocês são estudantes? **de literatura**   Somos estudantes de literatura.
5. De que êles são alunos?⁴ **de português**   Êles são alunos de português.
6. De onde são elas? **do Rio**   Elas são do Rio.
7. De onde é você? **do Rio**   (Eu) sou do Rio.
8. De onde é o Sr. Silva? **do Brasil**   (Êle⁵) é do Brasil.
9. De onde é Penha? **do norte**   (Ela) é do norte.
10. De onde são vocês? **do sul**   (Nós) somos do sul.

§ 2 Pronomes retos

Subject Pronouns

E X E M P L O S

Ela e êles são velhos amigos.
(Eu) vou bem, e a senhora?
Você gosta do apartamento?
Êle é professor?
(Nós) somos alunos.

F O R M A S

Subject Pronouns					
Singular			**Plural**		
eu /Ew/	1st	*I*	nós /nǫS/	1st	*we*
você /vosE/ o senhor /u seɲOx/ a senhora /a seɲǫra/	2nd	*you*	vocês /vosES/ os senhores /us seɲOriS/ as senhoras /as seɲǫraS/	2nd	*you*
êle /Eli/ ela /Ęla/	3rd	*he* *she*	êles /EliS/ elas /ĘlaS/	3rd	*they*

³**de línguas** languages
⁴**alunos** students

⁵**Êle** and other pronouns may be omitted under certain conditions. See notes at top of page 23.

O senhor, a senhora, êle, ela, and their plurals are marked for gender. Você is marked only for number: vocês.

In Portuguese subject pronouns may be omitted when the subject is regarded as clearly understood, either from the context or from the verb endings. The pronouns most frequently omitted for this reason are eu and nós.

Substituição simples

Replace the boldface elements of the model sentences with the words listed below.

1. **(Eu) sou** estudante de português.

   a. Êle é
   b. Vocês são

   c. Patrícia e eu somos
   d. (Nós) somos

2. **Você gosta** do professor americano?

   a. Êles gostam[6]
   b. Patrícia e ela gostam
   c. Vocês gostam

   d. Ela gosta
   e. Pedro gosta

3. **Ela espera** em casa.

   a. (Eu) espero[7]
   b. Êles esperam

   c. Pedro e eu esperamos
   d. Pedro e elas esperam

4. **Êles chegam** com Patrícia do aeroporto.

   a. Elas chegam
   b. O Dr. Álvaro chega[8]

   c. Dona Teresa e eu chegamos
   d. As senhoras chegam

Transformação

Change the boldface elements in the following sentences to subject pronouns.

1. **Moacir e Iara** são amigos.   Êles são amigos.
2. **Penha** é brasileira.   Ela é brasileira.
3. **Moacir** é irmão[9] de Iara.   Êle é irmão de Iara.
4. **Moacir** é estudante.   Êle é estudante.

---

[6]êles gostam they like
[7](eu) espero, êles esperam, (nós) esperamos
I wait, they wait, we wait

[8]chega arrives
[9]irmão brother

5. **Moacir e Zé Maria** são amigos.
6. **Iara e Patrícia** são amigas.
7. **Iara e eu** somos de Copacabana.
8. **O Dr. Álvaro** é médico.
9. **Patrícia** é americana.
10. **Zé Maria e você** são amigos.

§ 3 Artigos definido e indefinido: Gênero e número de substantivos

Definite and Indefinite Articles: Gender and Number of Nouns

E X E M P L O S

Que tal **o** vôo?
Desculpem **a** demora.
Os alunos são americanos.
É **um** professor brasileiro.
São **umas** amigas de Patrícia.

F O R M A S

Definite and Indefinite Articles

	Masculine				*Feminine*		
			SINGULAR				
o	/u/	*the*	o amigo, o livro	a	/a/	*the*	a amiga, a sala
um	/ũ/	*a, an*	um apartamento, um professor	uma	/Uma/	*a, an*	uma sala, uma senhora
			PLURAL				
os	/uS/	*the*	os amigos, os livros	as	/aS/	*the*	as amigas, as salas
uns	/ũS/	*some*	uns carros, uns apartamentos, uns professôres	umas	/UmaS/	*some*	umas salas, umas amigas, umas senhoras

---

An ending of **-o** usually indicates a masculine noun; **-a**, a feminine noun.

Nouns may end in a vowel, a diphthong, or one of the following consonants: **l, r, s, z.**

Most nouns form their plural by adding **-s.** The plural of nouns ending in **-r** is **-es.** Other plural forms will be drilled later.

The omission of the indefinite article before a plural noun is an alternative way to say *some*: **Vejo carros**.

See Appendix C, Note II.

Indefinite Article

Omission Before Nouns or Adjectives That Categorize

Êle é professor.	*He is a professor.*
Êle é professor de português.	*He is a professor of Portuguese.*
Êle é brasileiro.	*He is a Brazilian.*
Ela é americana.	*She is an American.*

Use Before Such Nouns if Individualized

Êle é um velho professor.	*He is an old professor.*
Êle é um velho professor de português.	*He is an old professor of Portuguese.*
Êle é um bom médico.	*He is a good doctor.*
Êle é um estudante brasileiro.	*He is a Brazilian student.*

Substituição simples

Replace the boldface elements of the model sentences with the words listed below the model.

1. Que tal **o vôo**?

   a. o apartamento
   b. o livro
   c. a aula[10]

   d. a praia
   e. o carro

2. Vejo **um livro**.

   a. uma caneta
   b. um lápis

   c. uma mesa
   d. um caderno

3. Onde é **o edifício**?

   a. o apartamento
   b. o aeroporto

   c. a praia
   d. a casa

4. Êle é **professor**.

   a. brasileiro
   b. amigo
   c. americano

   d. estudante
   e. pai

---

[10]**aula** class

5. (Eu) sou um **velho amigo**.

    a. estudante americano   c. professor amigo de João
    b. nôvo amigo

Substituição de um elemento

Replace the boldface elements of the sentence with the words listed below and make any structural changes required.

1. Vejo um **livro**.

    a. mesa   Vejo uma mesa.
    b. quadro-negro   Vejo um quadro-negro.
    c. edifício   Vejo um edifício.
    d. mesas   Vejo umas mesas.
    e. edifícios   Vejo uns edifícios.

2. O **estudante** é do Rio.

    a. professôra   d. professôres
    b. amigo   e. irmão
    c. amigas   f. alunos

3. É um **apartamento**.

    a. carro   d. carros
    b. praia   e. casas
    c. edifícios

4. Êle é **professor**.

    a. médico   c. arquiteto
    b. estudante de ginásio   d. estudante universitário

5. Êle é **um ótimo professor**.

    a. um bom médico   c. um arquiteto nôvo
    b. um velho amigo   d. um professor brasileiro

Pergunta com sugestão para resposta

Answer each question, using the cue in boldface.

1. O que é isto? **cadeira**   É uma cadeira.
2. O que é isto? **edifício**   É um edifício.
3. O que é isto? **mesa**   É uma mesa.
4. O que é isto? **apagador**   É um apagador.
5. O que é isto? **quadro-negro** É um quadro-negro.

6. O que é isto? **cadernos**   São cadernos *or* São uns cadernos.
7. O que é isto? **edifícios**
8. O que é isto? **mesas**
9. O que é isto? **apagadores**
10. O que é isto? **quadros-negros**

§ 4 Perguntas com resposta sim ou não

Yes-No Questions and Answers

E X E M P L O S

Você gosta do apartamento? Gosto sim.[11]
Êle é estudante? É sim.
Êles são brasileiros? Não *or* Não são não.
Você quer repetir? Pois não.

F O R M A S

For transformation of statements to yes-no questions by changing intonation, see Appendix A, Note II.

Questions With Yes or No Answers

Affirmative		*Negative*	
REPLIES TO **Êle é estudante?**			
Sim.	*Yes.*	Não.	*No.*
Sim senhor, etc.*	*Yes, sir, etc.*	Não senhor, etc.	*No, sir, etc.*
É.	*Yes, he is.*	Não é não.	*No, indeed, he isn't.*
É sim.	*Yes, indeed, he is.*	É não.	*No, he isn't.*
REPLIES TO **Você gosta do livro?**			
Sim.	*Yes,*	Não.	*No.*
Sim senhor, etc.	*Yes, sir, etc.*	Não senhor, etc.	*No, sir, etc.*
Gosto.	*Yes, I do.*	Não gosto não.	*No, indeed, I don't.*
Gosto sim.	*Yes, indeed, I do.*	Gosto não.	*No, I don't.*

* "Etc." in this case includes **senhora** and **senhores, senhoras.**

[11]**gosto sim** yes *or* yes, indeed

Affirmative Replies to Questions Involving Permission or Assent

Você quer repetir?	Pois não.⎫	*Yes.*
Dá licença?*	Pois não.⎬	*Yes, indeed.*
Posso repetir?	Pois não.⎭	*Yes, you may.*

* **Dá licença** or **Com licença** *May I?* is used when requesting permission to enter an area or to pass near someone, and so on.

Basic Pattern of Negation: Não + Verb

(Ela) não é estudante.	*She is not a student.*
(Eu) não gosto do livro.	*I don't like the book.*

Substituição simples

Replace the boldface elements in the model sentences with the items listed below.

1. **O professor é** de São Paulo?

   a. A professôra é
   b. Os professôres são

   c. Vocês são

2. **Êle é** de Copacabana?

   a. O Dr. Álvaro é
   b. Iara e Zé Maria são
   c. Vocês são

   d. Ela é
   e. Você é

3. **Os senhores são** do Rio?

   a. Ela é
   b. O Dr. Álvaro é
   c. Iara e Patrícia são

   d. Você é
   e. A professôra é

Transformação

Change from an affirmative statement to a question requiring a yes or no answer.

1. Êle é aluno.
2. Ela é professôra.

Êle é aluno?
Ela é professôra?

3. Patrícia é americana.
4. Iara é médica.
5. (Eu) sou do norte.
6. É uma mesa.
7. Isto é um laboratório de línguas.[12]
8. A casa é aqui.[13]

Pergunta e resposta

Reinforce the affirmative answers as shown in number 1.

1. Isto é uma mesa?   É sim.
2. Isto é um livro?
3. Isto é um quadro-negro?
4. Isto é uma sala de aula?
5. O aeroporto é aí?[14]   É sim, senhor (senhora).
6. O laboratório é aí?
7. Patrícia é americana?   É sim.
8. O Dr. Álvaro é médico?
9. Êle é um velho amigo?   É sim.
10. O apartamento é nôvo?   É sim.

Transformação

Change from an affirmative statement to a negative statement.

1. (Eu) sou de Nova Iorque.   (Eu) não sou de Nova Iorque.
2. Êle gosta do apartamento nôvo.   Êle não gosta do apartamento nôvo.
3. Isto é um quadro-negro.
4. Vejo uma caneta na mesa.
5. Iara e Patrícia são amigas.
6. Ela chega agora.[15]
7. Você e eu somos alunos.
8. A senhora Souza é do norte.
9. (Nós) vamos bem.[16]

---

[12]**laboratório de línguas** language laboratory
[13]**aqui** here
[14]**aí** there

[15]**agora** now
[16]**(Nós) vamos bem** We are well

Pergunta e resposta

Answer the questions by negative reinforcement.

1. Você é americana?   Não sou não.
2. Patrícia é do Rio?
3. Dr. Álvaro é estudante?
4. O laboratório é aqui?
5. Êle é um bom aluno?
6. Iara é professôra?   Não é não.
7. O aeroporto é no Rio?
8. O senhor é de Nova Iorque?
9. Os pais de Iara são americanos?
10. O apartamento do Dr. Álvaro é em São
    Paulo?

Pronúncia

Intonation

For a detailed discussion see Appendix A, Note II.

Brazilian Portuguese normally includes three levels of pitch. These can be shown by diagrams with corresponding numbers. As you carefully imitate spoken Portuguese you should be aware of the following most frequent patterns:

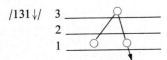

Bom dia.
Good morning.

Simple, complete statement or information question (not yes-no question)

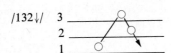

Bom dia!
Good morning!

Simple, complete statement or information question with mild emphasis

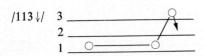

O senhor é do Rio?
Are you from Rio?

Yes-no question

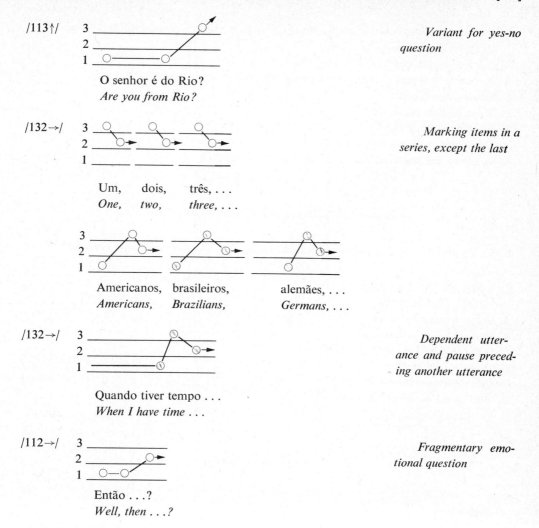

/113↑/   Variant for yes-no question

O senhor é do Rio?
Are you from Rio?

/132→/   Marking items in a series, except the last

Um,   dois,   três, . . .
One,   two,   three, . . .

Americanos,   brasileiros,   alemães, . . .
Americans,   Brazilians,   Germans, . . .

/132→/   Dependent utterance and pause preceding another utterance

Quando tiver tempo . . .
When I have time . . .

/112→/   Fragmentary emotional question

Então . . . ?
Well, then . . . ?

See Section 4 for discussion and drill on patterns /113↑/ and /113↓/—yes-no questions.

Perguntas e revisão individual

Perguntas sôbre o Diálogo principal

Base your answers on the memorized dialogue.

1. Patrícia e os amigos chegam do aeroporto?
2. Quem chega com Patrícia, Iara ou Zé Maria?
3. Dr. Álvaro e Iara chegam com Patrícia?

4. Patrícia vem morar com a família Pereira?
5. A família Pereira mora no norte?
6. Quem os espera em casa, Iara ou Teresa?
7. D. Teresa os espera em casa ou no aeroporto?
8. Patrícia é brasileira?
9. O vôo de Patrícia foi bom?
10. D. Teresa abraça Patrícia?
11. Patrícia gosta do nôvo apartamento?
12. Da janela Patrícia vê um carro ou um pedaço da praia?

Perguntas sôbre o Diálogo visualizado

As the filmstrip is projected, answer the numbered question that corresponds to each frame.

1. Você gosta dos personagens?
2. Iara é amiga de Patrícia?
3. O que é que a Iara diz?[1]
4. Que tal o vôo de Patrícia?
5. O Dr. Álvaro demora?
6. O que a Iara diz?
7. Que tal o carro?
8. Você gosta do carro?
9. De que a Patrícia gosta?

Revisão individual

Practice semifree or free responses within patterns. At the end of each practice series, invent your own response.

MORNING GREETINGS

A. Bom dia.
B. Bom dia.
A. Como vai_____?
         o senhor
         a senhora
         o João
         _____?

---

[1]**diz** says, does say

B. Bem,_____.
         obrigado
         obrigada

AFTERNOON GREETINGS

A. Boa tarde.
B. Boa tarde.
A. Tudo bem?

B. Bem, e_____ ?
         você
         o senhor
         a Maria
       _____ ?

A. Bem,_____.
         obrigado
         obrigada

EVENING GREETINGS

A. Boa noite.
3. Boa noite.
A. Como vai_____ ?
         você
         o senhor
       _____ ?

B._____.
        Mais ou menos[2]
        Bcm
        Ruim
      _____ ?

LEAVETAKING

A. Até logo,_____.
         João
         Patrícia
      _____ ?

---

[2]**mais ou menos** So-so

B.   Até logo,_____.

       Iara

       Dr. Álvaro

           _____?_____

A.   Até amanhã,_____.

       João

       Patrícia

           _____?_____

B.   Até amanhã,_____.

       Flávio

       Roberto

           _____?_____

QUESTIONS TO ASK THE TEACHER

A.   Como se diz_____em português?

       isto

       isso

           _____?_____

B.   É_____.

    um livro

    uma cadeira

       _____?_____

SEGUNDA UNIDADE

Diálogo principal: NO CAFÉ DA MANHÃ [1]

À mesa.

1. IARA: Patrícia, você quer geléia?
2. PATRÍCIA: Quero. Ainda me lembro das geléias de Dona [2] Teresa. O que é que você vai comer?
3. IARA: Ah, eu tomo sempre o mesmo café com leite.
4. MOACIR: Mas sem pão. Pão fresco engorda.
5. IARA: Meu irmão tem a língua comprida demais.

Penha vem da cozinha com um prato.

6. PENHA: Pronto. Ovos com presunto p'ra [3] um!

Ela serve Moacir. [4]

7. PATRÍCIA: Moacir ainda procura ficar forte . . .
8. MOACIR: Claro. Amanhã tenho prova de natação com nove concorrentes.
9. IARA: Sabe como êle é: dez rapazes nadando, dez garôtas apreciando.

A hora do café.

AT BREAKFAST

At the breakfast table.

1. IARA: Patricia, will you have [do you want] (some) jelly?
2. PATRICIA: Yes, I will [Yes, I wish (it)]. I still remember Dona Teresa's jellies. What are you going to eat?
3. IARA: Oh, I'm having the same (old) coffee with milk [café au lait].
4. MOACIR: But without bread. Fresh bread makes (you) fat.
5. IARA: My brother talks too much [has too long a tongue].

Penha enters from the kitchen with a plate.

6. PENHA: Here you are [Ready]. Ham and eggs for one!

She serves Moacir.

7. PATRICIA: (I see that) Moacir is still trying to get strong.
8. MOACIR: That's right. Tomorrow I'm swimming in a race [have a swimming contest with] against nine contestants.
9. IARA: You know how it is: Ten boys swimming, ten girls cheering them on.

Explicação cultural

[1] Since the first meal of the day in Brazil invariably includes coffee in some form, the name **café da manhã** has come to mean breakfast. To have breakfast is **tomar café** or **tomar o café da manhã.** In Brazil a typical breakfast consists of a half-and-half mixture of strong black coffee and hot milk **(café com leite)** to which sugar is added; this drink is accompanied by bread and butter.

[2] In informal usage a married woman in Brazil is normally not called **senhora** but rather **dona** followed by her given name: **Dona Teresa, Dona Dulce,** and so on. There is no equivalent of the Spanish *Don* (the Portuguese **Dom** is reserved for kings and for the highest ranking officials of the Catholic Church).

[3] The spelling **p'ra** represents the reduction of **para** to /pra/. In informal educated spoken usage, the use of /pra/ instead of the full form /para/ is very common. Such usage sounds as natural as the use of *don't* or *doesn't* in English. In **vou para a praia,** the preposition (relater) plus the article (determiner) may become simply /pa/ in rapid speech. **Para** followed by **o** likewise becomes /pru/. One also hears **tá** instead of **está, quand'é** instead of **quando é.**

[4] The telephone directory **(lista telefônica)** is a handy place to observe the great variety of both family names **(sobrenomes)** and given names **(prenomes).** Many of the latter are derived from Indian legend, as are the names Iara (a water spirit) and Moacir (an Indian character from the famous novel *Iracema* by Alencar), which Dona Teresa and Dr. Alvaro Pereira have given to their children. Notice that Teresa and Alvaro are traditional names of Portuguese—that is, European—origin. Penha (rock, boulder) is named for a rock or crag made famous in religious history. Melodious names for both men and women abound. Classical mythology, oriental legend, as well as lively imagination are other sources of given names.

Diálogo visualizado

Dona Teresa e Patrícia conversam na sala de visitas.

Dona Teresa and Patricia talk in the living room.

1. D. TERESA: É hora do lanche,* Patrícia.
   It's **lanche** time, Patricia.
2. PATRÍCIA: Que horas são, Dona Teresa?
   What time is it, Dona Teresa?
3. D. TERESA: São três horas.
   It's three o'clock.
4. PATRÍCIA: Lanche às três horas? O que é que comem?
   Lanche at three o'clock? What are you having?
5. D. TERESA: Café com leite, pão e geléia.
   Coffee and (hot) milk, bread, and jelly.

---

* **Lanche** is the English word *lunch* adapted to Portuguese phonology; but note that its meaning is *snack*.

6. PATRÍCIA: Então não é almôço.
7. D. TERESA: É verdade, Patrícia. O almôço é ao meio-dia.
8. PATRÍCIA: Então quero lanchar, mas sem pão.

Then it is not really **almôço.***
That's right, Patricia. The **almôço** is at noon.
Then I want a snack, but without bread.

---

* **Almôço** is *lunch*.

Vocabulário para substituição

A. Que horas são?

B. É_____.
   uma em ponto
   meio-dia

C. São_____.
   duas e cinco
   três e dez
   quatro e quinze
   cinco e vinte
   seis e meia

D. São_____.
   dez para as[1] três
   quinze para as quatro
   vinte para as oito

A. A que horas é_____?
        o café
        o almôço
        o jantar
        o lanche
        a aula

B. Às_____.
   sete
   doze e meia
   seis e quarenta e cinco
   três e quinze
   oito da manhã
   nove da noite
   duas da tarde

What time is it?

It's_____.
   one sharp
   noon

It's_____.
   five after two
   three ten
   four fifteen
   five twenty
   six thirty

It's_____.
   ten to three
   a quarter to four
   twenty to eight

What time is_____?
        breakfast
        lunch
        dinner
        snack time
        the class

At_____.
   seven
   twelve thirty
   six forty-five
   three fifteen
   eight in the morning
   nine at night
   two in the afternoon

---

[1]pronounced /pras/

A. Quando o avião chega?

B. O avião chega_____.

>à noite
>à meia-noite
>à tarde
>de manhã
>de madrugada

When does the plane arrive?

The plane arrives_____.

>*at night*
>*at midnight*
>*in the afternoon*
>*in the morning*
>*in the early morning*

A. Quantos anos ela tem?

B. Ela tem_____anos.

>dezoito
>quinze
>vinte

How old is she?

She is_____ years old.

>*eighteen*
>*fifteen*
>*twenty*

Estruturas básicas

§ 5.1 Presente do indicativo de ter

*Present Indicative of **ter***

E X E M P L O S

Êle **tem** carro?
Amanhã **tenho** prova.
Vocês têm amigos? **Temos.**

F O R M A S

Present Indicative of **ter**		
tenho	1st sing.	*I have*
tem	{2nd	*you have, etc.*
	{3rd	*he has, etc.*
temos	1st pl.	*we have*
têm	{2nd	*you have, etc.*
	{3rd	*they have*

F A L A   E   E S C R I T A

tẼmuS	temos
tEɲu	tenho
tẼỹ	têm
tẼỹ	tem

Substituição simples

1. **Nós temos** uma casa na praia.

   a. Êles têm
   b. Patrícia e Iara têm
   c. Eu tenho

   d. Patrícia e eu temos
   e. A Sra. Souza tem

2. **Ela tem** um carro nôvo.

   a. Nós temos
   b. Elas têm
   c. Eu tenho

   d. Moacir e eu temos
   e. João tem

3. **Eu tenho** dezoito anos.

   a. Ela tem
   b. Êle e eu temos
   c. Iara e Patrícia têm

   d. A môça[1] tem
   e. Os rapazes têm

Substituição de um elemento

1. **Nós** temos presunto em casa.
   a. Êles
   b. Ela
   c. Eu

   d. Elas
   e. Iara

2. **Êle** tem prova de natação.

   a. Eu
   b. Êles
   c. Os rapazes

   d. Nós
   e. Iara

3. **Patrícia tem** oito livros.

   a. Eu
   b. Nós
   c. Elas

   d. Êles
   e. João e Maria

---

[1]**môça** girl

4. **Ela** ainda tem carro?

a. Êles

b. O senhor

c. Vocês

d. Dona Teresa

e. O Dr. Álvaro

Pergunta e resposta

Give short, reinforced negative replies.

1. Ela tem dez anos?
2. Elas têm prova de natação amanhã?
3. Você tem presunto em casa?
4. Você tem amigos?
5. Vocês têm um apartamento nôvo?
6. Você tem aula? 7

Não tem não.

§ 5.2 Presente de verbos da conjugação -A-

Present Indicative of -A- Verbs

Dona Teresa **espera** em casa.
Você **gosta** do apartamento?
Sempre **tomo** café com leite.
Almoçamos ao meio dia.

F O R M A S

Present Indicative of **-A-**Verbs

Infinitive	*Stem*	*Tense-Pers.-No. Markers*	
passar	pass-	o	1st sing.
esperar	esper-	a	2nd
tomar	tom-		3rd
		amos	1st pl.
morar	mor-	am	2nd
entrar	entr-		3rd

F A L A   E   E S C R I T A

pasÃmuS	passamos	esperÃmuS	esperamos
pAsãw̃	passam	espĘrãw̃	esperam
pAsa	passa	espĘra	espera
pAsu	passo	espĘru	espero
morÃmuS	moramos	tomÃmuS	tomamos
mǪrãw̃	moram	tÕmãw̃	tomam
mǪra	mora	tÕma	toma
mǪru	moro	tÕmu	tomo
ẽtrÃmuS	entramos		
Ẽtrãw̃	entram		
Ẽtra	entra		
Ẽtru	entro		

When stem vowel is /e/ or /o/ (but not /ẽ/ or /õ/, as in **entra** or **toma**), it becomes /ę/ and /ǫ/ when stressed. A few verbs (**chegar, fechar, desejar,** and so on) do not change as shown above.

Substituição simples

1. **Nós tomamos café** às oito.

   a. Êles tomam café
   b. Dona Teresa toma café
   c. Eu tomo café

   d. O Sr. Alves toma café
   e. A família Pereira toma café

2. **Eu passo** pela casa às duas.

   a. Nós passamos
   b. João e Patrícia passam
   c. O Dr. Álvaro passa

   d. Êle passa
   e. Mário e eu passamos

3. **Ela espera** na porta.

   a. Nós esperamos
   b. Eu espero
   c. Maria e eu esperamos

   d. Êles esperam
   e. Êle espera

4. **Patrícia mora** com elas.

   a. Você mora
   b. Êles moram
   c. Dona Teresa mora

   d. Vocês moram
   e. Os filhos moram

5. **Você gosta** do livro?

   a. Elas gostam
   b. Vocês gostam
   c. Êle gosta

   d. Êles gostam
   e. Os professôres gostam

Substituição de um elemento

1. A que horas **você** chega?

   a. ela
   b. vocês
   c. os rapazes

   d. a Sra. Ramos
   e. a empregada

2. A que horas **vocês** tomam café?

   a. você
   b. Zé Maria
   c. os senhores

   d. elas
   e. Pedro

3. A que horas **o senhor** almoça?

   a. ela
   b. o Dr. Álvaro
   c. você

   d. vocês
   e. os alunos

4. **Eu** gosto do nôvo apartamento.

   a. Nós
   b. Êles
   c. Dona Teresa e ela

   d. Êle
   e. Maria

5. **Elas** esperam Patrícia em casa.

   a. Eu
   b. Vocês
   c. Nós

   d. Dona Teresa e eu
   e. Êles

Pergunta e resposta

Give long negative replies.

1. Vocês passam pela praia?
2. Vocês gostam de café com leite?
3. O Dr. Álvaro toma café às oito?
4. Ela espera o Dr. Álvaro em casa?
5. O avião chega às oito?

Não, não passamos pela praia.

Give short affirmative replies.

1. Você mora num apartamento?   Moro.
2. Ela gosta do apartamento?
3. Vocês almoçam ao meio dia?
4. Você mora com a família?
5. Vocês tomam café às sete e meia?

§ 6 Combinação de em, de, a, por com artigos

*Combination of **em, de, a, por** With Articles*

E X E M P L O S

Copacabana é **no** Rio.
Ela é amiga **da** família.
Almoçamos **à** uma hora.
Eu passo **pelo** hotel.[2]
Moramos **numa** casa velha.
É o nome **dum** brasileiro.

F O R M A S

Obligatory Combinations					
Singular			**Plural**		
PREP.	ARTICLE	COMBINATION	PREP.	ARTICLE	COMBINATION
em + o	=	no /nu/	em + os	=	nos /nuS/
de + o	=	do /du/	de + os	=	dos /duS/
a + o	=	ao /aw/	a + os	=	aos /awS/
por + o	=	pelo /pelu/	por + os	=	pelos /peluS/
em + a	=	na /na/	em + as	=	nas /naS/
de + a	=	da /da/	de + as	=	das /daS/
a + a	=	à /a/	a + as	=	às /aS/
por + a	=	pela /pela/	por + as	=	pelas /pelaS/

[2]**hotel**   hotel

Optional Combinations

Singular					*Plural*				
PREP.		ARTICLE		COMBINATION	PREP.		ARTICLE		COMBINATION
em	+	um	=	num	/nũ/	em	+	uns	=	nuns	/nũS/
de	+	um	=	dum	/dũ/	de	+	uns	=	duns	/dũS/
em	+	uma	=	numa	/nŨma/	em	+	umas	=	numas	/nŨmaS/
de	+	uma	=	duma	/dŨma/	de	+	umas	=	dumas	/dŨmaS/

All the combinations above are used in speech and writing. The uncombined forms of **em** and **de** with indefinite articles are found chiefly in writing.

Substituição simples

1. O carro chega **ao apartamento.**

   a. à tarde
   b. às duas horas
   c. às quatro horas
   d. à uma hora
   e. ao meio dia

2. A casa é **dum brasileiro.**

   a. duma brasileira
   b. duns americanos
   c. dum professor
   d. duns alunos
   e. duma família brasileira

3. O ônibus[3] passa **pela praia.**

   a. pelo hotel
   b. pelo edifício
   c. pelo aeroporto
   d. pela casa
   e. pelo Rio de Janeiro

4. Êles moram **num hotel.**

   a. numa casa nova
   b. nuns apartamentos velhos
   c. num edifício nôvo
   d. numa praia

---

[3]ônibus bus

5. Ela espera o amigo **no hotel.**

a. na praia

c. no carro

b. no aeroporto

d. na aula

Substituição de um elemento

1. Êle espera João na **aula.**

a. edifício

d. praia

b. aeroporto

e. hotel

c. apartamento

2. O carro é do **professor.**

a. amigos brasileiros

d. rapazes

b. americanas

e. Dr. Pinto

c. Mário.

3. Êles moram numa **casa.**

a. apartamento

d. dormitório[4]

b. praia

e. edifício de apartamentos

c. casas

4. O carro passa pelo **Rio.**

a. casas

d. aeroporto

b. apartamentos

e. edifícios

c. praia

Pergunta com sugestão para resposta

Answer each question by using the cues in the series.

1. Por onde[5] êle passa?
   a. pela praia

   Êle passa pela praia.

   b. pelo apartamento
   c. pelo edifício
   d. pelo laboratório
   e. pelos edifícios

---

[4]**dormitório** dormitory
[5]**por onde** which way (through where)

2. Onde ela mora?

    a. num apartamento   Mora num apartamento.
    b. numa praia
    c. numa casa
    d. no edifício Flórida
    e. num dormitório

3. De onde Mário chega?

    a. do aeroporto   Chega do aeroporto.
    b. da praia
    c. do laboratório
    d. do apartamento
    e. da aula
    f. do hotel

4. Por onde você vai?

    a. pelo sul   Eu vou[6] pelo sul.
    b. pelo aeroporto
    c. pela casa de Mário
    d. pela praia
    e. pelo norte
    f. pelo campus[7]

§ 7 Adjetivos terminados em -o, -e

Adjectives Ending in -o, -e

E X E M P L O S

    É um livro **nôvo.**
    Moacir é **forte.**
    Pão **fresco** engorda.
    Êle mora num apartamento **velho.**

---

[6]**vou** I am going
[7]**campus** campus

F O R M A S

Adjective-Noun Agreement

Determiner	Masc. Noun	Adj.	Determiner	Fem. Noun	Adj.

SINGULAR

| o
um
êste
(o) meu
etc. | carro | velho
grande*
nôvo
etc. | a
uma
esta
(a) minha
etc. | casa | velha
grande
nova
etc. |

PLURAL

| os
uns
êstes
(os) meus
etc. | carros | velhos
grandes
novos
etc. | as
umas
estas
(as) minhas
etc. | casas | velhas
grandes
novas
etc. |

---

* large, big

The adjective **nôvo** /nOvu/ has /ǫ/ in its three other forms: **nova, novos, novas** /nǪva, nǪvuS, nǪvaS/. Adjectives ending in **-oso** also have this vowel change: **famoso** *famous,* **religioso** *religious,* **gostoso** *tasty.*

Adjectives form their plurals as do nouns. The group shown above adds **-s** to **-o, -a, -e.** Adjectives match the nouns they modify in gender and number.

Substituição simples

1. **O carro** é nôvo.
   a. O caderno
   b. O livro
   c. O giz
   d. O lápis
   e. O quadro-negro

2. Eu gosto **da mesa** velha.
   a. da cadeira
   b. da janela
   c. da casa

3. Os ônibus são **grandes.**
   a. velhos
   b. brasileiros
   c. ótimos
   d. novos

4. Moacir e Patrícia são **brasileiros.**

    a. americanos

    b. velhos

    c. fortes

    d. grandes

    e. ótimos

Substituição de um elemento

1. Gostamos do **carro** nôvo.

    a. apartamentos

    b. hotel

    c. cadeiras[8]

    d. livro

    e. cadernos

2. **Elas** são brasileiras.

    a. Os dois senhores

    b. Iara

    c. As garôtas

    d. Moacir

    e. A empregada

3. É o **carro** nôvo.

    a. apartamento

    b. aeroporto

    c. praias

    d. edifício

    e. hotel

4. Êles têm umas **casas** velhas.

    a. livro

    b. apartamento

    c. carro

    d. casa

    e. fita

Transformação

Change the singular elements in boldface to plural forms.

1. Gosto **do carro grande.**   Gosto dos carros grandes.
2. Gosto **da casa nova.**   Gosto das casas novas.
3. Gosto **do apartamento nôvo.**
4. Tenho **um amigo americano.**   Tenho uns amigos americanos.
5. Tenho **um professor velho.**   Tenho uns professôres velhos.
6. Tenho **um carro nôvo.**

---

[8]**cadeiras** chairs

7. Vejo **um garôto grande.**
8. Vejo **um edifício grande.**
9. Eu vejo **o carro velho.**
10. Eu espero **uma amiga brasileira.**

§ 8.1 Números cardinais 1–20

Cardinal Numbers 1–20

E X E M P L O S

Ela tem **oito** anos.
Êle tem **quinze** alunos.
São **nove** horas.
Eu tenho **duas** irmãs.
Êles têm **uma** filha e um filho.

F O R M A S

Cardinal Numbers

1	um (*masc.*)*	/ũ/	10	dez	/dE̦S/
	uma (*fem.*)	/Uma/	11	onze	/Õzi/
2	dois (*masc.*)	/dOyS/	12	doze	/dOzi/
	duas (*fem.*)	/dUaS/	13	treze	/trEzi/
3	três	/trEyS/	14	catorze	/katOrzi/
4	quatro	/kwAtru/	15	quinze	/kĬzi/
5	cinco	/sĬku/	16	dezesseis	/dizesEyS/
6	seis	/sEyS/	17	dezessete	/dizesE̦ti/†
7	sete	/sE̦ti/†	18	dezoito	/dezOytu/
8	oito	/Oytu/	19	dezenove	/dizenQvi/
9	nove	/nQvi/	20	vinte	/vĬti/†

* Except for one and two, all numbers shown here are both masculine and feminine.
† or /sE̦[ț]i/, /[d̦]izesE̦[ț]i/, /vĬ[ț]i/

Substituição simples

1. O professor tem **muitos** alunos.

a. dois
b. cinco
c. vinte

d. seis
e. onze

2. Ela janta às **oito** da noite.
   a. oito e quinze
   b. seis em ponto
   c. nove e dez
   d. quinze para as[9] oito
   e. sete e meia

3. Eu vejo **cinco** alunos.
   a. vinte
   b. dezesseis
   c. onze
   d. dezoito
   e. treze

4. Ovos com presunto para **um!**
   a. dois
   b. três
   c. quatro
   d. cinco

5. Tenho prova de português com **dez** colegas.[10]
   a. sete
   b. dois
   c. nove
   d. doze

Substituição de um elemento

1. São **seis** rapazes fortes.
   a. três
   b. dois
   c. quatro
   d. cinco
   e. sete

2. São **três** alunos do Professor Paulo.
   a. dez
   b. sete
   c. dois
   d. onze

3. Eu tenho uma **casa.**
   a. casas
   b. apartamentos
   c. prova
   d. cadernos

4. Ela tem duas **empregadas.**
   a. casas
   b. canetas[11]
   c. irmãs
   d. amigas
   e. aulas

[9]/praz/
[10]**colegas** classmates
[11]**canetas** pens

Pergunta com sugestão para resposta

Answer each question by using the cue in boldface.

1. Iara tem cinco carros? **1**   Não, ela tem um carro.
2. Iara tem cinco aulas? **2**
3. Iara tem cinco amigos? **3**
4. Iara tem cinco provas? **3**
5. Iara tem cinco amigas? **2**

§ 8.2 Expressões de hora

Expressions of Time

E X E M P L O S

> É **uma hora.**
> São **três e quinze.**
> São **dez para as oito.**
> A aula é **às três e meia.**

F O R M A S

Expressions of Time	
A aula é à uma (hora)*	1:00
à uma e dez.	1:10
à uma e quinze.	1:15
à uma e vinte.	1:20
à uma e meia.	1:30
às vinte para as duas.	1:40
às dez para as três.	2:50
São duas da madrugada.	2:00 A.M.
São duas e dez da tarde.	2:10 P.M.
São oito e meia da manhã.	8:30 A.M.
Faltam vinte para as nove.	8:40 P.M.
Faltam quinze para as nove.	8:45
São cinco para as nove.	8:55
É meio-dia.	Noon
É meia-noite.	Midnight

* Class is at one o'clock.

Note the combination (article plus preposition):

$$a + a = à$$
$$a + as = às$$

To tell time past the half hour **são** and **falta(m)** are used interchangeably. **São dez para as três** or **Faltam dez para as três. São duas e quarenta e cinco** or **Faltam quinze para as três.**

In official announcements and office hours the time may be given by the twenty-four-hour clock: **O ônibus chega às dezesseis e trinta.**

Substituição simples

1. São **sete** da manhã.

   a. oito
   b. dez
   c. nove e quinze

   d. onze e meia
   e. seis e vinte

2. São **duas** da tarde.

   a. três e quinze
   b. quatro e meia
   c. cinco e quinze

   d. quatro
   e. duas e meia

3. É **uma hora.**

   a. meio-dia
   b. meia-noite
   c. uma e quinze

   d. uma e meia
   e. uma e dez

4. São **cinco** para as sete.

   a. dez para as seis
   b. quinze para as nove
   c. vinte para a uma

   d. dez para as duas
   e. vinte e cinco para a uma

5. São cinco para a **uma.**

   a. sete
   b. onze
   c. duas

   d. oito
   e. doze

Substituição de um elemento

1. São **quatro** horas.

   a. seis
   b. sete
   c. nove

   d. onze
   e. três

2. Falta um quarto para as **onze.**

    a. duas   d. oito

    b. quatro   e. dez

    c. seis

3. Faltam **cinco** para as nove.

    a. dez   c. quinze

    b. três   d. vinte e cinco

4. As aulas são às **nove** da noite.

    a. sete   d. sete e quinze

    b. oito   e. nove e dez

    c. oito e meia

5. As aulas são às **cinco** da tarde.

    a. três   d. duas e meia

    b. duas   e. três e quinze

    c. quatro

Pronúncia

/e, ę, o, ǫ, i, ĭ, u, ũ, ẽ, õ, a/ [ą̃]

Vowels/e, ę, o, ǫ/

The vowels /e, o/ and /ę, ǫ/ are often called "close" and "open" respectively. An open vowel is pronounced with the tongue somewhat lower, the lips less tensely spread or rounded, and a lower pitch than the corresponding close vowel. Use the following material as an introductory sample. For more practice, see Unit. III.

Imitation and Contrast Drill

Read downward by columns for imitation; read horizontally by rows to contrast the sounds.

/e/		/ę/	
pê	*letter "p"*	pé	*foot*
vê-la	*see her*	vela	*candle*
cêrca	*fence*	cerca	*surrounds*
êste	*this*	este	*east*
sêlo	*stamp*	selo	*I seal*
Saí sem vê-la.	*I left without seeing her.*	Saí sem vela.	*I left without a candle.*
Êle está fazendo a cesta.	*He's making the basket.*	Êle está fazendo a sesta.	*He's taking a nap.*

/o/

môça   *girl*
pô-lo   *put it*
côrte   *court*
avô   *grandfather*
pôde   *(he) could*
Você não pôde vir.   *You couldn't come.*

/ǫ/

mossa   *dent*
pólo   *North or South pole*
corte   *cut*
avó   *grandmother*
pode   *(he) can*
Você não pode vir.   *You can't come.*

Vowels/i, ĩ, e, ẽ, u, ũ, o, õ, a/ [ã̦]/

Imitation and Contrast Drill

Read downward by columns for imitation; read horizontally by rows for contrast.

/i/

vida   *life*
se   *if*
ido   *gone*
mito   *myth*
Foi uma boa vida.   *It was a good life.*
Eu cito o problema.   *I cite the problem.*

/ĩ/

vinda   *arrival*
sim   *yes*
indo   *going*
minto   *I lie*
Foi uma boa vinda.   *It was a good arrival.*
Eu sinto o problema.   *I regret the problem.*

/e/

meta   *put*
cedo   *early*
vede   *see*
Vede* o primeiro artigo.   *See the first article.*

Você está com mêdo.   *You're afraid.*

/ẽ/

menta   *mint*
sendo   *being*
vende   *sells*
Vende o primeiro artigo.   *He sells the first article.*

Você está comendo.   *You're eating.*

/u/

mudo   *mute*
o caso   *the case*
nuca   *back of neck*
tuba   *tuba*
O mudo está doente.   *The mute (man) is sick.*
Êste foi o caso interessante.   *This was the interesting case.*

/ũ/

mundo   *world*
um caso   *a case*
nunca   *never*
tumba   *tomb*
O mundo está doente.   *The world is sick.*
Êste foi um caso interessante.   *This was an interesting case.*

---

*Used in formal writing instead of **veja**.

/o/		/õ/	
bôba	*fool*	bomba	*bomb*
sobrinha	*niece*	sombrinha	*parasol*
pois	*well (adv.)*	pões	*you put*
sou	*I am*	som	*sound*
É uma bôba.	*She's a fool.*	É uma bomba.	*It's a bomb.*
Maria tem uma sobrinha bonita.	*Mary has a pretty niece.*	Maria tem uma sombrinha bonita.	*Mary has a pretty parasol.*

Vowels /a/ and [ą]

Here are two sounds that represent /a/ in Brazilian Portuguese: **a** may be termed the strong form under strong stress, or unstressed but not word-final; **ą** the weak form under weak stress, mostly word-final. No contrast is involved.

Imitation Drill

Repeat the following words and sentences exactly as you hear them.

1. /a/
   a, caso, passo, dá, marido, falará
   O gato está magro.   *The cat is thin.*
   Passávamos pela cidade.   *We were passing through the city.*
   Acho fácil.   *I think it's easy.*

2. [ą]
   mesa, bonitas, môças, siga, coisa, dia
   Elas são bonitas.   *They are pretty.*
   Essas coisas são típicas.   *Those things are typical.*
   A bola é para ela.   *The ball is for her.*

For further discussion of patterns in Portuguese sounds, see Appendix A, Note III.

Perguntas e revisão individual

Perguntas sôbre o Diálogo principal

1. Patrícia gosta de geléia?
2. Patrícia ainda se lembra das geléias de Dona Teresa ou das geléias de Penha?
3. Iara come geléia?
4. Quem toma sempre o mesmo café com leite, Iara ou Moacir?

5. Iara come pão?
6. Pão fresco engorda?
7. Moacir come ovos com presunto?
8. Penha serve Moacir ou Patrícia?
9. Moacir procura ficar forte?
10. Quem tem prova de natação, Iara ou Moacir?

Perguntas sôbre o Diálogo visualizado

1. É hora do lanche ou do almôço?
2. Que horas são agora?
3. Você tem relógio? Que horas são?
4. Que é que Patrícia pergunta?
5. Ela toma café com leite às três horas—e você, o que toma?
6. O que é isto no balãozinho?[1] Você gosta?
7. Você também almoça ao meio-dia? Se não, a que horas?
8. Você gosta de pão com geléia? E com manteiga?[2]

Revisão individual

TELLING   TIME

A. Que horas são?
B. É_____.
    uma hora
    uma e meia
    uma e vinte
    _____?_____

A. Outra vez; que horas são?
B. São_____.
    duas horas
    cinco para as duas
    _____?_____

---

[1]**balãozinho** balloon (in comic strips)
[2]**manteiga** butter

WHEN THINGS START

A.   A que horas é_____?
                    o café
                    o almôço
                    _____?_____

B.   É_____.
        ao meio-dia
        às seis
        _____?_____

THE CLASS

A.   A que horas começa a aula?
B.   Começa_____.
              à uma hora
              às duas
              _____?_____

AGE

A.   Quantos anos_____tem?
                    você
                    êle
                    Maria
                    _____?_____

B.   _____quinze anos.
        Tenho
        Êle tem
        _____?_____

MEALTIME: DRINKS

A.   Que é que você toma_____?
                        no café
                        no almôço
                        _____?_____

B.   Tomo_____.
        café com leite
        leite
        _____?_____

FUTURE PLANS

A. Que é que você tem_____?
                    às duas
                    amanhã
                    _____?
B. Tenho_____.
          prova
          prova de natação
          aula
              _____

TERCEIRA UNIDADE

Diálogo principal: NA PRAIA

Patrícia fala com Iara.

1. PATRÍCIA: Quem é aquêle rapaz alto ali?
2. IARA: Onde? Qual? Ah, estou vendo. Aquêle que está jogando voleibol?
3. PATRÍCIA: Sim, o do calção azul.
4. IARA: Ah, conheço muito. É arquiteto e tem um bonito carro.
5. PATRÍCIA: Quer me apresentar a êle?
6. IARA: Pois não. Lá vem êle andando para cá.

Iara faz um aceno a Mário.

7. IARA: Mário, quero lhe apresentar minha amiga Patrícia Stephens. Está estudando comigo na PUC. [1]
8. MÁRIO: Prazer em conhecê-la.
9. PATRÍCIA: Muito prazer. O senhor é arquiteto?
10. MÁRIO: É verdade. Mas não me chame de "senhor." [2] Afinal não sou tão velho.
11. PATRÍCIA: Desculpe. Então digo "você."
12. MÁRIO: Quanto tempo pretende demorar no Brasil?
13. PATRÍCIA: Tenho bôlsa de um ano. Venho estudar literatura brasileira, mas recebo o diploma nos Estados Unidos.

Jogadores e papagaios na praia.

Patricia talks with Iara.

1. PATRICIA: Who is that tall fellow [boy] over there?
2. IARA: Where? Which one? Oh, (now) I see (him). The one playing volleyball?
3. PATRICIA: Yes, the one in the blue swimming trunks.
4. IARA: Oh, I know him very well. He's an architect and has a good-looking car.
5. PATRICIA: Will you introduce me to him?
6. IARA: Of course. Here [there] he comes now.

Iara waves to Mario.

7. IARA: Mario, this is [I want to present to you] my friend Patricia Stephens. She's studying with me at the PUC.
8. MARIO: Glad to know you.
9. PATRICIA: Glad to know you, (sir) [much pleasure]. Are you an architect?
10. MARIO: Yes, I am [it's true]. But don't call me "sir." After all, I'm not so old.
11. PATRICIA: Sorry. Then I won't say "sir" [I will say "você"].
12. MARIO: How much time do you plan to spend in Brazil?
13. PATRICIA: I have a scholarship for one year. I'm here [I come] to study Brazilian literature, but I'll receive my diploma in the United States.

apresentar = introduce
Mui prazer = glad to know you
demorar = to spend
é verdade = it's true
saudades de casa = homesick

Explicação cultural

[1] PUC, pronounced /pUki/ is the well-known acronym of several Catholic universities in Brazil; the best known are in Rio, São Paulo, and Pôrto Alegre. The Rio de Janeiro PUC is one of the major universities in Brazil's former capital (the other two are Universidade Federal do Rio de Janeiro and Universidade do Estado da Guanabara), and it has regular and special programs for foreign students. Like all other Brazilian universities, the Catholic university is of recent origin; it was approved by the national government in 1940 and began to operate its law school and college of liberal arts in 1941. Today it consists of more than a dozen institutes and schools (Faculdades) in the fields of law, liberal arts, engineering, sociology and political science, psychology, physics, and medicine, among others. At present the main campus is located in the Gávea district of Rio, on several tree-shaded acres, where a series of eleven-story buildings are under construction to house the expanding institution. There are about 3,000 students at this location; since most live in Rio there are no dormitory facilities, though there is a student-managed restaurant. Students like Patricia and Iara commute daily to the university by bus.

[2] For *you*, see Cultural Note 2, Unit I.

Diálogo visualizado

Mário e Patrícia na nova Praia do Flamengo.

Mario and Patricia at the new Flamengo Beach.

1. MÁRIO: Como você está triste hoje, Patrícia!

   How sad you are today, Patricia!

2. PATRÍCIA: Estou com saudades* de casa.

   I'm homesick.

3. MÁRIO: Que é isso! Um dia tão bonito.

   What is this? On such a pretty day.

4. PATRÍCIA: É mesmo. Que tal uma praia?

   That's right. How about going to the beach?

5. MÁRIO: Ótimo! Estou com muito calor.

   Swell! I really feel the heat. [I'm very hot.]

6. PATRÍCIA: Copacabana está bem?

   Is Copacabana O.K.?

7. MÁRIO: Está. A que horas apanho você?

   That's fine. At what time shall I pick you up?

8. PATRÍCIA: Às duas em ponto. (A)té logo!

   At two sharp. I'll see you then.

---

* also used with persons: *nostalgic memories*

esta quente = Il fait chaud

Vocabulário para substituição

A. Como está o tempo hoje?

How is the weather today?

B. Está_____.

    ótimo
    bom
    agradável
    fresco
    quente
    frio
    nublado
    chovendo
    ventando
    nevando

It's_____.

    fine
    good
    pleasant
    cool
    hot
    cold
    cloudy
    raining
    windy
    snowy

A. O homem está com _____?

    calor
    frio
    fome
    sêde
    pressa

Is the man_____?

    hot
    cold
    hungry
    thirsty
    in a hurry

B. Está sim.

Yes, he is.

A. O capitão é_____?

    inglês
    espanhol
    alemão

Is the captain_____?

    English
    Spanish
    German

B. É sim.

Yes, he is.

A. Os capitães são_____.

    inglêses
    espanhóis
    alemães

The captains are_____.

    English
    Spanish
    German

B. São sim.

Yes, they are.

Estruturas básicas

§ 9.1 Presente do indicativo de estar

Present Indicative of Estar

Você **está** com calor?
Êles **estão** com pressa.
Estamos na terceira unidade.
Onde **está** o apagador? = *croser*
Estou com fome.

Present Indicative of **estar**	
estou	*I am*
está	*you are* / *he is, etc.*
estamos	*we are*
estão	*you are* / *they are*

eştÃmuS	estamos
eştÃw̃	estão
eştA	está
eştOw	estou

Substituição simples

1. **José está** com calor.
   a. Patrícia está
   b. O Dr. Álvaro e ela estão
   c. Eu estou

   d. As duas senhoras estão
   e. Mário e eu estamos

2. **Nós estamos** com saudades do Rio.

   a. Elas estão
   b. O Sr. Alves está
   c. A família está

   d. Os alunos brasileiros estão
   e. Os professôres americanos estão

3. Você sabe onde **êle está?**

   a. elas estão
   b. João está
   c. as garôtas estão

   d. o professor está
   e. a senhora carioca está

Substituição de um elemento

1. **Êle está** com frio.

   a. O Sr. Alves
   b. Eu, João e Paulo

   c. Maria e Laura
   d. O aluno brasileiro

2. **Êles estão** com sêde.

   a. Eu
   b. Nós
   c. Elas

   d. Zé Maria e eu
   e. Dr. Álvaro

3. Onde está **o Dr. Álvaro?**

   a. êles
   b. Moacir
   c. Rabelo

   d. o médico
   e. a família Gonçalves

Pergunta e resposta

Give short affirmative replies.

1. Vocês estão com frio?
2. Ela está com sêde?
3. Você está com pressa?
4. Êle está com fome?
5. Iara e Lúcia estão com calor?

Estamos.

§ 9.2 Presente do indicativo de verbos da conjugação -E-

Present Indicative of -E- Verbs

E X E M P L O S

Êle **escreve** bem.
Êles **vendem** apartamentos.
Conheço o Professor Santos.
Corremos na praia de manhã.

F O R M A S

Present Indicative of **-E-** Verbs		
Infinitive	*Stems*	*Tense-Pers.-No. Markers*
conhecer*	conhec-†	o
escrever	escrev-	e
responder	respond-	emos
vender	vend-	em
correr	corr-	

*to know, to be acquainted with
† The letter **c** with the sound of /s/ is written **ç** when **o** or **a** follows.

F A L A   E   E S C R I T A

kuŋesẼmuS	conhecemos	iskrevẼmuS	escrevemos
kuŋE̦sêỹ	conhecem	iskrE̦vêỹ	escrevem
kuŋE̦si	conhece	iskrE̦vi	escreve
kuŋEsu	conheço	iskrEvu	escrevo
xespõdẼmuS	respondemos	vẽdẼmuS	vendemos
xespÕdêỹ	respondem	vẼdêỹ	vendem
xespÕd̦i	responde	vẼd̦i	vende
xespÕdu	respondo	vẼdu	vendo

to sell

koxẼmuS	corremos
kQxêỹ	correm
kQxî	corre
kOxu	corro

courir

Except in the first person singular, stressed /e/ and /o/ of **-E-** verbs become /e̦/ and /o̦/. This does not apply to verbs with /e/ or /o/ followed by **-m** or **-n**.

Substituição simples

1. **Êle corre** na praia?

   a. Êles correm
   b. Vocês correm
   c. Roberto corre

   d. Iara e Patrícia correm
   e. Os rapazes correm

2. **Eu conheço** o Dr. Álvaro.

   a. Nós conhecemos
   b. Elas conhecem
   c. Ela e eu conhecemos

   d. Zé Maria
   e. A família Campos

3. **Êles vendem** livros brasileiros?

   a. Elas vendem
   b. O Sr. Rodrigues vende
   c. Os professôres vendem

   d. Vocês vendem
   e. João e Henrique vendem

4. **Nós escrevemos** em português.

   a. Elas escrevem
   b. Vocês escrevem
   c. Eu escrevo

   d. Ela escreve
   e. Os alunos escrevem

Substituição de um elemento

1. **Nós** escrevemos em português.

   a. Mário
   b. Eu
   c. Maria e Iara

   d. Vocês
   e. Jorge e Ricardo

2. **O médico** não conhece o José.

   a. Eu
   b. Êle
   c. Nós

   d. As garôtas
   e. Os estudantes

3. **Ela** responde as perguntas.

   a. Eu
   b. As môças
   c. Henrique

   d. Três alunos
   e. Nós
   f. Vocês rapazes

4. **As môças** correm na praia.

    a. Iara

    b. Zé Maria e eu

    c. Eu

    d. Êle

    e. Elas

Pergunta e resposta

Give short, reinforced negative replies.

1. Você conhece Iara?
2. Êle vende cadernos?
3. Patrícia responde em inglês?
4. Vocês escrevem em português?
5. Nós conhecemos os Pereira?

    Não conheço não.

§ 10 Pluralização irregular de substantivos e adjetivos

Irregular Plurals of Nouns and Adjectives

E X E M P L O S

    O carro **azul** é **inglês**.

    O **homem** é espanhol.

    O **capitão** é **alemão**

    Os carros **azuis** são **inglêses**.

    Os **homens** são **espanhóis**.

    Os **capitães** são **alemães**.

F O R M A S

Plurals in **-s** /S/ *i-o-a-m*	
Singular	*Plural*
o carro /u kAxu/	os carros /us kAxuS/
a casa /a kAza/	as casas /as kAzaS/
a irmã /a ixmÃ/	as irmãs /az ixmÃS/
o jardim* /u ʒaxdĨ/	os jardins /uz ʒaxdĨS/
o homem /u Omẽỹ/	os homens /uz OmẽỹS/
father o pai /u pAy/	os pais /us pAyS/
bom /bÕ/	bons /bÕS/

* garden

Most nouns and adjectives ending in a vowel or diphthong form their plurals by adding **-s** /S/; those ending in **-m,** by converting the ending to **-ns.**

Plurals in -es /iS/: Words in -r, -s, -z

Singular		*Plural*
o professor	/u profesOx/	os professôres /us profesOriS/
o senhor	/u seɲOx/	os senhores /us seɲOriS/
o rapaz	/u xapAyS/ *or* /u xapAS/	os rapazes /uz xapAziS/
o inglês	/u ĩglES/	os inglêses /uz ĩglEziS/
o país*	/o paIS/	os países /us paIziS/

* country

Words ending in -r, -s, -z in a stressed syllable form their plural with -es; words ending in -s in an unstressed syllable are invariable: **o lápis**   /u lApiS/, **os lápis**   /uz lApiS/; **o ônibus**   /u OnibuS/, **os ônibus**   /uz OnibuS/.

Plurals With -i + /S/: Words That Lose /l/

Singular	*Plural*	*Pluralization*
o hospital	os hospitais	al → ais
o hotel	os hotéis	el → éis
o fuzil	os fuzis	il* → is
o farol	os faróis	ol → óis
azul	azuis	ul → uis

* In words like **fuzil**, i and l are fused as stressed final i: /i/ + /S/.

Words ending in -l in a stressed syllable form their plurals in -is; words ending in -l in an unstressed syllable form their plurals in -eis. The -l- drops in both cases: **fácil** /fAsil/, **fáceis** /fAseyS/; **agradável** /agradAvel/, **agradáveis** /agradAveyS/.

FALA E ESCRITA

u ospitAl	o hospital	uz ospitAyS	os hospitais
u otĘl	o hotel	uz otĘyS	os hotéis
u fuzIl	o fuzil	us fuzIS	os fuzis
u farOl	o farol	us farOyS	os faróis
azUl	azul	azUiS	azuis

Plurals in -ões, -ães, and -ãos: Words in -ão

Singular	Plural
a lição* /a lis[Ãw̃]/	as lições /az lisÕỹs/
a informação† /aĩfoxmas[Ãw̃]/	as informações /az ĩfoxmasÕỹS/
o calção /u kals[Ãw̃]/	os calções /us kalsÕỹS/
o pão /u p[Ãw̃]/	os pães /us p[Ãỹ]S/
o alemão /u alem[Ãw̃]/	os alemães /uz alem[Ãỹ]S/
o capitão /u kapit[Ãw̃]/	os capitães /us kapit[Ãỹ]S/
o irmão /u ixm[Ãw̃]/	os irmãos /uz ixm[Ãw̃]S/
a mão‡ /a m[Ãw̃]/	as mãos /az m[Ãw̃]S/

* lesson
† information
‡ hand

The plural ending for words in **-ção** is **-ções**; the plural forms of other words in **-ão** may be either **-ães** or **-ãos** and must be learned together with the singular form.

Substituição simples

1. **Os homens** estão com pressa.

   a. Os estudantes
   b. Os três senhores
   c. As duas irmãs

   d. As professôras
   e. Os pais de Patrícia

2. Conhece **os grandes hospitais?**

   a. os bons hotéis
   b. os jardins bonitos
   c. os dois rapazes

   d. as duas môças
   e. as praias bonitas

3. São Paulo tem muitos **jardins.**

   a. ônibus
   b. hospitais
   c. hotéis

   d. espanhóis
   e. portuguêses

pão = bread   mão = man   ligao = lesson
                     calção = short de bain

4. As lições são **difíceis?**

    a. fáceis

    b. novas

    c. compridas[1]

    d. grandes

    e. agradáveis

Transformação

Change the boldface elements in each sentence to plural forms.

1. Conheço **um médico espanhol.**
2. Êle tem **um calção azul.**
3. Êle tem **um bom carro inglês.**
4. É **um bom hospital.**
5. Êles têm **um animal[2] bonito.**
6. Êles são de **um país** do norte.
7. Acho[3] **fácil a lição.**
8. Acho **a lição muito agradável.**
9. Meu **irmão** é **capitão.**
10. É um **rapaz alemão.**
11. O **farol** não é **bom.**
12. Onde está a **informação?**

Conheço uns médicos espanhóis.

Êle tem uns calções azuis.

Êle tem uns bons carros inglêses.

São bons hospitais.

Pergunta com sugestão para resposta

Answer each question by using the cue in boldface.

1. O hotel tem um ônibus nôvo? **Não/dois**
2. Êle tem um carro inglês? **Não/dois**
3. Ela tem um professor espanhol? **Não/dois**
4. A cidade[4] tem um hotel grande? **Não/dois**
5. Marcos tem um lápis nôvo? **Não/dois**

Não, tem dois ônibus novos.

Não, tem dois carros inglêses.

Não, tem dois professôres espanhóis.

Não, tem dois hotéis grandes.

---

[1]**compridas** long
[2]**animal** animal

[3]**acho** I think
[4]**cidade** city

Pergunta e resposta

Answer each question by selecting one of the alternative replies.

1. Êles são espanhóis ou[5] alemães?   São espanhóis. *or* São alemães.
2. Elas são professôras ou alunas?   São professôras. *or* São alunas.
3. Vocês são inglêses ou americanos?   Somos inglêses. *or* Somos americanos.
4. Você mora com os irmãos ou com as irmãs?   Moro com os irmãos. *or* Moro com as irmãs.
5. Você quer uns lápis ou uns livros?   Quero uns lápis. *or* Quero uns livros.

§ 11. Palavras interrogativas e exclamatórias

Interrogative and Exclamatory Words

E X E M P L O S

Quem é aquêle rapaz?
Qual dos alunos você conhece?
Que prazer!
Como êle é alto!
Onde mora a Patrícia?
Quantos irmãos ela tem?

F O R M A S

```
+---------------------------------------------------------------+
|                     Optional Expansion                        |
|                                                               |
|         Forms That May Be Directly Followed by é que          |
|                                                               |
|  quem    /kɛ̃y̆/          quem é que*         who               |
|  onde    /Õđi/           onde é que          where             |
|  quando  /kw[Ã]du/       quando é que        when              |
|  que     /kI/            que é que           what              |
|  o que   /u kI/          o que é que         what              |
|  qual    /kwAl/          qual é que          which             |
|  como    /kOmu/          como é que          how               |
|  quanto  /kw[Ã]tu/       quanto é que        how much          |
|                                                               |
|  _____  |
|                                                               |
|  * interrogatives with optional expansion                     |
+---------------------------------------------------------------+
```

[5]**ou** or

Interrogatives Used as Adjectives That Are Not Directly Followed by é que

que   /kI/   what, which
qual*   /kwAl/; *pl.* quais   /kwAyS/ ⎫ + *noun* + é que   which
quanto   /kw[Ã]tu/, quanta   ⎬   how much, how many
  /kw[Ã]ta/; *pl.* quantos   ⎭
  /kw[Ã]tuS/, quantas
  /kw[Ã]taS/

Combined Forms That May Be Directly Followed by é que

por que	por que é que	why
a quem	a quem é que	whom, to whom
de quem	de quem é que	whose
aonde	aonde é que	where (to)
para onde	para onde é que	where (to)
de que	de que é que	of what
com que	com que é que	with what
para que	para que é que	for what purpose

---

* **Qual** stresses differentiation.

Exclamations

que *how, what a* + ⎰ *noun*   Que môça bonita!   *What a pretty girl!*
                    ⎱ *adjective*   Que bonito!   *How pretty!*
                    ⎧ *noun*   Como a môça é bonita!   *How pretty the girl is!*
como   *how*   +   ⎨ *pronoun*   Como ela é bonita!   *How pretty she is!*
                    ⎩ *verb*   Como é bonito!   *How pretty it is!*

In exclamations of this type, note that **como** is followed by a verb.
See Appendix C, Note III.

Substituição simples

1. **Mário** está jogando voleibol. Quem (é que) está jogando voleibol?

   a. Patrícia   d. O rapaz alto
   b. O arquiteto   e. Êle
   c. Iara

2. Êle apresenta a amiga **a Patrícia.** A quem (é que) êle apresenta a amiga?

    a. a Mário   c. às garôtas
    b. aos rapazes   d. a Mário e Patrícia

3. O carro é **bonito.** Como (é que) é o carro?

    a. nôvo   d. grande
    b. azul   e. velho
    c. bom

4. Patrícia está **triste.** Como (é que) Iara está?

    a. com saudades do Brasil   c. com saudades de casa
    b. com saudades da família   d. com saudades do namorado[6]

5. Êle vem para[7] **cá.** Para onde (é que) ela vai?

    a. a casa   d. a aula
    b. a universidade[8]   e. a Califórnia
    c. a praia

6. Mário chega **às sete e meia.** Quando (é que) ela chega?

    a. à tarde   d. ao meio-dia
    b. amanhã   e. hoje de manhã
    c. hoje à noite

7. **Dois homens** estão jogando voleibol. Qual (é que) você conhece?

    a. Duas garôtas   d. Os dois professôres
    b. Dois rapazes   e. As môças brasileiras
    c. Mário e Moacir

8. Êle tem **cinco** alunos. Quantos alunos (é que) ela tem?

    a. dezoito   d. vinte
    b. dezessete   e. onze
    c. catorze

---

[6]**namorado** boyfriend   [8]**universidade** university
[7]/pra/

9. Hoje **não está nublado.** Como o tempo está bom!

  a. não está quente
  b. não está nevando
  c. não está frio

  d. não está chovendo
  e. não está ventando

10. Ela tem **duas casas.** Para que ela tem **duas casas?**

  a. dois apartamentos
  b. duas canetas
  c. dois carros

  d. três empregadas
  e. dois professôres de literatura

Transformação

Each sentence provides a declarative statement and an interrogative word in boldface as cue; from these elements form a question.

  1. O rapaz mora ali. **Quem**
  2. Êle está com saudades de casa. **Como**
  3. O carro está ali. **Onde**
  4. Ela gosta de Mário. **De quem**
  5. Êles correm para a praia. **Para onde**
  6. Ela chega à tarde. **Quando**
  7. Êles têm dois carros. **Quantos**
  8. Mário gosta de estudar. **De que**
  9. Eu falo com ela. **Com quem**
  10. O livro é de João. **De quem**

Quem (é que) mora ali?
Como (é que) êle está?

Transformação

Provide a question for each statement. The choice of an interrogative is suggested by the elements in boldface. Sometimes more than one question may be possible.

  1. Ela janta **às sete.**
  2. Nós temos **dois** carros.

  A que horas ela janta? *or* Quando ela janta?
  Quantos carros vocês têm? *or* Quantos vocês têm?

  3. **Êle** guarda o carro.
  4. Ela janta **em casa.**
  5. **Dos dois rapazes,** só[9] conheço João.
  6. Êle vem **por Miami.**
  7. Ela está **contente**[10] hoje.
  8. Êles vão[11] **a Brasília.**

  Qual dos dois o senhor conhece?
  Por onde êle vem?
  Como está ela hoje?
  Aonde êles vão?

---

[9]**só** only
[10]**contente** happy
[11]**vão** they are going

Transformação

Insert the items listed into the sentence and then change each statement to an exclamation.

1. **O livro** é bom.   Como o livro é bom!

   a. o café
   b. a geléia   Como a geléia é boa!¹²
   c. o carro
   d. o pão

2. **O carro** é muito velho.   Que carro velho!

   a. O ônibus
   b. Os diplomas   Que diplomas velhos!
   c. O apartamento
   d. As cadeiras
   e. A mesa

3. Está **quente** hoje. Como está quente hoje!

   a. frio   d. agradável
   b. nublado   e. ventando
   c. chovendo

4. **Êle** está com pressa. Como êle está com pressa!

   a. Ela   d. Os homens
   b. Êles   e. Dr. Álvaro
   c. O senhor

§ 12 Presente do indicativo em vez de futuro

Present Indicative in Place of Future

E X E M P L O S

Amanhã **tenho** aula de português.
Meu amigo **chega** às duas horas.
Elas não **vêm** hoje à noite.

---

¹²**boa** good (*fem.*)

F O R M A S

Present Indicative in Place of Future

Present	*Future*
Tomo café agora.	Tomo café amanhã.
I am having breakfast now.	*I am having breakfast tomorrow.*
	I will have breakfast tomorrow.
	I plan to have breakfast tomorrow.

The present tense may be used to express futurity.

Substituição simples

1. Êle **chega** amanhã.

   a. joga[13] voleibol
   b. chama[14] a garôta
   c. passa aqui

   d. tem aula
   e. estuda o diálogo

2. São sete horas. Meu amigo **chega** às oito.

   a. recebe o diploma
   b. começa[15] a prova
   c. toma café

   d. vem aqui
   e. tem aula

3. São oito e meia. Vejo o professor **ao meio-dia.**

   a. às dez em ponto
   b. às nove
   c. às dez e quinze

   d. às doze e dez
   e. à uma hora

Substituição de um elemento

1. Amanhã **eu** tomo cafe às sete.

   a. êle
   b. nós
   c. você

   d. vocês
   e. as professôras

---

[13]**joga** he plays
[14]**chama** he calls

[15]**começa** begins

2. **O ônibus** chega à meia-noite.

   a. O professor
   b. Os amigos
   c. As garôtas

   d. O Dr. Álvaro
   e. O avião

3. **Êle** estuda história amanhã.

   a. Elas
   b. Nós

   c. Mário e Patrícia
   d. Patrícia e eu

Substituição de vários elementos

Replace the boldface elements of each sentence with the items in the list below; make any structural changes required.

1. **Mário** vem amanhã **de manhã**.

   a. Patrícia/ao meio-dia
   b. Eu/à hora do almôço
   c. O rapaz/à tarde
   d. As garôtas/à noite

   Patrícia vem amanhã ao meio-dia.
   Eu venho amanhã à hora do almôço.
   O rapaz vem amanhã à tarde.
   As garôtas vêm amanhã à noite.

2. **Ela fica**[16] aqui **um ano**.

   a. Êle/dois anos
   b. Eu/três anos
   c. Nós/três dias

   d. O professor/duas horas
   e. Mário/muito tempo

3. **O trem**[17] chega **amanhã**.

   a. Êle/às oito
   b. Elas/ao meio-dia
   c. O professor/hoje

   d. Mário/à meia-noite
   e. Mário e Patrícia/às dez em ponto

Pronúncia

/ẹ, e, ǫ, o, a, i, u/

Imitation Drill

1. /ẹ/
   café, terra, sete, janelas, escreve, colega, perna, festa, escrevem, pressa
2. /e/
   vento, fresco, chega, sêca, você, vê, sêde, treze, vêzes, freguês

---

[16]**fica** will stay, remain
[17]**trem** train

3. /ǫ/
   gosta, ovos, hora, ótimo, nove, só, demora, escola, religiosa, famosa
4. /o/
   garôto, aeroporto, todo, bôlsa, tôda, famoso, almôço, nôvo, boa, como
5. /a/
   barco, lado, lavo, pratos, faço, nado, trago, lápis, casaco, passagem, trabalho, sábado
6. /i/
   livro, bife, amigos, ali, menino, aqui, fica, frita, repita, lápis, médico, isso
7. /u/
   chuchu, legume, futuro, confuso, estudo, útil, gaúcho, curso, numa, nublado, unidos, confusa

Perguntas e revisão individual

Perguntas sôbre o Diálogo principal

1. Onde estão Patrícia e Iara?
2. O que é que Patrícia pergunta a Iara?
3. O que é que o rapaz está jogando?
4. Como é o carro dêle?
5. Como é o nome do rapaz?
6. O que é que Patrícia pergunta a êle?
7. Ela o trata[1] de "o senhor" ou de "você"?
8. Por que êle não gosta do tratamento[2] de "o senhor"?
9. Quanto tempo ela pretende ficar no Brasil?
10. O que ela vem estudar no Brasil?

Perguntas sôbre o Diálogo visualizado

1. E você, como está hoje?
2. Quem está com saudades de casa? Ela? Você?
3. É um dia bonito, não é? E hoje, aqui, como está?
4. Que môça bonita, não acha?
5. O Mário está com calor—e você? É porque está quente, não é?
6. O que é que você acha de Copacabana? Praia bonita, não é?
7. Quem apanha Patrícia em casa?
8. Êles vão à praia—para onde você vai hoje às duas?

---

[1] **o trata**   addresses him
[2] **tratamento**   form of address

Revisão individual

WEATHER

A.   Como está o tempo hoje?
B.   Está_____.
     ótimo
     bom
     quente
     _____?_____

FEELINGS

A.   O senhor está com_____?
         calor
         frio
         fome
         _____?_____
B.   Não estou não.

LOCATING A PERSON

A.   O João está aqui?
B.   _____.
     Está sim
     Não está não
     _____?_____

ACQUAINTANCES

A.   Você conhece_____?
       João Teixeira
       John Smith
       _____?_____
B.   Quem?_____de João?
      O pai
      O irmão
      _____?_____

A.   É sim.

B.   Conheço sim.

Y O U R   O P I N I O N

A.   O que é que você acha_____?

                    do café
                    do leite
                    _____?_____

B.   Está_____.

          ótimo
          muito bom
          ruim
                _____?_____

S T U D I E S

A.   Você estuda_____, não é?

                    português
                    história
                    _____?_____

B.   Estudo sim, e gosto muito.

QUARTA UNIDADE

Diálogo principal:

Patrícia e Iara caminham no corredor da Faculdade de Filosofia, [1]
entre colegas

1. PATRÍCIA: Estou meio confusa. Ainda não me oriento bem aqui.
2. IARA: Logo você aprende. Qual o resultado de sua conversa com o catedrático? [2]
3. PATRÍCIA: Êle quer que eu siga um programa especial: Literatura, História, Sociologia, Lingüística e Língua Portuguêsa.
4. IARA: Nossa! [3] Você não acha demais?

Aproxima-se outro colega, José Maria Rabelo, "Zé[4]Maria," estudante
de jornalismo

5. ZÉ MARIA: Boa tarde, meninas. O que é que há?
6. PATRÍCIA: Estamos discutindo o meu programa de estudos.
7. IARA: E como vai o seu problema de horário, Zé Maria?
8. ZÉ MARIA: Está difícil. O expediente no jornal não se acomoda com as horas de aula.
9. IARA: Vejam como sofre um futuro grande jornalista! [5] E quem vai perder, a escola ou o jornal?
10. ZÉ MARIA: O jornal. Vou deixá-lo. Afinal, o que faço lá é atender o telefone.

Na PUC: Estudantes no corredor da Faculdade de Filosofia.

Patricia and Iara are walking in the corridor of the Arts and Sciences
[Philosophy] Building [Faculty], surrounded by [among] (other) students.

1. PATRICIA: I'm a little confused. I still can't find my way around.
2. IARA: You'll soon learn. How was [what was the result of] your talk with the professor?
3. PATRICIA: He wants me to follow a special program: literature, history, sociology, linguistics, and Portuguese [language].
4. IARA: Heavens! Don't you think that's too much?

Another student, José Maria Rabelo, "Zé Maria," (who is) studying
journalism, comes up to them.

5. ZÉ MARIA: Good afternoon, girls. What's new? [What is there?]
6. PATRICIA: We're discussing my program [of studies].
7. IARA: And how is your schedule coming, Zé Maria?
8. ZÉ MARIA: Not very well [it's difficult]. My work schedule at the newspaper (office) doesn't fit in with my class schedule.
9. IARA: See what a great journalist-to-be has to go through [is suffering]! And who is going to lose, the school or the newspaper?
10. ZÉ MARIA: The newspaper. I'm going to quit [leave it]. After all, all I do there is answer the telephone.

Explicação cultural

[1] The School of Arts and Sciences is housed in a modern skyscraper rising out of a tropical garden on the Gávea campus. It offers undergraduate programs (**cursos**) in several different fields: philosophy, education, history and geography, modern and classical languages, and literatures. All these are four-year programs. On graduation the student receives a diploma and degree (**Licenciatura**) roughly equivalent to our B.A. or B.S. degrees. There are also graduate programs (**cursos de pós-graduação**). Admission to a typical Brazilian university, whether federal, state, or private, is through federally controlled competitive entrance examinations (**exame vestibular**). They are taken in early February, and candidates who have completed **colégio** (equivalent to our high school or sometimes slightly more) may learn in advance the number of vacancies (**vagas**) available in each field of each **Faculdade.** In Brazilian universities the **Faculdade de Filosofia** is being subdivided into **Faculdade de Educação** and **Instituto de Letras** as part of the reform being carried out by the Ministry of Education (**Ministério da Educação**).

[2] The reform of Brazilian universities under way at the time of this writing is gradually changing the outdated system of the **cátedra** (life tenure in a college teaching position) into a system roughly similar to the one existing in the United States. Under the new system a university instructor gets to be a full professor after passing special examinations and giving good evidence of his professional abilities through the years.

[3] **Nossa!** is a common exclamation shortened from **Nossa Senhora!** which is also widely heard. Literally, its equivalent would be *By Our Lady!* or, more freely, *Gracious!* or *For goodness sake!* **Nossa!** and **Nossa Senhora!** (one even hears **Minha Nossa Senhora!**) are obviously of religious origin. In Brazil and Portugal they are considered mild and inoffensive. The same is true of **Graças a Deus!** (*Thank goodness!*) and **Meu Deus!** (*My goodness!*), which lack the gravity and emotional overtones of their English counterparts.

[4] The use of **apelidos** (*nicknames*) is fairly common among Brazilian families. Zé, short for José, is a typical example. Other common nicknames used in family circles, are Chico for Francisco, and Zezé for Maria José.

[5] The Catholic University (PUC) four-year program in journalism offers a foundation in the humanities and special courses in journalism, radio, and TV. Journalism has traditionally been a highly regarded profession in Brazil. A great many literary and political figures of Brazil in the nineteenth and twentieth centuries have been involved in journalism. In a country where book publishing is still quite expensive and printings are small, newspapers and magazines (and, more recently, radio and TV) are the principal communications media.

Diálogo visualizado

Patrícia e Zé Maria falam sôbre seus cursos.

Patricia and Zé Maria talk about their courses.

1. ZÉ MARIA: O que é que há, Patrícia? — What's the matter, Patricia?
2. PATRÍCIA: Estou meio confusa, mas isso passa logo. — I'm somewhat confused, but this won't last long.
3. ZÉ MARIA: Que tal as aulas de literatura? — How are your literature classes?
4. PATRÍCIA: Difíceis. E você, como vai com a escola? — Hard. And you, how are you getting along in school?
5. ZÉ MARIA: Mais ou menos. Vamos ao parque?* — So-so. Would you like to go to the park?
6. PATRÍCIA: Para quê? Você não tem aula agora? — Why? Don't you have a class now?
7. ZÉ MARIA: Tenho sim, mas quero lhe apresentar um amigo. — I do, but I want you to meet a friend.
8. PATRÍCIA: Quem é? — Who is he?
9. ZÉ MARIA: É um jornalista que conhece os Estados Unidos. — He's a newspaperman who is acquainted with the United States.

---

* shady area of tropical trees in the center of the Catholic university

Vocabulario para substituição

A. Que dias você tem aula? — *On what days do you have classes?*

B. Tenho aula_____. — *I have classes_____.*

de segunda a sexta	*from Monday to Friday*
de têrça a sábado	*from Tuesday to Saturday*
nas segundas, quartas e sextas	*on Mondays, Wednesdays, and Fridays*
nas têrças, quintas e sábados	*on Tuesdays, Thursdays, and Saturdays*
dia sim, dia não	*every other day*
cinco vêzes por semana	*five times a week*
todo dia exceto sábado e domingo	*every day except Saturday and Sunday*

A. Que dia da semana é hoje?

B. Hoje é_____.

        segunda (*or* segunda-feira)
        têrça (*or* têrça-feira)
        quarta (*or* quarta-feira)
        quinta
        sexta
        etc.

What day of the week is it?

Today is_____.

        Monday
        Tuesday
        Wednesday
        Thursday
        Friday
        etc.

A. Quero lhe apresentar minha

_____.

    espôsa
    namorada
    colega
    prima
    meu_____.
        espôso
        namorado
        colega
        primo

I'd like you to meet my

_____.

    wife
    girl friend
    classmate
    cousin (fem.)
    my_____.
        husband
        boyfriend
        classmate
        cousin (masc.)

B. Muito prazer.

C. Igualmente.

Glad to know you.

Likewise.

Estruturas básicas

§ 13.1 Presente do indicativo de ir

*Present Indicative of **ir***

E X E M P L O S

Vou deixar o jornal.
Quem **vai** perder?
Vamos ao parque.
Vocês **vão** aprender português.

F O R M A S

Present Indicative of **ir**

vou	*I go*
vai	*you go* / *he goes, etc.*
vamos	*we go*
vão	*you go* / *they go*

F A L A   E   E S C R I T A

vÃmuS	vamos	vAy	vai
vÃw̃	vão	vOw	vou

Substituição simples

1. **Êle vai** sexta-feira.

   a. Mário e eu vamos   d. Nós vamos
   b. As empregadas vão   e. João e ela vão
   c. Eu vou

2. **Nós vamos** visitar[1] Recife?

   a. Os senhores vão   d. Vocês vão
   b. Ela vai   e. Os rapazes vão
   c. Você vai

3. **Vou** apresentar o senhor a êle.

   a. Nós vamos   d. Ela vai
   b. O rapaz vai   e. Elas vão
   c. João e eu vamos

4. Onde **João vai** passar o domingo?

   a. vocês vão   d. as garôtas vão
   b. o senhor vai   e. a família Matos vai
   c. nós vamos

---

[1]**visitar** to visit

Substituição de um elemento

1. Onde **vocês** vão agora?

   a. ela
   b. o senhor e eu
   c. João e Moacir

   d. você
   e. êles

2. **Eu** vou estudar os exercícios.[2]

   a. Nós
   b. Elas
   c. João e ela

   d. Êle
   e. Todos vocês

3. **Êle** vai a Brasília.

   a. Nós
   b. Êles
   c. João e eu

   d. Moacir
   e. A família tôda

4. E **vocês** o que vão comer?

   a. elas
   b. eu
   c. você

   d. nós
   e. o Dr. Álvaro

Pergunta e resposta

Give short affirmative replies.

1. Vocês vão visitar Portugal?   Vamos.
2. O senhor vai agora?
3. Êle vai a Los Angeles amanhã?
4. Você vai com os rapazes?   Vou.
5. Elas vão à festa[3] da Faculdade?   Vão.

---

[2]**exercícios** exercises
[3]**festa** party

§ 13.2 Presente do indicativo de verbos da conjugação -I-

Present Indicative of Verbs in -I-

E X E M P L O S

Penha **serve** Moacir.
Êles **repetem** o diálogo.
Nós **seguimos** um programa especial.
Eu **sigo** êste horário?

F O R M A S

Present Indicative of **-I-** Verbs With Stems in /e/ and /o/				
Infinitive	*Stem: 1st Pers. Sing.*	*Tense-Pers.- No. Marker*	*Stem: All Other Nos. and Pers.*	*Tense-Pers.- No. Markers*
servir	sirv-		serv-	
repetir	repit-		repet-	e
dormir*	durm-	o	dorm-	imos
tossir†	tuss-		toss-	em
seguir	sig-		seg-‡	

* to sleep
† to cough
‡ *requires a spelling change*

The present indicative of **-I-** verbs having stressed /e/ or /o/ has two stems, for example:
sirv-/serv-, repit-/repet-, durm-/dorm-.

F A L A   E   E S C R I T A

sexvImuS	servimos	xepeʈImuS	repetimos
sĘxvẽỹ	servem	xepĘtẽỹ	repetem
sĘxvi	serve	xepĘʈi	repete
sIxvu	sirvo	xepItu	repito
doxmImuS	dormimos	tosImuS	tossimos
dQxmẽỹ	dormem	tQsẽỹ	tossem
dQxmi	dorme	tQsi	tosse
dUxmu	durmo	tUsu	tusso

segImuS	seguimos
sE̱gẽỹ	seguem
sE̱gi	segue
sIgu	sigo

For spelling changes in **seguir** and similar verbs, see Rule Chart, Unit XV.

Substituição simples

1. **Ela segue** um programa especial.

   a. Nós seguimos

   b. Rui segue

   c. Zé Maria e Iara seguem

   d. Patrícia segue

   e. Os alunos americanos seguem

2. **Eu durmo** muito aos sábados.

   a. Ela dorme

   b. Moacir e eu dormimos

   c. Moacir dorme

   d. Iara e Zé Maria dormem

   e. A família Pereira dorme

3. **Penha serve** café a Zé Maria.

   a. Eu sirvo

   b. Patrícia e Iara servem

   c. A empregada serve

   d. Nós servimos

   e. A dona de casa serve

4. **Os estudantes** repetem as frases.[4]

   a. Iara e Zé Maria repetem

   b. Patrícia repete

   c. Eu repito

   d. Moacir e eu repetimos

   e. Êle repete

Substituição de um elemento

1. **Mário** segue para Portugal domingo.

   a. Eu

   b. Os estudantes

   c. Mário e eu

   d. Êle

   e. Nós

---

[4]**frases** sentences

2. **Francisco** tosse muito na aula.

   a. Mário e Moacir
   b. Eu
   c. Nós

   d. O professor
   e. Vocês

3. **Elas** repetem as perguntas.

   a. Nós
   b. Moacir e Mário
   c. Eu

   d. Êles
   e. A professôra

4. **Ela** serve geléia no café da manhã.

   a. Nós
   b. Êles
   c. Os hotéis

   d. Dona Teresa
   e. A empregada

Pergunta e resposta

Give short, reinforced affirmative replies.

1. Você segue um programa especial?   Sigo sim.
2. Os alunos repetem as frases?
3. Êle serve o café às sete horas?
4. O senhor dorme muito?
5. Elas tossem de noite?

§ 14 Adjetivos: Formas masculinas e femininas

Adjectives: Masculine and Feminine Forms.

E X E M P L O S

Ela é **simples.**
Ela é **francesa.**
A aluna é **inglêsa.**
A casa é **boa.**

F O R M A S

Masculine and Feminine Forms of Adjectives

REGULAR FORMS

Masculine	*Feminine*	*Equivalent*
bonito	bonita	*pretty*
pequeno	pequena	*small*

INVARIABLE FORMS

contente	contente	*happy*
grande	grande	*large*
simples	simples	*simple*
feliz	feliz	*fortunate*
fácil	fácil	*easy*

ADJECTIVES OF NATIONALITY IN -ês AND ADJECTIVES IN -r

inglês	inglêsa	*English*
francês	francesa	*French*
português	portuguêsa	*Portuguese*
trabalhador	trabalhadora	*hard-working*

EXCEPTIONS

bom	boa	*good*
mau	má	*evil*
comilão	comilona	*gluttonous*

It is a basic rule that the **-o** of the masculine singular is replaced by **-a** to form the feminine singular. Invariable in form are those adjectives with masculine endings in /i/ or orthographic **e: contente, grande**; also those masculine adjectives ending in /-S/ or orthographic **z** and **s** and in **l: simples, feliz, fácil.**

Substituição simples

1. As perguntas do exame[5] são **simples.**
   a. difíceis
   b. fáceis
   c. curtas[6]
   d. boas

---

[5]**exame** exam
[6]**curtas** short

2. De quem é o carro **azul?**

    a. grande   c. nôvo
    b. velho   d. bonito

3. O Dr. Álvaro não é **paulista.**[7]

    a. espanhol   c. francês
    b. português   d. carioca

4. Os amigos dêle são **alemães.**

    a. espanhóis   c. inglêses
    b. portuguêses   d. franceses

Transformação

Change the boldface elements from the masculine to the feminine.

1. **O estudante alemão** chega hoje.   A estudante alemã[8] chega hoje.
2. Êle vem com **o irmão.**
3. Êle estuda com **um professor espanhol.**   Êle estuda com uma professôra espanhola.[9]
4. **O português** fala bem francês.
5. **O brasileiro** está muito feliz.
6. **O filho** dêle aprende português.

Substituição de um elemento

1. **O exame** é fácil.

    a. Os exames   Os exames são fáceis.
    b. O nome
    c. A lição
    d. As perguntas

---

[7]**paulista** a native of São Paulo state   [9]**professôra espanhola** teacher of Spanish nationality
[8]**alemã** German woman

2. **O curso** é bom.

    a. Os alunos   Os alunos são bons.
    b. O pão   *os pões boas*
    c. As aulas
    d. O jornal

3. **O professor** é francês.

    a. Os professôres   Os professôres são franceses.
    b. Os livros
    c. As mulheres[10]
    d. Os visuais[11]

4. **O rapaz** é espanhol.

    a. A empregada   A empregada é espanhola.
    b. As empregadas
    c. A mãe de Maria
    d. Os professôres

5. **O arquiteto** é alemão.

    a. Os arquitetos   Os arquitetos são alemães.
    b. Dona Helga
    c. O jornalista

§ 15 Adjetivos possessivos

Possessive Adjectives

E X E M P L O S

    Meu nome é João.
    Você gosta do **nosso** apartamento?
    Como é **seu** nome?
    Minha amiga Patrícia.
    Ainda me lembro das geléias **dela**.

---

[10]**mulheres** women
[11]**visuais** visual aids

FORMAS

Possessive Adjectives

Subject Pronoun	*Masculine and Feminine*
	SINGLE REFERENCE FORMS
eu	meu(s), minha(s) *my*
nós	nosso(s), nossa(s) *our*
	MULTIPLE REFERENCE FORMS
êle(s) ela(s) você(s), etc.	seu(s), sua(s) *his, her, its, your, their*
	CONTRACTED ALTERNATE FORMS: **de** + PRONOUN
êle(s), ela(s)	dêle(s), dela(s) *his, her, its*

Possessive adjectives match in gender and number the nouns they modify: *meu* **livro,** *meus* **livros;** *minha* **casa,** *minhas* **casas;** and so on.

Because **seu(s)** and **sua(s)** may be ambiguous, they can be replaced by the contracted alternate forms **dêle(s)** and **dela(s): a casa dêle** (*his house*), **a casa dêles** (*their house*).

The definite article before the possessive adjective is optional: **meu livro** or *o* **meu livro; seus amigos** or *os* **seus amigos.**

The construction **de você** (instead of **seu**) in **o livro de você** is considered substandard. In the plural, however, it is acceptable to say **de vocês: o livro de vocês.**

Portuguese uses the definite article in place of the possessive adjective with reference to parts of the body and articles of clothing:

Êle abre os olhos.	*He opens his eyes.*
Não encontro o calção.	*I can't find my swimming trunks.*

See Appendix C, Note IV.

Substituição simples

1. Patrícia gosta **do meu apartamento.**

   a. do apartamento dêles
   b. do nosso apartamento
   c. de minha casa

   d. das casas de vocês
   e. de nossa universidade

2. **Meu programa** é difícil.

   a. Seu programa
   b. O programa dela
   c. Nosso trabalho

   d. O seu livro
   e. A pergunta dêle

3. **A minha aula** é quarta-feira.

   a. A aula dêles
   b. A nossa aula
   c. A aula delas

   d. A aula de Patrícia
   e. A sua aula

4. Vejo **as minhas amigas** hoje à noite.

   a. nossas amigas
   b. as amigas dêle
   c. os nossos amigos

   d. os amigos dela
   e. suas amigas

Substituição de um elemento

1. É **o horário** dêles.

   a. a casa
   b. o problema
   c. o jornal

   d. a irmã
   e. o amigo

2. Quero ver[12] seu **horário,** Iara.

   a. casa
   b. problema
   c. irmã

   d. livro
   e. exercício

3. São nossos **primos.**

   a. irmãos
   b. professôres

   c. colegas
   d. irmãs

---

[12]**ver**   to see

4. Todos falam do **amigo** dêle.

    a. amiga

    b. problema

    c. irmão

    d. professôra

    e. colega

5. Quero lhe apresentar **minha irmã**.

    a. a espôsa dêle

    b. meu colega

    c. o nosso professor

    d. o primo dêles

Substituição de vários elementos

1. **Eu** tenho **o meu** programa de estudos.

    a. Nós/nossos

    b. Nós/nosso

    c. Ela/seu

    d. Ela/seus

    e. Você/seu

    f. Vocês/seus

    g. Os senhores/seus

    h. Êles/seus

Nós temos os nossos programas de estudos.
Nós temos o nosso programa de estudos.
Ela tem o seu programa de estudos.

2. **Êle** tem suas aulas.

    a. Eu/minhas

    b. Nós/nossa

    c. Nós/nossas

    d. Eu/minha

    e. Ela/sua

    f. Você/suas

    g. Elas/sua

Eu tenho minhas aulas.
Nós temos nossa aula.

3. **Vou** discutir[13] **o meu** problema.

    a. Mário vai/o seu

    b. Ela vai/o seu

    c. Você vai/o seu

Mário vai discutir o seu problema.
Ela vai discutir o seu problema.

---

[13]**discutir** to discuss

d. Nós vamos/o nosso
e. Êles vão/o seu
f. Vocês vão/o seu
g. Eu e você/o nosso

§ 16 Colocação de pronomes oblíquos: Objeto direto

Position of Direct Object Personal Pronouns

E X E M P L O S

Eu **o** conheço.
Dona Teresa **os** espera em casa.
Quer **me** apresentar a êle?
Êle **nos** conhece.
Prazer em conhecê-**la.**

F O R M A S

Direct Object Personal Pronouns

Singular		*Plural*	
me /mi/* *me*		nos /nuS/ *us*	
o /u/ a /a/ você o senhor a senhora	*you*	os /uS/ as /aS/ vocês os senhores as senhoras	*you*
o /u/ êle	*him, it*	os /uS/ êles	*them (masc.)*
a /a/ ela	*her, it*	as /aS/ elas	*them (fem.)*

* Transcriptions are given for weakly stressed forms. Those
forms not transcribed are stressed forms.

Personal Pronoun Positions

Subject	Negative	Preverbal	Verb	Midverbal	Verb	Postverbal
a. Êle		o	quer.			
b. Êle			quer	me	apresentar.	
c. Êle			quer		apresentá-	la.
d.					Conheço-	o.
e. Eu	não	o	conheço.			

The placement of unstressed indirect- and direct-object pronouns (including reflexive forms to be seen later) is identical, with the exception of the third person direct-object pronouns in auxiliary-plus-infinitive constructions (compare b. and c. in the chart above).

As seen in d. above, when the verb is the initial element, the object pronouns follow the verb and are attached by a hyphen. This applies also to affirmative commands in formal usage (see Unit V, Section 20.1 and Unit VIII, Section 32.2). This order is particularly common in written Portuguese. In the spoken language, some object pronouns may precede the verb:

(Você) me conhece?   *Do you know me?*

See e. above for pronoun position in negative sentences. Object pronouns likewise precede the verb in negative commands, in interrogative sentences and in dependent clauses:

Quem o conhece? Acho que ninguém o conhece.

As seen in c. above, the forms -lo(s), -la(s) result from the change of the -r of the infinitive to -l before the addition of -o(s), -a(s). Examples from the three verb conjugations are:

apresentá-lo   *to introduce him (it)*
fazê-lo   *to do it*
servi-lo   *to serve him (it)*

In auxiliary-plus-participle (-ndo) constructions, third person direct-object pronouns are in preverbal position in colloquial usage. Other object pronouns are in midverbal position in colloquial usage.

See Appendix C, Note V.

Substituição de um elemento

1. Tenho o meu **livro**. Você quer vê-lo?[14]

   a. jornal   c. mapa[15]
   b. caderno   d. exercício

2. Amanhã êle **nos** apresenta na escola.

   a. as   c. me
   b. os   d. o

3. Êle está com **um colega** e vai procurá-lo.

   a. um amigo   c. um estudante
   b. um jornalista   d. um professor

4. Nós temos **umas férias**[16] e vamos passá-las no Rio.

   a. umas semanas sem trabalho   c. duas semanas
   b. umas horas

Transformação

Insert the items in the list into the statement and then change the boldface elements to direct object pronouns.

1. Vou passar **as férias** em Petrópolis.   Vou passá-las em Petrópolis.

   a. os domingos
   b. dois dias
   c. três meses

2. Elas conhecem **as meninas.**   Elas as conhecem.

   a. as garôtas
   b. as professôras
   c. as brasileiras

---

[14]**vê-lo** from the verb *to see*   [16]**férias** vacation (days off)
[15]**o mapa** map

3. Nós procuramos **o carro.**   Nós o procuramos.

   a. o jornal
   b. o exercício
   c. o livro
   d. o mapa

Pronúncia

[ã], /a/, [ãỹ, ã̃w̃], /ẽỹ, ey, õỹ, ŋ, -y/

Imitation Drill

1. [ã]
   amanhã, campo, alemã, cama, irmãs, samba, antes, anda, canto
   Minha irmã dança.   *My sister dances.*
   Levante-se da cama.   *Get out of bed.*

Imitation and Contrast Drill

/a/	[ã]
tapa *slap*	tampa *lid*
lá *there*	lã *wool*
caça *he hunts*	cansa *he tires*
quebrado *broken*	quebrando *breaking*
Êle caça muito. *He hunts a lot.*	Êle cansa muito. *He gets very tired.*
Está preparado o trabalho? *Is the work prepared?*	Está preparando o trabalho? *Is he preparing the work?*

Imitation Drill

1. [ãỹ]
   mãe, mamãe, alemães, pães, cães
   A mãe leva os pães.   *The mother carries the loaves.*
   Êstes são cães alemães.   *These are German dogs.*
2. [ã̃w̃] (*Stressed*)
   mão, dão, canção, irmãos, quererão
   Meus irmãos são do Maranhão.   *My brothers are from Maranhão.*
   João deixou o pão no porão.   *John left the bread in the basement.*

3. [ãw̃] (*Unstressed*)

acham, levam, queriam, órgão, cantavam

Tocaram o órgão.   *They played the organ.*

Êles não cantam nem dançam.   *They neither sing nor dance.*

4. /ẽỹ/ (*Stressed*)

tem, hem, Santarém, também, trens, dêem

Êle vem no trem de Santarém.   *He comes by train from Santarém.*

Quem tem conta no armazém?   *Who has an account at the store?*

5. /ẽỹ/ (*Unstressed*)

dizem, viagens, querem, terem, fechem, escutem

Fechem os livros e escutem.   *Close your books and listen.*

Dizem que não querem mais viagens.   *They say they want no more voyages.*

Imitation and Contrast Drill

/ẽỹ/		/ey/	
além	*besides*	a lei	*the law*
contém	*contains*	contei	*I told*
porém	*however*	porei	*I'll put*
sem	*without*	sei	*I know*

Contém uma história.   *It (for example, a book) contains a story.*

Sem nada disso.   *Without any of this.*

Contei uma história.   *I told a story.*

Sei nada disso.   *I don't know anything about this (colloq.).*

Imitation Drill

1. /õỹ/

põe, Camões, regiões, limões, lições, nações

Ela lê Camões.   *She reads Camões.*

Compramos limões e melões.   *We buy lemons and melons.*

Imitation or Imitation and Contrast Drill

If the teacher pronounces /ɲ/ as a consonant, use the following as a simple imitation drill. If the teacher pronounces /ɲ/ as a nasalized semivowel /ỹ/, use the following as an imitation and contrast drill.

/ɲ/ or /ỹ/		/i/ as /y/-glide	
venha	*come*	veia	*vein*
tenha	*have*	teia	*(spider) web*

tinha *had*	tia *aunt*
vinha *came*	via *saw*
cunha *wedge*	cuia *gourd*
a ponho *I put it*	apôio *support*
A cunha está quebrada. *The wedge is broken.*	A cuia está quebrada. *The gourd is broken.*
Não me lembrei da senha. *I didn't remember the password.*	Não me lembrei da ceia. *I didn't remember the supper.*

For further discussion of patterns in Portuguese sounds, see Appendix A, Note IV.

Perguntas e revisão individual

Perguntas sôbre o Diálogo principal

1. Onde estão Iara e Patrícia?
2. Como está a Patrícia?
3. Por que ela está meio confusa?
4. O que é que o catedrático quer?
5. Quem se aproxima das môças?
6. Quem é Zé Maria?
7. O que é que Iara pergunta a êle?
8. Por que Zé Maria tem problemas?
9. O que é que Zé Maria vai fazer?
10. Por que Zé Maria vai deixar o jornal?

Perguntas sôbre o Diálogo visualizado

1. Você acha interessantes[1] os personagens?
2. Quem está meio confusa? Ela? Você? Por quê?
3. Você tem as mesmas aulas que Patrícia?
4. Êle diz que vai bem com a escola—e você, como vai com a escola?
5. Quantas árvores[2] há[3] neste quadro?[4]
6. Quem é que tem aula agora? E você? Que aula?

---

[1]**interessantes** interesting
[2]**árvores** trees

[3]**há** there are
[4]**quadro** drawing, picture

7. Quantos rapazes há no balãozinho à esquerda?
8. Quem é o amigo de Zé Maria?
9. Você também conhece bem os Estados Unidos?

Revisão individual

CLASS DAYS

A. Que dias você tem aula?
B. Tenho aula_____ .
    de segunda a sexta
    de têrça a sábado
    aos sábados
    nas segundas, quartas e sextas
      _____?_____

A. Que dias você tem_____?
     português
     sociologia
      _____?_____
B. Tenho_____ nas_____ .
   português   segundas
   sociologia   quintas
    ___?___   ___?___

INTRODUCTIONS

A. Quero lhe apresentar_____ .
     meu colega
     meu amigo
     minha colega
      ___?___

B. Muito prazer.
C. Igualmente.

DAYS OF THE WEEK

A. Que dia é hoje?
B. Hoje é_____ .
    segunda
    têrça
     ___?___

A. Que dia é amanhã?
B. Amanhã é_____.
    quarta
    quinta
      _____?_____

GOING

A. Onde você vai?
B. Vou_____.
   à praia
   ao cinema

A. Com quem você vai?
B. Vou_____.
   sòzinho
   com João
     _____?_____

OWNERSHIP

A. De quem é êste_____?
    livro
    caderno
    giz
      _____?_____

B. É_____.
  meu
  nosso
   _____?_____

A. De quem é esta_____?
    casa
    mesa
      _____?_____

B. É_____.
  minha
  nossa
  sua
  dêle
   _____?_____

QUINTA UNIDADE

Diálogo principal:

PASSEIO AO PÃO DE
AÇÚCAR [1]

*Patrícia, Iara e Moacir estão no interior do bondinho, a mais de 200
metros por sôbre a Baía da Guanabara.*

1. MOACIR: Veja, Patrícia, ali em baixo. É o local de nascimento da cidade do Rio de Janeiro. [2]
2. IARA: E você pode vê-lo daqui, menino?
3. MOACIR: Claro. É na atual Praia Vermelha. [3]
4. PATRÍCIA: Vamos para o outro lado. Quero ver a montanha de perto.

Uma senhora que viaja no mesmo banco aponta para fora.

5. SENHORA: Quer me dizer qual é aquela praia branca, à direita?
6. IARA: Parece-me que é a nova Praia do Flamengo. [4]
7. MOACIR: Não, é engano. Ela está apontando para a Praia de Botafogo.
8. IARA: Está vendo, Patrícia? Nenhum carioca [5] conhece bem o Rio. Eu, por exemplo, faz quinze anos que não venho aqui.
9. MOACIR: E eu, é a segunda vez que ando neste bondinho.
10. PATRÍCIA: Que vergonha! Para lhe dizer a verdade, eu gostaria de vir aqui tôdas as semanas.
11. MOACIR: E você, na sua terra? Visita todos os pontos turísticos?
12. IARA: Aposto que ela não conhece o edifício mais alto do mundo!
13. PATRÍCIA: Vocês têm razão: ninguém procura o que está perto. A gente [6] só dá valor ao que está longe.

Morros e bairros da zona sul vistos do Pão de Açúcar.

AN OUTING TO SUGAR LOAF

Patricia, Iara, and Moacir are in the cable car, more than 600 feet above Guanabara Bay.

1. MOACIR: Look, Patricia, down there. That's the birthplace of the city of Rio de Janeiro.
2. IARA: And (I suppose) you can see it from here, sonny?
3. MOACIR: Sure [why not]! It's where Praia Vermelha [Red Beach] is today.
4. PATRICIA: Let's go to the other side. I want to see the mountain from close up.

A woman who is seated [traveling] next to them points outside.

5. SENHORA: Will you [please] tell me (the name of) [which is] that white beach, to the right?
6. IARA: I think [it seems to me] it's the new Flamengo Beach.
7. MOACIR: No, you're wrong. She's pointing at Botafogo Beach.
8. IARA: You see [are you seeing], Patricia? No carioca knows Rio well. For example, I haven't been here for fifteen years.
9. MOACIR: As for me, it's the second time I've ridden [walk] in this cable car.
10. PATRICIA: Shame on you! To tell you the truth, I'd like to come here every week.
11. MOACIR: And you, in your country [land]? Do you visit all the tourist spots?
12. IARA: I'll bet she hasn't seen [isn't acquainted with] the tallest building in the world!
13. PATRICIA: You're right. Nobody looks for what's nearby. We only value [give value to] what is far away.

Explicação cultural

[1] Pão de Açúcar (Sugar Loaf) is famous for its aerial cable car. It is 1,200 feet high; the cable now stretches 4,200 feet. The cable car commands a view of all Rio—the Atlantic Ocean, the vast natural harbor of Guanabara Bay, the Santos Dumont Airport; the central business district, the far-flung suburbs and residential districts with shapes dictated by the granite hills **(morros),** the green tropical forest, and the many beaches, both those within the bay, like Flamengo Beach and Botafogo, and those on the ocean just outside the harbor entrance, like Praia Vermelha, Leme, Copacabana, Ipanema, and Leblon.

[2] Rio de Janeiro was first sighted on January 1, 1502, and its bay was erroneously thought to be the mouth of a mighty river; hence its name, River of January, which is attributed to Amerigo Vespucci, one of its discoverers. Sixty-three years passed before the Portuguese, busy with the lands in the north and south along the coast, attempted to establish a colony there.

[3] Praia Vermelha was the site of the first attempt at colonization, made in 1565 when Estácio de Sá anchored nearby, in the shadow of Sugar Loaf. It took two years to expel the French and the Tamoio Indians, who had lived in the bay region for a long time. The founder of the city, Estácio de Sá, was himself killed by an Indian arrow. On Saint Sebastian's Day, January 20, 1567, his uncle, the Governor General Mem de Sá, began the final attack on the defenders entrenched at Praia do Flamengo, inside the bay. The victorious Portuguese then moved their city from Praia Vermelha to what is now the heart of the city.

[4] The name Nova Praia do Flamengo refers to the fact that an **atêrro** or "fill" has been made at the site of the ancient beach, reclaiming dozens of acres from the salt waters of Guanabara Bay and permitting the creation of a magnificent new beach, extensive parks, soccer fields, a basin for model boats, and other recreational facilities. Much of the fill came from the granite **morros** or hills that were demolished because they blocked the growth of the modern city, which now has a population of about 4 million.

[5] Inhabitants of Rio are called **cariocas,** a word of Indian derivation.

[6] **A gente** is often used interchangeably with **nós** in informal speech.

Diálogo visualizado

Moacir e Patrícia decidem onde passear.

Moacir and Patricia decide where to go sightseeing.

1. MOACIR: Onde você gostaria de ir hoje?

   Where would you like to go today?

2. PATRÍCIA: Que é que você acha do Pão de Açúcar?

   What do you think about going to Sugar Loaf?

3. MOACIR: Estou com pressa. Dá tempo?

   I'm pressed for time. Do you think there's time?

4. PATRÍCIA: Acho que dá. Por que não vamos de táxi?

I think there is. Why don't we go by taxi?

5. MOACIR: Está bem. Vamos tomar o táxi na esquina.

That's fine. Let's take a taxi at the corner.

6. PATRÍCIA: Você sabe onde devemos saltar?

Do you know where we should get out?

7. MOACIR: Posso perguntar ao chofer.

I can ask the driver.

8. PATRÍCIA: Então, diga a sua mãe que já vamos.

Well, tell your mother that we are leaving now.

9. MOACIR: Vou dizer. Podemos ir andando.

I'll tell her (and) we can be off.

Vocabulário para substituição

A. Como se vai ao

_____?

How does one go

_____?

centro
Teatro Municipal
Museu de Arte
Bairro da Gávea

downtown
to the Municipal Theater
to the Museum of Art
to the Gavea district

B. Em frente.

Straight ahead.

A. Por favor, motorista, onde fica

_____?

Please driver, where's_____?

a rua Tiradentes
a Avenida Central
a Praça Deodoro
o cinema Odeon

Tiradentes Street
Central Avenue
Deodoro Square
the Odeon movie theater

B. Não fica longe.

It's not far.

A. Onde devo tomar um

_____

Where should I take a_____?

ônibus
táxi

bus
taxi

para ir à_____?

to go to the_____?

praia
faculdade
biblioteca

beach
college
library

B. Ali nessa esquina.

There on that corner.

Estruturas básicas

§ 17 Presente do indicativo de sete verbos irregulares: Dar, poder, ouvir, pedir, fazer, dizer, trazer

*Present Indicative of Seven Irregular Verbs: **Dar, poder, ouvir, pedir, fazer, dizer, trazer***

EXEMPLOS

Acho que **dá.**
Pode vê-lo daqui.
Êle **pede** um favor.
Êles **fazem** uma visita a João.

FORMAS

Present Indicative of **dar** (Group I)	
dou	*I give*
dá	*you give* / *he gives, etc.*
damos	*we give*
dão	*you give* / *they give*

FALA E ESCRITA

dÃmus	damos
dÃw̃	dão
dA	dá
dOw	dou

[119]

Present Indicative of **poder, ouvir, pedir, fazer, dizer,** and **trazer**

Infinitive	Stem: 1st Pers. Sing.	Tense-Pers.- No. Marker	Stem: All Other Nos. and Pers.	Tense-Pers.- No.Markers
		GROUP IIA		
poder	poss-	o	pod-	$\begin{cases} e \\ emos \\ em \end{cases}$
		GROUP IIB		
ouvir	ouç-	$\begin{cases} o \end{cases}$	ouv-	$\begin{cases} e \\ imos \\ em \end{cases}$
pedir	peç		ped-	
		GROUP III		
fazer	faç-	$\begin{cases} o \end{cases}$	faz-	$\begin{cases} - \\ emos \\ em \end{cases}$
dizer	dig-		diz-	
trazer	trag-		traz-	

F A L A   E   E S C R I T A

podẼmuS	podemos	owvĨmuS	ouvimos
pǪdẽɏ	podem	Owvẽɏ	ouvem
pǪɖi	pode	Owvi	ouve
pǪsu	posso	Owsu	ouço
peɖĨmus	pedimos	fazẼmuS	fazemos
pȨdẽɏ	pedem	fAzẽɏ	fazem
pȨɖi	pede	fAS[1]	faz
pȨsu	peço	fAsu	faço
ɖizẼmus	dizemos	trazẼmus	trazemos
ɖIzẽɏ	dizem	trAzẽɏ	trazem
ɖIS	diz	trAS[2]	traz
ɖIgu	digo	trAgu	trago

[1]or/fAyS/
[2]or /trAyS/

Substituição simples

GROUP I

1. **Êle dá** livros a Helena.

   a. Nós damos
   b. Eu dou
   c. As colegas dão

   d. A gente dá
   e. Os amigos dão

2. **Nós damos** uma aula de português a Patrícia.

   a. Maria dá
   b. João e Moacir dão
   c. Eu dou

   d. Êles dão
   e. Êle dá

GROUPS II A, II B

1. **Eu não ouço** bem daqui.

   a. Êles não ouvem
   b. Êle não ouve
   c. Nós não ouvimos

   d. O meu amigo não ouve
   e. A gente não ouve

2. **Ninguém pode** ouvir a fita agora.

   a. Elas não podem
   b. Vocês não podem
   c. Nós não podemos

   d. Eu não posso
   e. A gente não pode

3. **Êle pede** um café para você.

   a. Eu peço
   b. Nós pedimos
   c. Êles pedem

   d. A gente pede
   e. Seu amigo pede

GROUP III

1. **Iara faz** os exercícios do livro.

   a. Eu faço
   b. Nós fazemos
   c. A gente faz

   d. As garôtas fazem
   e. Todos os alunos fazem

2. **Êle diz** a data[3] do nascimento?

    a. Nós dizemos   c. A gente diz

    b. Êles dizem   d. O professor diz

3. **Eu trago** um presente[4] para seus pais.

    a. Nós trazemos   d. A gente traz

    b. Êles trazem   e. Marta e Joana trazem

    c. As meninas trazem

Substituição de um elemento

GROUP I

1. **Eu** só dou seis dólares[5] a Carlos.

    a. Nós   d. Dr. Gomes

    b. A gente   e. Minha mãe

    c. Êles

GROUP II

1. **Eu** não posso fazer isso.

    a. Nós   d. Êles

    b. Você   e. Os senhores

    c. Ela

2. **Nós** pedimos café com leite.

    a. Eu   d. Iara

    b. Vocês   e. As crianças[6]

    c. Elas

GROUP III

1. **Iara** traz um amigo.

    a. Ela   d. Eu

    b. Nós   e. As môças

    c. Êles

---

[3]**data** date   [5]**dólares** dollars

[4]**presente** present (gift)   [6]**crianças** children

2. **As garôtas** dizem isso.

   a. Nós
   b. Os americanos
   c. Um amigo brasileiro

   d. Elas
   e. Meus professôres

3. **Patrícia** faz uma visita a Iara.

   a. Elas
   b. Eu
   c. Nós

   d. João
   e. As colegas

Pergunta e resposta

Give short, reinforced affirmative replies.

1. Você traz um presente para ela?   Trago sim.
2. Vocês podem fazer isso?
3. O senhor pode fazer isso?
4. Ela pede um favor ao pai?
5. Você diz isso a êle?
6. Você ouve música[7] brasileira?
7. Você dá o prato a Helena?
8. Você faz os exercícios em casa?

§ 18 Verbo com infinitivo impessoal

Verb Plus Impersonal Infinitive

E X E M P L O S

Quero ver a praia.
Onde **devo tomar** o ônibus?
Você **pode vê**-lo daqui?
Vou deixá-lo.

---

[7]**música** music

FORMAS

Auxiliary Plus Impersonal Infinitive Construction

Auxiliary Verbs	Auxiliary in 1st Pers. Sing. Pres. Indic.	Impersonal Infinitive
dever *must, ought to*	devo	
poder *can*	posso	
ir *to be going to*	vou	
pretender *will, intend to*	pretendo	+ estudar
precisar *need to*	preciso	
querer *wish, want to*	quero	
gostar (de)* *like to*	gosto de	

* Learn those auxiliary verbs that require a preposition before an infinitive, such as **gostar de**: **Gosto de estudar** (*I like to study*).

Substituição simples

1. Êle **quer** conhecer a cidade.

   a. deve
   b. pode
   c. pretende

   d. precisa
   e. vai

2. Nós **devemos** ver a montanha.

   a. pretendemos
   b. precisamos
   c. podemos

   d. queremos[8]
   e. vamos

3. **Patrícia pode** ver a baía.

   a. Nós podemos
   b. Moacir e Iara podem
   c. Você pode

   d. Você e ela podem
   e. Eu posso

4. **Eu vou** andar no bondinho.

   a. Ela vai
   b. Vocês vão
   c. Nós vamos

   d. Moacir e Patrícia vão
   e. Iara vai

---

[8]**queremos**   we want, wish

Substituição de um elemento

1. **Você** pode ver os pontos turísticos.

   a. Nós
   b. Vocês
   c. Iara e Patrícia

   d. Elas
   e. A gente

2. Hoje **nós** vamos visitar São Paulo.

   a. você
   b. o senhor
   c. Iara e eu

   d. a gente
   e. Dona Teresa e Patrícia

3. **Você** vai gostar de ir.

   a. Elas
   b. Vocês
   c. Vocês dois

   d. O Dr. Álvaro
   e. O Sr. Alves

Pergunta com sugestão para resposta

Answer each question by using the cue in boldface.

1. Que é que você quer fazer? **andar no bondinho**   Quero andar no bondinho.
2. Que é que êle vem ver? **a Praia Vermelha**   Êle vem ver a Praia Vermelha.
3. Que é que devo fazer? **tomar táxi**
4. Que é que ela pode fazer? **um passeio**
5. De que o Moacir gosta? **nadar**[9]
6. O que eu preciso fazer? **estudar as lições**

§ 19 Pronome pessoal oblíquo: Objeto indireto

Indirect Object Pronouns

E X E M P L O S

Ela **me** fala de muitas coisas.[10]
Eu **lhes** dou o livro. Dou-**lhes** o livro.
Você pode **me** dizer o nome dêle?
Parece-**me** que é nôvo.

---

[9]**nadar** to swim
[10]**coisas** things

F O R M A S

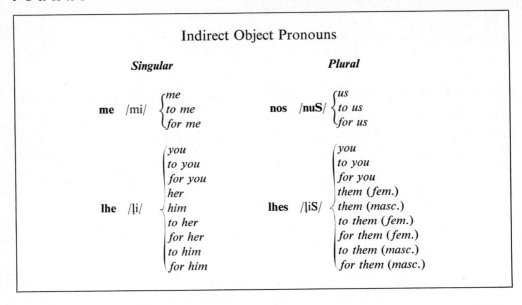

Indirect Object Pronouns

Sentence position of unstressed direct and indirect object pronouns is the same, with the exception noted in Unit IV, Section 16.

Substituição simples

1. Quer **me** dizer qual é aquela praia?

   a. nos   c. lhes
   b. lhe

2. Ela quer **lhe** dizer a verdade.

   a. me   c. lhes
   b. nos

3. João quer **nos** apresentar a Paula.

   a. me   c. lhes
   b. lhe

4. O professor **me** fala do Brasil.

   a. lhes   c. nos
   b. lhe

5. O professor **me escreve** em português.

   a. nos responde

   b. nos fala

   c. me pergunta

   d. lhe explica[11]

Transformação

Give replies that are not direct quotations from the cues.

1. Eu pergunto: —Quem me dá um livro?
Que é que eu pergunto?

   O senhor pergunta quem lhe dá um livro.

2. Ela pergunta: —Quando o João vai me escrever? **Que é que ela pergunta?**

   Ela pergunta quando o João vai lhe escrever.

3. O médico diz: —Eu lhe dou o carro, José.
O que é que o médico diz a José?

   O médico diz que lhe dá o carro.

4. Pedro me pergunta: —Pode me dizer que horas são? **Que é que Pedro me pergunta?**

   O Pedro lhe pergunta se você pode lhe dizer que horas são.

5. Eu pergunto: —Quem pode me dizer o número?[12] **Que é que eu pergunto?**

   O senhor pergunta quem pode lhe dizer o número.

6. Marta pergunta: —Joaquim, você me traz os jornais? **Que é que Marta pergunta a Joaquim?**

   Marta lhe pergunta se êle lhe traz os jornais.

Pergunta com sugestão para resposta

Give long negative replies.

1. Quem pode me dizer o número? **Eu não**

   Eu não posso lhe dizer o número.

2. Pode me dizer o que é? **Acho que não**

3. Devo repetir isso? **Acho que não**

   Acho que não deve repetir isso.

4. Você pretende nos apresentar a êle? **Não**

   Não pretendo apresentar vocês a êle.

5. Você quer me pagar[13] agora? **Não**

6. Vocês podem me chamar[14] um táxi?
Agora não

   Agora não podemos lhe chamar um táxi.

---

[11]**explica** explains

[12]**número** number

[13]**pagar** to pay

[14]**chamar** call

§ 20.1 Imperativos de verbos das conjugações -A-, -E-, -I- e de certos verbos irregulares

Commands of -A-, -E-, -I- Verbs and of Certain Irregular Verbs

E X E M P L O S

Repitam.
Chame o táxi.
Fale mais alto.
Pergunte ao João.
Diga isso a Maria.

F O R M A S

Commands

Infinitive	Stem	1st Pers. Sing. Pres. Indic.	Singular Command	Plural Command
		-A- VERBS		
chamar	cham-	o	chame	chamem *call!*
		-E- VERBS		
comer	com-	o	coma	comam *eat!*
		-I- VERBS		
dormir	durm-		durma	durmam *sleep!*
repetir	repit-	o	repita	repitam *repeat!*
abrir	abr-		abra	abram *open!*
		IRREGULAR VERBS		
trazer	trag-		traga	tragam *bring!*
pedir	peç-	o	peça	peçam *ask!*
dizer	dig-		diga	digam *speak!*
fazer	faç-		faça	façam *do!*

The command forms are derived from the stem of the first person present indicative.

Attached by a hyphen, unstressed object pronouns follow the affirmative command form; they precede the verb in negative commands. See Unit VIII, Section 32.2 for further details.

F A L A E E S C R I T A

şÃmẽỹ	chamem	kOmã̃w̃	comam
şÃmi	chame	kOma	coma
dUxmã̃w̃	durmam	xepItã̃w̃	repitam
dUxma	durma	xepIta	repita
Abrã̃w̃	abram	trAgã̃w̃	tragam
Abra	abra	trAga	traga
pE̦sã̃w̃	peçam	ɖIgã̃w̃	digam
pE̦sa	peça	ɖIga	diga

Substituição simples

1. **Abra** o livro!

   a. Procurem
   b. Tragam

   c. Peça
   d. Fechem[15]

2. Faça o favor de **entrar**!

   a. abrir a porta
   b. chegar aqui às sete
   c. repetir a lição

   d. aprender o diálogo
   e. fechar a janela

3. **Diga-o**!

   a. Escreva-o
   b. Digam-no[16]
   c. Escrevam-no

   d. Repita-o
   e. Traga-o

4. **Não me diga** isso!

   a. Não me traga
   b. Não me digam
   c. Não me peçam

   d. Não me pergunte
   e. Não me respondam

---

[15]**fechem** shut, close
[16]See Appendix C, Note V concerning this pronoun form.

Transformação

Change from a statement to a command.

1. Você fala português.   Fale português.
2. Você me escreve.
3. Você visita a cidade.
4. O senhor salta do ônibus aqui.
5. Você pergunta outra vez.[17]
6. Vocês trazem o livro.

Change from an affirmative command to a negative command.

1. Traga-lhe isso!   Não lhe traga isso!
2. Peça-lhe o carro!
3. Me diga isso!
4. Abra-o!
5. Procure-a!   Não a procure!

§ 20.2 Vamos e infinitivo

Vamos Plus Infinitive

E X E M P L O S

Vamos repetir!
Vamos tomar o ônibus!
Vamos tomá-lo na esquina!
Vamos para o outro lado!

F O R M A S

Exhortation			
Vamos!*		Let's go!	
(Não) Vamos	repetir! estudar! comer!	Let's (not)	repeat! study! eat!

*Vamos alone suffices for *Let's go!*   Vamos embora!
is often used for *Let's go!*

[17]**outra vez** again

Substituição simples

1. Que bom! Vamos **vê-los** quarta-feira!

    a. visitá-las
    b. procurá-lo

    c. conhecê-las
    d. chamá-los

2. Vamos **visitar** os pontos turísticos.

    a. ver
    b. discutir

    c. procurar
    d. conhecer

3. Não vamos **sair**[18] hoje.

    a. trabalhar
    b. passear

    c. estudar

Transformação

Change from a question to an exhortation.

1. Vamos ao Brasil?
2. Chamamos um táxi?
3. Procuramos um médico?
4. Saltamos aqui?
5. Comemos fora?
6. Reservamos as passagens?[19]
7. Falamos só português?

Vamos ao Brasil!
Vamos chamar um táxi!

Vamos comer fora!

Pronúncia

[ã, ãw̃, ãỹ], /ẽỹ, õỹ/, /a/, [ạ]

Imitation Drill

1. [ã]
    samba, vamos, manhã, semana, espanhol, amanhã, jantar, estudante
2. [ãw̃]
    não, estão, então, razão, dançam, tomam, demoram, jantam

---

[18]**sair** to leave
[19]**Reservamos as passagens?** Shall we reserve our (plane) tickets?

3. [ãỹ]
   mãe, pães, alemães, capitães, mamãe
4. /ẽỹ/
   sem, quem, alguém, trazem, homem, fazem, conhecem, ninguém
5. /õỹ/
   salões, calções, comilões, aviões, apresentações, atenções, razões, camarões

In practicing the following sounds, observe that they are identical whether stressed or unstressed.

6. [ã] *(Stressed)*   [ą] *(Unstressed)*
   samba, vamos, banco, semana   dançar, sambar, jantar, chamar
7. [ãw̃] *(Stressed)*   [ãw̃] *(Unstressed)*
   não, calção, avião, então   começam, usam, dançam, tomam
8. /ẽỹ/ *(Stressed)*   /ẽỹ/ *(Unstressed)*
   alguém, quem, ninguém   devem, homem, comem

Imitation and Comparison Drill

[ãw̃]	/õỹ/
calção	calções
avião	aviões
apresentação	apresentações
atenção	atenções

Consecutive Practice

/a/	[ą]	[ã]	[ãw̃]	[ãỹ]
1. sapato	demora	engano	não	mãe
2. tomas	hora	semana	comilão	pães
3. táxi	alta	chama	atenção	alemães
4. cidade	pressa	ambiente	dançam	capitães
5. lado	outra	manhã	pagam	mamãe

For further discussion of patterns in Portuguese sounds, see Appendix A, Note IV.

Perguntas e revisão individual

Perguntas sôbre o Diálogo principal

1. Onde estão Iara, Patrícia e Moacir?
2. A que altura estão êles?
3. O que é que uma senhora pergunta a Iara?

4. O que é que Moacir mostra a Patrícia?
5. Para onde esta senhora estava apontando?
6. O que é que Iara diz sôbre os cariocas?
7. Quanto tempo faz que Iara não vai ao Pão de Açúcar?
8. Esta é a primeira ou a segunda vez que Moacir anda no bondinho?
9. O que é que Iara aposta que Patrícia não conhece?
10. Segundo[1] Patrícia a que é que a gente dá valor?

Perguntas sôbre o Diálogo visualizado

1. Entre[2] Copacabana, o Corcovado, e o Jóquei Clube, qual você gostaria mais de visitar?
2. Explique o que é o Pão de Açúcar, com o seu bondinho.
3. Quanto tempo o Moacir tem para o passeio?
4. Ela prefere táxi; você, qual prefere, táxi ou ônibus?
5. Esta cidade tem muitos táxis? Você gosta de andar de táxi?
6. O que é isto e por que há tantos pontos de interrogação[3] no mapa?
7. A quem o Moacir pode perguntar?
8. Você acha que a Patrícia está bonita neste quadro?
9. Vão visitar a cidade do Rio—você gostaria de visitá-la com êles?

Revisão individual

HOMEWORK

A. Qual é a tarefa para amanhã?
B. É_____ .
    ouvir a fita no laboratório
    memorizar o diálogo
    estudar o "Vocabulário para substituição"
    _____ ?

GETTING AROUND

A. Como se vai ao_____ ?
      cinema
      centro
      _____ ?

---

[1]segundo according to
[2]entre among, between

[3]pontos de interrogação question marks

B. É_____.
    em frente
    ali
       _____?_____

GETTING INFORMATION

A. Por favor,_____, onde fica_____?
       motorista   a rua Tiradentes
       senhor   a Avenida Central
         _____?_____   _____?_____

B. Fica_____.
    na zona sul
    na zona norte
    no centro
          ?
    _____?_____

CATCHING A BUS OR TAXI

A. Onde devo tomar_____ para ir à_____?
       um ônibus   praia
       um táxi   faculdade
                     biblioteca
       _____?_____   _____?_____

B. Tome ali na esquina, o_____azul.
       táxi
       ônibus
        _____?_____

Review Quiz: Units I-V

I. QUESTION AND ANSWER

Answer each question by using the cue in boldface and the response pattern shown.

MODEL: O que é isto? **laboratório**   É um laboratório.
1. O que é isto? **mesa**
2. O que é isto? **livro**
3. O que é isto? **quadro-negro**
4. O que é isto? **edifícios**

II. TRANSFORMATION

By intonation, transform each affirmative statement into a yes-no question.

MODEL: Ela é professôra.   Ela é professôra?
1. Patrícia é americana.
2. Iara é estudante.
3. Eu sou do norte.
4. É uma mesa.

III. QUESTION AND ANSWER

Give a reinforced negative reply.

MODEL: Você é americana?   Não sou não.
1. O laboratório é aqui?
2. Iara é professôra?
3. O laboratório é em Copacabana?

IV. TRANSFORMATION

Change the boldface elements in the following sentences into their plural forms.

MODEL: Gosto **do carro verde.**   Gosto dos carros verdes.
1. Tenho **um amigo americano.**
2. Vejo **uma praia grande.**
3. Eu procuro **o aeroporto nôvo.**

V.   QUESTION AND CUED ANSWER

Give a reply to each question by using the number in boldface.

MODEL: Iara tem cinco carros?   **1**   Não, ela tem um carro.
1.   Iara tem cinco carros?   **2**
2.   Iara tem cinco carros?   **3**
3.   Iara tem cinco amigos?   **1**
4.   Iara tem cinco amigas?   **12**

VI.   QUESTION AND CUED ANSWER

Answer each question by using the cue and response pattern shown.

MODEL: Tem um ônibus verde?   **Não/dois**   Não, tem dois ônibus verdes.
1.   Tem um animal bonito?   **Não/dois.**
2.   Tem um carro azul?   **Não/dois**
3.   Tem um professor espanhol?   **Não/dois**

VII.   TRANSFORMATION

Form a question from each declarative statement by using the interrogative word.

MODEL: O rapaz mora ali.   **Quem**   Quem é que mora ali?
1.   Os arquitetos moram ali.   **Quem**
2.   Eu estou com frio.   **Como**
3.   A garôta está com frio.   **Como**
4.   O teatro fica ali.   **Onde**

VIII.   TRANSFORMATION

Ask the question for which the given statement is the answer.

MODEL: **Das duas môças,** apresento **Maria.**   Qual você apresenta?
1.   Ela janta **às sete.**
2.   **Êle** guarda o carro.
3.   **Dos dois rapazes,** só conheço João.
4.   Só tem **um** ônibus aqui.

IX.   QUESTION AND ANSWER

Give a reinforced affirmative reply to each question.

MODEL: Você conhece a rua?   Conheço sim.
1.   Êles repetem a pergunta?
2.   Eu sirvo o café da manhã?
3.   Nós ficamos até às dez?

X.   T R A N S F O R M A T I O N

Change the element in boldface from masculine to feminine.

MODEL: **O alemão** lava o calção azul.   A alemã lava o calção azul.
1.   Êle vem com **o irmão.**
2.   Êle estuda com um **espanhol.**
3.   **O professor** aprende alemão.
4.   **O inglês** gosta de sociologia.

XI.   T R A N S F O R M A T I O N

Change the feminine elements into the masculine.

MODEL: Conheço três môças alemãs.   Conheço três rapazes alemães.
1.   As mulheres são francesas.
2.   Ela é espanhola.
3.   Minha amiga é americana.
4.   Elas são felizes.

XII.   T R A N S F O R M A T I O N

Answer the question directly, without using the quotation.

MODEL: Eu pergunto: —Quem me dá um livro?   **Que é que eu pergunto?**
O senhor pergunta quem lhe dá um livro.
1.   Eu pergunto: —Quando o João vai nos escrever?   **Que é que eu pergunto?**
2.   José diz: —Acho que ela me diz a verdade.   **Que é que o José diz?**
3.   O médico diz: —Eu lhe dou o carro, José.   **O que é que o médico diz a José?**

XIII.   Q U E S T I O N   A N D   C U E D   A N S W E R

Give a long reply using the cue in boldface.

MODEL: Quem quer me dizer o número? **Eu**   Eu quero lhe dizer o número.
1.   Pedro, você me faz um favor? **Sim, senhor**
2.   Ana, você nos faz um favor? **Pois não**
3.   Pode me dizer isso por favor? **Não**

XIV.   T R A N S F O R M A T I O N

Change affirmative command to a negative one.

MODEL: Chame-o!   Não o chame!
1.   Chamem-na!
2.   Diga-o!
3.   Leve-lhe o livro!
4.   Peça-lhe o carro!

XV. T R A N S F O R M A T I O N

Change the questions to exhortations.

MODEL: Visitamos a universidade?   Vamos visitar a universidade!
1. Ficamos na praia?
2. Subimos no bondinho?
3. Não chamamos um táxi?
4. Não compramos passagem?

SEXTA UNIDADE

NAV FRAGIO

Da viagem que fez a Nao Sancta Maria
da barca, deste Reyno pera a India: em q̃
hia por Capitão môr dom Luis fernandez
de Vasconcellos. No ãno de. M.D.L.VII.

¶ Foy impreſſo em Lixboa em caſa de Marcos borges
impreſſor del Rey noſſo ſenhor. Aos quatro de
Ianeyro. De. M.D. LXVI.

¶ Vendem ſe na impreſſam detras de Noſſa
ſenhora da palma. Com licença inipreſſo.

Diálogo principal: EM UM RESTAURANTE PORTUGUÊS[1]

Dr. Álvaro, Dona Teresa e Patrícia acabam de sentar-se à mesa.

1. DR. ÁLVARO: Espero que você goste dêste restaurante, Patrícia. É antigo e famoso.
2. D. TERESA: É especializado em peixe. Mas tem movimento demais na hora do almôço.
3. PATRÍCIA: É, tem muita gente. De quem é aquêle retrato na parede?
4. DR. ÁLVARO: É de um político célebre, freguês antigo daqui.
5. PATRÍCIA: O rosto dêle é conhecido. Talvez o tenha visto no meu livro de História do Brasil.
6. D. TERESA: Lá vem o garçom! Sugiro que você escolha entre os "pratos do dia," Patrícia.

Chega o garçom trazendo três cardápios.

7. GARÇOM: Boa tarde. As senhoras e o cavalheiro já escolheram?
8. DR. ÁLVARO: Que tal um vinho branco da casa, enquanto esperamos que as senhoras resolvam?
9. GARÇOM: Muito bem! Trago o vinho e as azeitonas enquanto estão a escolher. [2]
10. D. TERESA: Adoro essa cortesia portuguêsa! Olhe, Patrícia, a lagosta daqui é excelente!
11. PATRÍCIA: E que me dizem vocês dos camarões recheados?
12. DR. ÁLVARO: Pois eu, em restaurante português, não saio do bacalhau. [3] Quero uma bacalhoada à moda da casa.

Navio português (de um livro de 1566 sôbre os navegadores portuguêses).

AT A PORTUGUESE RESTAURANT

Dr. Alvaro, Dona Teresa, and Patricia have just sat down at a table.

1. DR. ALVARO: I hope you like this restaurant, Patricia. It's old and famous.
2. D. TERESA: It specializes in fish. But it's too busy during the lunch hour.
3. PATRICIA: Yes, it is; there are a lot of people here. Whose picture is that on the wall?
4. DR. ALVARO: It's of a famous politician, a former customer here.
5. PATRICIA: His face is (well) known. I've probably seen him in my Brazilian history book.
6. D. TERESA: Here comes the waiter! I suggest you choose one of the daily specials, Patricia.

The waiter arrives with three menus.

7. WAITER: Good afternoon. Have you decided yet [Have the ladies and the gentleman chosen]?
8. DR. ALVARO: How about one of your own white wines [of the house], while we wait for the ladies to decide?
9. WAITER: Very well! I'll bring the wine and the olives while you decide.
10. D. TERESA: I just love this Portuguese courtesy! [Look,] Patricia, the lobster here is excellent!
11. PATRICIA: And what do you say about the stuffed shrimp?
12. DR. ALVARO: Well, in a Portuguese restaurant I never have anything but [I never leave the] codfish. I want their special codfish dinner.

Explicação cultural

[1] The Portuguese dishes mentioned in this dialogue are merely one (and a relatively minor one at that) of many cultural influences from Portugal. The discovery of Brazil by Pedro Álvares Cabral in 1500 offers an implied tribute to Portugal, which is one of the smallest countries in Europe and which, in 1500, must have had about 3 million inhabitants. It is remarkable that one of Europe's smallest countries, with a population then not much bigger than that of Lisbon today, should have been able to mount such extensive campaigns of exploration and conquest, both east and west, in the fifteenth and sixteenth centuries, rivaling Spain as one of the world powers of that age. Brazil is certainly beginning to pick up its parent's impressive mantle. Language, religion, social organization, and customs—culture in the widest sense—were the gifts of Portugal to Brazil. And Portugal brought not merely European values but those of Africa and Asia as well, which contributed, along with indigenous elements of the New World, to make "a new world in the tropics."

[2] The use of **Estão a escolher** illustrates a very common syntactic difference between European and Brazilian Portuguese: the former prefers the construction with preposition plus infinitive after **estar,** whereas the latter favors an **-ndo** *(-ing)* form after **estar.** Thus, a Brazilian would say **Estão escolhendo.**

[3] Along with wine and olives, both hardy Portuguese cultural transplants, is **bacalhau,** or codfish, which the Portuguese take from northern waters and salt and dry for export to Brazil and to other parts of the world where the Portuguese imprint is strong. Brazilians often prefer imported **bacalhau** to their own plentiful and delicious fish dishes.

Diálogo visualizado

Dr. Álvaro e Patrícia se encontram na rua.

Dr. Alvaro and Patricia meet on the street.

1. DR. ÁLVARO: Olá, Patrícia! Você por aqui?

   Hello, Patricia! What are you doing here? [You here?]

2. PATRÍCIA: Estou fazendo compras.

   I'm shopping.

3. DR. ÁLVARO: Quer almoçar comigo? Conheço um restaurante aqui perto.

   Would you like to have lunch with me? I know a restaurant close by.

4. PATRÍCIA: Que bom, Dr. Álvaro! Estou com fome.

   How nice, Dr. Alvaro! I'm hungry.

5. DR. ÁLVARO: Que é que você quer comer?

   What would you like to eat?

6. PATRÍCIA: Qualquer coisa, talvez bife com batata.

   Anything, perhaps steak and fried potatoes.

7. DR. ÁLVARO: Boa idéia! Eu também quero. Vamos atravessar ali.

Good idea! I'll have the same. Let's cross over there.

8. PATRÍCIA: Estou com pressa.

I don't have a lot of time. [I'm in a hurry.]

9. DR. ÁLVARO: Então vamos logo. Eu só tenho quinze minutos.

Then let's get going. I only have fifteen minutes.

Vocabulário para substituição

A. O que é que_____ vai comer?

What will you have,_____?

      o senhor

      a senhora

      Sir

      Madam

B. Eu quero um bife_____.

I want a steak_____.

      bem passado

      mal passado

      ao ponto

      well done

      rare

      medium

C. E êle toma_____.

And he'll have_____.

      uma laranjada

      água mineral

      uma cerveja

      um copo d'água

      an orangeade

      mineral water

      a beer

      a glass of water

A. Não sei o nome desta fruta.

I don't know the name of this fruit.

B. É_____.

It's_____.

      abacaxi

      mamão

      banana

      laranja

      uva

      a pineapple

      a papaya

      a banana

      an orange

      grapes

A. Qual é o nome desta verdura?

What's the name of this vegetable?

B. É_____.

It's_____.

      cenoura

      alface

      palmito

      tomate

      chuchu

      carrots

      lettuce

      hearts of palm

      tomatoes

      chuchu (a kind of squash)

Estruturas básicas

§ 21.1 **Presente do indicativo de** saber

*Present Indicative of **saber***

EXEMPLOS

Você **sabe** como êle é.
Eu **sei** o nome desta fruta.
Nós **sabemos** o nome dêste legume.
Êles **sabem** o nome desta verdura.

FORMAS

Present Indicative of **saber**

sei	*I know**
sabe	*you know* / *he knows, etc.*
sabemos	*we know*
sabem	*you know* / *they know*

---

*Saber (*to know how, to know* [*facts*]) contrasts with **conhecer** (*to know* [*through acquaintance*]).

FALA E ESCRITA

sabẼmuS	sabemos
sAbẽỹ	sabem
sAbi	sabe
sEy	sei

Substituição simples

1. **Êles sabem** o nome desta verdura.

   a. Nós sabemos

   b. Elas sabem

   c. Eu sei

   d. Ninguém sabe

2. **Você sabe** se o peixe é bom?

   a. Os senhores sabem
   b. Ela sabe

   c. Vocês sabem
   d. João sabe

Substituição de vários elementos

Replace the boldface elements of each sentence with the items listed below; the slash indicates the substitution order of multiple items; make any structural changes that may be required.

1. **Nós** sabemos o nome do **legume.**[1]

   a. Eu/verdura
   b. Êles/fruta
   c. Vocês/legume
   d. Você/prato
   e. Nós/garçom

   Eu sei o nome da verdura.
   Êles sabem o nome da fruta.
   Vocês sabem o nome do legume.
   Você sabe o nome do prato.
   Nós sabemos o nome do garçom.

2. **Eu** sei o que é **bacalhoada.**

   a. Nós/mamão
   b. Elas/lagosta

   c. O Dr. Álvaro/vinho da casa
   d. Êle/frango assado[2]

3. **Nós** sabemos **preparar**[3] **lagosta.**

   a. Eu/contar até dez
   b. Êle/nadar

   c. O senhor/apreciar[4] boa musica
   d. Elas/escrever em português

Pergunta e resposta

Give a short affirmative reply.

1. Você sabe como é?
2. O garçom sabe como é?
3. Vocês sabem falar português?
4. O Dr. Álvaro sabe falar espanhol?

Sei sim.

---

[1]**legume** vegetable
[2]**frango assado** fried chicken

[3]**preparar** to prepare, cook
[4]**apreciar** to appreciate

§ 21.2 Presente do indicativo de querer

Present Indicative of querer

EXEMPLOS

Eu **quero** um bife com fritas.[5]
Queremos ver a montanha de perto.
A gente **quer** ver o Pão de Açúcar.
Os turistas **querem** visitar as praias.

FORMAS

Present Indicative of **querer**		
Infinitive	*Stem*	*Tense-Pers.-No. Markers*
querer	quer-	o - emos em

FALA E ESCRITA

kerẼmuS	queremos
kĘrẽỹ	querem
kĘx	quer
kĘru	quero

Substituição simples

1. **Eu quero** um bife com fritas.

   a. As garôtas querem
   b. O senhor Rabelo quer
   c. João e eu queremos

   d. A gente quer
   e. Todos querem

---

[5]**com fritas** with fried potatoes

2. Mário, **queremos** lhe apresentar Helena.

a. quero
b. as meninas querem
c. Moacir e Iara querem

d. Patrícia quer
e. as garôtas querem

Substituição de vários elementos

1. **Eu** quero um **filé**[6] **com fritas.**

a. Nós/bacalhoada
b. Êles/ovos com presunto

c. Ela/salada[7] de alface
d. As duas senhoras/pão com manteiga

2. **Você** quer jantar **agora?**

a. Ela/às seis
b. O senhor/mais tarde
c. Mário e Patrícia/às sete e meia

d. As garôtas/no restaurante
e. Vocês/em minha casa

Pergunta com sugestão para resposta

Answer the questions by using the cues in boldface.

1. O que é que êle quer ver?   **a praia de Ipanema**   Êle quer ver a praia de Ipanema.

2. Que é que elas querem?   **um filé ao ponto**   Elas querem um filé ao ponto.

3. O que é que êle quer?   **salada de tomate**

4. O que é que todos querem?   **o nome dêle**

§ 22 Imperativo e presente do subjuntivo de verbos regulares e de oito verbos irregulares: Dizer, fazer, ouvir, pedir, perder, poder, ter, trazer

Commands and Present Subjunctive of Regular Verbs and Eight Irregular Verbs: **Dizer, fazer, ouvir, pedir, perder, poder, ter, trazer**

E X E M P L O S

Chame o táxi!
Diga-me o seu nome!

---

[6]**filé** steak
[7]**salada** salad

Espero que você **goste** dêste restaurante.
Êle quer que eu **siga** um programa especial.
Sugiro que você **escolha** isto.

F O R M A S

Commands and Present Subjunctive of Regular Verbs

Infinitive	Stem	1st Pers. Pres. Indic.	1st Pers. Command	Pres. Subj.
		-A- VERBS		
falar	fal-	o	e	e e emos em
		-E- VERBS		
beber	beb-	o	a	a a amos am
		-I- VERBS		
servir	sirv-	o	a	a a amos am

F A L A   E   E S C R I T A

falẼmuS	falemos	bebÃmuS	bebamos
fAlẽỹ	falem	bEbãw̃	bebam
fAli	fale	bEba	beba
fAli	fale	bEba	beba
	sixvÃmuS	sirvamos	
	sIxvãw̃	sirvam	
	sIxva	sirva	
	sIxva	sirva	

Irregular Verbs*

Infinitive	First Pers. Pres. Indic.		Present Subjunctive		
dizer	digo	diga	diga	digamos	digam
fazer	faço	faça	faça	façamos	façam
ouvir	ouço	ouça	ouça	ouçamos	ouçam
pedir	peço	peça	peça	peçamos	peçam
perder	perco	perca	perca	percamos	percam
poder	posso	possa	possa	possamos	possam
ter	tenho	tenha	tenha	tenhamos	tenham
trazer	trago	traga	traga	tragamos	tragam

*Partial list. See Appendix C, Note VI.

Substituição simples

1. Quero que você **faça** isso.

   a. veja
   b. peça
   c. traga

   d. ouça
   e. diga

2. Patrícia quer que eu **sirva** vinho.

   a. traga
   b. peça

   c. compre[8]
   d. tome

3. Sugiro que vocês **paguem** a conta.[9]

   a. peçam
   b. tragam

   c. vejam

4. Espero que êle **não perca** tempo.

   a. ela não perca
   b. nós não percamos

   c. vocês não percam

---

[8]**compre** buy
[9]**conta** bill

Substituição de um elemento

Replace the boldface elements of the model sentence with the items listed below them and form related commands.

1. Espero que você não **faça** isso. Não **faça**!

   a. peça   Espero que você não peça isso. Não peça!
   b. diga   Espero que você não diga isso. Não diga!
   c. sirva   Espero que você não sirva isso. Não sirva!
   d. traga   Espero que você não traga isso. Não traga!
   e. perca   Espero que você não perca isso. Não perca!

2. Sugiro que os senhores não **façam** isso. Não **façam**!

   a. digam   Sugiro que vocês não digam isso. Não digam!
   b. tragam
   c. bebam
   d. peçam

3. Eu peço que você não **diga** isso. Não **diga**!

   a. faça   Eu peço que você não faça isso. Não faça!
   b. ouça
   c. traga
   d. beba

Transformação

Change the indicative to the imperative.

1. Você senta[10] aqui.   Sente aqui!
2. Os senhores olham o retrato.   Olhem o retrato!
3. Vocês escolhem entre os pratos.
4. Você os traz.   Traga -os!
5. Vocês resolvem isso.
6. Vocês não pagam a conta.   Não paguem a conta!

---

[10]**Você senta** (*you sit down*) may also be used reflexively: **você se senta** (*you sit down*).

§ 23 Transformações: Incerteza, desejo, "imperativo indireto"

Subjunctive in Some Transformations: Uncertainty, Strong Wishes or Hopes, Indirect Commands.

E X E M P L O S

Talvez (eu) **coma** um bife com fritas.
Talvez (eu) **peça** água mineral.
Talvez (ela) **tome** uma laranjada.
Êle que **pague** a conta!
Êles que **paguem** a conta!
Tomara que o garçom não **demore!**

F O R M A S

Subjunctive in Some Transformations

Uncertainty

Ela toma uma laranjada. (*Indicative*)   She drinks an orangeade. (*Indicative*)
\+   \+
Talvez (*or* **Pode ser que**)   *Perhaps*
*⇒   ⇒
Talvez ela **tome.** (*Subjunctive*)   *Perhaps she **will drink** (it). (Indicative)*

Strong Wishes or Hopes

Ela não **fica** doente. (*Indicative*)   She doesn't **get** sick. (*Indicative*)
\+   \+
Tomara   *I hope*
⇒   ⇒
Tomara que não **fique!** (*Subjunctive*) *I hope she **doesn't**! (Indicative)*

Indirect Commands

Êle **paga** a conta. (*Indicative, statement*)   He **pays** the bill. (*Indicative, statement*)
Êle que **pague** a conta!   *Let him* (*may he*) pay the bill!
 (*Subjunctive, indirect command*)   (*Subjunctive, indirect command*)

---

* Read arrow: "May be converted as follows."

Substituição simples

1. Talvez você **conheça** êste restaurante.

   a. veja
   b. escolha

   c. procure
   d. encontre

2. Pode ser que êles **peçam** verduras.

   a. tragam
   b. sirvam

   c. comam
   d. vendam

3. Tomara que o garçom **ande depressa**.[11]

   a. traga a conta
   b. não esqueça[12] o café

   c. fale português

4. Talvez a gente **tome** água.[13]

   a. sugira
   b. peça

   c. beba
   d. traga

5. Êles que **façam** isto!

   a. tragam
   b. digam
   c. peçam

   d. escolham
   e. sugiram

Substituição de um elemento

1. Tomara que **a gente** tenha tempo!

   a. êle
   b. vocês
   c. as senhoras

   d. o senhor
   e. vocês

2. Talvez **eu** coma abacaxi.

   a. êles
   b. você
   c. os senhores

   d. ela
   e. a gente

3. Tomara que **êles** tenham carro!

   a. êle
   b. um dos rapazes

   c. as môças
   d. seu amigo

---

[11]**depressa** quickly
[12]**esqueça** forget

[13]**água** water

Transformação

Change from the indicative to the subjunctive.

1. Êle não paga demais. **Tomara que**
2. Eu não resolvo. **Elas que**
3. Êles têm bons vinhos. **Tomara que**
4. Êle traz dois amigos. **Tomara que**
5. Elas comem demais. **Talvez**
6. Aqui servem peixe. **Tomara que**

Tomara que êle não pague demais!
Elas que resolvam.

§ 24 Números cardinais acima de 20

Cardinal Numbers Above 20.

E X E M P L O S

Vinte e um homens e **vinte e uma** mulheres.
Duzentos carros e **duzentas** casas.
Mil novecentos e sessenta e seis.
Mil e novecentos.
Três milhões, duzentos e cinqüenta mil habitantes.

F O R M A S

Combining Numbers						
Number	Thousands		Hundreds		Tens		Units
16					1	e	6*
22					2	e	2
52					5	e	2
202			2	e			2
220			2	e	2		
222			2	e	2	e	2
340			3	e	4		
950			9	e	5		
1200	1	e	2				
1215	1		2	e	1		5
2020†	2			e	2		

* **dezesseis** /di-ze-sEyS/
† For larger numbers, repeat the same system as above.

Use **e** before hundreds when nothing else follows.

Numerals above 20

vinte e um homens/vinte e uma mulheres	21 *men*/21 *women*
vinte e dois homens/vinte e duas mulheres	22 *men*/22 *women*
vinte e três	23
vinte e quatro	24
vinte e cinco	25
vinte e seis	26
vinte e sete	27
vinte e oito	28
vinte e nove	29
trinta pessoas	30 *people*
quarenta	40
cinqüenta	50
sessenta	60
setenta	70
oitenta	80
noventa	90
cem	100
cento e um (uma)	101
cento e dois (duas)	102
cento e noventa e nove	199
duzentos carros/duzentas casas	200 *cars*/200 *houses*
trezentos carros/trezentas casas	300 *cars*/300 *houses*
quatrocentos carros/quatrocentas casas	400 *cars*/400 *houses*
quinhentos carros/quinhentas casas	500 *cars*/500 *houses*
seiscentos carros/seiscentas casas	600 *cars*/600 *houses*
setecentos carros/setecentas casas	700 *cars*/700 *houses*
oitocentos carros/oitocentas casas	800 *cars*/800 *houses*
novecentos carros/novecentas casas	900 *cars*/900 *houses*
mil carros	1,000 *cars*
mil e um carros/mil e uma casas	1,001 *cars*/1,001 *houses*
mil e cinqüenta e cinco	1,055
mil e cem	1,100
mil cento e um	1,101
mil e quinhentos	1,500
mil quinhentos e cinco carros/mil quinhentas e cinco casas	1,505 *cars*/1,505 *houses*
mil novecentos e dezesseis	1,916
mil novecentos e sessenta e nove	1,969
dois mil duzentos e dois carros/duas mil duzentas e duas casas	2,202 *cars*/2,202 *houses*
cem mil	100,000
cento e um mil	101,000
duzentos mil carros/duzentas mil casas	200,000 *cars*/200,000 *houses*
duzentos mil e quinhentos	200,500
duzentos mil quinhentos e dez	200,510
um milhão de carros	1,000,000 *cars*
três milhões, duzentos e cinqüenta mil habitantes	3,250,000 *inhabitants*

Substituição simples

Use the numbers shown for further substitutions.[14]

1. Ela tem **vinte** anos.

    a. 21   c. 29
    b. 25

2. Há **trinta e uma** mulheres aqui.

    a. 32   c. 38
    b. 33

3. Há **duzentos** alunos aqui.

    a. 202   c. 750
    b. 400

4. Não posso pagar **mil** cruzeiros![15]

    a. 1.500   c. 8.000
    b. 5.000

5. Há **dez mil** habitantes na cidade.

    a. 13.800   c. 3.200.000
    b. 1.000.000

Substituição de um elemento

1. Êle tem **vinte e dois** anos.

    a. 32   d. 62
    b. 42   e. 72
    c. 52

---

[14]In writing numbers the Brazilians use a period where a comma is found in the United States system: 1.000 = 1,000.

[15]**cruzeiro(s)**   (basic Brazilian monetary unit)

2. Há **duzentas e vinte e duas** pessoas aqui.

    a. 322
    b. 422
    c. 522
    d. 622

    e. 722
    f. 822
    g. 922

3. Foi[15] em **mil e quinhentos.**

    a. 1.600
    b. 1.700

    c. 1.800
    d. 1.900

4. O preço[17] é **mil** cruzeiros.

    a. 3.000
    b. 4.000
    c. 5.000

    d. 10.000
    e. 20.000
    f. 100.000

5. Há **duzentos mil** habitantes nesta[18] cidade.

    a. 300.000
    b. 400.000
    c. 500.000

    d. 600.000
    e. 700.000
    f. 800.000

6. Êste país tem **dois milhões** de habitantes.

    a. 3.000.000
    b. 4.000.000
    c. 5.000.000

    d. 8.000.000
    e. 10.000.000

7. Há dois **apartamentos** neste quarteirão.[19]

    a. edifícios
    b. hotéis

    c. restaurantes

8. A altitude[20] é **quinhentos** metros.

    a. 600
    b. 700
    c. 800

    d. 900
    e. 1.000

---

[16]**foi** it was
[17]**preço** price
[18]**nesta** in this

[19]**quarteirão** block
[20]**altitude** altitude

9. A universidade tem **2.000** alunos.

   a. 5.000   d. 18.000
   b. 7.000   e. 30.000
   c. 9.000

10. É um edifício de **cinco** andares.[21]

   a. doze   c. dezoito
   b. catorze   d. vinte

Pronúncia

/l, ļ, i, r, x/

Imitation Drill

1. /l/ (*Nonsyllable-final Form*)
   leva, ela, falo, êle, planta
   Ela levará a bola.   *She will take the ball.*
   Alice é loura.   *Alice is blond.*
2. /l/ (*Syllable-final Form*)
   natural, balcão, alto, legal, falta
   O Coronel Leal é da capital.   *Colonel Leal is from the capital.*
   Isso não é legal nem natural.   *This is neither legal nor natural.*

Imitation and Contrast Drill

/ļ/		/i/ *as* /y/-*glide*	
telha	*roofing tile*	teia	(*spider*) *web*
filho	*son*	fio	*electric wire*
valha	*be worth*	vaia	*razzing, mockery*
ilha	*island*	ia	*went*
É uma telha bem feita.	*It's a well-made tile.*	É uma teia bem feita.	*It's a well-woven spider web.*
São muito bons filhos.	*They're very good sons.*	São muito bons fios.	*They're very good wires.*

---

[21]**cinco andares** five stories

Imitation Drill

The first group shows /r/ between vowels or after consonants except /n/. The second shows /r/ or /x/ in syllable-final position or after /n/. The third and fourth shows the distribution of intervocalic and word-initial /x/.

1. /r/ (*Between Vowels and After Consonants Except* /n/)
   para, fresco, parei, branco
   Comprei um prato para Maria.   *I bought a plate for Mary.*
   Iara mora na praça.   *Iara lives by the square.*
2. /r/ *or* /x/ (*Syllable-final or After* /n/)
If the native speaker uses a flapped or trilled /r/ syllable-final in the list that follows, do the following drill as an imitation exercise. If the native model uses /x/, consider this as part of the drills for /x/.
   vermelho, parte, pertinho, cartas, Henrique, falar
   O barco está perto do pôrto.   *The boat is near the harbor.*
   Henrique vai partir com Gilberto.   *Henry is going to depart with Gilbert.*
3. /x/ (*Between Vowels*)
   morro, corro, carros, cachorro, carrinho
   Os cachorros correm.   *The dogs are running.*
   Morrem de fome no morro.   *They die of hunger on the hill.*
4. /x/ (*Word-initial*)
   rir, Roberto, rosa, roupa, roubou
   Roberto roubou a roupa.   *Robert stole the clothes.*
   O rapaz é do Rio.   *The boy is from Rio.*

For further discussion of patterns in Portuguese sounds see Appendix A, Note V.

Perguntas e revisão individual

Perguntas sôbre o Diálogo principal

1. Onde estão o Dr. Álvaro, D. Teresa e Patrícia?
2. Em que o restaurante é especializado?
3. Quando é que o restaurante tem muito movimento?
4. De quem é o retrato na parede?
5. Onde Patrícia talvez tenha visto o rosto do político?
6. O que é que o garçom traz para a mesa?
7. O que é que o Dr. Álvaro sugere enquanto Dona Teresa e Patrícia escolhem?

8. O que é que D. Teresa diz que é excelente?
9. Sôbre o que Patrícia pede a opinião do casal[1]?
10. O que é que o Dr. Álvaro sempre come em restaurante português?

Perguntas sôbre o Diálogo visualizado

1. O que o Dr. Álvaro diz quando vê Patrícia?
2. Patrícia está fazendo compras, não é? Você, onde faz suas compras?
3. O Dr. Álvaro conhece um bom restaurante—você também conhece bons restaurantes nesta cidade?
4. Patrícia está com fome—e agora, você também?
5. O que o Dr. Álvaro pergunta a Patrícia?
6. Você e seus amigos também gostam de bife com batata?
7. Sabe o nome de bons restaurantes desta cidade?
8. Por que ela está olhando o relógio?
9. Você acha que é uma boa idéia comer depressa?

Revisão individual

M E A L T I M E

A. Você quer_____ para_____?
            pão   o café
            carne   almôço
           _____?   _____?

B. Só quero_____ de sempre.
           o pão
           o café
           _____?

A. Você sabe o nome desta_____?
                 verdura
                 fruta
               _____?

B. Claro que sei. É_____.
           chuchu
           goiaba
             _____?

---

[1]casa the married couple

A.   Não é não. É_____.
                mamão
                banana
                _____?_____
B.   Que vergonha! Ainda não sei o nome das_____.
                                    frutas
                                    coisas
                                    _____?_____

C O M M E N T S

A.   O que me dizem do_____ ?
                    bife
                    peixe
                    _____?_____
B.   Está_____.
        gostoso
        excelente
        _____?_____

N U M B E R S

A.   Quantas_____há no_____?
                mulheres   restaurante
                môças   teatro
                _____?_____   _____?_____
B.   Há_____.
        cinco
        quarenta
        _____?_____

A.   Quantos_____há na _____?
                lápis   mesa
                homens   sala
                _____?_____   _____?_____
B.   Há_____.
        dez
        sete
        _____?_____

A.   Isso_____.
        é muito
        não é muito

L I K E S   A N D   D I S L I K E S

A.   O que você quer comer?

B.   Quero _____.
        alface
        carne
        _____?_____

A.   Gosta de _____?
        camarão
        galinha
        _____?_____

B.   Não, não gosto de_____.
        camarão
        galinha
        _____?_____

W I S H E S

A.   Tomara que_____.
        o garçom não demore
        êles tenham água mineral
        _____?_____

B.   Por quê?

A.   Porque estou com_____.
        sêde
        fome
        _____?_____

Leitura: C A R T A   D E   P A T R Í C I A [1]   A   U M A   A M I G A   A M E R I C A N A

Read the selection as you listen to the model, repeating after the model if directed to do so. Then reread for total comprehension.

Minha cara Cynthia:
   Desculpe a demora em lhe escrever. Mas depois da chegada ao Brasil parece que o meu tempo não dá para nada.

---

[1]**carta de Patrícia**   a letter from Patricia

Seguindo meu programa, vim morar em casa da família Pereira. São velhos amigos meus. Com êles morei dez meses, há quatro anos, no tempo de minha bôlsa de curso secundário. Lembra-se?

Dona Teresa, mãe da família, é pessoa de grande coração e me trata como filha. Eu a chamo minha "mãe brasileira." O dono da casa, Dr. Álvaro, é médico, funcionário publico. O resto da família é carioca, mas o Dr. Álvaro é mineiro, isto é, natural do Estado de Minas Gerais.

Dizem que os mineiros são um tipo especial de brasileiro: falam pouco, são discretos, inteligentes e muito hábeis em política.

O meu "pai brasileiro" aos domingos gosta de passear com a família no seu carrinho de fabricação nacional; leva-me a conhecer os locais mais interessantes da cidade.

Adoro isto aqui. Mas estudo muito; faço cursos bem difíceis. Gosto principalmente das aulas de língua portuguêsa.

Também vou à praia, que é uma beleza. Tenho ótimos amigos, especialmente um, Mário, de quem lhe falo depois, em outra carta. E vou lhe falar também do resto da família Pereira: minha amiga Iara, estudante da PUC, e o garôto Moacir, de treze anos, que é o "menino impossível"[2] da casa.

Espero carta sua. Receba um abraço[3] da sua amiga.

Pat

---

[2] **menino impossível** holy terror
[3] A common complimentary close used by Brazilians in friendly letters is **um abraço de** . . . . The expression **dê um abraço em** . . . is equivalent to the English *give my regards to* . . . In Brazilian culture **um abraço** is also used by male speakers as a leave-taking instead of other social formulas such as **até logo** and the more colloquial **tchao.**

SETIMA
UNIDADE

Diálogo principal: O BAILE DOS CALOUROS [1]

O baile já está animado. Iara com Zé Maria, Patrícia com Mário,
vestidos a rigor, acabam de entrar.

1. ZÉ MARIA: Talvez o ambiente aqui esteja muito infantil para você, hem, Mário?
2. MÁRIO: De jeito nenhum. Meu próprio baile de calouros ainda me parece tão recente.
3. IARA: O salão está muito cheio. Mas quase não conheço ninguém.
4. PATRÍCIA: Deve haver estudantes de tôdas as faculdades.
5. ZÉ MARIA: Estão tocando um samba espetacular. Quer dançar, Iara?
6. IARA: Quero, mas isso não é samba [2] comum. É bossa nova. [3]
7. MÁRIO: E você, Patrícia, quer me dar o prazer?
8. PATRÍCIA: Vamos; mas talvez o ritmo seja muito difícil para mim.

Os dois pares começam a dançar.

9. MÁRIO: Você quer que esperemos outra música? Mas dançando é que se aprende.
10. PATRÍCIA: Não sinto mais nenhuma dificuldade. Acho que você é um excelente professor.
11. MÁRIO: Na minha terra se diz que quem ensina com amor ensina duas vêzes.
12. PATRÍCIA: E quem aprende com amor aprende duas vêzes?
13. MÁRIO: Não há dúvida. Acho que você é uma ótima aluna.

Salvador (Bahia), cidade de arte colonial.

THE FRESHMAN DANCE

The dance is already in full swing. Iara with Zé Maria, Patricia with Mario, all in formal attire, have just entered.

1. ZÉ MARIA: Maybe the atmosphere here is too childish for you, eh, Mario?
2. MARIO: Not at all. My own freshman dance still seems very recent.
3. IARA: The ballroom is really full. But I hardly know anyone.
4. PATRICIA: There must be students here from every division of the university.
5. ZÉ MARIA: They're playing a great [spectacular] samba. Would you like to dance, Iara?
6. IARA: Yes, but that isn't (just) a plain samba. It's a bossa nova.
7. MARIO: Patricia, may I have [will you give me] the pleasure?
8. PATRICIA: Let's; but the rhythm may be too difficult for me.

The two couples begin dancing.

9. MARIO: Do you want us to wait for another (type of) music? But (then) dancing is how one learns.
10. PATRICIA: I'm not having [experiencing] any more trouble. I think you're an excellent teacher.
11. MARIO: Where I'm from we say that one who teaches lovingly teaches twice (as much).
12. PATRICIA: And one who learns lovingly learns twice (as much)?
13. MARIO: No doubt about it. I think you are an excellent student.

Explicação cultural

[1] The freshman dance is given in March or April, a few weeks after the school year gets under way; it honors freshmen, who are welcomed by older students. The dance features an orchestra and takes place in a social club near the Catholic University. Students select a "Freshmen Queen" (**Rainha dos Calouros**) who presides at the dance. At the PUC as in almost all Brazilian universities, the more formal **Baile de Formatura** (*Graduation Ball*) is held at the end of the school year, usually in January; students save all year long in order to present a spectacular affair at one of the big Rio hotels. Other social events for students at the PUC are movies, student dramatic productions, group visits to local theaters (at special student rates), concerts of both classical and popular music, and athletic contests with other schools of the region. **O trote** (*hazing*) is a fairly common custom at the opening of the **ano letivo** (*school year*) of Brazilian universities. Freshmen are often required to parade downtown wearing all kinds of costumes. This hazing often becomes a form of social and political protest.

[2] The **samba** is the most popular and widespread of all Brazilian dances. There are a number of varieties—the **baião** in the north, the **cateretê** in Minas, the **chiba** in Rio de Janeiro, the **fandango** in the south. All are strongly influenced by the **batuque** or African-inspired dancing, which is vigorously accompanied by percussion instruments. A common form in the north is the individual dance, which requires great dexterity; the more recent tendency is to dance in couples. The samba may also be sung or played. Samba melodies and lyrics were traditionally composed by the common people; many composers did not know how to write music and some were social outcasts. The instrument used was the guitar, or, if a group performed, the guitar, flute, clarinet, **cavaquinho** (ukelelelike stringed instrument), and the time-honored percussion instruments: drums, frying pan, tambourine, wooden blocks, **cuíca** (pistonlike drum), and **reco-reco** (two pieces of wood for rubbing or scraping). This old-style music is still the popular standard of Brazil. The revival of interest in samba is seen in the several Brazilian music festivals held in São Paulo and in Rio.

[3] **Bossa nova** (literally, *new skill, new ability*—hence, *new style*) developed from the older style of samba described above. **Bossa nova** was "new" in the sense of adding more sophisticated instrumentation (piano, saxophone) and a more pronounced **batida,** or beat. It belongs to the early 1950s and reflects some of the expansionistic hopes and optimism of the postwar era. It has been said that it was influenced by the jazz and musicals of the United States seen in exported films and even in video tapes prepared in the United States to advertise U.S. products in Brazil. Composers of the **bossa nova** were now men of education and musical training. The fine Brazilian poet Vinícius de Morais lent his support as a writer of lyrics and performer. Brazil even saw some economic advantage in exporting the new form of music when, in 1962, such performers as Stan Getz and Charlie Byrd, saxophonist and guitarist, respectively, gave it popularity in the United States. **Bossa nova** has had its ups and downs in the United States, but it seems to have won a permanent place in American popular music, thanks to such gifted Brazilian composers and performers as Antonio Carlos Jobim, João Gilberto, Laurindo Almeida, and others who have come to our theaters and TV studios.

Diálogo visualizado

Iara ajuda Patrícia a fazer compras numa boutique.*

Iara helps Patricia make purchases in a dress shop.

1. IARA: Que tal o vestido branco para você?

   What about that white dress for you?

2. PATRÍCIA: É bonito, mas acho que é pequeno demais.

   It's pretty, but I think that it's too small.

3. IARA: O prêto fica bem em você?

   Does the black one look good on you?

4. PATRÍCIA: Não sei. Há outras coisas?

   I don't know. Are there other things?

5. IARA: Você quer ver maiôs?

   Would you like to look at the swimming suits?

6. PATRÍCIA: Quero. Preciso mesmo comprar um.

   I would. I really need to buy one.

7. IARA: Eu gostaria de comprar, mas só posso olhar.

   I would like to buy one, but I can only look.

8. PATRÍCIA: Por que não compra e paga depois?

   Why don't you buy now and pay later?

9. IARA: Boa idéia. Vou comprar um, e mamãe que pague depois.

   (That's a) good idea. I'm going to buy one, and my mother can pay later.

Vocabulário para substituição

A. Que roupa devo usar para o passeio?

   What clothes should I wear for the outing?

B. Vista_____.

   Put on_____.

   camisa e calça esporte — *a shirt and sports pants*
   saia e blusa — *a skirt and blouse*
   calção — *swim trunks*
   traje de banho — *a swim suit*
   maiô — *a swim suit (woman's)*
   paletó — *a jacket (man's)*

   Não ponha_____.

   Don't wear_____.

   gravata — *a tie*
   chapéu — *a hat*

---

* **boutique** /butIki/, **loja de roupa para mulheres** ladies' dress shop

A. Hoje o traje é rigor?

B. É provável que o traje seja

_____.

    rigor
    passeio
    esportivo

Is dress formal today?

It's probably_____.

    formal
    casual
    sports

Estruturas básicas

§ 25 Presente do subjuntivo de seis verbos irregulares:
Dar, estar, ir, ser, querer, saber

*Present Subjunctive of Six Irregular Verbs: **Dar, estar, ir, ser, querer, saber***

E X E M P L O S

Talvez êle **esteja** aqui.
Talvez ela **seja** carioca.
É provável que Mário já **saiba** o diálogo.
Quero que êle me **dê** o dinheiro.
Pode ser que êle **queira** ir.

F O R M A S

Irregular Verbs*					
Infinitive	*Pres. Indic.*		*Present Subjunctive*		
dar	dou	dê	dê	demos	dêem
estar	estou	esteja	esteja	estejamos	estejam
ir	vou	vá	vá	vamos	vão
ser	sou	seja	seja	sejamos	sejam
querer	quero	queira	queira	queiramos	queiram
saber	sei	saiba	saiba	saibamos	saibam

* partial list

Substituição simples

1. Talvez **ela saiba** dançar samba.

   a. a gente saiba
   b. vocês saibam
   c. elas saibam

   d. êle saiba
   e. eu saiba

2. Talvez **ela queira** aprender a dançar.

   a. as meninas queiram
   b. êles queiram
   c. você queira

   d. vocês queiram
   e. a menina queira

3. É provável que **eu vá** ao baile.

   a. Iara e Zé Maria vão
   b. Patrícia vá
   c. você vá

   d. a gente vá
   e. elas vão

4. Espero que **os estudantes estejam** lá.

   a. Mário esteja
   b. vocês estejam

   c. suas amigas estejam
   d. você esteja

5. Talvez **o rapaz seja** do norte.

   a. os senhores sejam
   b. ela seja

   c. a professôra seja
   d. êles sejam

Substituição de um elemento

1. Espero que **vocês** vão.

   a. êles
   b. você
   c. o Mário

   d. os rapazes
   e. o senhor

2. É preciso que **todos** saibam o diálogo.

   a. as meninas
   b. vocês
   c. êles

   d. Zé Maria
   e. todos os estudantes

3. Tomara que **ela** queira dançar.

   a. Iara e Patrícia
   b. você
   c. os rapazes

   d. vocês
   e. as môças

4. Esperamos que **êle** seja feliz.

a. vocês dois
b. vocês
c. elas

d. todos
e. o casal

5. **O professor** talvez não lhe dê nada.

a. Êles
b. As professôras
c. A sua mãe

d. Eu
e. Seus amigos

6. Não gosto que **Iara** esteja com êle.

a. as meninas
b. elas

c. minha amiga
d. os rapazes

Transformação

Change from the indicative to the subjunctive by using the uncertainty form **Talvez.**

1. Êles me dão um presente.   Talvez me dêem um presente.
2. O salão não está cheio à noite.
3. Nós usamos traje passeio.
4. Não sabem que roupa vestir.
5. O professor quer isso.
6. O samba é muito difícil.
7. O maiô e o calção estão na mala.[1]
8. Ela sabe o nome dêle.

§ 26 Conjunções subordinativas

Subordinating Conjunctions or Relaters

E X E M P L O S

Acho **que** êle está velho.
Pergunte **se** elas estão aqui.
O médico pergunta **como** ela está.
É certo **que** Mário já sabe dançar.
Qual? Aquêle **que** está jogando raquete?
É provável **que** Mário já saiba dançar.

---

[1]**mala**   suitcase

FORMAS

Relaters in Complex Sentences

Main Clause	Relater	Dependent Clause	Function
		INDICATIVE	
Iara pensa	que	o senhor é arquiteto.	Direct object of verb
Iara thinks	*that*	*you are an architect.*	
Acho	que	êle está bom.	
I think	*that*	*he is well.*	
Pergunte	se	vendem fuzis na loja.	
Ask	*whether*	*they sell guns at the store.*	
O médico			
pergunta	como	ela está.	
The doctor asks	*how*	*she is.*	
A gente só dá			
valor	(ao) que	está longe.	Object of preposition
We only value	*what*	*is far away.*	
É certo	que	Mário já sabe dançar.	Subject of verb
It's certain	*that*	*Mario already knows how*	
		to dance.	
		SUBJUNCTIVE	
É preciso	que	vocês tirem o paletó.	Subject of verb
It's necessary	*that**	*you take off your coat(s).*	
É provável	que	Mário já saiba dançar.	
It's probable	*that*	*Mario already knows how*	
		to dance.	
É possível (*or*			
impossível)	que	toquem um samba.	
It's possible (or			
impossible)	*that†*	*they will play a samba.*	
Quero	que	você vá ao baile.	Direct object of verb
I want		*you to go to the dance.*	
Prefiro	que	você não vá ao baile.	
I prefer	*that*	*you not go to the dance.*	

* alternate translation: *for you to take off your coat(s)*
† alternate translation: *for them to play a samba*

Relaters in Complex Sentences—*continued*

Main Clause	Relater	Dependent Clause	Function
		SUBJUNCTIVE	
O professor pede	que	todos repitam.	
The professor asks	*that*	*everyone repeat.*	
A mãe dela faz	(com) que	use sapatos.	*Direct object of verb*
Her mother makes		*her wear shoes.*	*or object of preposition.*
Eu estou contente	(de) que	você esteja aqui.	
I'm happy	*that*	*you are here.*	
Êle prefere	que	Zé não diga a verdade.	
He prefers	*that*	*Zé not tell the truth.*	
Nós temos mêdo	(de) que	o ritmo seja difícil.	
We're afraid	*that*	*the rhythm will be difficult.*	

A complex sentence has a main clause and a dependent construction consisting of a relater and following clause. **Que** is the most common relater and is usually not omitted in Portuguese.

Substituição simples

1. Tenho certeza[2] **que êle é médico.**

   a. que ela é médica
   b. que Mário é arquiteto

   c. que elas são brasileiras
   d. que João não usa gravata

2. Ela pede **que êle vá ao médico.**

   a. que você fique na praia
   b. que a gente repita

   c. que cheguemos cedo[3]
   d. que êles cheguem hoje

3. Sei **que ela fica na praia.**

   a. que todos gostam
   b. que elas chegam hoje

   c. que êles estão lá
   d. que vocês sabem o diálogo

---

[2]**tenho certeza** I'm sure
[3]**cedo** early

4. É preciso **que estejamos lá às oito.**

    a. que êle vá às seis   c. que vocês aprendam isso
    b. que ela faça uma visita   d. que você dê o enderêço[4] a êle

5. É bom **que êle queira ficar.**

    a. que vocês gostem da roupa   d. que Mário saiba o enderêço
    b. que ela não vá ao baile   e. que usem roupa esporte
    c. que Zé diga a verdade

Transformação

Subordinate the boldface element and make any structural changes necessary.

1. João diz o seguinte:[5]—**O pai dela é arquiteto.**   João diz que o pai dela é arquiteto.

2. O médico acha o seguinte:—**O homem está doente.**   O médico acha que o homem está doente.

3. Eu acho o seguinte:—**É bom dançar.**

4. Achamos o seguinte:—**Você deve ir.**

5. Ela responde o seguinte:—**Não quero viajar.**

6. O garçom diz o seguinte:—**Trago o vinho.**

7. Êles acham o seguinte:—**O livro é muito bom.**

§ 27 Presente do subjuntivo em oração substantiva

Present Subjunctive in Noun Clauses

E X E M P L O S

    Êle quer que eu **siga** um programa especial.
    Espero que você **goste** dêste restaurante.
    Preferimos que você **vista** paletó.
    Êle tem mêdo que você não **passe** no exame.[6]

---

[4]**enderêço** address   [6]**passe no exame** pass the exam
[5]**o seguinte** the following

FORMAS

Present Subjunctive in Noun Clauses

Clause as Object of Verb

UNCERTAINTY

Êle gosta do restaurante.	*He likes the restaurant.*
+	+
Ela duvida disso.	*She doubts this.*
⇒	⇒
Ela duvida que êle **goste** do restaurante.	*She doubts that he likes the restaurant.*

CAUSALITY

Ela os traz.	*She brings them.*
+	+
Êle pede isso.	*He asks this.*
⇒	⇒
Êle pede que ela os **traga.**	*He asks that she bring them.*

Clause as Subject of Impersonal Expression

UNCERTAINTY

Êle está no Brasil.	*He is in Brazil.*
+	+
Não é certo.	*It is not certain.*
⇒	⇒
Não é certo que êle **esteja** no Brasil.	*It is not certain that he is in Brazil.*

CAUSALITY

Você estude!	*You study!*
+	+
É preciso.	*It is necessary.*
⇒	⇒
É preciso que você **estude.**	*It is necessary that you study.*

Clause as Object of Verb (Preposition Optional)

UNCERTAINTY

Êles podem ir.	*They can go.*
+	+
Eu não tenho certeza.	*I am not sure.*
⇒	⇒
Eu não tenho certeza (de) que êles **possam** ir.	*I am not sure that they can go.*

Present Subjunctive in Noun Clauses—*continued*

Clause as Object of Verb (Preposition Optional)

CAUSALITY

O filho dela não passa no exame.	*Her son will not pass the exam.*
+	*+*
Ela está com mêdo.	*She is afraid.*
⇒	*⇒*
Ela está com mêdo (de) que o filho não **passe** no exame.	*She is afraid that her son will not pass the exam.*

Expressions that are invariably followed by the subjunctive—for example, **ela duvida, não é certo**—are broadly classified under the heading Uncertainty or Causality.

See Appendix C, Note VIII.

Substituição simples

1. Espero que **o senhor possa** ir.

   a. eu possa
   b. você possa

   c. vocês possam
   d. Patrícia e eu possamos

2. É provável que **toquem** um samba.

   a. êle toque
   b. êles toquem

   c. o músico[7] toque
   d. os músicos toquem

3. O professor quer que **a gente repita**.

   a. as môças repitam
   b. você repita
   c. eu repita

   d. vocês repitam
   e. ela repita

4. Êle sugere que **eu vá** ao baile.

   a. seu filho vá
   b. você vá
   c. João e eu vamos

   d. vocês vão
   e. a gente vá

---

[7]**músico** musician

5. Duvido que **êles saibam** dançar.

    a. êle saiba

    b. você saiba

    c. as garôtas saibam

    d. todos saibam

Substituição de um elemento

1. É provável que **êles** possam ir.

    a. você

    b. a gente

    c. todos

    d. êle

    e. a família Pereira

2. É possível que **êle** esteja em casa.

    a. ela

    b. êles

    c. a môça

    d. os rapazes

    e. meus amigos

3. É preciso que **você** escolha alguma coisa.

    a. a gente

    b. vocês

    c. o senhor

    d. o Dr. Álvaro

    e. os rapazes

4. Duvido que **vocês** queiram sair.

    a. nós

    b. ela

    c. o senhor

    d. Patrícia e ela

    e. eu

Substituição de vários elementos

1. **Êle** pede que **ela** traga um livro.

    a. Eu/êle

    b. João/vocês

    c. Mário/êles

    d. Elas/a gente

2. **Eu** prefiro que **você** não diga nada.

    a. Ela/vocês

    b. A gente/ela

    c. Elas/Mário

    d. Nós/êles

    e. Os rapazes/elas

3. **Eu** sugiro que **você** chegue na hora.[8]

  a. Nós/vocês
  b. Êles/ela
  c. Os pais/êles

  d. O professor/os estudantes
  e. Dona Teresa/Moacir e Iara

4. **Quero** que **vocês** comecem a estudar.

  a. Êles/nós
  b. Elas/a gente

  c. Os pais/o rapaz
  d. O professor/as môças

Transformação

Subordinate the initial statement to the expression in boldface and make all necessary structural changes.

1. Você estude!   **É preciso.**
2. Mário já está lá.   **É provável.**
3. Vocês não vão ao cinema.   **É pena.**
4. Vistam traje esporte.   **É bom.**
5. Eu sou americano.   **Ela duvida disso.**
6. Ela sabe dançar bossa nova.   **Isso é curioso.**[9]
7. Ela não diz nada.   **Êle prefere isso.**
8. Êle passa no exame.   **Não tenho certeza disso.**
9. Os alunos chegam na hora.   **O professor gosta disso.**

É preciso que você estude.
É provável que Mário já esteja lá.
É pena que vocês não vão ao cinema.
É bom que vistam traje esporte.
Ela duvida que eu seja americano.
É curioso que ela saiba dançar bossa nova.

Êle prefere que ela não diga nada.
Não tenho certeza que êle passe no exame.

O professor gosta que os alunos cheguem na hora.

Pergunta com sugestão para resposta

Answer each question by subordinating the initial statement to the expression in boldface.

1. Mário vai ao baile.   **O que é que é provável?**
2. Êle estuda mais.[10]   **O que é que é preciso.**

É provável que êle vá ao baile.

É preciso que êle estude mais.

---

[8]**chegue na hora**   arrive on time
[9]**curioso**   curious, strange

[10]**mais**   more

3. João não sabe nadar.   **O que é pena?**[11]   É pena que João não saiba nadar.
4. Ela fala português.   **O que é preferível?**[12]   É preferível que ela fale português.
5. Êles não têm sotaque[13] americano.   **É curioso.**

§ 28.1 Palavras e construções negativas

Negative Words and Constructions

E X E M P L O S

Nenhum carioca conhece bem o Rio.
Ninguém procura o que está perto.
Êle **nunca** usa gravata.
Não tenho **nada** para fazer agora.

F O R M A S

Negative Words and Constructions: Two Main Types

Negative Precedes Verb

Eu **nunca** estudo em casa.   *I never study at home.*

Negative Precedes and Follows Verb

Eu **não** estudo **nunca** em casa.   *I never study at home.*

Nem . . . nem (*neither . . . nor*) follows the same patterns: **Não fica nem êle nem ela. Nem êle nem ela fica.** The translation is the same: *Neither he nor she is staying.*
Nem (*not even*) always precedes the verb it modifies.

Some additional examples of negative constructions are as follows:

Ela **nunca** vai ao cinema.   *She never goes to the movies.*
Ninguém vai ao cinema.   *Nobody is going to the movies.*
Êle **nem** vai ao cinema.   *He doesn't even go to the movies.*

---

[11]**é pena** too bad   [13]**sotaque** accent
[12]**preferível** preferable

Êle **não** tem **nada**.   *He has nothing.*
Ninguém nunca sabe **nada**.   *Nobody ever knows anything.*
Ela **não** tem **nem** tempo **nem** dinheiro.   *She doesn't have either time or money.*
Não tenho **nenhuma** dificuldade.   *I don't have any difficulty.*

Substituição simples

1. Não vejo **nenhum paletó** aqui.

   a. nenhum chapéu   d. nenhuma roupa
   b. nenhuma sala   e. nenhuma camisa
   c. nenhuma blusa   f. nenhum traje de banho

2. **Ninguém** quer usar traje a rigor.

   a. Nenhuma pessoa[14]   c. Nenhum rapaz
   b. Nenhum estudante   d. Nenhum de nós

3. Como? O quê? Não **ouço** nada!

   a. vejo   c. vou dizer
   b. digo   d. sei

4. Nós nunca **pedimos nada**.

   a. encontramos José   c. dançamos samba
   b. sentimos dificuldade   d. temos saudade[15]

Pergunta com sugestão para resposta

First give the long reply and then the short one.

1. Que dificuldade você sente? **Não/nenhuma**   Não sinto nenhuma. *and* Nenhuma.
2. Quem está na sala de aula? **Ninguém**   Ninguém está na sala de aula. *and* Ninguém.
3. Quando vocês vão ao cinema? **Nunca**   Nunca vamos ao cinema. *and* Nunca.
4. Vocês tem alguma coisa[16] a dizer? **Não/nada**   Não temos nada a dizer. *and* Não, nada.
5. Você fala francês ou alemão? **Nem/nem**   Nem falo francês nem alemão. *and* Nem francês nem alemão.

---

[14]**pessoa** person
[15]**nunca temos saudade** we're never homesick
[16]**alguma coisa** something

6. Êle pode trazer alguma das irmãs?
   Não/nenhuma

7. As meninas vão procurar alguém lá?
   Não/ninguém

   Não vão procurar ninguém. *and* Não,
   ninguém.

8. Qual dos dois você quer?   **Não/nenhum
   dos dois.**

§ 28.2 Palavras afirmativas e negativas contrastadas

Affirmative-Negative Counterparts

E X E M P L O S

Alguém deve saber, mas **ninguém** sabe.
Tenho **algumas** camisas, mas não tenho **nenhum** paletó.

F O R M A S

Affirmative-Negative Counterparts

Affirmative words	*Negative Words*
alguém *someone*	ninguém *no one, not anyone*
alguma coisa (algo) *something*	nada *nothing, not anything*
algumas vêzes *sometimes*	nunca *never, not at any time*
às vêzes *sometimes*	
algum (a) (*and pl.*) *some*	nenhum(a)* *none, not any*
ou . . . ou *either . . . or*	nem . . . nem *neither . . . nor*

* The plural is rarely used.

Substituição simples

1. **Alguns calouros** estão no salão.

   a. Alguns rapazes
   b. Algumas meninas

   c. Alguns estudantes
   d. Algumas pessoas

2. Êles ficam aqui **alguns dias.**

    a. alguns meses[17]   c. algumas horas

    b. algumas semanas   d. alguns minutos

3. Tenho **alguma coisa** na mala.

    a. algo   c. alguns chapéus

    b. algumas coisas   d. algumas camisas

4. O retrato é de **algum amigo?**

    a. algumas amigas   c. alguém da família

    b. alguns amigos   d. algum parente[18]

Transformação

Change from an affirmative to a negative statement.

1. Vejo alguma coisa aqui.   Não vejo nada aqui.
2. Às vêzes êle chega na hora.   Nunca êle chega na hora.
3. Êle conhece alguns médicos.   Êle não conhece nunhum médico.
4. Êle usa algumas gravatas do Brasil.
5. Danço samba e fox.[19]   Não danço samba nem fox.
6. Ou êle fala ou escreve bem.   Êle nem fala nem escreve bem.
7. Êle tem alguns amigos.
8. Conhecemos alguém na festa.
9. Vejo algumas pessoas que conheço.
10. Êle vem aqui algumas vêzes.

Pergunta e resposta

Give long negative replies.

1. Você conhece algum médico bom?   Não, não conheço nenhum.
2. Vocês têm dificuldade?   Não, não temos nenhuma.
3. Quem quer dançar com Pedro?
4. Tem alguma festa esta semana?   Não, não tem nenhuma.
5. Alguém sabe tocar violão?[20]

---

[17]**meses** months   [19]**fox** fox trot
[18]**parente** relative   [20]**violão** guitar

6. Êles usam traje a rigor algumas vêzes?
7. Você tem alguma amiga no Brasil?
8. Vocês têm alguma coisa para fazer?   Não, não temos nada para fazer.

Pronúncia

/l, ḷ, i, r, x/

Imitation Drill

1. /l/ *(Nonsyllable-final Form)*
   legume, laranja, telefone, feliz
2. /l/ *(Syllable-final Form)*
   provável, difícil, jornal, qual
3. /ḷ/
   velho, trabalho, mulher, ôlho, olho, escolhemos, Guilherme, afilhado

Imitation and Contrast Drill

/ḷ/	/i/ *as* /y/-*glide*
filho	fio[1]
filha	fia[2]

Imitation Drill

The consonant /r/ never occurs as word-initial or final. The consonant /x/ never occurs in a cluster, such as **pr, br,** or **tr.**

1. /r/
   zero, janeiro, direito, hora, branco, grande, fruta
2. /x/
   correio, romance, roupa, realmente, carta, certo, tarde

For further discussion of patterns in Portuguese sounds, see Appendix A, Note VI.

---

[1]**fio** wire
[2]**fia** he trusts

Perguntas e revisão individual

Perguntas sôbre o Diálogo principal

1. Por que é que Mário não acha infantil o ambiente?
2. Como está o salão?
3. O que é que a orquestra está tocando?
4. O que é que Zé Maria acha do samba?
5. Quem convida[1] Patrícia para dançar?
6. O que é que Iara explica sôbre o samba?
7. O que é que Patrícia acha do ritmo?
8. O que Patrícia acha do Mário?
9. O que é que se diz na terra de Mário?
10. O que é que o Mário pensa dela como aluna?

Perguntas sôbre o Diálogo visualizado

1. De que estão falando Iara e Patrícia?
2. Que é que você acha do vestido branco?
3. Qual vestido talvez fique bem em Patrícia?
4. Você acha que as mulheres estão sempre falando de modas?
5. Quantos maiôs você pode ver neste quadro?
6. O que Iara diz que gostaria de fazer?
7. Por que a Iara só pode olhar?
8. Patrícia sugere que compre mesmo sem dinheiro. O que você acha disto?
9. Quem vai pagar depois?

Revisão individual

CLOTHES

A. O que você vai usar＿＿＿＿＿＿＿?
                hoje
                hoje à noite
                hoje à tarde
                ＿＿＿＿＿?

---

[1] **convida** invites

B. Para ir_____?
        à praia
        à escola
        ao baile
            _____?

A. É.
B. Vou usar_____.
        camisa e calça esporte
        saia e blusa
            _____?

A   F A V O R

A. Quero que você me faça um favor.
B. _____. O que é?
    Com prazer
    Pois não
    Naturalmente
        _____?

A. Quero que você_____.
            dê um recado ao professor
            vá falar com alguém
            não diga nada a ninguém
                _____?
B. _____.
    Pois não
    Com prazer
    Naturalmente
        _____?

S C H O O L W O R K

A. Você quer_____comigo?
            passear
            ir
            _____?

B. Não, tenho que_____.
            estudar
            fazer o dever de amanhã
                _____?

A. Você sempre tem que_____.
                    estudar
                    _____
                          ?

B. É. O professor quer que_____muito.
                    estude
                    _____
                          ?

Leitura: D O N A   T E R E S A

Dona Teresa Pereira (em solteira Teresa Galvão) é carioca, mas filha de pais baianos.
Ainda se lembra da Bahia,[1] onde estêve em menina. E muitas das comidas que gosta de
fazer são pratos da famosa cozinha baiana.[2]

Dona Teresa também é funcionária pública. Trabalha nos Correios e Telégrafos, no
Largo do Machado,[3] das onze da manhã às cinco da tarde. Tem quarenta e poucos anos
de idade: foi môça bonita e ainda é uma bonita senhora.

A espôsa do Dr. Álvaro não tem curso universitário, como a filha. É educada em colégio
de freiras, fala francês, e cozinha maravilhosamente, como quase tôdas as môças do seu
tempo.

Mora num apartamento de sexto andar, numa rua de Copacabana, perto da praia, onde
todos da família vão quase diàriamente. O apartamento tem sala grande, onde se
conversa e se come; três quartos, boa cozinha.

Dona Teresa gosta de ler principalmente romances; pela manhã não dispensa o jornal.
Gosta também de programas de TV; e na hora da novela,[4] onde sempre há muito chôro
e muito amor, Penha vem ficar ao seu lado. Penha não é só uma empregada, é afilhada

---

[1]Bahia is the largest of the Northeastern states; its capital is Salvador, which was the colonial capital of
Brazil until 1763.

[2]Bahian cooking is noted for its dishes of African inspiration; also famed are the **baianas**, or Negro
women, who sell them on the streets.

[3]A thriving urban center near Flamengo Beach. Here one finds the social pattern so characteristic of Rio:
all classes—upper, middle, and lower—living side by side.

[4]**novela**   soap opera

de Dona Teresa, a quem chama de " Madrinha."[5] Ajudou a criar os meninos, mora com a família Pereira já faz mais de vinte anos. É ela que traz para Iara o copo de leite antes de dormir, que faz Moacir tomar banho na hora e comer sua salada de alface no almôço, por causa das vitaminas.

---

[5]As in other Latin cultures, a child at baptism may be sponsored by a **padrinho** and **madrinha** (godparents). The godchild is called **afilhado(a)**. An important relationship is thus established between the child's parents and its godparents, who call each other **comadre** and **compadre**. This ritual kinship system, **compadrio**, greatly extended the influence of the family, especially of the patriarchal family of colonial society.

OITAVA UNIDADE

SUCESSOS DA JUVENTUDE
EM TEMPO DE SAMBA
os sambacanas

BAILE DE GALA
TEATRO MUNICIPAL
gravação ao vivo

ANDRÉ PENAZZI
um órgão e muito samba

OSeaS
que passam,
AS CAIXAS os garçons
os cafés QUE

os e as

NOEMIA

PINAKOTHEK

CA??BÉ

LULA

CITIES OF DESTINY

Diálogo principal: LITERATURA BRASILEIRA

Domingo, em casa. Patrícia, Iara e Zé Maria conversam.

1. ZÉ MARIA: Como vai você com as aulas de literatura brasileira, Patrícia?
2. PATRÍCIA: Vou bem. E cada dia faço uma descoberta nova.
3. IARA: Então conte para nós qual é a de hoje.
4. PATRÍCIA: Por exemplo: vejo que a leitura dos clássicos da língua portuguêsa é relativamente fácil.
5. ZÉ MARIA: É verdade. Camões[1] talvez seja mais fácil de entender do que Shakespeare.
6. IARA: Realmente. A língua portuguêsa mudou muito menos do que a inglêsa nos últimos quatrocentos anos.

Patrícia vai apanhar um jornal.

7. PATRÍCIA: Sabe de uma coisa? Estou gostando dos suplementos literários dos jornais[2] daqui.
8. ZÉ MARIA: Então, você quer ir comigo a uma tarde de autógrafos?[3] Assim pode conhecer muitos escritores.
9. PATRÍCIA: Vou com grande prazer. Será bom ter alguém que me apresente a cada autor.
10. IARA: E você conversa com êles sôbre os romances e poemas de cada um.
11. PATRÍCIA: Não se esqueça que ainda não li muitos autores.
12. ZÉ MARIA: Mas ninguém lê todos os autores. Basta ler um ou outro.
13. IARA: Então está* certo. Você vai conosco. Será uma aula prática de literatura.

Vitrine de uma livraria de São Paulo.

---

*In rapid colloquial speech, /tA/

BRAZILIAN LITERATURE

Sunday, at home. Patricia, Iara, and Zé Maria are chatting.

1. ZÉ MARIA: How are you getting along with your classes in Brazilian literature, Patricia?
2. PATRICIA: Fine. And every day I make a new discovery.
3. IARA: Then tell us what (the) one for today is.
4. PATRICIA: For example, I see that reading the Portuguese classics is relatively easy.
5. ZÉ MARIA: That's true. Camões is perhaps easier to understand than Shakespeare.
6. IARA: Right. Portuguese has changed much less than English in the last four hundred years.

Patricia goes to pick up a newspaper.

7. PATRICIA: You know something? I'm enjoying the literary supplements in the newspapers here.
8. ZÉ MARIA: Then, do you want to go with me to an autograph session some afternoon? That way you can get to know many writers.
9. PATRICIA: I certainly do [with great pleasure]. It will be good to have someone to introduce me to each author.
10. IARA: And you (can) converse with them about the novels and poems of each one.
11. PATRICIA: Don't forget I still haven't read many authors.
12. ZÉ MARIA: But nobody reads all the authors. One or two [another] are enough.
13. IARA: Then it's all set. You will go with us. It will be a practical class in literature.

Explicação cultural

[1] Luis Vaz de Camões (1524?–1580) is Portugal's most distinguished literary figure. He had the versatility of a Renaissance man: he was a courtier, a soldier, and an adventurer in the Portuguese empire in the Far East, as well as a man of letters. As a lyric and dramatic writer he is a prime figure of Portuguese literature, and as an epic writer he overshadows not only his countrymen but also the notable writers of the entire Hispanic peninsula. *Os Lusíadas* (Deeds of the Lusitanian People) narrates the history of the Portuguese nation and reflects Camões' own experience in the Far East. It was published in 1572, after the poet saved it from loss when he was shipwrecked at the mouth of the Mekong River, in present-day Vietnam.

[2] A great deal of material on literature is published at all times in Brazilian newspapers but especially in the so-called literary supplements that come out usually once a week. They contain one or more pages dedicated to literature and to the arts; they may contain poems, short stories, chapters of books, literary criticism and the like by the best authors. Literary supplements thus offer the average citizen an inexpensive library, in which much that is of cultural importance appears, often prior to publication in book form.

[3] Although writers have traditionally met at bookstores to talk among themselves, it is relatively new to find "autographing sessions" in which a number of writers gather at a bookstore to chat with their readers and also to autograph and sell copies of their own works. Carlos Ribeiro, a well-known book dealer of Rio, remarked that the purpose of the autographing sessions was to help readers lose their fears of "unapproachable" authors and similarly to help writers establish personal contacts with their reading public. The sessions have been both psychologically and commercially useful.

Diálogo visualizado

Mário telefona para Patrícia de uma casa de lanches.

Mario telephones Patricia from a snack bar.

1. MÁRIO: Alô! A Patrícia está?

   Hello. Is Patricia there?

2. PATRÍCIA: É ela mesma. Quem é?

   This is she. Who is this?

3. MÁRIO: Sou eu, Mário. Como vai?

   It's me, Mario. How are you?

4. PATRÍCIA: Tudo bom. O que há de nôvo?

   Just fine. What's new?

5. MÁRIO: Hoje há uma tarde de autógrafos em Copacabana. Quer ir comigo?

   Today there will be an autographing party in Copacabana. Would you like to go with me?

6. PATRÍCIA: Talvez. Quais são os escritores?

   Perhaps. Who are the writers (who will be there)?

7. MÁRIO: Não sei, mas alguns são bem famosos.

I don't know, but some are quite famous.

8. PATRÍCIA: Nesse caso eu vou. A que horas quer que esteja pronta?

In that case, I'll go. What time do you want me to be ready?

9. MÁRIO: Às três passo por aí. Até já!

I'll be there at three. So long.

10. PATRÍCIA: Tchao!*

So long.

Vocabulário para substituição

A. Posso usar seu telefone?

May I use your telephone?

B. _____.

_____.

Pois não

Sure

À vontade

Certainly

Não funciona

It's not working

A. Quero falar com São Paulo.

I want to talk to São Paulo.

B. _____.

_____.

Primeiro peça uma linha à telefonista

First ask the operator for a line

Disque zero nove primeiro

Dial 09 first

Peça uma ligação interurbana

Make a long distance call

A. Por_____, o Sr. Barroso está?

_____, is Mr. Barroso there?

favor

Kindly (tell me)

gentileza

Would you please (tell me)

B. É êle mesmo.

It's he (himself).

A. O elevador_____?

Is the elevator _____?

desce

going down

sobe

going up

B. Está _____.

It's_____.

descendo

going down

lotado

full

---

* Portuguese spelling for Italian *ciao*, a common informal substitute for **até logo**

Estruturas básicas

§ 29 Presente do indicativo e do subjuntivo de verbos da conjugação -I-

Present Indicative and Present Subjunctive of -I- Verbs

E X E M P L O S

O senhor **proíbe** falar inglês? **Proíbo** sim.
O elevador **sobe** ou desce?
Não quero que vocês **discutam** isso.

F O R M A S

Present Indicative and Present Subjunctive of -I- Verbs*

Infinitive	*Stem*	*Pres. Ind.*	*Pres. Subj.*
decidir	decid-	o	a
proibir	proib-	e	a
discutir	discut-	imos	amos
partir	part-	em	am

---

* For another type of **-I-** verb, see section 13.2.

F A L A   E   E S C R I T A

Presente do indicativo

desiḑĬmuS	decidimos	proibĬmuS	proibimos
desIdẽỹ	decidem	proIbẽỹ	proíbem
desIḑi	decide	proIbi	proíbe
desIdu	decido	proIbu	proíbo
ḑiskuţĬmuS	discutimos	paxţĬmuS	partimos
ḑiskUtẽỹ	discutem	pAxtẽỹ	partem
ḑiskUţi	discute	pAxţi	parte
ḑiskUtu	discuto	pAxtu	parto

[197]

Presente do subjuntivo

desidÃmuS	decidamos	proibÃmuS	proibamos
desIdãw̃	decidam	proIbãw̃	proíbam
desIda	decida	proIba	proíba
desIda	decida	proIba	proíba
ɖiskutÃmuS	discutamos	paxtÃmuS	partamos
ɖiskUtãw̃	discutam	pAxtãw̃	partam
ɖiskUta	discuta	pAxta	parta
ɖiskUta	discuta	pAxta	parta

Present Indicative and Present Subjunctive of -I- Verbs With Stems in /u/ and /ǫ/

Infinitive	Stem	Pres. Indic.	Pres. Subj.
subir	sub- (1st pers. sing. and pl. and subj., all pers.)	$\begin{cases} o \\ imos \end{cases}$	$\begin{cases} a \\ a \\ amos \\ am \end{cases}$
	sob- (2nd and 3rd pers. sing. and pl.)	$\begin{cases} e \\ em \end{cases}$	

Presente do indicativo

subĨmuS	subimos
sǪbẽỹ	sobem
sǪbi	sobe
sUbu	subo

Presente do subjuntivo

subÃmuS	subamos
sUbãw̃	subam
sUba	suba
sUba	suba

Substituição simples

1. **O bondinho sobe** ao Pão de Açúcar?

   a. Vocês sobem
   b. A gente sobe
   c. Os turistas[1] sobem

   d. Ela sobe
   e. Ricardo e Roberto sobem

---

[1] **turistas** tourists

2. Êle quer que **eu suba** pelo elevador.

a. a gente suba

b. você suba

c. o senhor suba

d. vocês subam

e. a senhora suba

3. **Êle proíbe** que alguém faça isso.

a. Nós proibimos

b. Eu proíbo

c. Êles proíbem

d. O diretor[2] proíbe

e. Elas proíbem

4. **Ela parte** muito cedo.

a. Nós partimos

b. Helena parte

c. Nossos amigos partem

d. Os turistas partem

e. A gente parte

5. **Eu decido** isso depois.

a. Vocês decidem

b. Nós decidimos

c. O senhor decide

d. Êle decide

e. Elas decidem

6. É provável que **êle decida** agora.

a. eu decida

b. a gente decida

c. todo mundo decida

d. êles decidam

e. os pais dêle decidam

7. **Êle discute** tudo com você.

a. A gente discute

b. Mário e eu discutimos

c. Eu discuto

d. Elas discutem

e. O senhor Gonçalves discute

Substituição de vários elementos

1. Dr. Campos proíbe que **êles subam.**

a. a gente/discutir

b. os filhos/decidir

c. elas/subir

Dr. Campos proíbe que a gente discuta.

---

[2]**diretor** director

2. Talvez **êle decida** agora mesmo.

a. ela/subir
b. elas/partir
c. eu/decidir

d. êles/subir
e. o avião/partir

3. **Êle** vai **discutir** conosco.

a. Ela/partir
b. O professor/subir
c. A professôra/discutir

d. Vocês/subir
e. Os estudantes/discutir

4. **Eu** decido quem vai **subir** agora.

a. Êles/partir
b. Vocês/partir
c. O senhor/partir

d. Nós/partir
e. Os senhores/discutir

Transformação

Subordinate the first statement to the uncertainty statement and make any structural changes necessary.

1. Elas decidem isso. **É provável**
2. Ela não sobe ao Pão de Açúcar. **É pena**
3. O elevador não desce. **É curioso**
4. Êles discutem isso comigo. **É possível**
5. Minha mãe decide ir. **É provável**
6. João parte logo. **É preferível**

É provável que elas decidam isso.
É pena que ela não suba ao Pão de Açúcar.

Pergunta e resposta

Answer each question by subordinating the statement to the boldface expression.

1. Êles partem amanhã. **O que é que é provável?**

É provável que êles partam amanhã.

2. Êles proíbem fumar aqui. **O que é que é impossível?**[3]

---

[3]**impossível** impossible

3. Êle discute isso com os alunos.   **O que é
   que é possível?**
4. O elevador não sobe até o décimo[4]
   andar.   **O que é que é pena?**
5. Êles chegam hoje.   **O que é que é certo?**

§ 30 Presente do subjuntivo em orações adjetivas

Present Subjunctive in Adjectival Clauses

E X E M P L O S

Conhece **alguém** que **tenha** carro?
Não tenho **nenhum** livro que **seja** útil.

F O R M A S

Present Subjunctive in Adjectival Clauses: Uncertainty

Há uma telefonista?	*Is there a telephone operator?*
+	+
Ela sabe falar inglês?	*Can she speak English?*
⇒	⇒
Há uma telefonista que saiba falar inglês?	*Is there a telephone operator who can speak English?*
Não há ninguém.	*There is no one.*
+	+
Ninguém pode dar um telefonema.	*No one can make a phone call.*
⇒	⇒
Não há ninguém que possa dar um telefonema.	*There is no one who can make a phone call.*

When an adjective clause describes an unknown, indefinite, or nonexistent person or thing, the verb in that clause is subjunctive; if a specific person or thing, the verb is indicative.

---

[4]**décimo** tenth

Substituição simples

1. Procuro um professor que **saiba** falar português.

   a. queira
   b. ensine a
   c. me faça

   d. insista[5] em
   e. possa

2. Não conheço ninguém que **dê** um telefonema.

   a. possa dar
   b. saiba dar
   c. queira dar

   d. goste de dar
   e. precise dar

3. Procuro alguém que **viaje** ao Brasil.

   a. possa viajar
   b. queira ir
   c. precise ir

   d. vá viajar
   e. queira voltar

4. Você conhece alguém que **proíba** isso?

   a. saiba
   b. faça
   c. tenha

   d. dê
   e. ensine

Transformação

Form a complex sentence by subordinating the element in boldface.

1. Há alguém? **Tem telefone?**   Há alguém que tenha telefone?
2. Não há ninguém. **Ninguém sabe dançar**   Não há ninguém que saiba dançar samba.
   samba.
3. Há uma telefonista? **Ela sabe falar inglês?** Há uma telefonista que saiba falar inglês?

---

[5]**insista** insists

4. Não há ninguém. **Ninguém faz uma
   ligação interurbana.**

Não há ninguém que faça uma ligação
interurbana.

5. Você conhece alguém? **A pessoa não
   gosta do Brasil.**

Você conhece alguém que não goste do
Brasil?

Pergunta e resposta

Give long negative replies.

1. Você conhece alguém que more em
   Recife?

Não, não conheço ninguém que more em
Recife.

2. Você tem algum paletó que eu possa usar?
3. Êles conhecem uns músicos que toquem
   bossa nova?

Não, não conhecem nenhum músico que
toque bossa nova.

4. Há alguém que dê recado?[6]
5. Vocês têm alguém que dê informação?
6. Êles vão ouvir alguma coisa que seja
   nova?

Não, não vão ouvir nada que seja nova.

7. Há algum ônibus que vá ao centro?
8. Conhece alguma pessoa que tenha
   telefone?
9. Êles precisam dum professor que fale
   inglês?
10. Há alguma linha que não esteja ocupada?

§ 31 Adjetivos e pronomes demonstrativos

Demonstrative Adjectives and Pronouns

E X E M P L O S

Quem é **aquêle** rapaz?
Espero que você goste **dêste** restaurante.
Tudo **isso** é fácil.

---

[6]**recado** brief message

FORMAS

Demonstrative Adjectives and Pronouns

Related Pers.	Adverb	Masculine	Feminine	Neuter
1st	aqui, cá	êste(s) *this (these)*	esta(s) *this (these)*	isto *this*
2nd	aí	êsse(s) *that (those)*	essa(s) *that (those)*	isso *that*
3rd	ali, lá	aquêle(s) *that (those)*	aquela(s) *that (those)*	aquilo *that*

Tudo, the neuter adjective and pronoun (invariable in form), frequently accompanies the neuter **isto, isso, aquilo** (also invariable in form): **tudo isto** *(all this)*, and so on.

The distinction between **êste,** etc., and **êsse,** etc., is not regularly observed in Brazilian Portuguese.

Concerning related person and adverb (columns 1 and 2), see Appendix C, Note IX.

Combinations With **em** and **de***

em			*de*		
neste(s)	nesta(s)	nisto	dêste(s)	desta(s)	disto
nesse(s)	nessa(s)	nisso	dêsse(s)	dessa(s)	disso
naquele(s)	naquela(s)	naquilo	daquele(s)	daquela(s)	daquilo

***a** combines only with **aquêle,** etc., to form **àquele(s), àquela(s) àquilo.**

Substituição simples

1. Quero **êste livro aqui.**

   a. êsse livro aí
   b. aquêle jornal ali
   c. tudo isto aqui

   d. tudo isso aí
   e. tudo aquilo ali

2. Ponha **esta carta** no correio.[7]

   a. estas cartas   d. aquelas cartas

   b. essas cartas   e. aquela carta

   c. essa carta

3. Gosto **dêste romance.**[8]

   a. destas aulas   d. desta môça

   b. daquele escritor   e. daquela escritora

   c. dêsses jornais

4. Vocês podem ler isso **nessa lição.**

   a. neste jornal   d. nessas lições

   b. nesta revista[9]   e. naqueles suplementos literários

   c. nestas cartas

Substituição de um elemento

1. Vou deixar[10] estas **coisas aqui** no quarto.[11]

   a. camisas ali   d. paletó aqui

   b. sapatos aqui   e. calças aí

   c. calção aí

2. Gosto **dêstes jornais.**

   a. estas coisas   d. aquelas professôras

   b. aquêle apartamento   e. essas leituras

   c. êste romance

3. Vou levar êste **suplemento aqui.**

   a. telegramas[12] aí   d. suplemento aí

   b. romance ali   e. jornais aqui

   c. coisa aí

---

[7]**Ponha esta carta no correio.** Mail this letter.   [10]**deixar** to leave
[8]**romance** novel   [11]**quarto** room
[9]**revista** magazine   [12]**telegramas** telegrams

4. Êste **escritor aqui** é bom.

    a. autores aí   d. jornal ali

    b. música aqui   e. exercícios aqui

    c. saia aí

5. Preciso mais **daquele jornal** do que dêste.

    a. aquêle curso   d. aquêles livros

    b. aquela mesa   e. essa roupa

    c. aquelas camisas

Pergunta com sugestão para resposta

Give long negative replies.

1. Você conhece aquêle romance? **Não, só/êste**   Não, só conheço êste.

2. Vocês gostam destas môças? **Não, só/daquelas**

3. O senhor sabe aquêle poema? **Não, só/êsse**

4. Êle entende todos os autores? **Não, só/êstes**

5. Os senhores entendem esta frase? **Não, só/aquela**

6. Vocês querem conhecer tôdas as môças? **Não, só/esta**

7. Vocês entendem tudo aquilo? **Não, só/isto**

8. Posso usar êste telefone? **Não, só/aquêle**

§ 32.1 Pronomes precedidos de preposição e combinações

Prepositional Pronouns and Combinations

EXEMPLOS

    Êle quer falar **comigo?**

    Êste livro é para **mim?**

    O jornal é para **ela?**

FORMAS

Pronouns as Objects of Prepositions

After com	After All Other Prepositions
comigo	para* mim
com você	para você
o senhor	o senhor
a senhora	a senhora
com êle	para êle
ela	ela
conosco	para nós
com vocês	para vocês
os senhores	os senhores
as senhoras	as senhoras
com êles	para êles
elas	elas

*/pra/

Additional combinations are **em, de** with **êle(s), ela(s): nêle(s), nela(s); dêle(s), dela(s).**

Substituição simples

1. Êste jornal é para **vocês**.

   a. você
   b. os senhores
   c. elas

   d. êle
   e. a gente[13]

2. Zé Maria quer falar **comigo**.

   a. conosco
   b. com vocês
   c. com êle
   d. com o senhor

   e. com êles
   f. com você
   g. com ela

---

[13]**a gente** here equivalent to prepositional pronoun **nós**

3. Os meninos precisam **de mim**.

a. de vocês
b. de nós
c. do senhor

d. da senhora
e. de você

Substituição de um elemento

1. Patrícia gosta de **nós**.

a. êle
b. os senhores
c. elas
d. a senhora

e. o senhor
f. êles
g. ela
h. as senhoras

2. Ela acredita[14] em **mim**.

a. as senhoras
b. êle
c. o senhor
d. elas

e. êles
f. ela
g. os senhores

3. O jornal é para **êle**.

a. mim
b. vocês
c. êles

d. o senhor
e. as senhoras

4. O presente é para **vocês**.

a. nós
b. elas
c. êle

d. os alunos
e. as meninas

5 Êles vão apresentar o rapaz a **você**.

a. nós
b. mim
c. os senhores

d. êles
e. a minha irmã

Pergunta com sugestão para resposta

1. A quem êle dá os livros? **ela**   Dá os livros a ela.
2. Para quem é o suplemento literário?   O suplemento é para mim.
   você
3. Para quem você vai ler a carta? **elas** Vou ler a carta para elas.
4. Para quem vocês trazem os jornais? **êle**
5. De quem é esta carta? **êles**

---

[14]**acredita** believes

§ 32.2 Uso de pronomes oblíquos: resumo

Summary of Object Pronoun Usage

EXEMPLOS

Vou comprá-**lo**.
Quer **me** apresentar a **êle**?
Êle vai **nos** escrever.
Não **me** fale assim!
Me dê um bife com fritas.

FORMAS

Object Pronoun Usage

Standard Usage	Informal Alternative	Formal Alternative*
DIRECT OBJECT		
Eu a conheço. *I know her.*	Eu conheço ela.	Conheço-a.
Você vai me visitar? *Are you going to visit me?*		Você vai visitar-me?
Você vai visitá-lo? *Are you going to visit him?*	Você vai visitar êle?	
O João? Traga-o aqui! *John? Bring him here!*	O João? Traga êle aqui.	O João? Traga-o aqui.
INDIRECT OBJECT		
Eu lhe escrevo. *I write to him.*	Escrevo para êle.	Escrevo-lhe.
Não lhe escrevo. *I do not write to him.*	Não escrevo para êle.	
Você vai me escrever? *Are you going to write to me?*	Você vai escrever para mim?	Você vai escrever-me?
Você vai nos escrever? *Are you going to write to us?*	Você vai escrever para nós?	Você vai escrever-nos?
Vou lhe dar o livro. *I'm going to give you the book.*	Vou dar o livro a você.	Vou dar-lhe o livro.
(Me) traga um café. *Bring me a (cup of) coffee.*	Traga um café para mim.	Traga-me um café.

*Only a few formal constructions are drilled in this text. Occasionally standard usage and formal usage are the same.

Note the use of **êle (ela,** etc.) to replace the direct object pronouns **o (a,** etc.), and the use of **a êle (para êle,** etc.) to replace indirect object pronouns **lhe,** etc.

See Appendix C, Note X.

Substituição simples

1. Vai chamar **a telefonista**? Não **a** chame!

    a. o médico/o
    b. os rapazes/os
    c. o aluno/o

    d. a professôra/a
    e. o chofer/o

2. Não preciso **dêste livro**; vou vendê-**lo**.

    a. da casa velha/-la
    b. dêsses livros/-los

    c. daquelas cadeiras/-las

3. E **o João,** onde **o** encontro?

    a. a Maria/a
    b. êle/o
    c. elas/âs

    d. vocês duas/as
    e. o Dr. Álvaro/o

4. São **aquêles alunos**? Conte[15]-**os**, por favor!

    a. aquelas pessoas/-as
    b. êstes livros/-os

    c. essas revistas/-as
    d. êstes ônibus/-os

5. Você sabe se Joaquim vai **me** escrever?

    a. nos
    b. lhe

    c. lhes

6. Êles vão encontrar **você**.

    a. vocês
    b. todo mundo
    c. Antônio

    d. os rapazes
    e. os Campos

---

[15]**conte** count

Transformação

Change from an affirmative statement to a negative statement.

1. Traga-a para ela.
2. Chame-o agora.
3. Mande-o[16] para o hospital.
4. Visite-a amanhã.
5. Ensine-lhe isso.

Não a traga para ela.

Change the prepositional pronoun to an indirect object pronoun.

1. Êle vai vender o carro a **mim**.
2. Ela vai ensinar a lição a **mim**.
3. Eu vou dar o livro a **você**.
4. Quero apresentar meu irmão a **você**.
5. Êles vão mostrar[17] a casa a **você**.

Êle vai me vender o carro.
Ela vai me ensinar a lição.
Eu vou lhe dar o livro.
Quero lhe apresentar meu irmão.
Êles vão lhe mostrar a casa.

Restate each sentence without using the direct object.

1. O livro? Êle vai mandá-**lo** para mim.
2. A passagem?[18] Êle vai comprá-**la** para mim.
3. As revistas? Êle vai trazê-**las** para João.
4. O carro? Êle vai vendê-**lo** a mim.
5. A gramática?[19] Êle vai explicá-**la** a vocês.

Êle vai mandar para mim.
Êle vai comprar para mim.

Êle vai trazer para João.
Êle vai vender a mim.
Êle vai explicar a vocês.

Restate each sentence without using the indirect object.

1. **Me** telefone amanhã.
2. **Me** diga seu nome.
3. **Me** traga uma laranjada.
4. **Me** ensine isso.
5. **Me** passe o pão.

Telefone amanhã.
Diga seu nome.

---

[16]**mande-o** send it
[17]**mostrar** to show

[18]**passagem** ticket (for travel)
[19]**gramática** grammar

Pronuncia

/b, p, g, k, d, t/

Imitation and Contrast Drill

/b/		/p/	
bôca	*mouth*	pouca	*little*
rouba	*steals*	roupa	*clothes*
bote	*boat*	pote	*pot*
basta	*enough*	pasta	*briefcase*
Tem água no bote.	*There's water in the boat.*	Tem água no pote.	*There's water in the pot.*

/g/		/k/	
saga	*saga*	saca	*large sack*
galo	*rooster*	calo	*callus*
gago	*stuttering*	caco	*piece (of glass)*
figa	*amulet*	fica	*he stays*
É um galo pequeno.	*It's a small rooster.*	É um calo pequeno.	*It's a small callus.*

Imitation Drill

Palatalized variants of /d/ and /t/ are drilled in Unit IX.

1. /d/
   dá, nada, drama, dia, onde, quando
   Onde anda Ronaldo? *Where is Ronaldo?*
   Não digo nada errado. *I don't say anything wrong.*
2. /t/
   tal, toco, alta, tirei, parte, três
   Minha tia não teve tempo. *My aunt didn't have time.*
   Que tal a terceira parte? *What about the third part?*

Imitation and Contrast Drill

/d/		/t/	
fado	*sad song*	fato	*fact*
arde	*it burns*	arte	*art*
drama	*drama*	trama	*plot*

cada *each*

direi *I'll say*

deu *he gave*

É um fado interessante. *It's an interesting fado.*

Direi o que vi. *I'll tell what I saw.*

cata *he hunts (for something)*

tirei *I took out*

teu *your* (tu)

É um fato interessante. *It's an interesting fact.*

Tirei o que vi. *I took out what I saw.*

For further discussion of patterns in Portuguese sounds, see Appendix A, Note VI.

Perguntas e revisão individual

Perguntas sôbre o Diálogo principal

1. O que Patrícia faz na aula de literatura brasileira?
2. Qual é a descoberta que ela faz hoje?
3. Por que Camões é muito mais fácil de entender do que Shakespeare?
4. De que época literária é Camões?
5. O que é que Patrícia apanha?
6. Que parte do jornal ela lê?
7. Por que ela gosta de ler os suplementos literários?
8. Para que Zé Maria convida Patrícia?
9. O que é que Patrícia pode fazer numa tarde de autógrafos?
10. Por que Patrícia quer ir?
11. Por que Patrícia tem mêdo de ir?
12. O que é que Iara diz da tarde de autógrafos?
13. O que é uma tarde de autógrafos?

Perguntas sôbre o Diálogo visualizado

1. O que o Mário pergunta?
2. Como a Patrícia responde?
3. Você pode explicar por que o aviso[1] diz "Seja Breve"?
4. O balãozinho mostra televisão, rádio, revistas e jornais. Que significam[2] neste quadro?
5. O que está fazendo o escritor no balãozinho de cima?
6. Qual é a pergunta de Patrícia?

---

[1]**aviso** sign

[2]**significam** signify, mean

7. Você conhece alguns escritores famosos do Brasil ou dos Estados Unidos?
8. Que é que você acha do vestido de Patrícia? É traje rigor ou esporte?
9. Quanto tempo êle tem que esperar antes de apanhar Patrícia?
10. Como a Patrícia termina[3] o telefonema?

Revisão individual

TELEPHONE NUMBERS

A. Qual o número de seu telefone?
B. Meu número é_____.

> dois três
> meia sete
> zero um[4]
> _____?_____

A SEARCH

A. Quem você está procurando?
B. Procuro alguém que_____.

> me apresente ao catedrático
> _____?_____

A. Para quê?
B. Preciso de alguém que me_____.

> fale do programa
> faça um favor
> explique isto
> _____?_____

A DATE

A. A que horas quer que_____?

> passe por aí
> esteja lá
> _____?_____

B. Às_____.

> duas
> três
> _____?_____

---

[3]**termina** ends, does end
[4]complete number is 23–67–01

A. Está bem. Vou estar_____.

                pronto

                pronta

             _____?

B. Bom. Até já.

C L A S S E S

A. Como vai com as aulas de_____?

                     história

                     literatura

                _____?

B. Vou bem,_____.

          obrigado

          obrigada

          _____?

A. São_____?

     difíceis

     fáceis

     _____?

B. Não são nem_____nem_____.

            fáceis   difíceis

          _____?   _____?

A N   I N V I T A T I O N

A. Você quer_____comigo?

          almoçar

          jantar

          _____?

B. Quero sim, mas_____.

          estou com pressa

          não tenho tempo

          _____?

A. Ah, sinto muito.

B. Eu também.

Leitura:

Mário, o arquiteto namorado de Patrícia, é natural de Pernambuco, um dos estados mais importantes do Nordeste brasileiro. Mário Cavalcanti de Albuquerque é descendente de uma velha família da aristocracia açucareira, os chamados "senhores de engenho."[1] É verdade que os descendentes dos senhores de engenho já não são o que eram antes, e não possuem mais os privilégios dos tempos da colônia e do Império.[2] Mas ainda hoje as velhas famílias continuam produzindo intelectuais, políticos, militares e sacerdotes, e certas ainda conservam alguma fortuna. Não sofreram a derrota de uma guerra civil, como os aristocratas do sul dos Estados Unidos.

Mário nasceu no Recife, num sobrado[3] antigo de fachada de azulejos. Batizou-se numa rica igreja barroca; e na casa de sua avó, que ainda é viva, conservam-se móveis, jóias, e imagens de santos dos tempos da grandeza.

O passado da família e o seu presente de luta pela vida explicam a profissão de Mário. Como arquiteto, pode satisfazer os dois lados do seu espírito: o amor à tradição e o amor pelas formas novas, ousadas e livres.

Mário quer planejar um dia a cidade ideal, mas isso ainda são sonhos. Por ora, no escritório, o seu trabalho é apenas fazer cálculos sôbre concreto armado.[4]

---

[1]**Senhores de engenho** (*sugar-plantation owners*) have been studied, along with other social types from Brazil's Northeast, in Gilberto Freyre, *Casa-grande e senzala* (*big house and slave quarters*), a famous book that has been translated into English by Samuel Putnam as *The Masters and the Slaves* (New York: Knopf, 1946).

[2]The empire lasted from 1822 to 1889, under Dom Pedro I and his son Dom Pedro II. Slavery in Brazil ended in 1888.

[3]Recife, capital of the state of Pernambuco, is the third largest city in Brazil. Since colonial times it has had great cultural importance. Even today colonial **sobrados** (*multistory town houses*), some of which have tile façades, may be seen, along with baroque churches full of art treasures that recall the grandeur of this society in which the economic basis was sugar cane.

[4]**fazer cálculos sôbre concreto armado**   do calculations concerning reinforced concrete

NONA
UNIDADE

Diálogo principal:

Patrícia e Mário passeiam pela alamêda principal.

1. PATRÍCIA: Está linda a manhã. Neste ambiente a gente esquece tôdas as preocupações.
2. MÁRIO: Quando era estudante, eu vinha estudar aqui diàriamente.
3. PATRÍCIA: Estudar? Pois eu pensava que o Jardim Botânico fôsse um lugar especial para se visitar acompanhado.
4. MÁRIO: Sim, é passeio de namorados, também. Talvez por isso mesmo tenha convidado você para vir aqui, comigo.

Chegam Iara e Zé Maria.

5. PATRÍCIA: Estão chegando atrasados. Marcamos para as dez horas.
6. IARA: Foi difícil pegar condução.
7. ZÉ MARIA: Nós não somos arquitetos ricos. Somos estudantes, andamos de ônibus!
8. MÁRIO: Calma, crianças. Caso vocês se comportem bem, eu levo os dois de carro.
9. PATRÍCIA: Agora eu quero ver a palmeira plantada pelo Imperador.
10. IARA: Quem plantou a palmeira não foi o Imperador. Foi o pai dêle, o rei D. João VI.[2]
11. PATRÍCIA: Mas então o Imperador não plantou nenhuma?
12. MÁRIO: Deve ter plantado. Reis, imperadores e presidentes estão sempre plantando árvores em dias de festa.

Jardim Botânico: Passeio das palmeiras.

A VISIT TO THE BOTANICAL GARDEN

Patricia and Mario are walking along the main tree-lined avenue.

1. PATRICIA: It's a beautiful morning. In these surroundings [people] we forget all our worries.
2. MARIO: When I was a student, I used to come here to study every day.
3. PATRICIA: (Just) to study? [Well,] I thought that the Botanical Garden was a special place to visit with someone.
4. MARIO: Yes, it's also where you take your girlfriend for walks [a walk for sweethearts]. Maybe that's the reason I've invited you to come here with me.

Iara and Zé Maria arrive.

5. PATRICIA: You're late [arriving]. We agreed on ten o'clock.
6. IARA: It was hard to get transportation.
7. ZÉ MARIA: We're not rich architects. We're students; we ride the bus!
8. MARIO: Calm down, children. If [in case] you behave yourselves, I'll take you both in the car.
9. PATRICIA: Now I want to see the palm tree planted by the Emperor.
10. IARA: It wasn't the Emperor who planted that palm. It was his father, King John VI.
11. PATRICIA: Then the Emperor didn't plant a single one?
12. MARIO: He must have. Kings, emperors, and presidents are always planting trees on holidays.

Explicação cultural

[1] The Botanical Garden dates from 1808, a most important year in Brazilian history. In 1807, Napoleon had invaded Portugal and forced the royal family to flee to Brazil where the Prince Regent Dom João VI and an entourage numbering in the thousands arrived to set up the royal seat of government. Brazil was soon elevated from colony to kingdom. The Prince Regent was a man of enlightened spirit; he founded a printing establishment, a national library, a national bank, schools of fine arts and technology, and, of course, the Botanical Garden. The garden was used for experimentation, especially with exotic plants brought from the Orient: pepper, cloves, cinnamon, and tea are examples, not to mention grapevines from Europe. The Botanical Garden, which is near the PUC, is famed for its palm-lined avenues and for more than 7,000 species of trees and plants. There is no better place to see the range of tropical and subtropical flora of Brazil.

[2] The Emperor referred to is Dom Pedro I, the son of Dom João VI, the Portuguese king. When the latter returned to Portugal in 1821, his eldest son, Pedro, was left as regent. But fearing that Brazil might be forced to resume its colonial status and that his own power might be curtailed by the Portuguese parliament, which wanted him to return, Dom Pedro declared on January 8, 1822, that he would remain—**"fico"** is his famous word. Later he proclaimed the independence of Brazil (**"Independência ou morte!"**) on September 7, 1822. This is the birthday of the Brazilian nation. Shortly thereafter he accepted the title "Constitutional Emperor of Brazil." Dom Pedro I ruled until 1831, when he stepped aside in favor of a regency acting in the name of his son Dom Pedro II, then five years old, who was to govern Brazil for nearly fifty years.

Diálogo visualizado

Patrícia encontra Dona Dulce numa agência de correios.

Patricia meets Dona Dulce in a post office.

1. D. DULCE: Patrícia! Quando você chegou?

   Patricia! When did you arrive?

2. PATRÍCIA: Em dezembro. A senhora não recebeu minha carta?

   In December. Didn't you receive my letter?

3. D. DULCE: Não, Patrícia. Só agora voltei do interior.

   No, Patricia. I have just returned from the interior.

4. PATRÍCIA: E como vai a sua família?

   And how is your family?

5. D. DULCE: Todos bem, graças a Deus! Onde você está?

   All are fine, thank goodness! Where are you staying?

6. PATRÍCIA: Estou morando com a família Pereira, e êles são ótimos.

   I am staying with the Pereira family, and they are wonderful.

7. D. DULCE: Está gostando do Rio?

Are you enjoying Rio?

8. PATRÍCIA: Estou sim, embora tenha muito que estudar.

Yes, I am, although I (always) have a lot to study.

9. D. DULCE: Desculpe, Patrícia. Estou com pressa. Venha me visitar um dia dêsses.

Excuse me, Patricia. I'm in a hurry. Come to see me one of these days.

10. PATRÍCIA: Tchao, Dona Dulce! Muito prazer em vê-la.

So long, Dona Dulce. It was good to see you.

Vocabulário para substituição

A. Quanto é hoje do mês?

What day of the month is it?

B. Hoje é_____.

Today is_____.

    primeiro de janeiro   *January 1*

    cinco de março   *March 5*

    nove de abril   *April 9*

    vinte de julho   *July 20*

    dez de outubro   *October 10*

A. Quais os meses de inverno?[1]

What are the winter months?

B. São_____.

They are_____.

    junho   *June*

    julho   *July*

    agôsto   *August*

A. Quais os meses de primavera?

What are the spring months?

B. São_____.

They are_____.

    setembro   *September*

    outubro   *October*

    novembro   *November*

A. Quais os meses de verão?

What are the summer months?

B. São_____.

They are_____.

    dezembro   *December*

    janeiro   *January*

    fevereiro   *February*

---

[1]Much of Brazil is in the southern latitudes, where the seasons are the opposite of those north of the equator, as can be seen here.

A. Quais os meses de outono?

B. São_____.

      março

      abril

      maio

What are the autumn months?

They are_____.

      March

      April

      May

Estruturas básicas

§ 33 Presente do indicativo e presente do subjuntivo de três verbos irregulares: Pôr, ver, vir

*Present Indicative and Present Subjunctive of Three Irregular Verbs: **Pôr, ver, vir***

E X E M P L O S

Vejo um pedaço da praia.

Ponha o caderno na mesa.

Às vêzes êle **vem** aqui.

F O R M A S

Present Indicative of **pôr, ver, vir**				
Infinitive	*Stem: 1st Pers. Sing.*	*Tense-Pers.-No. Marker*	*Stem: All Other Nos. and Pers.*	*Tense-Pers.-No. Markers*
pôr*	ponh-	o	põ-	{ e mos § em
ver†	vej-	o	v-	{ ê emos êem
vir‡	venh-	o	v-	{ em imos êm

* to put

† to see

‡ to come

§ by spelling convention, **pomos**

FALA E ESCRITA

põmuS	pomos	vẼmuS	vemos
põỹ	põem	vẼỹ	vêem
põỹ	põe	vE	vê
põṇu	ponho	vEʒu	vejo
	vĬmuS	vimos	
	vẼỹ	vêm	
	vẼỹ	vem	
	vẼṇu	venho	

Present Subjunctive of **pôr, ver, vir**

Infinitive	*First Pers. Pres. Indic.*	*Present Subjunctive*			
pôr	ponho	ponha	ponha	ponhamos	ponham
ver	vejo	veja	veja	vejamos	vejam
vir	venho	venha	venha	venhamos	venham

Substituição simples

PRESENTE DO SUBJUNTIVO

1. Talvez **eu ponha** as frases no quadro.

   a. Jorge ponha
   b. as môças ponham

   c. a gente ponha
   d. o professor ponha

2. Espero que **êles não ponham** o carro aqui.

   a. ela não ponha
   b. vocês não ponham

   c. êle não ponha
   d. os rapazes não ponham

PRESENTE DO INDICATIVO

1. **Ela não põe** a data do nascimento.

   a. Êles não põem
   b. Nós não pomos
   c. Você não põe

   d. O autor não põe
   e. Ninguém põe

2. **Os brasileiros põem** o pronome[1] antes do verbo.[2]

a. Nós pomos
b. Êle põe
c. Vocês põem

d. A professôra põe
e. Os autores põem

PRESENTE DO SUBJUNTIVO

1. Quero que **você veja** o jardim.

a. vocês vejam
b. Patrícia veja
c. êles vejam

d. o senhor veja
e. todos vejam

2. É preciso que **vocês vejam** os visuais.

a. Lúcia veja
b. você veja

c. José e Paulo vejam
d. todos os alunos vejam

PRESENTE DO INDICATIVO

1. Eu **vejo** a família no verão.

a. Êles vêem
b. Nós vemos

c. Ela vê
d. A gente vê

2. Eu **vejo** bem dêste lugar.

a. Êles vêem
b. A gente vê

c. Ela vê
d. Todos vêem

PRESENTE DO SUBJUNTIVO

1. Êle tem mêdo que **eu não venha.**

a. nós não venhamos
b. elas não venham
c. você não venha

d. os outros não venham
e. vocês não venham

2. Talvez **êle venha** à aula.

a. êles venham
b. ela venha

c. alguns alunos venham
d. pouca[3] gente venha

---

[1]**pronome** pronoun
[2]**verbo** verb

[3]**pouca** few

PRESENTE DO INDICATIVO

1. **Êle vem** aqui aos sábados.

   a. Carlos e Júlio vêm   c. Meus amigos vêm
   b. O médico vem

2. **Êle sempre vem** ao norte em junho.

   a. Elas sempre vêm   c. Meus parentes sempre vêm
   b. Helena e Lili sempre vêm   d. O Dr. Sales sempre vem

Substituição de um elemento

1. **Vocês** vêm aqui aprender português?

   a. Ela   d. Êles
   b. Você   e. Seu amigo
   c. Elas

2. É provável que **êles** venham hoje.

   a. todos   d. os brasileiros
   b. ela   e. os rapazes
   c. elas

3. Daqui **eu** vejo a palmeira do Imperador.

   a. elas   d. vocês
   b. êles   e. a gente
   c. o senhor

4. Quero que **você** ponha os livros ali.

   a. vocês   d. os senhores
   b. ela   e. os novos alunos
   c. êles

5. É bom que **você** veja os diálogos visualizados.

   a. êles   c. todos vocês
   b. o professor   d. a turma[4] tôda

---

[4]**turma**   class (group)

Pergunta e resposta

Give both affirmative and negative replies.

1. O senhor acha que êles vêm hoje de noite?

    a. Sim, acho que   Sim, acho que êles vêm hoje de noite.
    b. Não, não acho que   Não, não acho que êles venham hoje de noite.

2. Você acha que êle vê bem dali?[5]

    a. Sim, acho que   Sim, acho que êle vê bem dali.
    b. Não, não acho que   Não, não acho que êle veja bem dali.

3. Você acha que êle põe isso no teste?[6]

    a. Sim, acho que
    b. Não, não acho que   Não, não acho que êle ponha isso no teste.

4. Você acha que é a vez dêle pagar a conta?

    a. Sim, acho que
    b. Não, não acho que   Não, não acho que seja a vez dêle pagar a conta.

§ 34 Pretérito de verbos regulares das conjugações -A-, -E-, -I-

*Preterite Indicative of Regular **-A-, -E-, -I-** Verbs*

EXEMPLOS

    Falei ontem com o professor.
    Êles **escolheram** um bom vinho.
    Êle **partiu** ontem para o Rio.
    Já **li** o livro.

---

[5] **dali** from there
[6] **teste** test

FORMAS

Preterite Indicative: All Regular Verbs

Infinitive	Stem	Tense-Pers.-No. Markers
-A- VERBS		
passar	pass-*	ei† / ou / amos / aram
-E- VERBS		
conhecer	conhec-	i / eu / emos / eram
-I- VERBS		
decidir	decid-	i / iu / imos / iram

---

* Preterite forms may be translated by the simple past in English or,
on occasion, by the present perfect: **passei** (*I passed, I have passed*).
† Boldface shows stressed syllable of verb.

FALA E ESCRITA

pasmÅuS	passamos	kuɳesẼmuS	conhecemos
pasArã̃w	passaram	kuɳesErã̃w	conheceram
pasOw	passou	kuɳesEw	conheceu
pasEy	passei	kuɳesI	conheci

desiɟĬmuS	decidimos
desiɟIrã̃w	decidiram
desiɟIw	decidiu
desiɟI	decidi

Equivalent Tenses: Portuguese Preterite and English Present Perfect

Eu já estudei a lição. | *I have already studied the lesson.*
Ela ainda não leu o livro. | *She hasn't read the book yet.*
Êles já partiram? | *Have they left yet?*
Você já visitou o Brasil? | *Have you ever visited Brazil?*

See Appendix C, Note XI.

Substituição simples

1. **Conheci** o autor aquela tarde.

   a. Elas conheceram
   b. Êle conheceu

   c. Nós conhecemos
   d. A estudante conheceu

2. Mamãe, **chegamos todos.**

   a. já cheguei
   b. o médico chegou
   c. os outros chegaram

   d. a gente chegou
   e. todo mundo chegou

3. **Êles escolheram** vinho branco.

   a. Eu escolhi
   b. Mário e eu escolhemos
   c. Papai[7] escolheu

   d. Nós escolhemos
   e. Todos êles escolheram

4. **Abrimos** os presentes ontem.[8]

   a. Todos êles abriram
   b. Eu abri

   c. Todo mundo abriu
   d. As garôtas abriram

5. **Eu já falei** com o professor.

   a. Nós já falamos
   b. Êles já falaram

   c. Ela já falou
   d. Todo mundo já falou

---

[7]**Papai** Father
[8]**ontem** yesterday

Substituição de um elemento

1. **Êles** abriram os presentes.

    a. Eu
    b. Ela
    c. Elas

    d. Os meninos
    e. Os filhos dêle

2. **Êle** já partiu.

    a. Os dois senhores
    b. O rapaz brasileiro

    c. A môça
    d. Tôdas as pessoas

3. **Eu** já falei com ela.

    a. Nós
    b. As alunas

    c. Vocês
    d. O senhor

4. **Nós** conhecemos seu primo Vicente ontem.

    a. Elas
    b. Eu

    c. Êle
    d. A gente

5. **Nós** já terminamos[9] o exercício.

    a. Ela
    b. Elas
    c. Sérgio e Alice

    d. A gente
    e. Eu e Pedrinho

Pergunta e resposta

Give long negative replies.

1. Você vai falar com êle hoje?
2. Êle vai partir hoje?
3. A professôra vai chegar hoje?
4. Você vai estudar hoje?

Não, já falei com êle ontem.
Não, êle já partiu ontem.

---

[9]**terminamos** finished

5. O visitante[10] vai conhecer a
   biblioteca?
6. O senhor quer escolher o médico?
7. O senhor vai terminar o trabalho?
8. Os senhores vão conhecer o Dr.
   Álvaro?   Não, já o conhecemos ontem.
9. Você vai comer mamão?   Não, já comi mamão ontem.

§ 35 Presente do subjuntivo em orações adverbiais: Incerteza

Present Subjunctive in Adverbial Clauses: Uncertainty

E X E M P L O S

Vou fazê-lo ainda que não **tenha** tempo.
Espero aqui até que ela **volte.**

F O R M A S

Present Subjunctive in Adverbial Clauses

Tenho tempo
          +
Ainda assim, não quero fazê-lo.
          ⇒
Não quero fazê-lo ainda que (embora)
   tenha tempo.

Ela volta.
          +
Vamos acabar isto antes.
          ⇒
Vamos acabar isto antes que ela volte.

Ela volta.
          +
Vamos ficar até êsse momento.
          ⇒
Vamos ficar até que ela volte.

I will have time
          +
Even so, I don't want to do it.
          ⇒
*I don't want to do it even though I have
   time.*

She is going to return.
          +
Let's finish this beforehand.
          ⇒
Let's finish this before she returns.

She is going to return.
          +
Let's stay until that moment.
          ⇒
Let's stay until she returns.

---

[10]**visitante** visitor

Relaters Always Followed by the Subjunctive

Concessive

ainda que   *although, even though, even if*
mesmo que   *although, even though, even if*
se bem que   *although, even though, even if*

Temporal

antes que   *before*
até que   *until*

Substituição simples

1. Vamos ficar aqui até que você **volte.**

   a. prepare o exame
   b. venha

   c. chegue
   d. pegue condução

2. Patrícia vem ainda que êles não **queiram.**
   a. a gostem
   b. a levem

   c. a acompanhem[11]
   d. a convidem[12]

3. Zé vai chegar atrasado embora **pegue condução.**

   a. Mário o leve de carro
   b. queira chegar na hora

   c. venha de táxi
   d. ande depressa

4. Vamos lá ainda que **não seja fácil.**

   a. não tenhamos condução
   b. cheguemos atrasados

   c. ninguém nos acompanhe
   d. não fiquemos muito tempo

5. Espero aqui até que ela **venha.**

   a. marque a hora
   b. veja o apartamento
   c. esteja pronta

   d. volte
   e. possa voltar

---

[11]**a acompanhem** they will not accompany her
[12]**a convidem** they will not invite her

6. Ela **vai** fumar embora seu pai não goste?

a. Os rapazes vão

b. Você vai

c. As garôtas vão

d. Ana Maria vai

Transformação

Subordinate the second item in boldface to the first item in boldface by using the relater.

1. Vou ficar aqui. **ainda que/você não quer**

   Vou ficar aqui ainda que você não queira.

2. Vamos chegar atrasados. **embora/o chofer corre**[13]

   Vamos chegar atrasados embora o chofer corra.

3. Vai chover.[14] **antes que/elas vêm**

4. Vocês vão pegar condução. **embora/é difícil**

5. Ela vai de vestido elegante.[15] **ainda que/tôdas vão de saia e blusa**

6. Você quer sair comigo? **embora/não sou seu namorado**

   Você quer sair comigo embora não seja seu namorado?

§ 36 Gerúndio [forma em- ndo] e presente progressivo

Present Participle [-ing form] and Present Progressive

E X E M P L O S

Êle **está estudando** comigo.

Estamos discutindo o meu programa.

Ah, **estou vendo**!

---

[13]**o chofer corre** the chauffeur drives fast

[14]**chover** to rain

[15]**elegante** elegant

FORMAS

Present Participle: -ndo Form

Infinitive	Stem	Theme-Aspect Marker
	-A- VERBS	
passar	pass-	ando
	-E- VERBS	
beber	beb-	endo
	-I- VERBS	
servir	serv-	indo

FALA E ESCRITA

pasÃdu   passando   bebẼdu   bebendo
          sixvĬdu   servindo

Present Progressive

Auxiliary estar in Pres. Indic.		Present Participle
estou		passando
está	+	bebendo
estamos		servindo
estão		

FALA E ESCRITA

iştÃmus pasÃdu	estamos passando	iştÃmuz bebẼdu	estamos bebendo
iştÃw̃ pasÃdu	estão passando	iştÃw̃ bebẼdu	estão bebendo
iştOw pasÃdu	estou passando	iştOw bebẼdu	estou bebendo
iştA pasÃdu	está passando	iştA bebẼdu	está bebendo

iʃtÃmus sixvĬdu	estamos servindo
iʃtÃw̃ sixvĬdu	estão servindo
iʃtOw sixvĬdu	estou servindo
iʃtA sixvĬdu	está servindo

See Appendix C, Note XXII.

Substituição simples

1. Estamos **plantando** uma palmeira.

   a. vendo
   b. escolhendo

   c. procurando
   d. olhando

2. **Êle está** esperando o ônibus.

   a. Elas estão
   b. Nós estamos
   c. O Senhor Ferreira está

   d. Os alunos estão
   e. A Senhora Pereira está

3. Êles estão **bebendo um bom vinho.**

   a. aprendendo os pontos[16] para exame
   b. vendo televisão
   c. estudando literatura brasileira

   d. escolhendo uma data
   e. dizendo a verdade

4. Êles estão **indo para casa.**

   a. discutindo política[17]
   b. servindo o jantar
   c. repetindo as frases

   d. saindo de casa
   e. entrando no edifício

Substituição de um elemento

1. **Você** está precisando de condução?

   a. Vocês
   b. Êle
   c. O senhor

   d. As senhoras
   e. Quem

---

[16]**pontos** topics
[17]**política** politics

2. Uns amigos e eu estamos **bebendo cerveja.**

   a. ouvir música   c. conhecer muita gente

   b. ler revistas brasileiras   d. passeando de carro[18]

3. Os arquitetos estão **chegando** agora.

   a. sair daqui   d. tomar o ônibus

   b. ir para o Rio   e. discutir o problema

   c. pedir condução

4. Os alunos não estão **se comportando bem.**

   a. aprender português   c. perder aulas

   b. discutir os problemas   d. pronunciar[19] bem as palavras

Transformação

Change from the present to the present progressive.

1. Compreendo[20] tudo.   Estou compreendendo tudo.
2. Êles aprendem a falar.
3. Vemos bem dêste lugar.   Estamos vendo bem dêste lugar.
4. O casal Paiva viaja pela Europa.
5. Êles dão um passeio de carro.   Êles estão dando um passeio de carro.
6. Dona Teresa marca uma hora no médico.[21]
7. Os alunos conversam[22] com o professor.

Pronúncia

/p, t, k, p-b, t-d, k-g/, [ṭ, ḍ]

Imitation Drill

In the voiceless consonants /p, t, k/ in initial position, avoid the strong aspiration common in English. Avoid lip-rounding and muscular tension when pronouncing these consonants before /r/.

1. /p/

   presidente, poema, parecer, prestação, programa, pressa

---

[18]**passeando de carro** joy-riding   [21]**no médico** at the doctor's
[19]**pronunciar** to pronounce   [22]**conversam** converse
[20]**compreendo** I understand

2. /t/

terceiro, telefone, trazer, telegrama, todo, ter

3. /k/

criança, calor, quem, condução, quarto, casa

/p-b, t-d, k-g/ *as voiceless-voiced pairs in initial position:*

/p-b/		/t-d/		/k-g/	
passar	bastar	tomar	domingo	claro	gravata
político	bôlsa	também	dançar	carioca	garçom
pegar	beber	trazem	drama	carro	garôta
passear	bastante	tarde	dar	criança	grande

Palatalized variant of /t/ *and* /d/ *before* /i/ :

1. [t]

presidente, prático, esporte, vestir, teatro, excelente, político, ambiente, último, repetir, bastante, restaurante, presente, catedrático

2. [d]

dia, diária, cidade, de, grande, estude, verdade, médico, bondinho, faculdade, verde, difícil, disco, dizer

Perguntas e revisão individual

Perguntas sôbre o Diálogo principal

1. Onde é que Mário e Patrícia vão passear?
2. O que é que Patrícia pensava sôbre o Jardim Botânico?
3. O que Mário vinha fazer no Jardim quando era estudante?
4. Quem chega atrasado?
5. Que desculpa Iara dá pelo atraso?
6. De que transporte Zé Maria e Iara andam?
7. O que é que Patrícia quer ver?
8. Quem plantou a palmeira?

Perguntas sôbre o Diálogo visualizado

1. Qual é o local[1] desta conversa entre Dona Dulce e Patrícia?
2. Quando a Patrícia disse que chegou?
3. Sabemos por que a Dona Dulce não recebeu a carta de Patrícia?

---

[1]**local** scene, setting

4. Há quantas pessoas[2] na família de Dona Dulce?
5. Por que a Dona Dulce diz que todos estão bem, graças a Deus?
6. Você pode dizer os nomes de tôdas as pessoas dêste quadro?
7. Que significa o "coração"[3] neste quadro?
8. "Selagem mecânica"[4] significa que elas precisam comprar selos ou não?
9. Por que a Dona Dulce não pode ficar mais tempo com Patrícia?
10. O que Patrícia diz ao sair da agência de correios?

Revisão individual

TODAY'S DATE

A. Que dia é hoje?

B. Hoje é_____.
          primeiro do mês
          dia dois
          _____?_____

A. Você está_____?
          certo
          certa
          _____?_____

B. Estou sim.

FUTURE DATE

A. Quando vai ser _____?
          o baile
          a festa
          _____?

B. No dia _____ de _____.
          vinte   setembro
     _____?_____   _____?_____

A. Vai haver _____?
          muita gente
          muitos estudantes
          _____?_____

B. Vai, é provável que _____.
          eu vá
          eu possa ir
          _____?_____

---

[2]**pessoas** persons
[3]**coração** heart

[4]**selagem mecânica** postage meter

THOUGHTS

A. Em que você está pensando?
B. Estou pensando em _____.
              você
              Iara
              _____?_____

A. Em _____? Por quê?
        mim
        _____?_____
B. Não tenho mais nada que fazer.

SEASONS

A. Em que mês faz mais _____?
                  frio
                  calor
                  _____?_____
B. Em _____.
        julho
        agôsto
        _____?_____

A. De que estação você gosta mais?
B. Gosto mais _____. Sabe por quê?
                da primavera
                do verão
                _____?_____

A. Sei. Você gosta de _____.
                ir à praia
                ver futebol
                _____?_____
B. É isso mesmo.

HOW LONG

A. Até quando você vai _____?
                esperar
                ficar aqui
                _____?_____
B. Até que _____ volte.
        êle
        o meu amigo
        _____?_____

A. _____ vai demorar?

   Êle
   Ela
   _____?_____

B. _____.

   Não muito
   Um pouco
   _____?_____

Leitura: M O A C I R

Moacir, o filho mais môço da família Pereira, está nos seus treze anos de idade. Tem o peito largo, as pernas compridas; é muito moreno, queimado de sol; "tostado como um biscoito" segundo afirma Penha.

Nasceu no bairro do Flamengo, mas quando tinha seis anos, a família mudou-se para um apartamento em Copacabana. Aos sete, Moacir fêz exames para o curso primário no colégio Santo Inácio,[1] onde agora freqüenta o segundo ano secundário.

Como estudante, êle é regular; prefere matemática e ciências naturais. Não gosta de línguas, especialmente as "composições" de português, onde tem que mostrar qualidades literárias.

O apartamento em Copacabana mudou completamente a vida de Moacir. Êle se acostumou a ir à praia quase diàriamente e, pelo seu gôsto, lá ficaria o dia inteiro. Logo aprendeu a nadar, a mergulhar, a pegar "jacaré."[2] É excelente jogador de raquete de praia. E tôda vez que êle e sua turma conseguem iludir a vigilância do guarda,[3] organizam o seu joguinho de futebol.

Porque a paixão da vida de Moacir é mesmo o futebol. Jogar ou assistir. No colégio joga durante tôdas as horas de recreio. E joga também na calçada, com os companheiros da rua, escondido da mãe, é claro.

Quando lhe perguntam o que vai ser no futuro, Moacir diz que quer ser cientista. E quando querem saber que espécie de cientista, êle diz apenas:

—Ora,[4] cientista atômico, naturalmente!

---

[1]Judging from its name, Moacir's school is a private organization. Primary schools (**escolas primárias**) in Brazil are specifically in the hands of local communities—they may be public or private. Moacir's school is called **colégio**, which may mean *high school* or it may be a general term for a *primary and secondary school*. Note that Moacir had to pass an examination in order to be admitted to the first year of primary school.

[2]**jacaré**   to kick behind a surfboard (*lit.*, to catch an alligator)

[3]Soccer playing is not allowed in certain sections of public beaches, especially on Sunday when many people take sun baths.

[4]**Ora**   interjection *Aw!* (approximately)

DECIMA UNIDADE

Diálogo principal: NO TEATRO

Patrícia, Iara e Zé Maria esperam a abertura das portas da platéia.

1. ZÉ MARIA: É raro ver você sòzinha, Patrícia! Mário não pôde vir?
2. PATRÍCIA: Não, Mário foi a Curitiba, a serviço.
3. IARA: Estou com esperança nessa peça. O autor pertence a uma corrente nova de teatrólogos brasileiros.[1]
4. PATRÍCIA: Tenho lido artigos nos jornais sôbre êle. Também tenho curiosidade a respeito da peça.
5. IARA: Ah, Zé Maria, não temos programa! Acho que o vendedor é aquêle rapaz de uniforme.
6. ZÉ MARIA: Não é êsse, é o da porta. Vou trazer três, para a gente.

Depois do espetáculo, os três saem para a rua, comentando a peça.

7. IARA: Êsses dramas sociais[2] me deixam aflita. Prefiro assistir peças mais alegres.
8. ZÉ MARIA: Mas literatura tem que ser como a vida: apresentar tanto o triste como o alegre.
9. PATRÍCIA: É! Gostei muito do trabalho dos artistas. Principalmente daquele ator que faz o môço revoltado.
10. IARA: Êsse é considerado um dos nossos melhores atores.
11. ZÉ MARIA: Você não teve grande dificuldade em entender os diálogos, Patrícia?
12. PATRÍCIA: Não. Só perco uma ou outra palavra, quando êles falam depressa demais.

Teatro Municipal, bem no centro do Rio moderno.

AT THE THEATER

*Patricia, Iara, and Zé Maria are waiting for the doors of the orchestra
section to open.*

1. ZÉ MARIA: It's unusual to see you all alone, Patricia. Couldn't Mario come?
2. PATRICIA: No, Mario went to Curitiba on business.
3. IARA: I have great hopes for this play. The author belongs to a new group [current] of Brazilian playwrights.
4. PATRICIA: I have read articles in the newspapers about him. I'm also curious about the play.
5. IARA: Oh, Zé Maria, we don't have a program! I think the [vendor] one who sells them is that young man in uniform.
6. ZÉ MARIA: Not that one, it's the one at the door. I'll bring three, for all of us.

After the show, the three go out to the street, commenting on the play.

7. IARA: Those social dramas (always) leave me distressed. I prefer to go to happier plays.
8. ZÉ MARIA: But literature has to be like life: present the sad as well as the happy.
9. PATRICIA: Right! I liked the artists' performances very much. Especially that actor who plays the young rebel.
10. IARA: He is considered one of our best actors.
11. ZÉ MARIA: You didn't have much difficulty in understanding the dialogues, [did you] Patricia?
12. PATRICIA: No. I only miss a word here and there, when they speak too fast.

Explicação cultural

[1] In Brazil, as in other Latin American countries, the theater has been the least successful literary form. The Brazilian theater first began to thrive in the nineteenth century, but it has been only in recent years that the impact of the drama has been felt abroad. *The Rogue's Trial* (*Auto da Compadecida*), a play by the Northeastern dramatist Ariano Suassuna, has been added to the repertoire of the Actors' Studio of New York. Interestingly, motion pictures have helped to create respect for dramatic writing in Brazil. Vinícius de Morais' *Orfeu da Conceição* was turned into a movie called *Orfeu negro* (widely seen in the United States, where it was called *Black Orpheus*). A play called *O Pagador de promessas* (The Man Who Kept His Promise) by the Brazilian Dias Gomes was the basis of the film by the same title, which won the Gold Palm at the Cannes Film Festival in 1962. Since then, Brazilian films have been much sought after and have won several international prizes, reflecting credit upon not only film makers but playwrights who have often inspired them.

[2] Modern drama and the modern cinema both concentrate on social problems. This is no doubt true, as the writer Adonias Filho has said, because of a desire "to affirm Brazil's national character." In literature, art, cinema, theater, and music a common denominator is the search for symbols and images that help to explain Brazil's complex social reality. TV serials (**novelas**) based on serious novels such as Érico Veríssimo's *O Tempo e o vento* are becoming popular in Brazil. Theater performers are now being attracted to television.

Diálogo visualizado

Patrícia fala a Zé Maria sôbre sua ida ao consultório do Dr. Rodrigues.

Patricia talks to Zé Maria about her visit to the doctor at his office.

1. ZÉ MARIA: Onde você foi hoje de manhã?
   Where did you go this morning?
2. PATRÍCIA: Fui ao médico. Só voltei agora.
   I went to the doctor. I just got back.
3. ZÉ MARIA: Você estêve doente? Iara não me disse nada.
   Were you sick? Iara didn't tell me anything about it.
4. PATRÍCIA: Tive um resfriado forte e o médico passou uma dieta de frutas.
   I had a bad cold and the doctor recommended a fruit diet.
5. ZÉ MARIA: Quem é que você consultou?
   Whom did you consult?
6. PATRÍCIA: O Dr. Rodrigues, que é amigo do Doutor Álvaro.
   Dr. Rodrigues, the one who is Dr. Alvaro's friend.
7. ZÉ MARIA: Ah, sim, a enfermeira dêle é minha tia!
   Oh, yes. His nurse is my aunt!

8. PATRÍCIA: Gostei muito do médico—é muito gentil a sua tia também.

I liked the doctor very much—and your aunt is very nice too.

9. ZÉ MARIA: O principal é que você fique boa.

The main thing is that you get well.

Vocabulário para substituição

A. Qual a profissão de seu primo?

_____ ou _____?

banqueiro	bancário
comerciante	comerciário
industrial	industriário
professor	cientista
médico	dentista

What's your cousin's profession?

_____ or _____?

a banker	*a bank clerk*
a businessman	*a store clerk*
an industrialist	*an industrial worker*
a teacher	*a scientist*
a doctor	*a dentist*

B. Meu primo foi_____de uma fábrica.

funcionário
engenheiro
diretor
gerente
operário
contador
advogado

My cousin was_____in a plant.

an employee
an engineer
the top executive
the manager
a worker
an accountant
a lawyer

Estruturas básicas

§ 37 Pretérito de verbos irregulares

Preterite Indicative of Irregular Verbs

E X E M P L O S

Nós **fizemos** a viagem de avião.
Quem lhe **deu** o artigo?
Quem me **trouxe** êste presente?
O João já **veio**?

FORMAS

Preterite of Irregular Verbs

Infinitive	Stem	Tense-Pers.-No. Markers
GROUP IA		
dar*	d-	ei eu emos eram
GROUP IB		
ver†	v-	i iu imos iram

---

* Except for the first singular, **dar** is like the preterite of regular -E- verbs.
† Conjugate like regular -I- verbs.

FALA E ESCRITA

dẼmuS	demos	vĨmuS	vimos
dĘrãw̃	deram	vIrã̃w̃	viram
dEw	deu	vIw	viu
dEy	dei	vI	vi

Preterite of Irregular Verbs: Group II A

Infinitive	Preterite Stem	Tense-Pers.-No. Markers
dizer saber trazer	diss- soub- troux-	e e emos eram
querer	quis-	- - emos eram

F A L A   E   E S C R I T A

ɖisẼmuS	dissemos	sowbẼmuS	soubemos
ɖisῈrãw̃	disseram	sowbῈrãw̃	souberam
ɖIsi	disse	sOwbi	soube
ɖIsi	disse	sOwbi	soube

trowsẼmuS	trouxemos	kizẼmuS	quisemos
trowsῈrãw̃	trouxeram	kizῈrãw̃	quiseram
trOwsi	trouxe	kIS	quis
trOwsi	trouxe	kIS	quis

Preterite of Irregular Verbs: Group IIB

Infinitive	Preterite Stem	Tense-Pers.*-No. Markers	2nd and 3rd Pers. Sing.
estar	estiv-	⎧ e	estêve
poder	pud-	⎨ emos	pôde
ter	tiv-	⎩ eram	teve
fazer	fiz-	⎧ -	fêz
pôr	pus-	⎨ emos	pôs
		⎩ eram	

* First person singular and first, second, and third persons plural

F A L A   E   E S C R I T A

eʂʈivẼmuS	estivemos	fizẼmuS	fizemos
eʂʈivῈrãw̃	estiveram	fizῈrãw̃	fizeram
eʂʈEvi	estêve	fES	fêz
eʂʈIvi	estive	fIS	fiz

pudẼmuS	pudemos	puzẼmuS	pusemos
pudῈrãw̃	puderam	puzῈrãw̃	puseram
pOɖi	pôde	pOS	pôs
pUɖi	pude	pUS	pus

ʈivẼmuS	tivemos
ʈivῈrãw̃	tiveram
tEvi	teve
ʈIvi	tive

Preterite of Irregular Verbs

Infinitive	Preterite Stem	Pret.
	GROUP IIIA	
ser ⎱ ir ⎰	fo-*	⎧ fui ⎪ foi ⎨ fomos ⎩ foram
	GROUP IIIB	
vir	vi-†	⎧ vim ⎪ veio ⎨ viemos ⎩ vieram

---

* **Ser** and **ir** have the same preterite with a stem of **fo-**.
† The forms of **vir** are based on a preterite stem of **vi-**.

FALA E ESCRITA

fõmuS	fomos	viẼmuS	viemos
fOrãw̃	foram	viE̤rãw̃	vieram
fOy	foi	vE̤yu	veio
fUy	fui	vĬ	vim

Substituição simples

GROUPS I A , I B

1. **Nós vimos** êsse engenheiro ontem.

   a. Êles viram
   b. Eu vi
   c. Elas viram

   d. Joana e ela viram
   e. Meus amigos viram

2. **Êle lhe deu** o artigo?[1]

   a. Nós lhe demos
   b. Moacir lhe deu
   c. O Sr. Mendes lhe deu

   d. Elas lhe deram
   e. Madalena lhe deu

---

[1]**artigo** article

3. **Eu vi Iara** no consultório do dentista.

a. Nós vimos Iara
b. Êles viram Iara
c. João viu a môça

d. Êlas viram Iara
e. A gente viu Iara

GROUPS IIA, IIB

1. **Eu não soube** responder.

a. Êles não souberam
b. Êle não soube
c. Nós não soubemos

d. As môças não souberam
e. A aluna não soube

2. **Quem disse** isso a êle?

a. A enfermeira disse
b. Nós dissemos
c. Os médicos disseram

d. O dentista disse
e. O professor de história disse

3. **Mário quis** ir mas não foi possível.

a. Nós quisemos
b. Eu quis
c. Êles quiseram

d. Ela quis
e. Moacir e Iara quiseram

4. **Eu não tive** dificuldade em entender.

a. Êle não teve
b. A gente não teve
c. Nós não tivemos

d. As senhoras não tiveram
e. Amélia não teve

5. **Mário e eu não pudemos** chegar ontem.

a. Eu não pude
b. Ela não pôde
c. Nós não pudemos

d. Êles não puderam
e. Ninguém pôde

6. **Nós dois fizemos** a viagem[2] de avião.

a. Eu fiz
b. Patrícia e Iara fizeram

c. Mário e eu fizemos
d. Dr. Álvaro fêz

---

[2]**viagem** voyage, trip

7. **Êles estiveram** no Rio em 1950.

    a. Eu estive

    b. Elas estiveram

    c. Minha família estêve

    d. Nós estivemos

    e. Nenhum aluno estêve

8. **Nós já pusemos** a fita no gravador.[3]

    a. Todo mundo já pôs

    b. Iara e Zé já puseram

    c. Eu já pus

    d. Ela já pôs

    e. A turma[4] tôda já pôs

GROUPS IIIA, IIIB

1. **Êles foram** operários dessa fábrica.

    a. José e eu fomos

    b. Êles foram

    c. Meu primo foi

    d. Meus irmãos foram

2. **Nós viemos** aqui para falar com o gerente.

    a. Meu tio veio

    b. Êles vieram

    c. Eu vim

    d. Ninguém veio

    e. Os funcionários vieram

Substituição de um elemento

1. **Mário e eu** quisemos chegar na hora, mas não pudemos.

    a. Êles

    b. Ela

    c. Eu

    d. O diretor

    e. Os visitantes[5]

2. **O professor** disse que sim.

    a. Nós

    b. As meninas

    c. O rapaz

    d. A senhora

    e. O comerciante

---

[3]**gravador** tape recorder
[4]**turma** student group

[5]**visitantes** visitors

3. **Nós** vimos um artigo sôbre êle.

   a. Os alunos
   b. Eu
   c. A môça

   d. O advogado
   e. Todos da família

4. **Êles** fizeram uma viagem à Bahia.

   a. Nós
   b. Eu
   c. Êsses rapazes

   d. Patrícia e nós
   e. Os dois industriais

5. **Meu pai** foi para o escritório?[6]

   a. Ela
   b. Vocês
   c. O advogado

   d. Dr. Noronha
   e. As secretárias[7]

6. **O professor** soube que o correio chegou.

   a. Nós
   b. Eu
   c. A gente

   d. Os rapazes
   e. A môça

7. **Iara** não pôde falar comigo?

   a. A senhora
   b. Seu irmão
   c. A aluna

   d. Vocês
   e. Os pais dela

Transformação

Change from the present to the preterite.

1. O pai dela é comerciante.
2. Êle diz tudo em português.
3. Nós temos dificuldade nisso.
4. Elas querem trabalhar aqui.
5. Você vê artistas de cinema?
6. Êles sabem fazer o exercício?

O pai dela foi comerciante.

Nós tivemos dificuldade nisso.

Êles souberam fazer o exercício?

---

[6]**escritório** (business) office
[7]**secretárias** secretaries

§ 38 Presente do subjuntivo em orações adverbiais: Causalidade

Present Subjunctive in Adverbial Clauses: Causality

EXEMPLOS

Não vou entrar sem que[8] êle **dê** licença.
Caso vocês não **saibam**, êle é professor.

FORMAS

Present Subjunctive in Adverbial Clauses

One Action Dependent Upon Another

Êle dá licença.   He gives permission.
\+   \+
Vamos sair sem isso?   Are we going to leave without it?
⇒   ⇒
Vamos sair sem que êle dê licença?   Are we going to leave without his giving
                                      permission?

One Action Performed in Order to *Produce a Given Result*

Êle estuda.   He studies.
\+   \+
Vou chamá-lo para isso.   I am going to call him for this reason.
⇒   ⇒
Vou chamá-lo para que êle estude.   I am going to call him so that he (*can*)
                                      study.

Proviso Set Up for a Subsequent Action

Êle me paga.   He'll pay me.
\+   \+
Não posso ir a não ser que seja assim. I cannot go otherwise.
⇒   ⇒
Não posso ir a não ser que êle me pague. I cannot go unless he pays me.

Manner of Performance of an Event Produces Desired Result

Ela pode ouvir bem.   She can hear well.
\+   \+
Vou falar alto.   I am going to speak loud.
⇒   ⇒
Vou falar alto de maneira que ela possa   I am going to speak loud so that she can
ouvir bem.   hear well.

---

[8]**sem que**   unless

Relaters Always* Followed by the Subjunctive

Purpose

para que   *in order that, so that*
de maneira que*   *in order that, so that*

Negative Result

sem que   *without*

Proviso

contanto que   *provided that*
a não ser que   *unless*

Contingency

caso   *in case*

---

* **De maneira que** may be followed by the indicative if manner rather than purpose is stressed.

Substituição simples

1. Caso **vocês queiram** ir, o carro está pronto.

   a. êle queira
   b. êles queiram

   c. os senhores queiram
   d. sua família queira

2. Fale de maneira que **eu possa** ouvir bem.

   a. nós possamos
   b. a gente possa
   c. elas possam

   d. João e eu possamos
   e. êles possam

3. Não posso ir a não ser que **êle pague** a entrada.[9]

   a. você pague
   b. os amigos paguem

   c. vocês paguem
   d. alguém pague

4. Elas vão sair para que **êle estude**.

   a. eu estude
   b. as colegas estudem
   c. a gente estude

   d. os rapazes estudem
   e. Moacir e eu estudemos

---

[9] **entrada** ticket

5. Você entra sem que **êle dê** licença?

    a. ela dê

    b. o diretor dê

    c. êles dêem

    d. ninguém dê

Transformação

Subordinate the item in boldface by using a relater.

1. Vamos fazê-lo sem isso.   **ela dá licença**   Vamos fazê-lo sem que ela dê licença.
2. Vou convidá-los[10] para isso.   **êles vêm**   Vou convidá-los para que êles venham.
3. Não entendo sem isso.   **ela explica tudo**   Não entendo sem que ela explique tudo.
4. Êle dança assim.   **ela pode segui-lo**   Êle dança assim para que ela possa segui-lo
5. Compro as entradas para isso.   **êles assistem o filme[11]**

Subordinate the cue in boldface by using **para que.**

1. Êle fala bem.   **todos compreendem**   Êle fala bem para que todos compreendam.
2. Ela ensina bem.   **todos aprendem**
3. Eu o apresento.   **todos o conhecem**
4. Há muitos livros.   **todos podem estudar**   Há muitos livros para que todos possam estudar.
5. Não falamos inglês aqui.   **todos praticam português**   Não falamos inglês aqui para que todos pratiquem português.
6. Mário vai estudar muito.   **êle passa no exame**

§ 39 Colocação de adjetivos e outros modificadores

Position of Adjectives and Other Modifiers

E X E M P L O S

Todos os outros industriais ricos moram lá.
Tôdas aquelas môças **bonitas** são cariocas.
É um **famoso** ator **francês.**

---

[10]**convidá-los**   to invite them
[11]**assistem o filme**   attend (see) the film

Summary of Relative Position of Noun Modifiers

	−4	−3	−2	−1	HEAD	+1	+2	+3
	Todo(s)	Determiner	Limiting Adjective	Descriptive Adjective(s)	Noun	Descriptive Adjective(s)	Prepositional Phrase	Dependent Clause
	todos	os	outros	bons	alunos etc.	bons	do sul	que saíram
		os	mesmos	bonitos		bonitos		
		êstes	primeiros	novos		novos		
		meus	últimos	velhos		velhos		
		etc.	sete	etc.		ricos		
			mais			americanos		
			menos			etc.		
			etc.					

Expansion of Above Chart to Show Actual Use

Subject and Verb	Todo(s)	Determiner	Limiting Adjective	Descriptive Adjective(s)	Noun	Descriptive Adjective(s)	Prepositional Phrase	Dependent Clause
Eu conheço		as			alunas.			
Eu conheço		as		novas	alunas.			
Eu conheço		as			alunas	americanas.		
Eu conheço	tôdas	as	outras		alunas.			
Eu conheço		as	outras	novas	alunas.			
Eu conheço		as			alunas		do sul.	
Eu conheço		as			alunas			que saíram.
Eu conheço	tôdas	as	outras	novas	alunas	americanas	do sul	que saíram.
Eu conheço	tôdas	as	outras	novas	alunas		do sul	que saíram.
Eu conheço	tôdas	as	outras	novas	alunas	americanas	do sul	que saíram.

Variable Position of Adjectives

Êle é um
- **bom** aluno
- **ótimo** aluno
- **péssimo** aluno
- **excelente** aluno

or

- aluno **bom**.
- aluno **ótimo**.
- aluno **péssimo**.
- aluno **excelente**.

É um
- **bonito** carro
- **alto** edifício
- **famoso** museu

or

- carro **bonito**.
- edifício **alto**.
- museu **famoso**.

Left column above: *He is a good (very good, very bad, excellent) student.* The prenominal adjectives reflect a somewhat affective meaning. Here, for example, the qualities of the student are almost taken for granted. **É um bonito carro** *(It's a nice car)* implies a favorable reaction by the speaker without stressing or analyzing the qualities of the car.

Right column above: *He is a good (very good, very bad, excellent) student.* The postnominal adjectives reflect a more objective meaning than the prenominal. Here the focus is upon the qualities of the student, as he is set apart from other students. **É um carro bonito** *(It's a nice car)* calls attention to the attractiveness of this car, as distinct from other cars.

In summary, it may be said that adjectives in the first column *enhance* the noun whereas those in the second column *differentiate* it.

See Appendix C, Note XIII.

Substituição simples

1. **Êles são de Curitiba**.

   a. do Brasil
   b. desta cidade
   c. daqui

   d. de outra cidade
   e. do norte do país

2. **Êstes últimos** dramas sociais são tristes.

   a. Os outros
   b. Todos os

   c. Todos os outros
   d. Os primeiros

3. **Tôdas as** alunas estão aqui.

   a. Muitas
   b. Algumas
   c. As outras

   d. As novas
   e. Poucas[12]

---

[12]**poucas** few

4. Êle é o bancário **que mora aqui.**

    a. que foi a Curitiba   d. que é do Rio
    b. que não fala inglês   e. que perdeu o ônibus
    c. que está no hospital

5. Êle tem um carro **nôvo.**

    a. espetacular   d. velho
    b. bom   e. pequeno
    c. bonito

6. Ela é **bonita.**

    a. rica   d. importante[13]
    b. feliz   e. inteligente[14]
    c. alta

Substituição de vários elementos

Replace the italicized modifier with the elements in boldface, in proper order.

1. Conheço *o* autor.   **êste/outro/brasileiro**   Conheço êste outro autor brasileiro.
2. Vou com *as* môças.   **três/aquelas/bonitas**   Vou com aquelas três môças bonitas.
3. Êle tem *uma* casa.   **a mesma/de madeira**[15]   Êle tem a mesma casa de madeira.
4. Vou ver *um* espetáculo.   **outro/dêle/êsse**   Vou ver êsse outro espetáculo dêle.
5. É considerado *bom*.   **bons/dos/dramas/ um/sociais**   É considerado um dos bons dramas sociais.
6. O importante é *êste* trabalho.   **que faço/ êsse/escrito**[16]   O importante é êsse trabalho escrito que faço.
7. Só perco *umas* palavras.   **as/últimas/da canção**[17]   Só perco as últimas palavras da canção.

Transformação

Shift each adjective from the prenominal to the postnominal position.

1. Conheço os três **novos** alunos   Conheço os três alunos novos.
2. Fico **mais** alguns dias.   Fico alguns dias mais.
3. É um **ótimo** livro.   É um livro ótimo.

---

[13]**importante** important
[14]**inteligente** intelligent
[15]**madeira** wood

[16]**escrito** written
[17]**canção** song

4. Moramos num **alto** edifício.
5. Êle tem um **bonito** carro.

Moramos num edifício alto.
Êle tem um carro bonito.

Change each pair of sentences into a single sentence.

1. Êle é um rapaz. Não sei se é rico.
2. Ela é uma mulher.[18] Acho que é feliz.
3. Êle é um homem. Sei que é revoltado.
4. Êles são estudantes. Talvez não sejam universitários.[19]
5. Êle é um artista. Todo mundo sabe que é bom.

Não sei se êle é um rapaz rico.
Acho que ela é uma mulher feliz.
Sei que êle é um homem revoltado.
Talvez êles não sejam estudantes universitários.
Todo mundo sabe que êle é um bom artista.

Change each sentence by using the "enhancing" adjectives.

1. Êles são alunos. **Todo mundo sabe que são ótimos.**
2. São médicos. **Temos certeza que são bons.**
3. É um filme.[20] **Não há dúvida que é péssimo.**
4. É uma escritora. **Sei que é famosa.**
5. É um sociólogo.[21] **Todos acham que é grande.**

Todo mundo sabe que êles são ótimos alunos.
Temos certeza que são bons médicos.
Não há dúvida que é um péssimo filme.
Sei que é uma famosa escritora.
Todos acham que é um grande sociólogo.

Substituição de um elemento

1. Cheguei aqui na **semana** passada.[22]

a. mês
b. ano
c. têrça-feira

d. domingo
e. verão

2. Êste é um livro **caro**.[23]

a. barato[24]
b. útil[25]
c. difícil

d. clássico
e. simples

---

[18]**mulher** woman
[19]**estudantes universitários** university (or college) students
[20]**filme** movie
[21]**sociólogo** sociologist

[22]**passada** last (week)
[23]**caro** expensive
[24]**barato** cheap
[25]**útil** useful

3. Êles vão chegar no dia **um**.
   a. quatro
   b. certo
   c. quinze
   d. primeiro

4. Tem aula no **sábado próximo?**[26]
   a. dia primeiro
   b. dia seis
   c. domingo que vem
   d. dia feriado[27]

§ 40 Nominalização de adjetivos

Nominalization of Adjectives

E X E M P L O S

Aquêle rapaz? Sim, **o** de calção azul.
Não é **êsse**, é **o** da porta.
Os velhos não gostam **dos jovens**.

F O R M A S

Nominalization of Adjectives

Nominalization by Deletion

É o [rapaz]* do calção azul.	*He's the one [young man]* in blue trunks.*
Prefiro o [chapéu] azul.	*I prefer the blue one [hat].*
Quem é aquêle [rapaz]?	*Who is that one [young man]?*
Quem é aquêle [rapaz] alto?	*Who is that tall one [young man]?*
Ela gosta das [rosas] amarelas.	*She likes the yellow ones [roses].*
Êle ajuda os [homens] pobres.	*He helps the poor [people].*
Tem que apresentar o [que é] triste.	*It has to present the [what is] sad.*

Possessive Pronouns From Adjectives

Prefiro **a minha** [casa].	*I prefer [my house]* **mine.**
Preferimos **a nossa** [casa].	*We prefer [our house]* **ours.**
Você(s) prefere(m) **a sua** [casa].	*You (sing. and pl.) prefer [your house]* **yours.**
Êle(s), ela(s) prefere(m) **a sua** [casa].	*He, she, they prefer [his, her, their house]* **his, hers, theirs.**

---

* Brackets indicate deleted items.

---

[26]**sábado próximo**   next Saturday
[27]**feriado**   holiday

Substituição simples

1. Conhece o teatro? **O que fica nessa rua?**

   a. O mais nôvo da cidade
   b. O principal daqui

   c. O melhor de lá
   d. O que apresenta comédias[28]

2. Êle tem namorada? Sim, **tem uma muito bonita.**

   a. uma que é bonita
   b. uma muito simpática[29]

   c. uma que é muito alegre
   d. uma muito inteligente

3. Viram o artista? **Êsse que trabalha na televisão?[30]**

   a. O que é do Rio
   b. O que fala muito

   c. Êsse bem simpático
   d. Êsse que está sòzinho

4. Perdi meu caderno, **o que vocês me deram.**

   a. o que uso neste curso
   b. o que ela me deu

   c. o de português

Substituição de um elemento

1. Êles têm novos **amigos**? Sim, têm uns da Califórnia.

   a. empregados
   b. operários
   c. alunos

   d. atores
   e. contadores

2. Acha que muitas **alunas** americanas falam português? Sim, muitas falam português bem.

   a. professôras
   b. môças

   c. amigas
   d. pessoas

---

[28]**comédias** comedies
[29]**simpática** likable

[30]**televisão** television

3. Você fala com os **alunos** que chegam hoje? Sim, falo com os que chegam hoje.

    a. industriais   d. operários
    b. contadores   e. comerciantes
    c. empregados

4. Êle só gosta de **dramas** fáceis? Não, gosta de difíceis.

    a. livros   d. exames
    b. cursos   e. rítmos
    c. problemas

5. Você entende tôdas as **palavras**? Não, só as últimas.

    a. frases[31]   c. expressões[32]
    b. perguntas   d. respostas

6. Êles tem uns **livros** novos, mas eu só gosto dos velhos.

    a. dramas   c. carros
    b. poemas   d. suplementos literários

7. Êle só tem **livros** brasileiros? Não, tem portuguêses também.

    a. autores   c. poemas
    b. amigos   d. romances

8. Ela gostou de todos os **cursos**? Gostou do último.

    a. professôres   c. vestidos
    b. dramas   d. exames

9. Você tem meu **lápis** nôvo? Não, tenho o meu.

    a. caderno   c. dicionário[33]
    b. livro

10. Ela foi à **casa** de Luís? Não, ela foi à de Jorge.

    a. festa   c. aula
    b. peça   d. fábrica

---

[31]**frases** sentences   [33]**dicionário** dictionary
[32]**expressões** expressions

Pronúncia

/v, b, f, z, s, ʒ, ş/

Imitation Drill

1. /v/
   avô, avó, Vítor, vinho, verdade, vale
   A avó veio. *The grandmother came.*
   Vítor levou o vinho. *Victor carried the wine.*

Imitation and Contrast Drill

/v/		/b/	
vela	*candle*	bela	*beautiful*
vôa	*he flies*	boa	*good*
voto	*I vote*	boto	*I put*
varre	*he sweeps*	bar	*snack bar*
Isso se escreve com vê. *That's written with a v.*		O barco branco é bonito. *The white boat is pretty.*	

Imitation Drill

1. /f/
   fácil, fita, fala, feliz, ficar, fama
   Essa fita é formidável. *That tape is wonderful.*
   Está fazendo frio. *It's cold.*

2. /z/ *(Initial and Between Vowels)*
   Zé, beleza, rosa, exame
   Zeca fazia muitas coisas. *Zeca did many things.*
   A cozinha é azul. *The kitchen is blue.*
   O exame tem exemplos. *The examination has examples.*

3. /z/ *(Syllable-final)*
   If the instructor uses /ʒ/ as syllable-final, consider this a drill on /ʒ/.
   vesgo, mesmo, desde, rasgou
   A môça rasgou a blusa. *The girl tore her blouse.*
   Êle é vesgo. *He's cross-eyed.*
   Estudo aqui desde junho. *I have studied here since June.*

4. /s/ *(Initial and Between Vowels)*

próximo, assiste, descer, almôço, cinco, isso, faça, exceto

Sara passa pela cidade.   *Sara passes through the city.*

A próxima classe é às cinco.   *The next class is at five o'clock.*

Isso é possível.   *That is possible.*

5. /s/ *(Syllable-final)*

If the instructor uses /ş/ in syllable-final position, consider this a drill on /ş/.

vez, sexto, agôsto, gosta, costa, estamos, esperança, festa

As mesas estavam afastadas.   *The tables were far apart.*

Esta é a sexta vez.   *It's the sixth time.*

Gostei da festa.   *I liked the party.*

Both /ʒ/ and /ş/ are found in word-initial position and between vowels.

6. /ʒ/

gente, haja, vejo, jamais, queijo, jornal, traje, feijão

Talvez haja um bom queijo.   *Perhaps there is some good cheese.*

João gosta de feijão.   *John likes beans.*

A gente se lembra do jornal.   *We remember the newspaper.*

Não vejo o meu traje de banho.   *I don't see my bathing suit.*

7. /ş/

acha, chego, chamo, chover, baixa, xadrez, deixar, xícara

Você achou a xícara?   *Did you find the cup?*

Acho bom jogar xadrez.   *I think it's good to play chess.*

Cheguei antes da chuva.   *I arrived before the rain.*

Deixe êle chamar todos.   *Let him call all (of them).*

For further discussion of patterns in Portuguese sounds, see Appendix A, Note VII.

Perguntas e revisão individual

Perguntas sôbre o Diálogo principal

1. Quem foi ao teatro?
2. Por que Mário não foi?
3. Iara espera que a peça seja boa ou ruim?
4. A que corrente pertence o autor da peça?
5. O que é que os três não têm?
6. Quem vende os programas?
7. Onde está o rapaz que vende programas?

8. Quem vai trazer os programas?
9. Quantos o Zé Maria vai trazer?
10. Que tipo de peça Iara prefere?
11. Por que Zé Maria acha que a literatura tem que ser como a vida?
12. Do que a Patrícia gostou mais?
13. Que tal o ator que faz o môço revoltado?
14. Patrícia teve dificuldade em entender os diálogos?

Perguntas sôbre o Diálogo visualizado

1. O que o Zé Maria quer saber?
2. Como ela voltou do consultório do médico? Foi de táxi, não foi?
3. O que é que Zé Maria não soube?
4. Por que Patrícia foi ao médico e qual a dieta que êle passou?
5. O que Zé Maria pergunta logo?
6. Quem é o Doutor Rodrigues?
7. Quem é a enfermeira do Doutor Rodrigues?
8. O que você acha de ter que ir ao consultório do médico?

Revisão individual

WHAT DOES HE DO ?

A.   Qual a profissão _____ ?
                         dêle
                         do pai dêle
                         _____ ?

B.   _____ é _____ .
     Êle   dentista
     Ela   bancária
     _____ ? _____ ?

A.   Que é que você fêz _____ ?
                         ontem
                         ontem à noite
                         ontem de manhã
                         _____ ?

B.   Fui _____.

      ao centro

      ao banco

      à fábrica

               ?

A.   Que mais?

B.   _____.

      Vi aquela peça nova.

      Trouxe meu amigo aqui em casa.

      Fiquei ali três horas.

            ?

A.   Você conhece algum _____?

            professor

            advogado

            médico bom

               ?

B.   Só conheço o que _____.

            trabalha aqui

            é de São Paulo

               ?

D O C T O R S

A.   Para que você vai a _____?

            êsse médico

            êsse dentista

               ?

B.   Para que êle me _____.

            passe uma dieta

            veja

               ?

A.   Duvido que _____.

         seja bom

         seja competente

            ?

B.   Não, tenho certeza que é _____.

              bom

              o melhor médico

                ?

Leitura: PATRÍCIA NA PUC

PUC é a sigla pela qual é conhecida a Pontifícia Universidade Católica da Guanabara, situada no bairro da Gávea. É nessa instituição que Patrícia faz o seu curso de Literatura Brasileira.

Apesar da grande diferença que existe entre a vida universitária americana e a brasileira, Patrícia já está bastante ambientada na sua nova escola. Iara, sua amiga de uma outra estada no Brasil e também aluna da PUC, abre-lhe os caminhos, e a apresenta aos colegas; e assim logo aos primeiros dias, Patrícia já não se sente como uma pessoa de fora.

Os edifícios das diferentes faculdades da PUC são modernos; ficam dentro de um parque, cheio de grandes árvores tropicais, e que é atravessado por um riacho. No parque os estudantes passeiam, estudam, conversam e discutem, lembrando de certa forma os *campus* das universidades dos Estados Unidos.

A bôlsa de Patrícia é na Faculdade de Filosofia. Nessa faculdade, a maior parte dos estudantes são môças; mas nas outras principais faculdades, escolas, ou institutos—Direito, Escola Politécnica, Escola de Sociologia e Política—os alunos são na maioria rapazes. Parece que assim se mostra a diversidade dos interêsses: as môças da Faculdade de Filosofia querem scr professôras, enquanto os rapazes procuram, além do ensino, outras profissões: advogado, engenheiro, físico, etc.

Ao contrário da maior parte das universidades brasileiras, a PUC não é uma instituição oficial; e, sendo particular, tem que cobrar taxas. É uma universidade moderna onde os alunos estudam os problemas e as técnicas da sua época, e aprendem a conhecer melhor o seu país e o seu povo.

Review Quiz: Units VI–X

I. QUESTION AND ANSWER

Give reinforced affirmative replies.

MODEL: Você sabe como é?   Sei sim.
1. As senhoras sabem como é?
2. O garçom sabe como é?
3. Ela sabe como é?
4. Vocês sabem como é?

II. TRANSFORMATION

Change each sentence from the indicative to the command form.

MODEL: Você senta nesta mesa.   Sente nesta mesa!
1. Os senhores olham o retrato.
2. Vocês escolhem entre os pratos.
3. Você olha o rosto dêle.
4. As senhoras não pagam a conta.
5. Vocês escolhem vinho branco.

III. TRANSFORMATION

Change from the indicative to the subjunctive.

MODEL: O Dr. Álvaro paga a conta. **Tomara que**   Tomara que o Dr. Álvaro pague a conta!
1. Escolho entre os pratos. **Talvez**
2. Eu não resolvo. **Elas que**
3. Elas têm bons vinhos. **Tomara que**

IV. TRANSFORMATION

Change from a direct to an indirect statement.

MODEL: Iara diz o seguinte:[1] **"O pai dela é arquiteto."**   Iara diz que o pai dela é arquiteto.
1. O médico acha o seguinte: **"O homem está doente."**
2. Eu acho o seguinte: **"Vamos dançar."**
3. Acho o seguinte: **"Devo ir."**

---

[1]**seguinte**   the following

V.   T R A N S F O R M A T I O N

Make the second sentence subordinate to the first.

MODEL: Isto é preciso.   **Você estuda.**   É preciso que você estude.
1. Não acho isso.   **Êle vem.**
2. Isto é provável.   **Mário já sabe dançar.**
3. Espero isto.   **O senhor pode ir.**
4. Eu duvido disto.   **Mário está aqui.**

VI.   Q U E S T I O N   A N D   C U E D   A N S W E R

Give a reply, making the first sentence subordinate.

MODEL: A gente traz os copos.   **O que elas esperam?**   Elas esperam que a gente traga os copos.
1. Mário vai ao baile.   **O que é provável?**
2. Êle começa a estudar.   **O que é que é preciso?**
3. Eu vou para casa.   **O que é que êle quer?**

VII.   Q U E S T I O N   A N D   A N S W E R

Give long, negative replies.

MODEL: Você conhece algum médico bom?   Não, não conheço nenhum.
1. Ela dança alguns sambas?
2. Nós temos algumas dificuldades?
3. Tem alguma festa na universidade agora?
4. Alguém sabe tocar música?

VIII.   T R A N S F O R M A T I O N

Make the second sentence subordinate to the first.

MODEL: Isto é provável.   **Elas fazem isso.**   É provável que elas façam isso.
1. Isto é certo.   **Êles partem amanhã?**
2. Isto é impossível.   **Eu decido ir.**
3. Isto é pena.   **Ela não sobe para o Pão de Açúcar.**

IX.   Q U E S T I O N   A N D   C U E D   A N S W E R

Give a reply, making the first sentence subordinate.

MODEL: Discuto isto com êle.   **Que é que você espera?**   Espero que você discuta isto com êle.
1. Êles partem amanhã.   **Que é que é provável?**
2. A gente sobe no ônibus.   **Que é que é impossível?**
3. Proíbem falar aqui.   **Que é que é certo?**

X.   T R A N S F O R M A T I O N

Make the second sentence subordinate to the first.

MODEL: Há um amigo aqui?   **Tem telefone?**   Há um amigo aqui que tenha telefone?
1. Não há ninguém.   **Ninguém sabe dançar samba.**
2. Há uma telefonista?   **Ela sabe falar inglês?**
3. Procuro alguém.   **Parte para Minas hoje?**

XI.   T R A N S F O R M A T I O N

Change the noun in boldface to a pronoun.

MODEL: Êle dá **os livros** a êle.   Êle os dá a êle.
1. A menina apresenta **sua mãe** a mim.
2. O professor lê **o poema** para Patrícia.
3. Vou trazer **o suplemento literário** a Patrícia e você.

XII.   T R A N S F O R M A T I O N

Delete the subject and make any changes that may be necessary.

MODEL: Êle a estuda.   Estuda-a.
1. O homem o abre.
2. João me apresenta a êle.
3. O professor o repete.

Delete the direct object and make any changes that may be necessary.

MODEL: Êle não o manda para ela.   Êle não manda para ela.
1. Nós os damos a êles.
2. Não vou contá-lo para ela.
3. Digo-o a vocês.

XIII.   Q U E S T I O N   A N D   C U E D   A N S W E R

Give long negative replies in completed past time.

MODEL: Você vai falar com êle hoje?   Não, já falei com êle ontem.
1. Êle vai partir hoje?
2. A professôra vai chegar hoje, não é?
3. Você vai estudar agora?

XIV.   T R A N S F O R M A T I O N

Subordinate the elements in boldface to the first statement.

MODEL: Vou ficar aqui.   **até que/você volta**   Vou ficar aqui até que você volte.
1. Vamos chegar atrasados.   **ainda que/você não quer**
2. Vai chover.   **antes que/elas vêm**
3. Vocês vão pegar condução.   **embora/é difícil**

XV.   T R A N S F O R M A T I O N

Change from the present to the present progressive.

MODEL: Digo a verdade.   Estou dizendo a verdade agora.
1. Estudamos a literatura brasileira.
2. Os namorados passeiam.
3. Mamãe volta.

XVI.   Q U E S T I O N   A N D   C U E D   A N S W E R

Give a reinforced negative answer in completed past time.

MODEL: O senhor é dono de uma fábrica?   Não sou não, mas já fui.
1. Você lhe escreve agora?
2. O médico viaja muito?
3. Vocês têm dificuldade?
4. Êles estudam inglês?

XVII.   T R A N S F O R M A T I O N

Subordinate the second sentence to the first.

MODEL: Vamos fazê-lo sem isto.   **ela vai dar licença**   Vamos fazê-lo sem que ela dê licença.
1. Ela vai dançar contanto que seja assim.   **nós tocamos música**
2. Nós vamos tocar música contanto que seja assim.   **ela dança**
3. Vou convidá-lo para isto.   **êle vem**

XVIII.   M U L T I P L E   I T E M   S U B S T I T U T I O N

Replace the italicized word with the items in boldface in their proper order.

MODEL: Conheço *o* banqueiro.   **êste/outro/famoso**   Conheço êste outro famoso banqueiro.
1. Vou com *as* môças.   **sete/aquelas/bonitas**
2. Vou *a* semana que vem.   **tôdas/dêste mês**
3. Êle tem *uma* casa.   **brancas/duas/de madeira**

UNIDADE ONZE

Diálogo principal: VIAGEM A BRASÍLIA[1]

Patrícia, Iara e Lúcia, que é colega de ambas na PUC, aproveitam o mês de julho para férias fora do Rio.

1. PATRÍCIA: É curioso. Tinha a impressão de que a cidade seria deserta e triste.
2. IARA: Parece haver menos movimento devido a essas avenidas que não se cruzam.
3. LÚCIA: Brasília é uma cidade que foi planejada no papel.
4. IARA: É. Só daqui a uns anos ela vai perder o aspecto artificial.
5. LÚCIA: Quando as árvores crescerem e os grandes edifícios perderem o ar de novos.

As môças chegam ao Palácio da Alvorada.[2]

6. PATRÍCIA: Ah, eu não pensava que o Alvorada fôsse realmente tão lindo.
7. LÚCIA. Vejam o reflexo do palácio no lago. Parece que êle está se olhando no espelho da água.
8. PATRÍCIA: É preciso pedir licença para* filmar?
9. IARA: Não, acho que de fora não se precisa pedir licença.
10. PATRÍCIA: É, talvez só lá dentro.
11. LÚCIA: É tudo muito bonito, mas estou um pouco cansada. E quando penso na viagem de volta para o Rio!
12. PATRÍCIA: A gente podia voltar de avião. Eu gostaria de ver a cidade lá do alto.

Brasília: a nova capital.

---

* /pra/

A TRIP TO BRASILIA

Patricia, Iara, and Lucia, who is a classmate of the other two at the PUC,
take advantage of the month of July for a vacation away from Rio.

1. PATRICIA: (You know,) it's funny. I had the feeling the city would be deserted and sad.
2. IARA: It seems less busy because the avenues have no intersections.
3. LUCIA: Brasilia is a city that was planned on paper.
4. IARA: True. But it's going to take time for it to lose its artificial look.
5. LUCIA: When the trees grow and the big buildings lose their air of newness.

The girls arrive at the Alvorada Palace [Palace of the Dawn].

6. PATRICIA: Gee, I never realized that Alvorada Palace was so beautiful.
7. LUCIA: (Just) look at the reflection of the palace in the lake. It seems to be looking at itself in a [the] mirror of water.
8. PATRICIA: Do you have to ask permission to take pictures [movies]?
9. IARA: No, I don't think that you have to ask for permission (to take pictures) outside.
10. PATRICIA: That's right, probably just for the inside.
11. LUCIA: Everything is so beautiful, but I'm a little tired. And when I think about the return trip to Rio!
12. PATRICIA: We could (always) return by plane. I would like to see the city from the air [heights].

Explicação cultural

[1] Brasília, o atual Distrito Federal, está situada no planalto central do estado de Goiás a cêrca de uma hora do Rio de Janeiro por avião. Foi fundada a 21 de abril de 1960, tendo sido planejada por dois arquitetos brasileiros de fama internacional: Lúcio Costa e Oscar Niemeyer. A cidade possui uma das universidades mais modernas do Brasil. Muitos países têm embaixadas na capital brasileira.

[2] O Palácio da Alvorada é a residência oficial do presidente da República do Brasil. Está situado às margens do grande lago artificial de Brasília. As linhas do majestoso palácio presidencial constituem um símbolo da moderna e arrojada arquitetura brasileira.

Diálogo visualizado

Patrícia e Iara em Brasília.

1. PATRÍCIA: Como é o nome desta praça?
2. IARA: Chama-se Praça dos Três Podêres.
3. PATRÍCIA: Eu acho que vi um postal daqui.
4. IARA: Viu sim. Não se lembra daquele que eu lhe mandei?
5. PATRÍCIA: Ah, estou me lembrando. Aquêle edifício bonito em frente é a Câmara dos Deputados?
6. IARA: É sim. Os prédios ali atrás são os edifícios anexos.
7. PATRÍCIA: Parece tudo tão alegre e colorido.
8. IARA: Você notou como as ruas são largas?
9. PATRÍCIA: É mesmo. Faz o movimento de carros parecer tão pequeno.

Patricia and Iara in Brasilia.

What's the name of this plaza?
It's called Plaza of the Three Branches of Government.
I think I've seen a postcard of this.

Yes, you have. Don't you remember the one that I sent you?
I remember now. That pretty building in front is the Chamber of Deputies, right?

Yes, it is. Behind it are the adjoining office buildings.
Everything seems so cheerful and colorful.

Have you noticed how wide the streets are?

Yes. [They are so wide that] it makes the traffic almost nonexistent.

Vocabulário para substituição

A. Em que posso servi-lo?

B. Eu queria reservar
um_____.
 quarto de casal
 quarto de solteiro
 quarto com banheiro
 quarto com ar-condicionado
Qual é a diária?

A. É_____.
 trinta cruzeiros
 quarenta
 cinqüenta

A. Suas malas estão
   _____?
 lá em cima
 lá em baixo
 lá fora
 lá dentro
 ali à esquerda
 ali à direita
 aqui ao lado

B. Estão sim.

A. Êle está pronto?

B. Não. Ainda não se
   _____.
 levantou
 calçou
 banhou[1]
 penteou
 vestiu
 barbeou[2]

What can I do for you?

I'd like to reserve
a_____ .
 double room
 single room
 room with bath
 room with air conditioning
How much is the rate by the day?

It's_____ .
 thirty cruzeiros
 forty
 fifty

Are your suitcases
   _____?
 upstairs (above)
 downstairs (below)
 outside
 inside
 there on the left
 there on the right
 here at the side

Yes, they are.

Is he ready?
No. He hasn't
   _____*yet.*
 gotten up
 put on his shoes
 showered
 combed his hair
 gotten dressed
 shaved

---

[1]A common equivalent is **tomar banho**.
[2]Also common is **fazer a barba**.

Estruturas básicas

§ 41 Imperfeito do indicativo de verbos regulares em -A-, -E-, -I-

Imperfect Indicative of Regular -A-, -E-, -I- Verbs

E X E M P L O S

Êle sempre **viajava** para São Paulo aos sábados.
Eu não **sabia** o que ela **queria**.
Êle sempre **se esquecia** de pagar a conta.

F O R M A S

Imperfect Indicative		
Infinitive	*Stem*	*Tense-Pers.-No. Markers*
-A- VERBS		
falar	fal-	ava ava ávamos avam
-E- VERBS AND **-I-** VERBS		
escrever partir	escrev- part-	ia ia íamos iam

F A L A   E   E S C R I T A

falAvamuS	falávamos	işkrevIamuS	escrevíamos
falAvãw̃	falavam	işkrevIãw̃	escreviam
falAva	falava	işkrevIa	escrevia
falAva	falava	işkrevIa	escrevia

The imperfect tense may be equivalent to any one of several English constructions: **ela falava** (*she talked* [often]; *she used to talk* [habitually]; *she would talk* [customarily]; *she was talking* [action in progress], *she kept talking* [continuity]; and so on).
See Appendix C, Note XV.

Substituição simples

1. **Êle escrevia** para ela tôda semana?

   a. Êles escreviam
   b. Você escrevia
   c. Vocês escreviam

   d. O namorado escrevia
   e. Os parentes escreviam

2. **Êle** sempre **procurava** ficar nesse hotel.

   a. Eu/procurava
   b. Êles/procuravam
   c. A gente/procurava

   d. Joana e eu/procurávamos
   e. Meus amigos/procuravam

3. **O professor não se esquecia**[1] de nada.

   a. Nós não nos esquecíamos
   b. Ela não se esquecia
   c. Vocês não se esqueciam

   d. Elas não se esqueciam
   e. Eu não me esquecia

4. De avião? Não, **nós pensávamos** ir de ônibus.

   a. ela pensava
   b. eu pensava
   c. êles pensavam

   d. todos pensavam
   e. o grupo[2] todo pensava

Substituição de um elemento

1. **Iara e Patrícia** sempre viajavam juntas.[3]

   a. Elas
   b. Nós
   c. As môças

   d. Os alunos
   e. Eu e Paulo

2. **O palácio** parecia lindo.

   a. A cidade
   b. As avenidas
   c. Brasília

   d. As árvores
   e. O apartamento

---

[1]**esquecia** forgot
[2]**grupo** group

[3]**juntas** together

3. **Eu** não pensava em estudar aqui.

    a. Você   d. Êles

    b. Elas   e. A amiga dêle

    c. Lúcia e eu

4. **Êle** sempre chegava cedo.

    a. Elas   c. Êles

    b. Você   d. As secretárias

5. **Eu** sempre reservava um quarto ali.

    a. Nós   c. Meus primos[4]

    b. Elas   d. Todos

Transformação

Mude do presente para o imperfeito.

(Change from the present to the imperfect.)

1. Eu **falo** com ela na aula.   Eu falava com ela na aula.
2. Êles **viajam** aos domingos.
3. Eu **penso** que sim.
4. Eu **aconselho** João a estudar mais.
5. Êle **gosta** de viajar nas férias.

§ 42 Formas irregulares do imperfeito de indicativo de cinco verbos irregulares: Ser, ir, pôr, ter, vir

*Imperfect Indicative of Five Irregular Verbs: **Ser, ir, pôr, ter, vir***

EXEMPLOS

Quando **era** estudante, eu vinha estudar aqui diàriamente.

Tinha a impressão de que a cidade seria deserta.

Ela **punha** a mesa quando eu chegava.

---

[4]**primos** cousins

F O R M A S

Imperfect Indicative of ser, ir, pôr, ter, vir

Infinitive	Stem	Tense–Pers.–No. Markers
ser	er-	a a amos* am
ir		ia ia íamos iam
pôr	punh-	a a amos* am
ter	tinh-	a a amos* am
vir	vinh-	a a amos* am

---

* note written accent on **éramos, púnhamos, tínhamos,** and **vínhamos**

Only these five verbs—**ser, ir, pôr, ter,** and **vir**—are irregular in the imperfect.

F A L A   E   E S C R I T A

EramuS	éramos	IamuS	íamos	pUŋamuS	púnhamos
Erãw̃	eram	Iãw̃	iam	pUŋãw̃	punham
Era	era	Ia	ia	pUŋa	punha
Era	era	Ia	ia	pUŋa	punha

ʈIŋamuS	tínhamos	vIŋamuS	vínhamos
ʈIŋã̃w̃	tinham	vIŋã̃w̃	vinham
ʈIŋa	tinha	vIŋa	vinha
ʈIŋa	tinha	vIŋa	vinha

Substituição simples

1. Não sabia que **êles eram** assim.

   a. êle era
   b. vocês eram
   c. os senhores eram

   d. João e Madalena eram
   e. você era

2. **Ela ia** para casa às seis.

   a. Êles iam
   b. Meu pai ia
   c. Nós íamos

   d. Elas iam
   e. O professor ia

3. Quantos filhos **êle tinha**?

   a. ela tinha
   b. êles tinham

   c. o casal tinha
   d. seus amigos tinham

4. A que horas **a empregada punha** a mesa?

   a. ela punha
   b. elas punham

   c. a môça punha
   d. Dona Amélia punha

5. **Nós** sempre **vínhamos** aqui no verão.

   a. Ela/vinha
   b. Nosso filho/vinha
   c. Eu/vinha

   d. Êles/vinham
   e. Êle e eu/vínhamos

Substituição de um elemento

1. **Nós** vínhamos aqui nas férias.

   a. Elas
   b. Êle
   c. Vocês

   d. O Sr. Cintra
   e. A Sra. Cardoso

2. **Eu** era estudante na PUC.

   a. Nós
   b. Êle
   c. Elas

   d. Êles
   e. Os meus amigos

3. **Nós** não íamos escrever uma carta?

    a. Ela   d. Você

    b. O senhor   e. Êles

    c. As senhoras

4. Por que **ela** punha isso no quadro-negro?

    a. êle   d. vocês

    b. você   e. o Professor Alves

    c. o senhor

5. **Nós** sempre tínhamos mêdo do dentista.

    a. Você   d. Ela

    b. Êle   e. Os meninos

    c. Elas

Transformação

Mude do presente ao imperfeito.

(Change from the present to the imperfect.)

   1. **Venho** aqui para[5] estudar.   Vinha aqui para estudar.

   2. Eu me **sinto** triste lá.

   3. Brasília **é** uma cidade pequena.

   4. Eu **preciso** pedir licença para entrar.

   5. Êle **pode** voltar de ônibus.

   6. Ela **perde** muitas aulas.

§ 43 Pronomes reflexivos

Reflexive Pronouns

E X E M P L O S

    Ainda **me lembro** das geléias de Dona Teresa.

    Ainda não **me oriento** bem aqui.

    Há menos movimento porque as avenidas não **se cruzam**.

    Êle **está se olhando** no espelho.

---

[5] /pra/

FORMAS

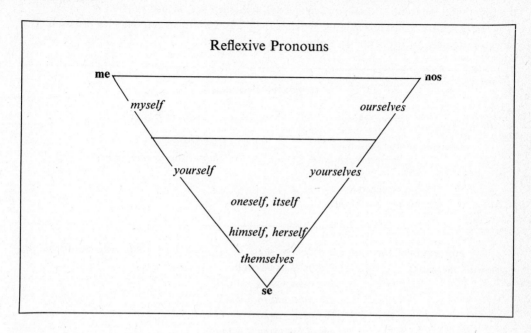

FALA E ESCRITA

nuS	nos
mi	me
si	se

Reflexive Pronouns : Informal and Formal Usage

Eu me cortei.	Cortei-me.*	*I cut myself.*
Nós nos cortamos.	Cortamo-nos.	*We cut ourselves.*
Você (etc.) se cortou.	Cortou-se.	*You cut yourself.*
Vocês (etc.) se cortaram.	Cortaram-se,	*You (pl.) cut yourselves.*
Êle se cortou.	Cortou-se.	*He cut himself.*
Ela se cortou.	Cortou-se.	*She cut herself.*
Êle (ela) se cortou.	Cortou-se.	*It cut itself.*

* In this column is the formal alternative, which is not drilled in this text. The subject
   pronoun is deleted.

A number of very common verbs have variant forms, either reflexive or nonreflexive, with the same meaning; among these are **sentar (-se)**, **levantar (-se)**, **esquecer (-se)**.

The reciprocal (*each other*) usage requires the plural verb form and reflexive pronoun. The reflexive pronoun may function as a direct or indirect object.

Reflexive Pronouns

Direct Object

Êles se abraçaram.
They embraced each other.

Elas se conhecem.
They know each other.

Indirect Object

Êles se escreviam.
They wrote to each other.

The prepositional form of the reflexive **se** is **si** /sI/, and it is frequently reinforced by **mesmo (s)**, **mesma(s)**. It combines with **com** as **consigo**.

Êle disse isso a si mesmo.
He said that to himself.

Êle não o trouxe consigo.
He didn't bring it with him.

See Appendix C, Note XVI.

Substituição simples

1. Foi com essa faca[6] que **nós nos cortamos**.

   a. êle se cortou
   b. vocês se cortaram

   c. eu me cortei
   d. Joana se cortou

2. A que horas você **se levantou**?[7]

   a. elas se levantaram
   b. eu me levantei

   c. vocês se levantaram
   d. Ricardo se levantou

3. É possível que **êle se perca**[8] na cidade.

   a. você se perca
   b. os estudantes se percam

   c. Guilherme se perca
   d. a gente se perca

---

[6] **faca** knife
[7] **você se levantou** you got up, did you get up

[8] from **perder**

4. **Êles se abraçaram** no aeroporto.

   a. Elas se abraçaram   c. Nós nos abraçamos

   b. João e Marta se abraçaram   d. Os amigos se abraçaram

5. Há quanto tempo **nós nos conhecemos?**

   a. êles se conhecem   c. você e eu nos conhecemos

   b. vocês se conhecem   d. os senhores se conhecem

Substituição de um elemento

1. **Êle** se cortou.

   a. Você   d. As môças

   b. Nós   e. Eu

   c. Êles

2. **Ela** se penteava[9] depressa.

   a. As môças   d. As duas senhoras

   b. Maria e Neide   e. Sua namorada

   c. Dona Teresa

3. **Eu** não pude me lembrar de nada.

   a. Você   d. Iara e Moacir

   b. Êle   e. Aquêle aluno

   c. A gente

4. Você sabe se **êle** se levantou?

   a. ela   d. êles

   b. elas   e. os estudantes

   c. todos

5. **Êles** se conheciam?

   a. Elas   d. Paulo e Iara

   b. Vocês   e. As duas pessoas

   c. Os dois rapazes

---

[9]**se penteava** combed her hair

Pergunta e resposta

Responda com frase afirmativa curta.

(Give short, reinforced affirmative replies.)

1. Você se esqueceu disso?	Esqueci sim.
2. Vocês se sentaram logo?	Sentamos sim.
3. O senhor se lembra de mim?	Lembro sim.
4. Ela se levantou cedo?	Levantou sim.
5. Êles se abraçaram?	Abraçaram sim.
6. Vocês se correspondem?[10]	Correspondemos sim.

Responda com frase afirmativa longa.

(Give long affirmative replies.)

1. Ela se cortou?	Sim, ela se cortou.
2. Êles se levantaram?	Sim, êles se levantaram.
3. Ela se penteou?	Sim, ela se penteou.
4. Elas já se vestiram?	Sim, elas já se vestiram.
5. Você se deitou[11] tarde?	Sim, me deitei tarde.
6. Vocês se acordaram[12] cedo?	Sim, nos acordamos cedo.

§ 44.1 Verbos com preposições

Verbs With Prepositions

E X E M P L O S

Pensávamos **em** visitar Brasília.
Começou **a** chover.
Eu gosto **de** ouvir música.

---

[10]**se correspondem** correspond
[11]**se deitou** went to bed (lay down)

[12]**se acordaram** did you wake up?

FORMAS

Conjugated Verb With Its Preposition Plus Dependent Infinitive

acabar **de**	Acabo de comer. *I have just eaten.*
gostar **de**	Gostamos de comer. *We like to eat.*
tratar **de**	Tratei de falar. *I tried to talk.*
lembrar(-se) **de**	Nunca (me) lembro de ir. *I never remember to go.*
esquecer(-se) **de**	Não (me) esqueço de ir. *I will not forget to go.*
aconselhar **a**	Êle me aconselha a ir. *He advises me to go.*
começar **a**	Começamos a ver. *We begin to see.*
pensar **em**	Elas pensam em ficar. *They are thinking about staying.*
insistir **em**	Insisti em acabá-lo. *I insisted on finishing it.*

Substituição simples

1. Êles **queriam** ver o Palácio.

   a. insistiam em

   b. pensavam em

   c. me aconselhavam a

   d. gostavam de

2. **Nós pensamos em** visitar Brasília.

   a. Ela insistiu em

   b. Êles quiseram

   c. A gente o aconselhou a

   d. Eu me esqueci de

   e. O grupo de turistas queria

3. **Êles acabam** de chegar.

   a. Nós acabamos

   b. Ela acaba

   c. Francisco acaba

   d. Eu acabei

   e. O Sr. Oliveira acabau

4. **Êle se lembrou de** falar com o médico.

   a. Êles acabaram de

   b. Ela quis

   c. As senhoras insistiram em

   d. Eu o aconselhei a

5. **Comecei** a gostar daqui.

   a. Êles começaram

   b. O filho dela começou

   c. Tôdas as môças começaram

   d. Nós começamos

Substituição de um elemento

1. Êle **gosta de** estudar isso?

    a. insistir   Êle insiste em estudar isso?
    b. esquecer-se   Êle se esquece de estudar isso?
    c. pensar   Êle pensa em estudar isso?
    d. começar   Êle começa a estudar isso?

2. **Eu** acabo de saber isso.

    a. Êle   d. Aquêle rapaz
    b. Nós   e. Os amigos
    c. Elas

3. Êles **insistiram em** reservar um quarto.

    a. lembrar-se   d. pensar
    b. acabar   e. esquecer-se
    c. aconselhar

Pergunta com sugestão para resposta

Responda a pergunta segundo a sugestão.

(Answer the question using the cue.)

1. De que você se lembra? **praias brasileiras**   Eu me lembro das praias brasileiras.
2. De que você se esqueceu de fazer?
    reservar um quarto
3. Quem aconselhou você a visitar Brasília?
    meus colegas brasileiros
4. Quando vocês vão começar a estudar?
    depois das férias
5. Em que você está pensando? **viajar para
    a Bahia**
6. Em que êles insistem? **filmar nossa viagem**
7. O que ela acaba de fazer? **comprar as
passagens**

44.2 Preposições como advérbios

Prepositions Used as Adverbs

E X E M P L O S

Eu moro **perto**.
Êle mora **lá embaixo**.
Está chovendo **lá fora**.

F O R M A S

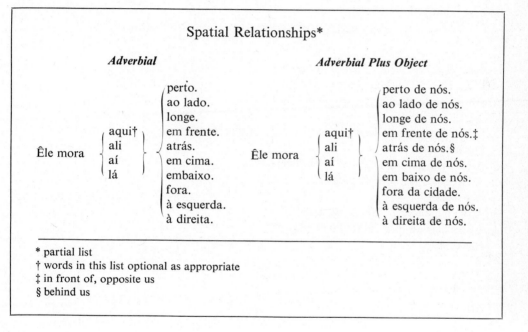

Spatial Relationships*

Adverbial

Êle mora
{ aqui†
ali
aí
lá }
{ perto.
ao lado.
longe.
em frente.
atrás.
em cima.
embaixo.
fora.
à esquerda.
à direita. }

Adverbial Plus Object

Êle mora
{ aqui†
ali
aí
lá }
{ perto de nós.
ao lado de nós.
longe de nós.
em frente de nós.‡
atrás de nós.§
em cima de nós.
em baixo de nós.
fora da cidade.
à esquerda de nós.
à direita de nós. }

* partial list
† words in this list optional as appropriate
‡ in front of, opposite us
§ behind us

Substituição simples

1. Êle morava **ao lado dêles.**

   a. perto dêles
   b. em frente dêles
   c. à esquerda dêles

   d. à direita dêles
   e. longe dêles

2. Êle mora aqui **ao lado.**

   a. em frente
   b. à esquerda
   c. à direita

   d. em cima
   e. embaixo

3. Bernardo está esperando **lá** embaixo.

    a. ali

    b. aí

    c. aqui

4. **De dentro** não posso ver nada.

    a. De perto

    b. De longe

    c. De lá de baixo

    d. De lá de cima

    e. Daqui

Pergunta com sugestão para resposta

Responda com frase longa seguindo a sugestão.

(Give a long answer using the cue in boldface.)

1. O quarto fica perto do banheiro?   Sim, fica à direita do banheiro.
   Sim/à direita
2. A casa fica perto da cidade?   **Não/longe**
3. A faculdade fica fora da cidade?
   Não/dentro
4. A rua é à direita?   **Não/à esquerda**
5. O apartamento fica em frente do cinema?
   Não/atrás

Ortografia

/b, p, d, t/, [ḍ, ṭ], /v, f, a, i, u/

Writing Drills

The following units contain instructions concerning spelling treated as a systematic way of representing the pronunciation. We believe it is easier for you to learn how to write what you pronounce than it is to learn how to pronounce what is written. See Appendix B, Note I.

You will first hear and repeat the words or short sentences, then see and copy them, underlining the sound being drilled. Finally you will write the words and sentences from dictation. From this point on these instructions will be simplified to the following six steps: *Listen, say, see, copy, listen, write.*

1. /b/
   bôlsa, Brasil, samba, lembra, beber
   O Brasil é bonito.
   A bola é branca.

2. /p/
   Pará, capaz, capital, pular, pena
   Pedro comprou um paletó.
   Paulo pagou sua parte.

3. /d/
   dou, daria, dança, depois, poder
   Dora dança bem.
   O prédio tem dois elevadores.

4. /t/
   todo, estar, três, alto, partirá
   Tomara que tenhamos tempo.
   Trabalho tôda a tarde.

5. [d̦]
   digo, cidade, disse, de, pode
   Pode me dizer o seu nome?
   Êle é desta cidade.

6. [ț]
   parte, noite, time, tirar, tio
   Meu tio torce pelo time.
   À noite tiro o paletó.

7. /v/
   vôo, verde, vez, Vicente, vinho
   Vicente levou o vinho.
   Vou à velha cidade.

8. /f/
   faço, falando, Francisco, fica, francês
   É fácil falar francês.
   A faca foi feita ali.

9. /a/

  mala, sabe, falará, passa, pasta, sala, ali, lá, lado, trará

  Comprei uma mala e uma pasta.

  A bala passou pela casa.

10. /i/

  bondes, vende, e, lhe, come, filho, lápis, típico, comi, ali

  Êle escreve coisas interessantes.

  Escrevi uma carta e logo fui embora.

11. /u/

  olhos, bonitos, dos, zero, no, Peru, chuchu, livro, tudo, aluno

  O Pedro é do Peru.

  Há muitos alunos do Sul.

SPELLING RULES

The rule charts will show how to write the vowels and consonants according to the condition or the position in which they are found.

Rule Chart

Sound	Condition and/or Position	Spelling	Example
/p, b/	*In all cases*	p, b	pena, bife
/t, d/		t, d	todo, dedo, tipo
/f, v, a/		f, v, a	falar, vez, fala
[t̯]	*The palatalized sounds [t̯] and [d̯]*	t	tipo
[d̯]	*occur only before /i/-like sounds*	d	cidade
/i/	*Unstressed word-final, or in certain*	e	verde(s) e lhe(s)
/u/	*monosyllabic words; may be followed by -s*	o	aluno(s) típico(s)
/i/	*In all cases except as shown*	i	vir, lápis, aqui
/u/	*above*	u	túnel, chuchu

See also Appendix B, Note I.

Perguntas e revisão individual

Perguntas sôbre o Diálogo principal

1. Que impressão Patrícia tinha de Brasília?
2. Por que Brasília parece ter menos movimento?
3. Como foi planejada a cidade?
4. Como nascem as outras cidades?
5. Quando Brasília vai perder o aspecto artificial?
6. O que vai acontecer quando as árvores crescerem e os edifícios perderem o ar de novos?
7. O que Patrícia acha do Palácio?
8. Quem parece estar se olhando na água?
9. Para que Patrícia quer pedir licença?
10. De onde ela gostaria de ver a cidade?

Perguntas sôbre o Diálogo visualizado

1. Você conhece êstes edifícios famosos de Brasília?
2. O Senado (à esquerda) e a Câmara (à direita) formam parte de que Praça?
3. O que é que Patrícia acha que já viu, há tempos?
4. Quem foi que lhe mandou um postal de Brasília?
5. Como se chama o edifício bonito em frente?
6. Os "edifícios anexos" altos ficam atrás—você sabe se são escritórios dos senadores e deputados?
7. Como é o conjunto?[1]
8. Como são as ruas de Brasília?
9. Por que parece pequeno o movimento de carros?

Revisão individual

DIRECTIONS

A. Pode me dizer onde é_____?

        o laboratório

        a universidade

        _____?

---

[1]conjunto general view

B. Pois não. É ali＿＿＿＿＿＿＿ do＿＿＿＿＿＿＿.
               à direita   banco
               à esquerda   cinema
               ＿＿＿＿?＿＿＿＿ ＿＿＿＿?＿＿＿＿

A. Qual é＿＿＿＿＿＿＿?
          o cinema
          o teatro
          ＿＿＿＿?＿＿＿＿

B. É o da＿＿＿＿＿＿＿.
        direita
        esquerda

C H E C K I N G   I N T O   A   H O T E L

A. Eu queria um bom quarto.
B. Muito bem. Às ordens.

A. Preciso de um＿＿＿＿＿＿＿.
          quarto de casal
          quarto de solteiro
          ＿＿＿＿?＿＿＿＿

B. Temos um com ar condicionado.

A. Qual é a diária?
B. É＿＿＿＿＿＿＿.
        30 cruzeiros
        ＿＿＿＿?＿＿＿＿

L O C A T I O N S

A. Onde estão suas＿＿＿＿＿＿＿?
          malas
          coisas
          ＿＿＿＿?＿＿＿＿

B. Estão lá＿＿＿＿＿＿＿.
        em cima
        embaixo
        ＿＿＿＿?＿＿＿＿

G E T T I N G   U P

A. Você já_____?
      se levantou
      tomou banho
      se vestiu
      _____?_____
B. Já.

Leitura: C A R T A   D E   I A R A   A   J A N D I R A

Querida Jandira:

Recebi sua carta da semana passada. Nós continuamos bem, tôda a família com saúde. Mamãe recebeu o presente da tia Lêda e já escreveu agradecendo.

Como você sabe, está aqui, em nossa casa, aquela môça americana, a Patrícia Stephens. Cada vez somos mais amigas. Patrícia é uma pessoa de quem quanto mais se conhece, mais se gosta. É sempre amável e bem humorada; mostra a maior boa vontade para se acostumar com tudo e gosta de ajudar em casa.

Ela é loura e alta e eu, você sabe, cada vez mais queimada, quase preta! Fazemos um bom contraste, ela e eu. Uma não faz concorrência à outra, é a combinação ideal. Mas temos o gênio parecido, gostamos de teatro, de dançar e do mesmo gênero de estudos.

Creio que Patrícia, quando se diplomar, vai se dedicar ao ensino de Literatura Brasileira. Vale a pena ver o interêsse com que ela lê e discute os nossos autores! Eu não sei levar as coisas tão a sério; para mim, estudo tem hora. Não vou gastar horas de folga com lição.

Patrícia já me convidou várias vêzes para fazer uma visita aos Estados Unidos; ficaria hospedada com a família dela. Mas só posso pensar nisso contando com uma bôlsa.

Como vai Paulo? E o noivado? Papai ficou triste quando soube que você abandonou os estudos. Mas com o casamento tão perto, você não podia mesmo continuar na Faculdade. E viva o amor!

Muitos abraços dos nossos para os seus, lembranças ao Paulo e um beijo da prima amiga de sempre.

                                                            Iara

UNIDADE DOZE

Diálogo principal: FIM DE FÉRIAS

Volta às aulas ao fim do mês de julho. No " bar " onde fazem ponto os
estudantes, estão Patrícia, Iara, Zé Maria e outro colega, Flávio.
Conversam enquanto esperam o café.

1. ZÉ MARIA: O mês de férias[1] parece que mal ia começando, já estava acabando.
2. PATRÍCIA: No meu país o ano letivo terminou há dois mêses. Flávio, você que estudou lá, sabe como é.
3. FLÁVIO: É verdade. E achei que o sistema de lá era melhor do que o daqui. Só que temos mais feriados.[2]
4. IARA: Mas não se trata de aqui ser melhor ou pior do que lá. Cada país tem o seu sistema.
5. ZÉ MARIA: É mesmo. Você tem tôda a razão.

Iara chega perto do balcão e reclama o café.

6. IARA: Não podia ir mais depressa com êsse cafèzinho,[3] môço? Estamos com pressa.
7. FLÁVIO: Patrícia, acho você tão ambientada aqui! Até parece que sempre morou entre nós.
8. PATRÍCIA: A princípio eu sentia diferença. Mas, convivendo, vê-se que não somos tão diferentes quanto se pensa.
9. IARA: Patrícia tem a grande qualidade de saber se adaptar e compreender os outros.
10. ZÉ MARIA: Há pessoas que acham que o sol só é sol quando nasce na terra delas.
11. FLÁVIO: Daí a vantagem de se viajar: descobrimos que o mundo é sempre mais ou menos igual.

Esperando o café no bar da PUC.

THE END OF VACATION

Return to classes at the end of (the month of) July. At the snack-bar,
which is a meeting place for students, are Patricia, Iara, Zé Maria, and
another classmate, Flavio. They talk while waiting for coffee.

1. ZÉ MARIA: (You know) the month of vacation no sooner [hardly] began than it was (almost) over.
2. PATRICIA: In my country the school year ended two months ago. Flavio, you studied there; you know how it is.
3. FLAVIO: Right. And I thought that the (vacation) system there was better than the one here. Only we have more holidays.
4. IARA: But it's not a question of being better or worse here than there. Every country has its own system.
5. ZÉ MARIA: Of course, you're absolutely right.

Iara goes to the counter and demands her coffee.

6. IARA: Couldn't you hurry up with that coffee, mister? We're in a hurry.
7. FLAVIO: Patricia, you seem to be so much at home here. It's as if you had always lived with us.
8. PATRICIA: At first I felt different. But after living close to each other, we see that we're not so different as we think.
9. IARA: Patricia has that great quality of knowing how to adjust to and understand others.
10. ZÉ MARIA: There are people who think that the sun rises and sets only in their own country.
11. FLAVIO: That's [hence] the advantage of travel: we discover that the world is always more or less the same.

Explicação cultural

[1] No Brasil os estudantes têm férias de meio de ano (o mês de julho todo), isto é, entre o primeiro e o segundo semestre, e férias de fim de ano: da segunda quinzena de dezembro até o fim de fevereiro.

Julho é mês de inverno (chuvas no Norte e Nordeste e frio no Sul); dezembro, janeiro e fevereiro é época de verão em todo o país. O ano letivo começa em março.

[2] Os principais feriados no Brasil são o Dia da Independência (7 de setembro), Proclamação da República (15 de novembro), Dia do Trabalho (primeiro de maio) e o Natal.

Em virtude do Brasil ser um país predominantemente católico, há alguns dias santos, durante os quais o comércio, repartições e as escolas não abrem: por exemplo, Sexta-feira Santa (Semana Santa), Dia de Todos os Santos (primeiro de novembro), etc.

[3] O cafèzinho, servido em uma xícara pequena, é uma instituição verdadeiramente brasileira. Amigos discutem negócios, política, futebol, tomando um cafèzinho, várias vêzes ao dia. O cafèzinho é servido regularmente aos funcionários públicos, bancários, etc. e também após as refeições tanto em casa como nos restaurantes. Os brasileiros raramente bebem xícaras grandes de café e nunca o fazem junto com almôço e o jantar. O café com leite é bastante popular no Brasil.

Diálogo visualizado

Iara, Patrícia e Zé Maria no Iate Clube.

Iara, Patricia, and Zé Maria at the Yacht Club.

1. PATRÍCIA: Nunca estive num clube tão bonito.

   I have never been in such a pretty club.

2. ZÉ MARIA: É um ótimo lugar para conhecer as garôtas bonitas.

   It's a fine place to meet pretty girls.

3. IARA: Mamãe não me deixava vir aqui sòzinha.

   Mother never used to let me come here alone.

4. PATRÍCIA: Por quê?

   Why?

5. IARA: Ela achava que não ficava bem.

   She thought it wasn't proper.

6. ZÉ MARIA: Mas agora ela está mais compreensiva.

   But now she is more understanding.

7. PATRÍCIA: Você fêz ela mudar de opinião, não foi?

   You made her change her mind, didn't you?

Vocabulário para substituição

A. Como era a môça que estêve aqui?   What was the girl who was here like?
B. Era_____ .   She was_____ .
    loura   blonde
    morena   dark (a brunette)
    ruiva   a redhead
    inteligente   intelligent
    elegante   well dressed

A. Qual a côr do vestido dela?   What was the color of her dress?
B. Era_____ .   It was_____ .
    amarelo   yellow
    azul   blue
    vermelho   red
    branco   white
    verde   green
    prêto   black
    rosa   pink
    marrom   brown

A. Êle é catedrático?   Does he have a professorship (chair)?
B. Não, é professor_____ . No, he's_____professor.
    associado   an associate
    assistente   an assistant
    visitante   a visiting

A. É instrutor?   Is he an instructor?
B. Não, é chefe de departamento.   No, he's a department head.

A. O café? Era_____ .   The coffee? It was_____ .
    caro   expensive
    barato   cheap
B. Era.   Yes, it was.

A. Estava_____ ? Was it_____ ?
    gostoso   good
    fraco   weak
    forte   strong
B. Estava.   Yes, it was.

Estruturas básicas

§ 45 Imperfeito do indicativo contrastado com pretérito

Imperfect Indicative Contrasted With Preterite Indicative

Não **fiquei** lá porque **tinha** pressa.
Chovia muito quando eu **cheguei**.
Ela **falava** com o professor quando você **entrou**.

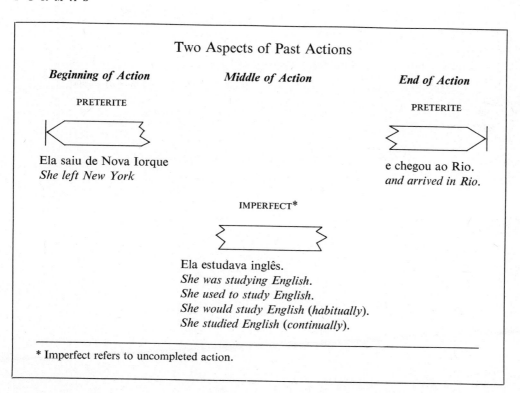

Two Aspects of Past Actions

Beginning of Action   *Middle of Action*   *End of Action*

PRETERITE   PRETERITE

Ela saiu de Nova Iorque
She left New York

e chegou ao Rio.
and arrived in Rio.

IMPERFECT*

Ela estudava inglês.
She was studying English.
She used to study English.
She would study English (habitually).
She studied English (continually).

* Imperfect refers to uncompleted action.

A series of separate completed actions, though covering a period in the past, is expressed by the preterite: **Êle nasceu, casou, ficou rico, teve dois filhos e morreu.** *(He was born, married, got rich, had two children, and died.)*

See Appendix C, Note XVII.

Substituição simples

1. **Ela disse** que **queria** ficar.

   a. Nós dissemos/queríamos
   b. Elas disseram/queriam

   c. Eu disse/queria
   d. O Sr. Almeida disse/queria

2. **O Reitor**[1] **chegou** enquanto **êle falava.**

   a. Eu cheguei/ela falava
   b. Nós chegamos/ela falava

   c. Ela chegou/nós falávamos
   d. O senhor chegou/eu falava

3. **Os rapazes saíram. Estavam** com pressa.

   a. Ela saiu/Estava
   b. Os dois senhores saíram/Estavam

   c. Elas saíram/Estavam

4. **Eu tinha certeza** que **elas estudaram** aqui.

   a. Êle tinha certeza/ela estudou
   b. Nós tínhamos certeza/você estudou

   c. Todos tinham certeza/vocês estudaram

Substituição de um elemento

1. **Eu** disse que queria ir.

   a. Ela
   b. Nós
   c. Os nossos amigos

   d. Êle
   e. João e eu

2. **Êle** escreveu que gostava de lá.

   a. Nós
   b. Ela
   c. Iara e eu

   d. Madalena
   e. Todos êles

---

[1]**Reitor**   university or college president

3. **Eu** compreendi que não podia ir.

    a. Nós   d. Êle
    b. Êles   e. As senhoras
    c. Os estudantes

4. **Eu** achei que não devia ir.

    a. Ela   d. Dona Teresa e êle
    b. Êles   e. Algumas pessoas
    c. O Sr. Alves

5. **Ela** perguntou se eu tinha saudades do Brasil.

    a. A jovem[2]   d. A dona dà casa
    b. O professor   e. Meu tio Luís
    c. Êles

Pergunta com sugestão para resposta

Responda a pergunta segundo a palavra ou locução sugerida usando o imperfeito ou o pretérito.

(Answer the questions using the word or phrase in boldface and either the imperfect or the preterite indicative.)

1. O que é que êle fazia lá? **trabalhar**   Êle trabalhava.
2. O que é que êle fêz? **começar a cantar**[3]   Êle começou a cantar.
3. O que é que ela fazia em casa? **preparar o jantar**[4]
4. O que é que elas fizeram? **mudar de opinião**
5. O que é que João fazia? **ir ao centro**
6. O que é que você fêz? **ir ao teatro**
7. O que é que vocês faziam? **ir à praia**
8. O que é que o professor fêz? **fazer uma palestra**[5]

---

[2]**jovem** young lady
[3]**cantar** to sing

[4]**preparar o jantar** to fix dinner
[5]**palestra** informal talk

§ 46 Comparação de adjetivos e advérbios

Comparison of Adjectives and Adverbs

EXEMPLOS

Conhece o edifício **mais** alto do mundo?
Agora há **menos** movimento na rua.
Você precisa andar **mais** depressa.
Ela é **mais** inteligente **do que** êle.
Êle não fala **tanto quanto** ela.

FORMAS

Comparisons With **mais** and **menos***

Modifying a Noun

Êle tem mais dinheiro (do) que eu.   *He has more money than I.*
Êle é quem tem mais dinheiro de   *He has (the) most money of all.*
   todos.

Modifying a Verb

Êle trabalha mais (do) que eu.   *He works more than I (do).*
Êle é quem trabalha mais de todos.   *He works (the) most of all.*

Modifying an Adjective

Êle é mais inteligente (do) que eu.   *He is more intelligent than I (am).*
Êle é o mais inteligente de todos.   *He is (the) most intelligent of all.*

Modifying an Adverb

Êle fala mais devagar (do) que eu.   *He speaks more slowly than I (do).*
Êle é quem fala mais devagar de todos.   *He speaks (the) slowest of all.*

---

* **Menos** fits all the slots above in which **mais** is found: *He has less money than I. He has the least money of all. He works less than I do. He works (the) least of all. Etc.*

Irregular Comparative Forms

Positive	*Comparative or Superlative*
bom *good*	
bem *well*	{ melhor *better, best*
mau *bad*	
mal *badly*	{ pior *worse, worst*
grande *big, large*	maior *larger, largest*
pequeno *small*	menor *smaller, smallest*

For **pequeno** and **grande**, only the comparative forms **menor** and **maior** are used; for *younger* and *older* referring to persons, **mais môço** and **mais velho** are used.

The following show adjective constructions:

Êste café é melhor (do) que êsse.	*This coffee is better than that.*
Êste café é o melhor do Brasil.	*This coffee is the best in Brazil.*
Êste café é pior (do) que êsse.	*This coffee is worse than that.*
Êste café é o pior do Brasil.	*This coffee is the worst in Brazil.*
O meu carro é maior do que o seu.	*My car is bigger than yours.*
O meu carro é o maior de todos.	*My car is the biggest of all.*
Êste avião é menor (do) que êsse.	*This plane is smaller than that one.*
Êste avião é o menor de todos.	*This plane is the smallest of all.*

The following show adverbial constructions:

Iara canta melhor (do) que Zé.	*Iara sings better than Zé (does).*
Iara é quem canta melhor de todos.	*Iara sings (the) best of all.*
Iara fala pior (do) que Zé.	*Iara speaks worse than Zé.*
Iara é quem fala pior de todos.	*Iara speaks (the) worst of all.*

Comparisons: Typical Usage

Subject 1 and Verb	*Comparisons of Equality*			*Subject 2*
	AS . . . AS			
Êle está	tão	doente	quanto*	eu.
He is	*as*	*sick*	*as*	*I.*
Êle vive	tão	perto	quanto	eu.
He lives	*as*	*near*	*as*	*I.*

* **Como** may be substituted for **quanto** in this construction.

Comparisons: Typical Usage—*continued*

Subject 1 and Verb	Comparisons of Equality			Subject 2
	AS MUCH . . . AS; AS MANY . . . AS			
Êle tem *He has*	tanto *as much*	(dinheiro) (*money*)	quanto *as*	eu. *I.*
Ela lê *She reads*	tantos *as many*	(livros) (*books*)	quanto *as*	eu. *I.*
Você tem *You have*	tanta *as much*	(paciência) (*patience*)	quanto *as*	eu. *I.*
Você quer *You want*	tantas *as many*	(coisas) (*things*)	quanto *as*	eu. *I.*
	AS MUCH AS			
Êle sabe *He knows*	tanto *as much*		quanto *as*	eu. *I.*
Êle paga *He pays*	tanto *as much*		quanto *as*	eu. *I.*
Êle ganha *He earns*	tanto *as much*		quanto *as*	eu. *I.*

See Appendix C, Note XVIII.

Substituição simples

1. Marisa tinha **mais dinheiro** do que Helena.

   a. mais amigos
   b. mais provas

   c. mais aulas
   d. mais livros

2. Êle era **mais rico** do que ela.

   a. mais pobre
   b. mais velho
   c. maior

   d. menor
   e. mais alto
   f. mais baixo

3. Êle é o **mais rápido**[6] de todos.

    a. o mais pobre
    b. o mais forte

    c. o mais elegante
    d. o mais confuso

4. Êste café é **melhor** do que êsse.

    a. mais forte
    b. pior
    c. mais caro

    d. mais gostoso
    e. mais nôvo

5. Nós devemos **mais de mil** cruzeiros.

    a. mais de dez
    b. mais de cem
    c. menos de mil

    d. mais de dois
    e. menos de quinze

6. Ela tem **tantas malas** quanto eu.

    a. tantos nomes
    b. tanto tempo
    c. tanta importância

    d. tantas coisas
    e. tantos cursos

7. Compre **os mais caros!**

    a. os mais novos
    b. os mais baratos

    c. as mais fortes

8. Vá o mais **rápido** possível!

    a. cedo
    b. depressa

    c. devagar
    d. tarde

Substituição de um elemento

1. Carlos usava **roupas** maiores do que José.

    a. chapéus
    b. calções
    c. sapatos[7]

    d. paletós
    e. camisas

---

[6]**mais rápido** fastest
[7]**sapatos** pair of shoes

2. Esta **gravata** é melhor do que aquela.

   a. sapato
   b. poema
   c. nome

   d. hotel
   e. carro
   f. cinema[8]

3. Êsse **café** é pior do que aquêle.

   a. prato
   b. geléia
   c. fruta

   d. leite
   e. vinho

4. **Estas azeitonas** são menores do que aquelas.

   a. Êstes livros
   b. Estas lagostas
   c. Êstes carros

   d. Êstes camarões
   e. Êstes peixes

Transformação

Mude a frase segundo a sugestão.

(Change the sentence in accordance with the cue.)

1. Êle tem mais dinheiro do que eu. **êle $6, eu $30**

   Êle tem menos dinheiro do que eu.

2. Êle tem tanto dinheiro quanto eu. **êle $30, eu $20**

   Êle tem mais dinheiro do que eu.

3. Êle tem menos dinheiro do que eu. **êle $40, eu $40**

   Êle tem tanto dinheiro quanto eu.

4. Êle trabalha tanto tempo quanto eu. **êle 8 horas, eu 2**

   Êle trabalha mais do que eu.

5. Êle trabalha mais do que eu. **êle 6 horas, eu 10 horas**

   Êle trabalha menos do que eu.

6. Êle trabalha menos do que ela. **êle 20 meses, ela 12 meses**

   Êle trabalha mais do que ela.

7. Êle fala mais depressa do que eu. **êle 70 palavras por minuto, eu 100 palavras**

   Êle fala menos depressa do que eu.

8. Êle fala tão devagar quanto eu. **êle 50 palavras, eu e os outros 60 palavras**

   Êle é quem fala mais devagar de todos.

---

[8]**cinema** movie house

9. Êste livro é pior do que aquêle. **êste**   Êste livro é tão ruim quanto aquêle.
   livro é ruim[9] e aquêle também
10. João é melhor aluno do que Pedro.   João é tão bom aluno quanto Pedro.
    João é bom aluno e Pedro também

§ 47 Construções com o passado progressivo

Past Progressive Constructions

EXEMPLOS

Eu **estava estudando** quando você me viu.
Estive estudando a manhã tôda.
As férias já **estavam acabando**.

FORMAS

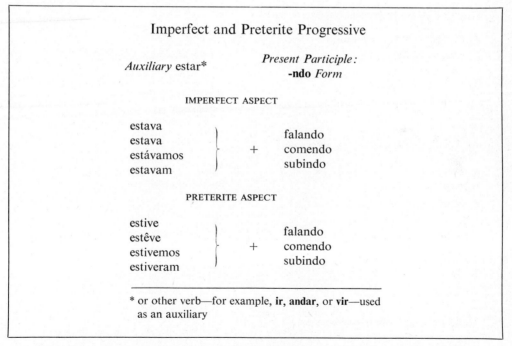

Imperfect and Preterite Progressive

Auxiliary estar*	*Present Participle:* **-ndo** *Form*
IMPERFECT ASPECT	
estava estava estávamos estavam	+	falando comendo subindo
PRETERITE ASPECT	
estive estêve estivemos estiveram	+	falando comendo subindo

* or other verb—for example, **ir, andar,** or **vir**—used
  as an auxiliary

The difference between the two aspects of the past progressive corresponds roughly to the difference between the imperfect and preterite indicative.
   See Appendix C, Note XIX.

---

[9]**ruim** bad

Substituição simples

1. Quando êle entrou, **seu pai estava almoçando**.

   a. eu estava almoçando
   b. nós estávamos almoçando

   c. você estava almoçando
   d. a môça estava almoçando

2. Êle me disse que **ela estava estudando**.

   a. êles estavam estudando
   b. você estava estudando

   c. o senhor estava estudando
   d. os alunos estavam estudando

3. **Estive estudando** a manhã tôda.

   a. Estivemos estudando
   b. Elas estiveram estudando

   c. A gente estêve estudando
   d. Êle estêve estudando

4. **Henrique estêve preparando** os exercícios.

   a. Nós estivemos preparando
   b. Ela estêve preparando

   c. Eu estive repetindo
   d. Êles estiveram escutando

Substituição de um elemento

1. **Ela** estava dormindo durante[10] a aula.

   a. Êle
   b. Nós
   c. Vocês

   d. Elas
   e. Os estudantes

2. **Eu** estava gostando da idéia.

   a. Êle
   b. Elas
   c. A gente

   d. Nós
   e. Eu e ela

3. Nesse momento **ela** ia começando.

   a. nós
   b. elas
   c. o artista

   d. os outros
   e. ela e eu

---

[10]**durante** during

4. **Ela** andava procurando o Professor Rocha.

    a. Nós   d. As alunas
    b. Êles   e. Duas senhoras
    c. Alguém

5. **Êle** estava querendo falar português.

    a. Nós   d. As môças
    b. Êles   e. Êle e eu
    c. Os dois senhores

Transformação

Mude o imperfeito para o passado progressivo.

(Change from the imperfect to the past progressive.)

1. Eu preparava a conferência.[11]   Eu estava preparando a conferência.
2. Êles começavam a lição.
3. Elas conversavam sôbre isso.
4. Meus colegas estudavam na biblioteca.
5. Iara e ela chegavam do aeroporto.

§ 48 Locuções interrogativas

Question Tags

E X E M P L O S

    Você estuda aqui, **não é**?
    Houve aula na sexta-feira, **não houve**?
    Você não teve tempo para estudar, **não foi**?

---

[11]**conferência** lecture

FORMAS

Some Question Tags

Main Verb	Question Tag	Reply
Você gosta de falar português,	não é?	Gosto sim.
You like to speak Portuguese,	*don't you?*	*Yes, I do.*
Êle gostava de cantar,	não era?	Era.
He used to like to sing,	*didn't he?*	*Yes, he did.*
A festa terminou tarde,	não foi?	Foi sim.
The party ended late,	*didn't it?*	*Yes, it did.*
Êle **fala** inglês,	não **fala?**	Fala.
He speaks English,	*doesn't he?*	*Yes, he does.*
Você **tem** vontade de ir ao Brasil,	não **tem?**	É.
You are anxious to go to Brazil,	*aren't you?*	*Yes, I am.*
Choveu ontem,	não **choveu?**	Choveu sim.
It rained yesterday,	*didn't it?*	*Yes, it did.*
Houve aula na sexta-feira,	não **houve?**	Houve sim.
There was class on Friday,	*wasn't there?*	*Yes, there was.*

The two types of question tags are (1) third person singular of **ser** after **não**, the tense corresponding to the one in the main verb, and (2) the main verb repeated after **não**.

It is quite common to react to a conversation statement by **É?** *(Is that so? Really?)*, to which the reply may well be **É!** *(That's right!)*

Substituição simples

1. Vocês já **jantaram**, não é?

   a. fizeram o exercício   c. foram apresentados a ela
   b. decoraram[12] o diálogo   d. estiveram no Brasil

2. Ela estêve **muito doente**, não foi?

   a. aqui em casa   c. na Faculdade
   b. lá na festa   d. nos Estados Unidos

---

[12]**decoraram** memorized

3. Você **gosta de falar** português, não é?

   a. aprende

   b. faz um curso de

   c. gosta muito de

   d. estuda

4. O Dr. Gonçalves tem **duas irmãs**, não tem?

   a. uma sobrinha[13]

   b. uma secretária

   c. muitos amigos

   d. filhos

5. Todo mundo aqui gosta dos **brasileiros**, não gosta?

   a. portuguêses

   b. exercícios do livro

   c. diálogos

   d. personagens do livro

Substituição de um elemento

1. **Você** estudou português, não foi?

   a. Aquêles rapazes

   b. As môças

   c. Antônio e Carlos

   d. Vocês

2. **O curso** é interessante,[14] não é?

   a. Os exercícios

   b. Aquêle diálogo

   c. As explicações[15]

   d. Êste livro

3. **Você** gosta de falar português, não é?

   a. Êles

   b. Todo mundo

   c. Seus amigos americanos

   d. Patrícia

4. **Êle** trabalhava na fábrica, não era?

   a. Êles

   b. Seus amigos

   c. Você

   d. Aquêles homens

5. **Êle** tem vontade[16] de conhecer o Brasil, não tem?

   a. Elas

   b. Vocês dois

   c. Todos vocês

   d. Paulo

---

[13]**sobrinha** niece
[14]**interessante** interesting

[15]**explicações** explanations
[16]**tem vontade** wishes

Transformação

Mude a locução com verbo principal repetido para uma locução com **ser**.

(Change the tag with the main verb repeated to a tag with **ser**.)

1. Êle ganha[17] muito dinheiro, não ganha?   Êle ganha muito dinheiro, não é?
2. Você sabe falar português, não sabe?
3. Êles estudaram isso, não estudaram?   Êles estudaram isso, não foi?
4. A festa terminou tarde, não terminou?
5. Ela sabe cozinhar[18] bem, não sabe?
6. Houve aula anteontem,[19] não houve?
7. Êle trabalhava naquela fábrica, não   Êle trabalhava naquela fábrica, não era?
   trabalhava?
8. Os brasileiros gostam de café, não gostam?

Ortografia

/d/, [đ], /p, t/, [t̹], /i, a, u, v, f, b/

Writing Drill

You will first hear, then repeat, the words or short sentences; then copy them, underlining the sound being drilled. Finally write the words and sentences from dictation. Note: From this point on these instructions will be simplified to read: Listen, say, see, copy, listen, write.

GRAFIA DE SONS

/d/	[đ]	/p/	/t/	[t̹]
dar	Judite	pedaço	tarde	tio
dona	dia	poder	três	tipo
demora	diga	praia	treze	noite
doutor	cidade	prazer	tempo	tirar
drama	pede	pai	tia	time
pedem	tarde	português	êste	bote

---

[17]**ganha** earns

[18]**cozinhar** to cook

[19]**anteontem** day before yesterday

D I T A D O

1. /d/, [ḍ]
   Ada me disse que estuda todos os dias.
2. /t/, [ṭ]
   Acredito que Tomás e Teresa vêm hoje à noite.
3. /p/
   Paulo e Pedro partiram para o Pará.

G R A F I A   D E   S O N S

/i/	/a/	/u/
ir	cada	último
bonde	almôço	tudo
igual	apartamento	útil
aqui	fica	chuchu
táxi	apresentar	universidade

D I T A D O

1. /i/
   É difícil e quase impossível insistir nisso.
   Lili tem cinco filhos simpáticos.
2. /a/
   A dona da casa se chama Ana.
   Procuro uma aluna alemã.
3. /u/
   O chuchu é um legume que todo mundo usa.
   É a última unidade que vou usar no curso.

G R A F I A   D E   S O N S

/v/	/f/	/b/
vôo	filologia	baía
prova	difícil	sábado
você	café	bôlsa
nôvo	professor	dezembro
vinho	frio	bem
haver	confuso	receber

D I T A D O

1. /b/
   A Bárbara acaba de beber o vinho.
   A beleza do Brasil é bastante conhecida.

2. /f/

Francisco fala francês com sua filha.

Sou freguês da firma desde fevereiro.

3. /v/

Vou visitar um velho vizinho.

É verdade que o avô de Vicente é velho?

Perguntas e revisão individual

Perguntas sôbre o Diálogo principal

1. Como foi o mês de férias?
2. O que terminou há dois meses no país de Patrícia?
3. Onde Flávio estudou?
4. O que Flávio achou do sistema de férias nos Estados Unidos?
5. O que Iara disse ao rapaz do bar?
6. Quem estava com pressa?
7. Por que Patrícia parecia ter sempre morado entre êles?
8. Como Patrícia se sentia a princípio?
9. Segundo Iara, que grande qualidade tem Patrícia?
10. Que vantagem há em viajar?

Perguntas sôbre o Diálogo visualizado

1. Você pode explicar o que é um iate clube?
2. Um iate clube é bom para ver barcos[1]—e que mais?
3. Quem não deixava Iara ir ao clube sòzinha?
4. Por que a mãe dela não deixava?
5. O que é que as duas môças estão discutindo?
6. Por que ela mudou de opinião?
7. Você acha que a mãe de Iara tinha razão? Por quê?

---

[1]**barcos** boats

Revisão individual

C O L O R S

A. Qual era a côr da_____ ?
> casa
> sala de visita
> _____ ?

B. Era_____ quando_____ .
> branca   eu morava lá
> azul   eu era criança
> _____ ?   _____ ?

C O M P L E X I O N

A. Qual é o tipo[2] dela?_____ ?
> Loura
> Ruiva
> Morena
> _____ ?

B. É_____ . Tem os cabelos_____ ,
> morena   castanhos[3]
> ruiva   ruivos
> loura   louros

A. Há quanto tempo você a_____ ?
> conhece
> visita
> _____ ?

B. Eu a_____ há muito tempo.
> conheço
> visito
> _____ ?

A. Mas quando a conheceu pela primeira vez?
B. Foi em_____ que eu a_____ .
> 1966   conheci
> 1970   visitei
> _____ ?   _____ ?

---

[2]**tipo** physical type
[3]**castanhos** brown or dark

EXCUSES

A. Por que você não estêve aqui_____?
                    hoje de manhã
                    ontem
                    _____?

B. Estava_____.
        doente
        ocupado

A. Você não queria_____?
            vir
            falar comigo
            _____?

B. Eu queria mas_____ não deixou.
        minha mãe
        meu pai
        o professor

Leitura: PORTUGAL E BRASIL

Nós brasileiros, melhor do que ninguém, podemos falar sôbre Portugal e portuguêses. Pois é verdade que no tempo das suas descobertas os navegadores portuguêses foram donos de terras em todos os continentes; mas foi no Brasil que ficou realmente a marca do gênio português.

Eram êles um povo pequeno, que vivia num pequeno país. E assim mesmo tomaram posse do nosso imenso território e o povoaram. Deram-nos a sua língua, os seus costumes e a sua religião. Lutavam às vêzes com os índios, mas preferiam conviver em paz com êles, juntos fundando novas famílias, povoações e cidades.

Na verdade nós somos o que o português nos fêz. No século passado, quando começaram a chegar ao Brasil as grandes ondas de emigrantes italianos, alemães, árabes, etc., os portuguêses já estavam aqui trabalhando sòzinhos há mais de trezentos anos. O Brasil já tinha então a sua nacionalidade própria, e não mudou mais. Os recém-chegados é que mudaram e foram assimilados.

Fiéis à nossa formação pacífica, somos um povo pacífico. Fizemos a independência, a abolição da escravatura, a república, sem guerra; e fazemos as nossas revoluções quase sem luta ou sem derramar sangue de irmãos. Procurando vencer as dificuldades por meio de entendimentos, e não lutando. E podemos dizer que êsse amor à compreensão e à paz é a melhor herança que Portugal nos deixou.

UNIDADE TREZE

Diálogo principal: ESCOLA DE SAMBA

Patrícia, Iara, Mário e Zé Maria assistem um ensaio de escola de samba[1]
cuja sede fica no alto de um morro carioca.

1. PATRÍCIA: Pensei que as môças já estariam usando as fantasias que vão vestir no carnaval.[2]
2. IARA: Seria impossível. São fantasias muito caras.
3. MÁRIO: Estão ensaiando os sambas e as danças que vão exibir na Avenida.
4. IARA: E depois que terminar o desfile, a escola que melhor se apresentar será premiada.
5. PATRÍCIA: E a música que estamos ouvindo, é alguma coisa conhecida?
6. IARA: Não, é nova; é da autoria de um dos compositores da escola de samba.
7. MÁRIO: É isso mesmo: cada escola apresentará no carnaval o seu próprio samba, inédito.

Começa a dançar no salão um grupo de passistas.

8. PATRÍCIA: Nunca vi ninguém dançar assim. São profissionais?
9. MÁRIO: Que nada. São amadores. Gente de tôdas as profissões.
10. PATRÍCIA: E há muitos brancos entre os que cantam e dançam. Pensei que escola de samba era só de pessoas de côr.[3]
11. ZÉ MARIA: Bem, a influência maior é dos negros. Mas todo mundo toma parte.
12. IARA: Verdade. Até môça rica da zona sul já vi sambando e desfilando com as escolas de samba.

Rio de Janeiro: Carnaval na Avenida Rio Branco.

Patricia, Iara, Mario, and Zé Maria attend a rehearsal of a samba school
whose headquarters are at the top of a hill in Rio.

1. PATRICIA: I thought the girls would be wearing the costumes they're going to wear for carnival.
2. IARA: That would be impossible. They're very expensive costumes.
3. MARIO: They're practicing the sambas and dances that they will do [show off] on the Avenida.
4. IARA: And after the parade is over, the club [school] that puts on the best show will win a prize.
5. PATRICIA: [And] that music that we're hearing, is it something well known?
6. IARA: No, it's new; it's by one of the song writers of the [samba] club.
7. MARIO: That's right. Each group will present its own original samba at carnival time.

A group of dancers start dancing in the big room.

8. PATRICIA: I've never seen anyone dance like that. Are they professionals?
9. MARIO: Heavens, no! They are amateurs. People from all the professions.
10. PATRICIA: And there are lots of white people among the singers and dancers. I thought that samba schools were just for black people.
11. ZÉ MARIA: Well, the greatest influence comes from the Negroes. But everyone takes part.
12. IARA: True. I've even seen wealthy girls from the southern district dancing and parading along with the samba schools.

Explicação cultural

[1] Perto do lugar onde um grupo de pessoas se reunia para dançar havia uma Escola Normal. Por influência do nome desta, o grupo formou um clube ou associação que passou a ser chamada Escola de Samba. As primeiras escolas de samba apareceram em 1928 mas o primeiro desfile foi em 1932. A escola de samba é para o Carnaval carioca o que o maracatu* é para o de Recife.

[2] O carnaval data do começo do século dezoito no Rio e era um período de brincadeiras às vêzes violentas durante os três dias antes da Quaresma.† A graça do carnaval não era divertir aos outros mas divertir-se à custa dos outros. Os grandes bailes e sociedades carnavalescas surgiram no século dezenove.

[3] Os brasileiros acham, com uma certa justificação, que o Brasil é o país onde provàvelmente haja menos preconceito racial.

Escolas, igrejas, restaurantes, cinemas, lojas, hotéis, e outros lugares públicos recebem a todos, sem qualquer distinção de religião, raça, ou côr.

Algum preconceito, se existir, está limitado a situações especiais de alguns clubes mais luxuosos. Deve-se frisar, entretanto, que uma boa situação econômica e cultural abre qualquer porta.

Outro fato que precisa ser mencionado é que alguém que tenha pele clara não se considera "pessoa de côr" e nem é considerado tal, ainda que algum de seus ancestrais tenha sido prêto.

Diálogo visualizado

Patrícia e Iara numa loja de discos.

1. PATRÍCIA: Há tantos discos bons que não sei quais levarei.
2. IARA: Se quiser posso lhe ajudar a escolher.
3. PATRÍCIA: Claro. Quero as músicas de carnaval que ouvi você cantando.
4. IARA: Olhe. Êste álbum tem tôdas as músicas do carnaval passado.
5. VENDEDOR: Se puderem esperar vou buscar as últimas novidades para o‡ próximo carnaval.
6. PATRÍCIA: Esperarei a tarde tôda, se fôr necessário.

Patricia and Iara at a record shop.

There are so many good records that I don't know which ones to buy.
If you like, I can help you select some.

Fine. I want the carnival songs that I heard you singing.
Look. This album has all the songs of last year's carnival.
If you can wait, I'll look for the new things for the next carnival.

I'll wait all afternoon, if it's necessary.

---

* **maracatu**   a kind of street dance
† **Quaresma**   Lent

‡ /pru/

Vocabulário para substituição

A. Onde iremos hoje à tarde? Where shall we go this afternoon?
B. Iremos ao banco_____ . We'll go to the bank_____ .

descontar êste cheque	to cash this check
abrir uma conta	to open an account
depositar êste dinheiro	to deposit this money
comprar cheques de viagem	to buy traveler's checks

A. Você já comprou a radiola? Have you already bought the phonograph?
B. Ainda não, mas quando comprar será Not yet, but when I do it will be
_____ . _____ .

à vista	cash
à prestação	on time

A. Êsse jornal é bom? Is this a good newspaper?
B. Não sei. Só leio _____ . I don't know. I just read _____ .

as manchetes	the headlines
o editorial	the editorial
o noticiário internacional	the international news
a página de cinema e teatro	the movie and theater page
a página de anúncios	the ads
a página esportiva	the sports page

Estruturas básicas

§ 49 Futuro do indicativo

Future Indicative

EXEMPLOS

Amanhã isso **custará** mais.
Falarei com êle assim que êle chegar.

F O R M A S

Future Indicative

Infinitive as Stem*	*Tense-Pers.-No. Markers*
morar-	
conhecer-	ei
servir-	á
ser-	emos
estar-	ão
ter-	

---

* Three verbs use a shortened stem of the infinitive in the future and the conditional. These verbs are **dizer** (**dir-**), **fazer** (**far-**), and **trazer** (**trar-**).

F A L A   E   E S C R I T A

morarẼmuS	moraremos
morarÃw̃	morarão
morarA	morará
morarEy	morarei

See Appendix C, Note XX.

Substituição simples

1. Hoje **nós assistiremos** um ensaio.

   a. eu assistirei

   b. vocês assistirão

   c. ela assistirá

   d. os rapazes assistirão

   e. a gente assistirá

2. **Ela dançará** muito no carnaval.

   a. Elas dançarão

   b. Eu dançarei

   c. Os rapazes dançarão

   d. Patrícia e eu dançaremos

   e. Meus amigos dançarão

3. À noite **êle poderá** ver o desfile.

   a. nós poderemos

   b. êles poderão

   c. a gente poderá

   d. vocês poderão

   e. todo mundo poderá

4. Eu acho que **falarei** com ela.

a. dançarei
b. passearei
c. brincarei[1] carnaval

d. irei fazer compras
e. estarei

Substituição de um elemento

1. **Êles** ouvirão outro samba.

a. Os turistas
b. Patrícia e Iara
c. Nós

d. A gente
e. Vocês

2. Êle **verá muita gente** no carnaval.

a. dançar muito
b. assistir os desfiles
c. ouvir sambas novos

d. ganhar um prêmio[2]
e. gastar[3] muito dinheiro

3. Nós **iremos** às nove horas.

a. fazer o trabalho
b. trazer as fantasias

c. descontar o cheque
d. ver o espetáculo

4. No domingo **ela** usará fantasia.

a. nós
b. êle
c. as americanas

d. eu
e. vocês
f. êles

Transformação

Mude de locução de futuro para o futuro simples.

*(Change from the futurity with **ir** to the simple future.)*

1. José vai conhecer Maria hoje à tarde.
2. Elas vão servir laranjada.
3. Os diretores vão estar aqui à noite.
4. Êles vão dizer a verdade.

José conhecerá Maria hoje à tarde.

---

[1] **brincarei** I'll play (take part in)
[2] **prêmio** prize

[3] **gastar**   to spend

5. Nós vamos fazer todos os exercícios.
6. Vou trazer o meu amigo.
7. Não vamos ter tempo para isso.

§ 50 Futuro do subjuntivo

Future Subjunctive

E X E M P L O S

Quando você **precisar** de dinheiro, disponha.[4]
Vamos sair assim que ela **chegar**.
Vou gastar todo o dinheiro que êles me **derem**.

F O R M A S

Future Subjunctive*

Infinitive	Preterite Stem	Vowel	Vowel Sound	Tense-Pers.-No. Markers
REGULAR VERBS				
morar	mor-	a-	/A/	r
conhecer	conhec-	e-	/E/	r
servir	serv-	i-	/I/	rmos
				rem
IRREGULAR VERBS				
dizer	diss-	e-	/Ẹ/	
querer	quis-	e-	/Ẹ/	
saber	soub-	e-	/Ẹ/	
trazer	troux-	e-	/Ẹ/	
estar	estiv-	e-	/Ẹ/	r
fazer	fiz-	e-	/Ẹ/	r
poder	pud-	e-	/Ẹ/	rmos
ter	tiv-	e-	/Ẹ/	rem
ser *or* ir	fo-	-	-	
vir	vi-	e-	/Ẹ/	
ver	v-	i-	/I/	

* base stem from the third person plural preterite less **-ram**

[4]**disponha**   just ask

F A L A E E S C R I T A

morAxmuS	morarmos	kuŋesExmuS	conhecermos	sixvIxmuS	servirmos
morArẽỹ	morarem	kuŋesErẽỹ	conhecerem	sixvIrẽỹ	servirem
morAx	morar	kuŋesEx	conhecer	sixvIx	servir
morAx	morar	kuŋesEx	conhecer	sixvIx	servir

Uses of the Future Subjunctive in Temporal ("Time") Clauses of Futurity (Uncertainty)

Main Clause	*Relater*	*Dependent Adverbial Clause*
Vão comprar um carro *They are going to buy a car*	quando *when* assim que *as soon as* logo que *as soon as* depois que *after*	receberem o dinheiro. *they receive the money.*

See Appendix C, Note XXI.

Substituição simples

1. Êles dançarão **logo que** o ensaio começar.

   a. quando

   b. assim que

   c. depois que

2. Depois que **fizermos tudo**, sairemos.

   a. dermos os livros

   b. virmos o ensaio

   c. entregarmos[5] isso

   d. dissermos o diálogo

   e. estivermos aqui uma hora

3. Vão começar quando **eu chegar**.

   a. nós entrarmos

   b. vocês quiserem

   c. eu disser

   d. elas chegarem

   e. nós estivermos prontos

---

[5]**entregarmos** hand over

4. Compre a fantasia que **custar**[6] **menos**.

  a. você quiser

  b. êles gostarem

  c. êles acharem bonita

  d. ela gostar mais

5. Vou comprá-lo na loja que **ficar mais perto**.

  a. me der o melhor preço

  b. descontar meu cheque

  c. estiver mais perto

  d. fôr mais barata[7]

  e. vender à prestação

Substituição de um elemento

1. A aula vai começar logo que **êles** vierem.

  a. ela

  b. nós

  c. o senhor

  d. o professor

2. Eu lhe aviso[8] quando **êle** fizer o trabalho.

  a. nós

  b. êles

  c. eu

  d. o trabalhador

  e. ela

3. O avião sai assim que **ela** estiver pronta.

  a. nós

  b. eu

  c. êles

  d. elas

4. Eu lhe pago assim que **êles** trouxerem o dinheiro.

  a. João

  b. elas

  c. êles

  d. as pessoas

5. Depois que **nós** terminarmos vamos sair.

  a. elas

  b. vocês

  c. os passistas

  d. ela

Pergunta com sugestão para resposta

1. Quando você vai conhecer o nosso amigo?   Vou conhecê-lo quando vocês o trouxerem.
  quando vocês/o trazer

2. Quando vamos servir a laranjada?   **assim que êles/chegar**

3. Quando elas dançarão o samba?   **depois que os demais/cantar e dançar**

---

[6]**custar** costs

[7]**mais barata** chcapei, cheapest

[8]**aviso** will notify

4. Quando assistiremos um ensaio?
   quando/ter tempo
5. Quando êles vão sair?   **quando/fazer o**
   trabalho
6. Quando compraremos a radiola?
   quando vocês/querer

§ 51 Infinitivo ou construção em -ndo após ver e ouvir

Infinitive or -ndo Construction After ver and ouvir

E X E M P L O S

Êle me viu **sair** do clube.
Ontem vi um rapaz **vendendo** jornais perto daqui.

F O R M A S

Infinitive or -ndo Construction After ver and ouvir

Verb of Perception	Direct Object	Perceived Action
Vi	os homens	⎰fazer(-em)* exercícios. ⎱fazendo exercícios.
I saw	*the men*	*do(-ing) exercises.*
Êle ouviu	os músicos	⎰tocar (-em) um samba. ⎱tocando um samba.
He heard	*the musicians*	*play(-ing) a samba.*

* Either the impersonal infinitive or personal infinitive (ending shown in parentheses) may be used.

Substituição simples

1. Nós o ouvimos **dizer isso**.

   a. tocar piano[9]
   b. tocando piano
   c. chamando um amigo

   d. chamar um amigo
   e. repetir as frases
   f. repetindo as frases

---

[9]**piano** piano

2. Eu o ouvi **tocar** uma música de carnaval.

a. tocando
b. cantar
c. cantando

d. ensaiar[10]
e. ensaiando

3. Vimos Mário **usando** uma fantasia.

a. comprar
b. comprando
c. escolher

d. escolhendo
e. olhar
f. olhando

4. Êles me ouviram **falar do carnaval**.

a. perguntar isso
b. perguntando isso

c. tocar a música
d. tocando a música

5. Eu o vi **entrar na casa**.

a. entrando na casa
b. passeando com ela

c. escrevendo alguma coisa
d. seguindo a môça

Transformação

*Mude o infinitivo para a forma verbal em **-ndo**.*

*(Change from the infinitive to the **-ndo** form.)*

1. Vimos os dançarinos exibir as fantasias.   Vimos os dançarinos exibindo as fantasias.
2. Vimos as môças cantar e dançar.
3. Ela me ouviu tocar piano.
4. Eu ouvi o empregado dizer isso.
5. Êle me ouviu chamar o Diretor.
6. Êles me viram assistir a aula.

*Mude da forma verbal em **-ndo** para o infinitivo.*

*(Change from the **-ndo** form to the infinitive.)*

1. Ela ouviu a gente dizendo isso.   Ela ouviu a gente dizer isso.
2. Nós ouvimos os prêtos cantando sambas.

---

[10]**ensaiar** to practice

3. Elas viram muita gente cantando e dançando.
4. Eu vi as escolas desfilando na avenida.
5. Ouvimos todo mundo falando português.

§ 52 Construções enfáticas com mesmo e ser

*Emphatic Constructions With **mesmo** and **ser***

EXEMPLOS

Quero é falar com você.
Êle é quem sabe disso.
Estou é cansado.
Foi êle **mesmo** que trouxe o carro.

FORMAS

Emphatic Constructions

Ser *as Intensifier*

Ela	é	é	bonita.	*She's really pretty.*
Eu	quero	é	descansar.	*What I really want to do is rest.*
Nós	precisamos	é	estudar.	*We really needed to study.*
Êle	estava	era	doente.	*He was really sick.*
Ela	sabia	era	muito inglês.	*She really knew a lot of English.*

Word Order *as Intensifier*

Ela	é	que(m)	está	doente.	*It is she who is sick.*
Ela	era	que(m)	sabia	inglês.	*She was the one who knew English well.*
Eu	é	que(m)	dancei	muito.	*I am the one who really danced a lot.*

Mesmo *as Intensifier*

Êle	mesmo o disse.	*He himself said so.*
Ela	mesma o disse.	*She herself said so.*
Os homens	mesmos o disseram.	*The men themselves said so.*
Nós	mesmos o dissemos.	*We ourselves (masc.) said so.*
Nós	mesmas o dissemos.	*We ourselves (fem.) said so.*

Mesmo may also be used to intensify other sentence elements: **É mesmo difícil.** *(It's really difficult.)* ; **Está fazendo muito frio mesmo, não é?** *(It really is cold, isn't it?)*.

Próprio(a) is sometimes used instead of **mesmo(a)**: **O próprio Diretor nos recebeu.** *(The Director himself met us)*.

Transformação

Dê mais ênfase a cada frase com **é** *ou* **era**.

(Emphasize each sentence with **é** *ou* **era**.*)*

1. Meu relógio está adiantado.[11]   Meu relógio está é adiantado.
2. Ela precisava ler mais.   Ela precisava era ler mais.
3. Nós queremos aprender a falar bem.   Nós queremos é aprender a jalar bem.
4. Ela sabia muito inglês.   Ela sabia era muito inglês.
5. Êles estavam cansados.   Êles estavam era cansados.
6. Ela é bonita.   Ela é é bonita.
7. Êles são inteligentes.   Êles são é inteligentes.

Mude cada frase dando ênfase ao sujeito.

(Change each sentence giving emphasis to the subject.)

1. Quem fala inglês bem é Ana.   Ana é quem fala inglês bem.
2. Quem cantou bem no programa foi   Wilson foi quem cantou bem no programa.
   Wilson.
3. Quem datilografava[12] bem era Maria.   Maria era quem datilografava bem.
4. Quem está doente sou eu.   Eu é quem estou doente.
5. Quem fala português somos nós.   Nós é quem falamos português.

6. Foi ela que fêz o jantar.   Foi ela mesma que fêz o jantar.
7. Fui eu que consertei[13] o rádio.   Fui eu mesmo que consertei o rádio.
8. Foram êles que prepararam tudo.   Foram êles mesmos que prepararam tudo.
9. Foram elas que cuidaram[14] de casa.   Foram elas mesmas que cuidaram da casa.
10. Eu engraxo[15] meus sapatos.   Eu mesmo engraxo meus sapatos.

---

[11]**adiantado** ahead, fast   [14]**cuidaram** took care of
[12]**datilografava** typed   [15]**engraxo** shine
[13]**consertei** repaired

Ortografia

/ĩ, ũ, ẽ, õ/, [ã], /m, n, ŋ/, oral diphthongs with /-y/ and /-w/

Writing Drill

Listen, say, see, copy, listen, write.

1. /ĩ/
vim, vinte, impossível, ruim, quinto
Assim fica limpo.
Foi num domingo de inverno.

2. /ũ/
um, algum, nunca, mundo, segunda
Raimundo não tem nenhum amigo.
Êle nunca sabe nada do mundo.

3. /ẽ/
tempo, sempre, entre, comendo, gente
Sempre há tempo.
Os dentistas entraram.

4. /õ/
bom, homem, onde, bonde, sons
O homem pagou a conta ontem.
É bom morar onde passa o bonde.

5. [ã]
amanhã, Maracanã, ambos, cantando, banco
Ambas cantavam o samba.
As irmãs estão comprando lã.

6. /m/
mala, comer, mesa, drama, mesmo
Mandei um telegrama a Maria.
Mário comia legumes.

7. /n/
nada, não, menos, números, anos
Ninguém quer bananas.
A menina não é bonita.

8. /ɲ/
   venha, tinha, vinha, ponho, agorinha
   Ela tinha visto a cozinha.
   A senhora punha a mesinha.
9. Oral Diphthongs With /-y/
   pai, sei, janeiro, coisa, maio, ruivo
   Neila gosta do bairro.
   Você sai primeiro.
10. Oral Diphthongs With /-w/
    céu, meu, causa, morou, viu, outro
    Paulo chegou tarde.
    Laura já saiu.

S P E L L I N G   R U L E S

Rule Chart

Sound	Condition and/or Position	Spelling	Example
/m/	In all cases except as shown below	m	mamãe
/n/		n	nada
/ɲ/		nh	nenhum
/ĩ/	Absolute word-final (not followed by	im	assim, simples
/ũ/	-s), or followed by /p/ or /b/	um	algum
/õ/		om	bom, compra
/ẽ/	Not word-final but followed by /p/ or /b/	em	lembro, tempo
/ĩ/	In all other cases	in	língua, fins
/ũ/		un	perguntar, uns
/ẽ/		en	pretender, tens
/õ/		on	contente, bons
[ã]	Word-final, may be followed by -s	ã	manhã, maçãs
[ã]	Before /p/ or /b/	am	câmbio, campo
[ã]	In all other cases	an	banco
/-y/	Second element of oral diphthongs	i	sei, falei
/-w/		u	pau, ouviu
/y/	First element of oral diphthongs	i	Iara
/w/		u	quando

See also Appendix B, Note II.

Perguntas e revisão individual

Perguntas sôbre o Diálogo principal

1. Onde fica a sede da Escola de Samba?
2. O que as môças vão vestir no carnaval?
3. Quem está praticando os sambas e danças?
4. Onde êles vão exibir os sambas e danças?
5. Depois que terminar o desfile o que acontecerá?
6. Que música Patrícia está ouvindo?
7. A música é da autoria de quem?
8. O que cada escola apresentará no carnaval?
9. O que Patrícia nunca viu?
10. Onde há muitos brancos?
11. O que Patrícia pensou a respeito das escolas de samba?
12. De quem é a influência maior, de brancos ou de pessoas de côr?

Perguntas sôbre o Diálogo visualizado

1. Quantos discos você pode ver no balãozinho e na radiola?[1]
2. Você sabe o nome de alguma orquestra boa ou de algum cantor famoso?
3. Quais são as músicas que Patrícia quer?
4. Que músicas tem o álbum que Iara está vendo?
5. Você sabe o nome de boas lojas de discos nesta cidade?
6. De que tipo de disco você gosta mais, samba, bossa nova, clássico, folclore?

Revisão individual

COSTS

A. Quanto custará_____?
           o rádio
           a radiola
           _____?

---

[1]radiola   record player

[340]

B. Custará_____.
        muito
        pouco
        _____?_____

A. Quais discos você_____?
            levará
            comprará
            _____?_____

B. Os que_____.
        custarem pouco
        forem de carnaval
            ?

P A Y M E N T S

A. Querem que eu pague_____?
           à vista
           à prestação
B. Como achar melhor.

A T   T H E   B A N K

A. Por obséquio, quero_____.
           abrir uma conta
           fazer um depósito
B. Se o senhor puder esperar um pouco poderei atendê-lo logo.

A. Onde posso_____?
       descontar êste cheque
       comprar cheques de viagem
B. No balcão_____.
      à direita
      à esquerda
      em frente

B U Y I N G   A   N E W S P A P E R

A. Qual é o melhor jornal?
B. "O Jornal" talvez tenha melhor_____.
              noticiário internacional
              página de cinema
              página de anúncios

A.   Já saiu o jornal da_____ ?
              manhã
              tarde
              noite
B.   Deverá sair daqui a pouco.

Leitura: C A R N A V A L

No Brasil inteiro festeja-se o carnaval. São famosos os carnavais da Bahia e do Recife; mas a verdadeira capital carnavalesca é sem dúvida o Rio.

Para os turistas, a festa são só os três dias antes da Quaresma. Mas para o carioca o primeiro "grito de carnaval" é dado a 31 de dezembro. Escolhe-se então o Rei Momo[1] que presidirá todos os bailes e desfiles, até a têrca-feira "gorda."[2]

Quando chega a semana do carnaval a cidade se enfeita de tôdas as côres e para todo o mundo parece que só a festa tem importância. Há bailes por tôda parte, nos salões e nas ruas. E a todo momento estamos encontrando blocos de pessoas que cantam ou dançam, com fantasias improvisadas, ou até mesmo sem fantasia: só o que importa é a batida do samba!

Os teatros e clubes se abrem para os bailes carnavalescos. Entre todos é famoso o baile do Teatro Municipal, na segunda-feira. E só quem lá estêve presente poderá contar o que é aquêle delírio de cêrca de seis mil pessoas, cantando, sambando, pulando, a noite inteira, sem parar um minuto.

E assim mesmo, o ponto mais alto do carnaval ainda não são os bailes. É o desfile das escolas de samba, associações carnavalescas compostas de milhares de sócios; tudo gente modesta, que vive principalmente nas favelas e nos subúrbios. Uma escola de samba se compõe de vários elementos, sendo os principais: os bailarinos (passistas), os que tocam (bateria), e a massa de figurantes que fazem o desfile. As roupas (fantasias) são de um grande luxo e custam meses de trabalho e economia.

Trata-se de uma festa de rara beleza e colorido; começa às nove da noite e vai até ao amanhecer do dia seguinte. Muitas vêzes o sol já está alto e ainda se vêem escolas de samba desfilando, porque a noite não chegou para que tôdas se apresentassem.

---

[1]**Rei Momo**   name of the King of Merriment
[2]**gorda**   Shrove Tuesday (Mardi Gras)

UNIDADE CATORZE

Diálogo principal:

CONFERÊNCIA
NA UNIVERSIDADE
DA GUANABARA

Patrícia, Iara, Zé Maria e Flávio, outro colega da PUC, foram à
Universidade da Guanabara, assistir à conferência de um sociólogo,
convidado a falar sôbre o tema " Unidade Brasileira."[1] *Ainda estão na*
sala. O professor acaba de sair.

1. IARA: Muito bem explicado. Embora eu preferisse que o professor demorasse menos.
2. PATRÍCIA: O que êle quis dizer com "civilização de caranguejos"? [2]
3. FLÁVIO: Que nossa civilização só poderia crescer se deixássemos de viver agarrados às praias como caranguejo.
4. IARA: Mas hoje temos dezenas de cidades importantes além da barreira da Serra do Mar.[3]
5. PATRÍCIA: Eu sei: Belo Horizonte, Curitiba, Campinas. São Paulo, é claro. E Brasília.

Os quatro param diante de um mapa na entrada do auditório.

6. ZÉ MARIA: Gostei que êle insistisse no tema da unidade brasileira.
7. PATRÍCIA: O que eu acho espantoso é Portugal, tão pequeno, ter conseguido manter unido um território tão grande.
8. FLÁVIO: Por isso não gostamos quando nos confundem com o resto da América Latina.
9. ZÉ MARIA: É como se esquecessem nossa singularidade.
10. FLÁVIO: Anotei as informações do professor sôbre a industrialização no Nordeste.
11. PATRÍCIA: Diz Mário que em Recife agora fabricam geladeiras.
12. IARA: Pois eu gostaria que cuidássemos mais da agricultura e do homem do interior.

São Paulo: Capital da indústria latinoamericana.

LECTURE AT THE UNIVERSITY OF GUANABARA

Patricia, Iara, Zé Maria, and Flavio, another classmate from the PUC,
have gone to the University of Guanabara to attend a lecture by a
sociologist invited to speak on the theme "Brazilian Unity." They are
still in the classroom. The professor has just left.

1. IARA: Very well explained, although I wish he hadn't taken so long [might prefer that he delay less].
2. PATRICIA: What did he mean by "crab civilization"?
3. FLAVIO: That our civilization would grow only if we stopped living along the beaches like crab(s).
4. IARA: But today we have a lot of [tens of] important cities beyond the barrier of the Serra do Mar.
5. PATRICIA: I know: Belo Horizonte, Curitiba, Campinas. And São Paulo of course. And Brasilia.

The four stop in front of a map at the entrance to the auditorium.

6. ZÉ MARIA: I'm glad that he insisted on the theme of national unity.
7. PATRICIA: What I find amazing is that Portugal, as small as it is [so small], was able to keep [maintain] so large a territory united.
8. FLAVIO: That's why we don't like it when they confuse us with the rest of Latin America.
9. ZÉ MARIA: It's as if they forgot our uniqueness.
10. FLÁVIO: I took notes on the professor's material about industrialization in the Northeast.
11. PATRICIA: Mario says that in Recife they are now manufacturing refrigerators.
12. IARA: Well, I wish that we would think more about agriculture and the people [man] from the country.

Explicação cultural

[1] O Brasil ocupa aproximadamente a metade da área total da América do Sul e seu povo constitui quase a metade da população do continente sul-americano. É um lugar comum, pois, dizer que o Brasil é um "país continente."

Embora existam pequenas diferenças regionais, seu povo sempre pensa no país como um todo. Dada, pois, sua imensidão territorial, esta unidade brasileira salta aos olhos, quando se compara o Brasil com a parte da América Latina de língua espanhola, que está dividida em dezoito nações.

Na formação da nacionalidade brasileira os fatôres dispersivos eram poderosos: as grandes distâncias, a barreira da Serra do Mar, que se estende por milhares de quilômetros paralelamente ao litoral, a falta de bons meios de comunicação, o isolamento e individualismo dos pequenos núcleos colonizadores. Mas contra tudo isto os fatôres unificadores puderam mais: a relativa homogeneidade da terra, o govêrno central, a religião, o idioma português, além de vários acontecimentos históricos, tais como as famosas bandeiras, ou entradas pelo sertão, realizadas pelos paulistas em busca de riquezas, e especialmente a guerra contra os holandeses no século dezessete.

[2] Expressão usada pelo historiador franciscano do século dezessete Frei Vicente do Salvador em seu livro *História do Brasil* para referir-se à fase inicial da colonização litorânea do Brasil.

[3] A Serra do Mar é uma cordilheira que se estende ao longo do litoral desde a desembocadura do Rio Paraíba até o Estado de Santa Catarina. A serra é interessante pelos seus picos elevados, como o chamado Dedo de Deus, que tem 1.600 metros de altitude. Note-se que a Serra do Mar constitui a parte leste do chamado grande planalto central, região montanhosa de elevações médias em comparação com os Andes.

Diálogo visualizado

Mário vê um apartamento para alugar.

1. MÁRIO: Eu pensava que fôsse menor.
2. ZELADOR*: O senhor não gostou?
3. MÁRIO: Não é isso. Não preciso de apartamento com copa e banheiro de empregada.
4. ZELADOR: Mas o preço é o mesmo.
5. MÁRIO: Eu sei. Mas eu teria muito trabalho em limpá-lo.

Mario looks at an apartment for rent.

I was thinking that it would be smaller.
Didn't you like it?
It's not that. I don't need an apartment with a breakfast room and maid's bathroom.
But the price is the same.
I know. But it would be a lot of work to keep it clean.

---

*zelador building custodian

6. ZELADOR: Que nada. E êste apartamento ainda tem ar condicionado.

    Not at all. And this apartment even has air conditioning.

7. MÁRIO: Olhe, esta janela está quebrada.

    Look, this window is broken.

8. ZELADOR: O dono disse que mandaria consertar, assim que o alugasse.

    The owner said he would have it repaired just as soon as the apartment was rented.

Vocabulário para substituição

A. Eu gostaria de alugar um apartamento _____ .

    I'd like to rent an apartment _____ .

    mobiliado   *furnished*

    com dois quartos   *with two bedrooms*

    sem móveis   *without furniture (unfurnished)*

    com geladeira   *with a refrigerator*

    com fogão a gás   *with a gas kitchen stove*

B. Pois não. Eu lhe mostro um.   *All right. I'll show you one.*

A. Você poderia _____ _____ ?

    ligar (desligar)   a televisão

    ligar (desligar)   a máquina de lavar

    ligar (desligar)   o rádio

    acender (apagar)   a luz

    Could you _____ _____ ?

    turn on (turn off)   *the TV*

    turn on (turn off)   *the washing machine*

    turn on (turn off)   *the radio*

    turn on (turn off)   *the light*

B. Pois não.   *Of course.*

A. Você poderia trazer _____ .

    Would you please bring _____ ?

    os pratos   *the dishes*

    uma faca   *a knife*

    um garfo   *a fork*

    uma colher   *a spoon*

    um copo   *a glass*

B. Pois não. Vou já.   *Yes, indeed. I'll be right there.*

Estruturas básicas

§ 53 Condicional

Conditional

E X E M P L O S

Eu **gostaria** de ver a cidade.
Êle me disse que **seria** impossível.
O professor não **poderia** explicar melhor o assunto.

F O R M A S

Conditional

Infinitive as Stem*	Tense-Pers.-No. Markers
morar- conhecer- servir- ser- estar- ter-	ia ia íamos iam

* Three verbs use a shortened stem of the infinitive in the future and the conditional. These verbs are **dizer (dir-)**, **fazer (far-)**, and **trazer (trar-)**.

F A L A   E   E S C R I T A

morarĨamuS	moraríamos	kuɲeserĨamuS	conheceríamos
morarĨã w̃	morariam	kuɲeserĨã w̃	conheceriam
morarĨa	moraria	kuɲeserĨa	conheceria
morarĨa	moraria	kuɲeserĨa	conheceria

See Appendix C, Note XXII.

Substituição simples

1. **Nós poderíamos** vê-los agora?

   a. Êle poderia
   b. Os senhores poderiam

   c. Ela poderia
   d. Êles e Flávio poderiam

2. **Você teria** dois cruzeiros novos?

   a. Vocês teriam
   b. Êles teriam
   c. O rapaz teria

   d. Ela teria
   e. Alguém teria

3. **O senhor poderia** descontar um cheque?

   a. Elas poderiam
   b. Os rapazes poderiam
   c. Eu poderia

   d. Ela poderia
   e. Todos vocês poderiam

4. Êle sabia que **ela chegaria** a tempo.[1]

   a. eu chegaria
   b. nós chegaríamos
   c. vocês chegariam

   d. João chegaria
   e. êles chegariam

5. Êle disse que **ela viria**.

   a. êles viriam
   b. você viria

   c. os senhores viriam
   d. o escritor viria

Substituição de um elemento

1. **Eu** gostaria de ir à conferência.

   a. Êles
   b. Nós
   c. As môças

   d. Meu professor
   e. Flávio

2. Êle acha que **Zé Maria** poderia ir.

   a. os outros alunos
   b. eu
   c. Iara e eu

   d. vocês
   e. a turma tôda

---

[1] **a tempo** on time

3. Eu sei que **você** não diria isso.

    a. Flávio e Zé Maria   d. a môça

    b. vocês   e. os alunos

    c. os meninos

4. **O homem** explicou por que demoraria.

    a. Eu   d. Ninguém

    b. Nós   e. A empregada dela

    c. As empregadas

5. Pensei que **ela** teria aula esta semana.

    a. nós   d. vocês

    b. êles   e. você

    c. o senhor

Transformação

Mude do presente e futuro para o pretérito perfeito e o condicional.

(Change from the present and the future to the preterite and the conditional.)

1. Êle diz que irá à cidade.   Êle disse que iria à cidade.
2. Eu penso que terei tempo.
3. Eu sei que ela vai chegar.
4. Ela escreve que trará êsse mapa.
5. Nós dizemos que êles não vão ganhar.
6. Êles dizem que vão alugar uma casa.

§ 54 Imperfeito do subjuntivo

    Past Subjunctive

E X E M P L O S

    Gostei que êle **insistisse** no tema.
    Eu pensava que **fôsse** um lugar especial.
    É pena que nós não **estivéssemos** lá.

FORMAS

Past Subjunctive*

Infinitive	Preterite Stem	Vowel	Vowel Sound	Tense-Pers.-No. Markers
REGULAR VERBS				
morar	mor-	a-	/A/	sse
conhecer	conhec-	e-	/E/	sse
servir	serv-	i-	/I/	ssemos†
				ssem
IRREGULAR VERBS				
dizer	diss-	e-	/Ȩ/	
querer	quis-	e-	/Ȩ/	
saber	soub-	e-	/Ȩ/	
trazer	troux-	e-	/Ȩ/	
estar	estiv-	e-	/Ȩ/	
fazer	fiz-	e-	/Ȩ/	sse
poder	pud-	e-	/Ȩ/	sse
pôr	pus-	e-	/Ȩ/	ssemos†
ter	tiv-	e-	/Ȩ/	ssem
ser *or* ir	fô-	-	-	
vir	vi-	e-	/Ȩ/	
ver	v-	i-	/I/	
dar	d-	e-	/Ȩ/	

* base stem from the third person plural preterite less **-ram**
† Stressed vowel in the first person plural is written with an acute accent (´),
   except for regular **-E-** verbs and **ser** or **ir**, which take a circumflex (ˆ).

The past subjunctive is used in dependent clauses when they refer to past time (see Sections 27, 30, 35, 38) after certain main verbs.

See Appendix C, Note XXIII.

FALA E ESCRITA

morAsemuS	morássemos	kuŋesEsemuS	conhecêssemos	sixvIsemuS	servíssemos
morAsẽỹ	morassem	kuŋesEsẽỹ	conhecessem	sixvIsẽỹ	servissem
morAsi	morasse	kuŋesEsi	conhecesse	sixvIsi	servisse
morAsi	morasse	kuŋesEsi	conhecesse	sixvIsi	servisse

Past Subjunctive: Uncertainty and Causality Expressions in Past Time

Main Clause	Relater	Dependent Noun Clause
Eu queria *I wanted*	que *(that)*	êles conhecessem meus amigos. *them to know my friends.*
Êles pediram *They asked*	que *(that)*	nós chegássemos a tempo. *us to arrive on time.*
Era preciso *It was necessary*	que *(that)*	ela tivesse dinheiro. *for her to have money.*
Ela duvidava *She doubted*	que *(that)*	êle fôsse brasileiro. *he was a Brazilian.*
Eu pensava* *I thought*	que *(that)*	êles ganhassem o prêmio. *they won the prize.*
Êle queria *He wanted*	que *(that)*	alguém lhe desse uma explicação. *someone to give him an explanation.*
É espantoso *It is surprising*	que *(that)*	Portugal conseguisse fazer isso. *Portugal managed to do that.*

* followed by subjunctive to indicate surprise or unexpected result.

Substituição simples

1. Ela gostou que **êle assistisse** a conferência.

   a. êles assistissem
   b. eu assistisse
   c. nós assistíssemos
   d. vocês assistissem

2. Pensei que **vocês trouxessem** o rádio.

   a. êle trouxesse
   b. as senhoras trouxessem
   c. ela trouxesse
   d. êles trouxessem
   e. um de vocês trouxesse

3. Êle preferia que ela **demorasse menos**.

   a. ficasse no lugar
   b. soubesse a verdade
   c. trouxesse seus amigos
   d. fizesse o trabalho

4. Êles não queriam que **elas falassem** comigo.

a. vocês falassem
b. ela falasse

c. ninguém falasse
d. os dois senhores falassem

Substituição de um elemento

1. Êle queria que **nós** fôssemos comprar os móveis.

a. a espôsa
b. êle e a espôsa

c. vocês
d. um de vocês

2. Era bom que **êle** alugasse êsse apartamento.

a. vocês
b. seu amigo Plínio

c. Júlia e Paula
d. nós

3. Êle pediu que a **secretária** batesse² as cartas.

a. as môças
b. a Sra. Gonçalves

c. as secretárias
d. vocês dois

4. É provável que **você** esquecesse o nome dêle.

a. vocês
b. sua amiga Marta

c. o Sr. e a Sra. Ramos
d. alguém

Transformação

Mude do presente para o imperfeito.

(Change from the present to the imperfect.)

1. Nós queremos que vocês conheçam nossos amigos.
2. É preciso que eu saiba tudo.
3. Êles esperam que a gente traga muito dinheiro.
4. É provável que não tenhamos tempo.
5. Patrícia quer que eu fale português com ela.
6. Quero que vocês estejam lá.
7. Espero que êle sirva um bom prato.

Nós queríamos que vocês conhecessem nossos amigos.

---

²**batesse** from **bater a máquina,** to type[write]

§ 55   Imperfeito de subjuntivo em oração adjetiva

Past Subjunctive in Adjectival Clauses

E X E M P L O S

Não conheciam ninguém que **tivesse** apartamento na praia.
Eu nunca vi uma fantasia que **custasse** tanto.

F O R M A S

<table>
<tr><td colspan="2" align="center">Past Subjunctive in Adjectival Clauses</td></tr>
<tr><td align="center">*Main Clause*</td><td align="center">*Dependent Clause*</td></tr>
<tr><td>Procurava uma telefonista
I was looking for a telephone operator</td><td>que soubesse inglês.
who knew English.</td></tr>
<tr><td>Não vi ninguém
I didn't see anyone</td><td>que quisesse sair de casa.
who wanted to leave home.</td></tr>
</table>

Note: **Procuro uma telefonista que saiba inglês.** *(I'm looking for a telephone operator who knows English.)* Compare corresponding adjectival constructions in the present tense in section 30.

Substituição simples

1. Êle não conhecia ninguém que **tivesse um apartamento**.

   a. morasse lá
   b. estudasse no Rio

   c. tivesse televisão
   d. gostasse dela

2. Queriam uma casa que **não fôsse muito cara**.

   a. tivesse muitas janelas
   b. fôsse bonita

   c. estivesse em outro bairro
   d. ficasse perto da escola

3. Não vi ninguém que **falasse português**.

   a. apanhasse uma orquídea[3]
   b. insistisse nesse tema

   c. quisesse ir comigo
   d. fôsse meu amigo

4. A professôra procurava **um aluno que lesse mais**.

   a. alguém que trouxesse um livro
   b. um jornal que tivesse essa notícia[4]

   c. uma pessoa que falasse inglês

---

[3]**apanhasse uma orquídea** picked an orchid
[4]**notícia** news item

Substituição de um elemento

1. Preferia um apartamento que **tivesse dois quartos**.

    a. ser nôvo
    b. estar próximo do centro

    c. ter ar condicionado
    d. não custar muito dinheiro

2. Êle queria que suas filhas **falassem inglês**.

    a. estudar nos Estados Unidos
    b. gostar de São Paulo

    c. ler bons livros
    d. ver êsse filme

3. Êles procuravam uma casa que **estivesse perto da universidade**.

    a. ser fácil de vender
    b. ter jardim

    c. ser longe da cidade
    d. estar perto da praia

4. Ela queria um livro que **fôsse interessante**.

    a. insistir no tema
    b. não custar muito
    c. ter fotografias[5]

    d. êle querer
    e. poder ler

Transformação

Mude do imperfeito do indicativo para o imperfeito do subjuntivo.

(Change from the imperfect indicative to the past subjunctive.)

1. Eu procurava o livro que era dêle. **um livro**   Procurava um livro que fôsse dêle.
2. Eu queria conhecer o homem que falava inglês. **um homem**
3. Não vimos os alunos que estudavam português. **nenhum aluno**
4. Íamos comprar a televisão que era barata. **uma televisão**

5. Não achamos o hotel que êles gostavam. **um hotel**
6. Êle não tinha a música que eu gostava. **uma música**

---

[5]**fotografias** photographs

§ 56 Imperfeito do subjuntivo em oração adverbial

Past Subjunctive in Adverbial Clauses

E X E M P L O S

Gostei da conferência **embora eu preferisse que êle demorasse menos.**
A civilização só podia crescer **se deixasse de viver agarrada às praias.**

F O R M A S

Past Subjunctive in Dependent Adverbial Clauses		
Main Clause	*Relater*	*Dependent Adverbial Clause*
Não saímos *We did not leave*	embora *although* ainda que *although* antes que *before* até que *until* caso *in case* sem que* *without* a não ser que *unless*	êles o quisessem. *they wished it.*
Trabalhamos muito *We worked hard*	para que *so that* de maneira que *so that* contanto que† *provided that* sem que‡ *without*	êle nos pagasse bem. *he might pay us well.*

* **sem que êles o quisessem**   without their wishing it
† **contanto que êle nos pagasse bem**   provided that he paid us well
‡ **sem que êle nos pagasse bem**   without his paying us well

Compare: Nós vamos sair mesmo que êles não queiram.
Nós saímos mesmo que êles não quisessem.
Êles não o fazem antes que eu queira.
Êles não o fizeram antes que eu quisesse.
Você diz isso embora o professor não goste.
Você disse isso embora o professor não gostasse.
See Sections 35 and 38 for uses of the present subjunctive in adverbial clauses.

Substituição simples

1. Queríamos ir **mesmo que** êles não quisessem.

   a. ainda que
   b. se bem que

   c. embora

2. Fomos lá para que êle nos **pagasse**.

   a. ensinasse
   b. conhecesse

   c. encontrasse

3. Fomos lá para que ela **conhecesse o professor**.

   a. pudesse conhecer Flávio
   b. ficasse contente

   c. não ficasse sòzinha
   d. aprendesse algo sôbre o Brasil

4. Ela procurava fazer com que **eu** lesse mais.

   a. suas amigas
   b. os professôres
   c. a gente

   d. nós
   e. todos

Substituição de vários elementos

1. Nós sairíamos **ainda que** êles **dissessem que não**.

   a. a não ser que/não querer
   b. antes que/chegar

   c. embora/precisar de nós
   d. sem que/saber

2. Eu fiz isso para que **vocês ficassem contentes**.

   a. êle/saber fazer na próxima vez
   b. nós/não ter muito trabalho depois

   c. o senhor/não insistir mais
   d. os alunos/não sair antes da hora

3. Trabalhamos muito sem que **êles fizessem nada.**

   a. nossos amigos/nos ajudar[6]
   b. ninguém/nos pagar
   c. êles/saber

   d. a gente/ganhar nada
   e. o chefe/agradecer[7]

4. **Êle** falou como se fôsse **professor.**

   a. Êle/sociólogo
   b. Êles/médicos
   c. nós/homens do interior

   d. Eu/brasileiro
   e. Ela/carioca

Ortografia

/d/, [ḑ], /p, t/, [ṯ], /i, ĩ, a, ã, u, ũ/

Writing Drill

Listen, say, see, copy, listen, write.

GRAFIA DE SONS

/d/	[ḑ]	/p/	/t/	[ṯ]
dez	dia	para	porta	artigo
doze	edifício	sapato	ter	discutir
quando	pedir	roupa	todo	antipática
vida	tarde	pegar	tanto	último
mudar	bonde	exemplo	Teresa	ótimo
deixa	diploma	passar	auto	útil
perder	dizer	principal	telegrama	repetir
advogado	grande	pobre	leitura	noite
deitar	direito	ocupado	três	antigo
imperador	cidade	hospital	traga	quente
discutir	digo	pedir	tal	turístico

---

[6]**nossos amigos nos ajudar**   (without our friends') helping us
[7]**o chefe agradecer**   (without the boss') thanking us

DITADO

1. /d/ and [ɖ]

   O diretor deu o diploma durante a tarde.

   O médico dela disse que devia deitar-se.

2. /t/ and [ʈ]

   Tomara que todos torçam pelo time.

   Não tenho tempo para trabalhar tanto.

3. /p/

   O paletó prêto de papai é pequeno.

   É possível procurar papel para a prova?

GRAFIA DE SONS

/i, ĩ/	/a/, [ã]	/u, ũ/
inverno	programa	fuzil
inglês	ando	mundo
simples	trabalho	junto
ritmo	campo	pergunto
ensinar	casa	unir
impossível	saber	último
xícara	amiga	açúcar
linha	simpática	estudo
camisa	guardar	saiu
via	chamar	morou

DITADO

1. /u/ and /a/

   Vou mudar para sua rua.

   Subamos aquela última rua.

2. /i/ and /a/

   Sua filha é ainda mais môça do que a minha.

   Iara e Marisa não são irmãs.

Perguntas e revisão individual

Perguntas sôbre o Diálogo principal

1. O que Iara achou da conferência?
2. Quem demorou demais?
3. O que o sociólogo quis dizer com "civilização de caranguejos"?

4. Quem vivia agarrado às praias?
5. O que há longe do litoral brasileiro?
6. Quais são algumas dessas cidades?
7. O que é que Patrícia acha espantoso?
8. De que Flávio diz que os brasileiros não gostam?
9. O que fabricam em Recife?

Perguntas sôbre o Diálogo visualizado

1. Como era o apartamento que Mário viu?
2. O que o zelador perguntou?
3. Por que o Mário não gostou do apartamento?
4. Quais são as peças[1] dêste apartamento? Se você tem apartamento, como é o seu?
5. Vocês em casa têm ar condicionado?
6. Que coisa está quebrada?
7. Quando o dono disse que mandaria consertar?

Revisão individual

LOOKING FOR AN APARTMENT

A. Estou vendo o anúncio de um apartamento mobiliado para alugar.
B. Tem_____?
     dois quartos
     ar condicionado
     _____?

A. Tem sim.
B. Então vamos vê-lo.

HOUSEWORK

A. A empregada não veio hoje.
B. Não? Então temos que_____.
     limpar a casa
     cozinhar para todos
     _____?

---

[1]**peças** rooms

A. Que pena!

B. É mesmo. Espero que ela fique boa amanhã.

RADIO AND TV

A. Você poderia ligar_____?

> o rádio
> a televisão
> _____ ?

B. Pois não, mas não acha muito tarde?

AT TABLE

A. Faça o favor de me trazer_____.

> um garfo
> uma faca
> um copo

B. Pois não. Já tem_____?

> colher
> guardanapo
> _____ ?

POLITE WISHES

A. Gostaria que alguém_____.

> me desse uma explicação
> ajudasse nisso
> _____ ?

B. Com todo prazer.

Leitura: SÃO PAULO VISTO POR UM CARIOCA

"O paulista, mesmo quando está sem fazer nada, finge que trabalha; o carioca, mesmo trabalhando, não faz nada." Essa piada, embora seja apenas uma meia verdade, traduz a filosofia dos habitantes das duas cidades. Enquanto o Rio faz propaganda das suas belezas naturais, das suas praias, do samba e do carnaval, São Paulo quer ser considerada a cidade que não brinca, só trabalha.

Na verdade, São Paulo é mesmo o coração do parque industrial brasileiro. Antigamente se dizia que na paisagem ao redor de São Paulo as chaminés de fábrica substituíam as árvores; hoje, as fábricas já não têm chaminés, mas continuam rodeando a cidade em maior número do que antes. E São Paulo não é apenas industrial; é um dos centros agrícolas mais importantes do país. Dominando a produção cafeeira, embora nos últimos anos os cafezais se deslocassem mais para o norte do Paraná, São Paulo continua sendo a capital do café.

O Rio é cosmopolita, mas São Paulo é internacional. No Rio o estrangeiro é turista, em São Paulo é habitante. Para São Paulo sempre se dirigiu, com preferência, a emigração estrangeira. E São Paulo soube aproveitar o trabalho e a técnica que lhe vinham oferecer os seus novos cidadãos.

Era pois natural que, trabalhando tanto, produzindo tanto, São Paulo se tornasse o centro econômico mais importante do Brasil.

Centro econômico e, lògicamente, centro de cultura. São Paulo é rica em universidades, bibliotecas, museus, editôras; seus jornais são poderosos, embora não consigam alcançar a penetração nacional dos jornais do Rio. Mas o seu teatro é pioneiro e as companhias paulistas hoje se alternam nos palcos paulistas e cariocas. E começando com uma frase do povo, terminemos com outra:

"Temos que trabalhar até que o Brasil todo fique como um grande São Paulo."

UNIDADE QUINZE

Diálogo principal:

UMA PARTIDA
DE FUTEBOL[1]
NO MARACANÃ

*Domingo à tarde, o Dr. Álvaro, Patrícia, Iara e Moacir assistem a um
Fla-Flu no estádio do Maracanã. Iara e Moacir torcem pelo Flamengo;
o Dr. Álvaro torce pelo Fluminense. Patrícia ainda não se decidiu. Está em
pleno jôgo.*

1. DR. ÁLVARO: Estão entrando na área perigosa! Corra, homem! Você parece que está morto!
2. MOACIR: Gol [2] do Flamengo! Eu não disse que antes que tivesse passado meia hora nós fazíamos gol?
3. PATRÍCIA: Mas o capitão do Fluminense está protestando. Será que o juiz vai anular o gol?
4. MOACIR: Não pode! Foi gol! Êsse juiz é um ladrão!
5. IARA: Não grite, menino! Mamãe lhe recomendou que não gritasse!

Grande barulho nas arquibancadas. O placar muda para 1 × 0.

6. DR. ÁLVARO: Com êsse pessoal não é possível jogar! Não estão nem suando a camisa!
7. IARA: Mas papai, o senhor deve confessar que foi gol, e muito bem feito.
8. PATRÍCIA: Lá vem o rapaz do sorvete. Moacir, quer me dar um sorvete para festejar?
9. MOACIR: Dou sorvete, dou o que você quiser. Um a zero!
10. PATRÍCIA: Nunca tinha visto tanto entusiasmo! Por que você não vai ser jogador de futebol?
11. MOACIR: Ah, futebol não é carreira que a gente escolha. Aos trinta anos, o melhor jogador está acabado.
12. DR. ÁLVARO: Bons tempos eram os do amadorismo. Sabe que eu fui jogador do Fluminense? Embora nunca passasse da reserva ...

O grande Pelé participando do esporte favorito dos brasileiros.

A SOCCER GAME AT MARACANÃ

*Sunday afternoon, Dr. Alvaro, Patricia, Iara, and Moacir go to a soccer
match between "Fla" (Flamengo) and "Flu" (Fluminense) in Maracanã
stadium. Iara and Moacir root for Flamengo; Dr. Alvaro roots for
Fluminense. Patricia still hasn't made up her mind. The game is in progress.*

1. DR. ALVARO: They're getting into the danger zone. Go, man! You act like you're
   dead.
2. MOACIR: Goal for Flamengo! Didn't I tell you we would make a goal before the
   first half hour was over?
3. PATRICIA: But the Fluminense captain is protesting. (Do you think) the official is
   going to disallow the goal?
4. MOACIR: He can't! It was a score! That official is blind [a robber]!
5. IARA: Don't yell (so), young fellow! Mother told you not to yell.

A loud roar from the stands. The scoreboard changes to 1 to 0.

6. DR. ALVARO: You can't win with such people! They aren't even working up a
   sweat.
7. IARA: But, Dad, you have to admit it was a goal, and a good one at that [well-made
   one].
8. PATRICIA: There comes the ice cream man. Moacir, do you want to treat me to an
   ice cream (just) to celebrate?
9. MOACIR: I'll buy [give] you ice cream, (or) whatever you want. One to zero!
10. PATRICIA: I've [I had] never seen such enthusiasm! Why aren't you going to be a
    soccer player?
11. MOACIR: Oh, soccer isn't a profession we would [may] select. At thirty (even) the
    best player is finished.
12. DR. ALVARO: Those were great days when there were amateurs. Did you [do you]
    know I played for Fluminense? Although only as a reserve . . .

Explicação cultural

[1] O futebol é o esporte predileto dos brasileiros. Há grandes estádios nas principais cidades do país, e o Maracanã, no Rio de Janeiro, é o maior do mundo. Foi construído em poucos meses para ser a sede da IV Copa do Mundo em 1950. Quando o Brasil participa do campeonato mundial de futebol (Copa do Mundo) quase todos os brasileiros acompanham os jogos através da imprensa falada e escrita. Os brasileiros conquistaram o título mundial em 1958, 1962, e 1970. Agora pode se dizer que os brasileiros, com o grande Pelé,* rei do futebol, são dos poucos que dominam o esporte bretão. É um esporte que atrai pessoas de tôdas as idades e camadas sociais. Os melhores jogadores da futebol do país ganham verdadeiras fortunas.

[2] **Gol** é uma das palavras inglêsas incorporadas ao vocabulário da língua portuguêsa após adaptação fonética e ortográfica. Outros exemplos: **futebol, sanduíche, coquetel, escore.**

Diálogo visualizado

Mário e Patrícia assistem um jôgo de basquete no Maracanãzinho.

Mario and Patricia attend a basketball game at "Little" Maracanã.

1. MÁRIO: Trinta e sete a vinte e cinco! Você viu a cesta que o número seis fêz?

   Thirty-seven to twenty-five! Did you see the basket that number six made?

2. PATRÍCIA: Foi muita sorte. Êle já tinha quase perdido a bola.

   He was just lucky. He had nearly lost the ball.

3. MÁRIO: Êle estava muito bem colocado.

   He was in very good position.

4. PATRÍCIA: Você fala como se fôsse muito entendido.

   You talk as if you knew all about it.

5. MÁRIO: Olhe! Fêz outra igualzinha.

   Look! He made another one just like it.

6. PATRÍCIA: Seria melhor que eu não tivesse vindo. O meu time vai perder.

   It would have been better if I hadn't come. My team is going to lose.

7. MÁRIO: Tenha calma. Não fique nervosa.

   Relax. Don't get upset.

---

* **Pelé**   nickname of Edson Arantes do Nascimento

Vocabulário para substituição

A. Você nunca tinha jogado

_____?

    xadrez
    pingue-pongue
    cartas
    gôlfe

B. Não.

Hadn't you ever played

_____?

    chess
    ping-pong
    cards
    golf

No.

A. Que jôgo houve ontem?

B. Houve um jôgo de

_____muito bom.

    futebol
    basquete
    voleibol
    tênis
    beisebol

What game took place yesterday?
There was a very good

_____ game.

    soccer
    basketball
    volleyball
    tennis
    baseball

Estruturas básicas

§ 57 Verbo haver

*Verb **haver***

EXEMPLOS

O que é que **há**?
Há dois livros na mesa.
Ontem não **houve** jôgo.
Espero que não **haja** aula amanhã.
Há um ano que estou aqui.[1]

---

[1]**Há um ano que estou aqui.** I have been here for a year.

F O R M A S

Impersonal* Forms of **haver**

Pres.	Imperf. †	Pret.	Fut.	Cond.
		INDICATIVE		
há	havia	houve	haverá	haveria
		SUBJUNCTIVE		
haja	houvesse		houver	

* third person singular
† in the subjunctive, referred to as the past

F A L A   E   E S C R I T A

Aʒa	haja	owvE̦si	houvesse	Owvi	houve
A	há	avIa	havia		
		averA	haverá	averIa	haveria
		owvE̦x	houver		

The invariable forms shown serve for both singular and plural subjects: **Há um livro, dois livros; havia uma môça, duas môças, etc.**

Some Personal Forms of **haver**

Pres. Indic.	Pres. Subj.	Pret. Indic.
hei	haja	houve
há	haja	houve
havemos	hajamos	houvemos
hão	hajam	houveram

F A L A   E   E S C R I T A

avẼmuS	havemos	aʒÃmuS	hajamos	owvẼmuS	houvemos
Ã̃w	hão	Aʒã̃w	hajam	owvE̦rã̃w	houveram
Ey	hei	Aʒa	haja	Owvi	houve
A	há	Aʒa	haja	Owvi	houve

See Appendix C, Note XXIV.

Substituição simples

1. Hoje **houve** um jôgo de futebol.

   a. haverá

   b. há

2. Espero que haja uma festa **amanhã.**

   a. hoje

   b. no próximo domingo

   c. sábado à noite

   d. na semana que vem

3. Há **um ano** que êle joga basquete.

   a. cinco meses

   b. um ano e meio

   c. muitos anos

   d. muito tempo

4. Eu vi êsse filme **há três dias**.

   a. há dois anos

   b. há três semanas

   c. há muito tempo

   d. há uma semana

   e. há mais de um ano

5. Pensei que houvesse aula **hoje.**

   a. hoje de manhã

   b. amanhã

   c. na próxima semana

   d. depois de amanhã

   e. em janeiro no Brasil

Substituição de um elemento

1. Há **um ano** que êle não vem aqui.

   a. muito tempo

   b. três dias

   c. uma semana

   d. mais de seis meses

2. Há **muitos alunos** no curso?

   a. muita gente

   b. môças e rapazes

   c. alunos estrangeiros[2]

   d. algum amigo seu

3. É provável que haja cartas para **você.**

   a. êles

   b. elas

   c. seu primo

   d. Dona Teresa

---

[2]**estrangeiros**   foreign

4. Ela pensou que houvesse **aula** hoje.

   a. festa   c. exame
   b. jôgo   d. reunião[3]

5. Não havia **êsse livro** na biblioteca.

   a. essa revista   c. muitas pessoas
   b. romances dêle   d. muitos alunos

Pergunta com sugestão para resposta

1. Há um livro na mesa? **Não/dois livros**   Não, há dois livros.
2. Êle disse que havia um jôgo? **Não/dois jogos**
3. Haverá uma conferência esta semana? **Não/três conferências**
4. Houve duas aulas ontem? **Não/quatro aulas**
5. O que você espera? **que haver/um bom hotel lá**   Espero que haja um bom hotel lá.
6. O que vocês pensavam? **que haver/mais gente lá**   Pensávamos que houvesse mais gente lá.
7. Quando vocês vão ao cinema? **quando haver/um bom filme**   Vamos ao cinema quando houver um bom filme.
8. Por que êles estão limpando o estádio? **porque haver/jôgo amanhã**
9. Há muita gente lá agora? **agora não há mas/ontem haver/muita**

§ 58 Particípio passado

Past Participle

E X E M P L O S

   O Mário é **casado**?
   Elas nunca tinham **visto** tanto entusiasmo.
   Êle não sabia o que tinha **descoberto**.
   O livro não foi **escrito** por êle.

---

[3]**reunião** meeting

F O R M A S

Regular Past Participle

Infinitive	Stem	Theme-Aspect Marker
-A- VERBS		
morar	mor-	ado
-E- VERBS AND **-I-** VERBS		
conhecer	conhec-	{ido
servir	serv-	

F A L A   E   E S C R I T A

morAdu   morado   kuņesIdu   conhecido   sixvIdu   servido

Past Participle as Adjective

Noun	Past Participle	Noun Plus Adjective	
o homem	casado	o homem casado	*the married man*
os homens	casados	os homens casados	*the married men*
a môça	casada	a môça casada	*the married girl*
as môças	casadas	as môças casadas	*the married girls*

In this usage past participles match in gender and number the nouns they modify.

Irregular Past Participle

Infinitive	Past Participle	
abrir	aberto	*opened*
aceitar*	aceito	*accepted*
acender*	aceso	*lighted, lit*
descobrir	descoberto	*discovered*
escrever	escrito	*written*

Irregular Past Participle—*continued*

Infinitive	*Past Participle*
entregar*	entregue *delivered*
dizer	dito *said*
fazer	feito *done*
ganhar*	ganho *earned, won*
gastar*	gasto *spent*
pagar*	pago *paid*
pôr	pôsto *put*
suspender*	suspenso *suspended*
ver	visto *seen*
vir	vindo *come*

* The forms with an asterisk also have regular past participles—for example, **entregado**, **ganhado** and **pagado**—but since the shorter irregular forms above are equally acceptable, it is recommended that students use them at all times.

Substituição simples

1. Ela estava **vestida de azul**.

   a. perdida no centro
   b. sentada na cadeira

   c. ocupada
   d. preparada para o exame

2. As músicas **tocadas** eram sambas.

   a. mais pedidas
   b. ouvidas lá
   c. mais conhecidas

   d. apresentadas
   e. preferidas

3. O livro já foi **comprado**?

   a. escolhido
   b. escrito

   c. pago
   d. pedido[4]

---

[4]**pedido** ordered

4. Êste é o livro **recomendado por êle**.

    a. emprestado[5] por ela   d. de que tínhamos falado
    b. pedido por êle   e. que foi lido
    c. escrito por êle

5. Eu já tinha **visto** essa peça.

    a. assistido   c. estudado
    b. lido

Pergunta com sugestão para resposta

1. Que contas são estas?   **contas/pagar**   São contas pagas.
2. A que lugares você foi?   **só aos lugares/ conhecer**
3. De que poemas você gosta mais?   **dos/ escrever em português**
4. Podemos ficar em pé?[6]   **Não/sentar**   Não, podem ficar sentados.
5. De que café você gosta mais?   **vir/do Brasil**

§ 59 Mais-que-perfeito do indicativo

Past Perfect Indicative

E X E M P L O S

    Êle nunca **tinha visto** tanto entusiasmo.
    Quando êle chegou, não **tínhamos feito** nada.

---

[5]**emprestado** lent
[6]**ficar em pé** remain standing

F O R M A S

Past Perfect Indicative

Standard: Auxiliary ter *in Imperfect*	*Formal:* Auxiliary haver *in Imperfect*	*Past Participle*
tinha	havia	morado
tinha	havia	conhecido
tínhamos	havíamos	servido
tinham	haviam	feito

or / +

The compound perfect tenses with **ter** are drilled in this text; the forms with **haver** will be found only in formal written and spoken style and therefore will not be presented in other compound perfect tenses.

Tínhamos morado ali.	*We had lived there.*
Nós o tínhamos conhecido.	*We had known him.*
A Penha tinha me servido.	*Penha had served me.*
Não tinham feito nada.	*They hadn't done anything.*

The past participles used in compound tenses do not alter form to indicate number or gender of subject.

See Appendix C, Note XXV.

Substituição simples

1. Eu não **tinha feito nada**.

   a. tinha sabido de nada
   b. tinha visto ninguém

   c. tinha aprendido nada
   d. tinha comido quase nada

2. Nós **tínhamos comido muito peixe**.

   a. tínhamos ido ao supermercado[7]
   b. tínhamos pago a conta

   c. tínhamos tomado muito sorvete
   d. tínhamos comprado frutas

3. Êle já **tinha feito** tudo quando chegamos.

   a. tinha dito
   b. tinha escrito
   c. tinha pago

   d. tinha entregue
   e. tinha aberto

---

[7]**supermercado** supermarket

4. A mãe dela **tinha recomendado** que não saísse.

a. tinha dito

b. tinha pedido

c. tinha mandado[8]

Substituição de um elemento

1. **Êle** tinha preferido nadar na piscina.[9]
   a. Nós
   b. Os rapazes

   c. Eu
   d. Todos nós

2. **Nós** tínhamos assistido um jôgo lá.

   a. Os americanos
   b. O pessoal

   c. Os meninos
   d. A gente

3. Aquêle homem tinha **comprado** tudo.

   a. ler
   b. ver
   c. pagar

   d. entregar
   e. escrever
   f. abrir

4. Quando você chegou eu já tinha **saído**.

   a. jantar
   b. pagar a conta

   c. dizer o poema
   d. falar com êle

Transformação

Mude do pretérito para o mais-que-perfeito.

(Change from the preterite to the past perfect.)

1. Ela não viu a piscina.   Ela não tinha visto a piscina.
2. Êle já pagou a conta?
3. Eu entreguei os livros.
4. Os espanhóis descobriram a América.
5. Êle não leu êsse jornal.
6. Nós escrevemos muitas cartas.
7. Eu nunca vi essa fruta.

---

[8]**mandado** ordered
[9]**piscina** pool

§ 60 Mais-que-perfeito do subjuntivo

Past Perfect Subjunctive

E X E M P L O S

Eu pensava que êle já **tivesse pago** a conta.
O professor duvidava que **nós tivéssemos estado** doentes.

F O R M A S

Past Perfect Subjunctive		
Auxiliary ter in Past Subjunctive		*Past Participle*
tivesse		morado
tivesse		conhecido
tivéssemos	+	servido
tivessem		feito

Substituição simples

1. Êle pensou que **eu tivesse visto** o jôgo.

   a. os rapazes tivessem visto   c. você tivesse visto
   b. José e eu tivéssemos visto

2. Flávio não saiu antes que **êles tivessem vindo**.

   a. a gente tivesse comido   c. o garçom tivesse trazido o café
   b. eu tivesse pago a conta

3. Talvez êle **tivesse estado doente**.

   a. ela tivesse estudado um pouco   c. êles tivessem tido algum problema
   b. nós tivéssemos estado ocupados

4. Era provável que **o homem tivesse visto o jôgo**.

    a. eu tivesse entregue o dinheiro   c. êle tivesse pago tudo
    b. elas tivessem vindo

5. Ela duvidava que **suas amigas já tivessem ido embora**.

    a. seu pai tivesse comprado essa casa   c. seu namorado tivesse comprado um
    b. eu tivesse gostado da viagem   presente

Substituição de um elemento

1. Pensávamos que você tivesse **visto** isso ontem.

    a. pagar   d. escrever
    b. entregar   e. fazer
    c. ganhar

2. Talvez **o rapaz** tivesse estudado pouco.

    a. nós   d. elas
    b. você   e. eu
    c. êle   f. as meninas

3. Ela pensou que vocês tivessem **pago a entrada**.

    a. ver o gol   d. chamar o juiz de ladrão
    b. protestar   e. sentar na frente
    c. gritar demais

4. Êle pensou que **vocês** tivessem pago a conta.

    a. eu   d. nós
    b. os senhores   e. você
    c. os amigos dêle   f. o senhor

5. Era melhor que os rapazes não tivessem **feito** isso.

    a. escrever   c. trazer
    b. dizer   d. ganhar

Transformação

Mude do mais-que-perfeito do indicativo ao do subjuntivo.

(Change from the past perfect indicative to the past perfect subjunctive.)

1. Teresinha não tinha sido aluna dêle.
2. Êles não tinham visto o filme.
3. Vocês não tinham lido o poema.
4. Êle não tinha feito tudo.
5. Nós não tínhamos vindo aqui.

Pensei que Teresinha tivesse sido aluna dêle.
Pensei que êles tivessem visto o filme.
Pensei que vocês tivessem lido o poema.
Pensei que êle tivesse feito tudo.
Pensei que nós tivéssemos vindo aqui.

Mude do pretérito para o mais-que-perfeito do subjuntivo.

(Change from the preterite indicative to the past perfect subjunctive.)

1. Não sei se o Sr. Alves viu o jornal.
2. Não sei se êles escreveram a carta.
3. Não sei se as môças vieram do Rio.
4. Não sei se José teve tempo para estudar.
5. Não sei se êsses colegas pagaram a matrícula.[10]

Talvez o Sr. Alves tivesse visto o jornal.
Talvez êles tivessem escrito a carta.
Talvez as môças tivessem vindo do Rio.
Talvez José tivesse tido tempo para estudar.
Talvez êsses colegas tivessem pago a matrícula.

Ortografia

/g, gw, k, kw, ʒ, x, l, ļ, r, e, o/

Writing Drill

Listen, say, see, copy, listen, write.

1. /g/
   pegue, seguir, guia, grande, gosto, pagar
   Não gosto dessa goiaba.
   Eu pego isso e pago.

---

[10]**a matrícula**   registration fee, tuition

2. /gw/
água, Paraguai, guardar, Uruguai, guardo, guarda
Não guardo o carro.
Não quero esta água.

3. /k/
quente, aqui, querer, curso, quinze, local
Que é que Carlos quer comer?
Não está quente aqui.

4. /kw/
quase, quando, quais, quatro, quanto, qual
Qual é o quarto mais limpo?
Quais são os quatro grandes?

5. /ʒ/
gente, geléia, jeito, já, haja, jantar, vejo, jardim
Gilberto joga futebol.
A gente já jantou.

6. /x/
carro, correr, empurra, Rio, verde, rico, parte, cortar
O carro de Roberto corre muito.
Ricardo empurra um carrinho.

7. /l/
bola, lado, alface, lindo, hospital
É um belo hotel.
O Joel me deu o jornal.

8. /ḷ/
lhe, filho, velha, julho, ôlho
O velho lhe deu um presente.
O chapéu da mulher não é velho.

9. /r/
para, prato, branco, quererá, será
Êsse prato é de Paris.
Êle era o primeiro.

10. /e/
êle, êste, português, vocês, dê, comêço, teve, mesa
Êle estêve com vocês.
Conheço o francês.

11. /o/
môça, avô, tôda, vôo, almôço, todos, dona
Vocês têm tôdas as coisas?
O meu avô vai ao almôço.

SPELLING RULES

Rule Chart

Sound	Condition and/or Position	Spelling	Example
/l/	*In all cases*	l	janela
/ļ/		lh	trabalho
/r/		r	para, prata
/x/	*Between vowels within a word*	rr	carro
/x/	*In all other cases*	r	repetir, parte
/g/	*Followed by a front vowel:*	gu	alguém
/k/	/i, ĩ, e, ẽ, ę/	qu	quem
/gw/		gü	agüenta
/kw/		qü	eloqüente
/ʒ/		g *or* j	gente, jeito
/g/	*Followed by all other vowels*	g	logo
/k/		c	cada
/gw/		gu	guardar
/kw/		qu	qual
/ʒ/		j	jantar
/e/	*When written stress is required*	ê	você
/o/		ô	fôsse
/e/	*In all other cases*	e	sexta
/o/		o	todo

See also Appendix B, Note III.

Perguntas e revisão individual

Perguntas sôbre o Diálogo principal

1. Em que estádio é o Fla-Flu?
2. Quem fêz o primeiro gol?
3. De que Moacir chamou o juiz?

4. Por que Moacir não devia gritar?
5. Por que Patrícia queria sorvete?
6. Por que Moacir não quer ser jogador de futebol?
7. Com quantos anos o jogador de futebol está acabado?
8. Para o Dr. Álvaro quando eram os bons tempos?
9. O Dr. Álvaro já jogou futebol?

Perguntas sôbre o Diálogo visualizado

1. Qual o total de pontos que mostra o placar?
2. Que representa a ferradura[1] neste quadro?
3. Você sabe se o basquete é muito apreciado no Brasil?
4. Explique o que está fazendo a "TV Rio" nesse jôgo.
5. Você sabe quantos jogadores tem um time de basquete?
6. Seria melhor que a Patrícia não tivesse vindo ao jôgo?
7. É natural que Patrícia esteja nervosa, não é? E você, fica nervoso(a) quando vai ao jôgo?

Revisão individual

S P O R T S

A. Houve jôgo de_____ ontem?
> futebol
> basquete
> voleibol
> tênis

B. Houve sim. Vi na televisão.

A. Qual dêstes jogos você prefere?
B. Prefiro_____.
> tênis
> gôlfe
> _____?_____

A. Você já foi jogador de_____?
> futebol
> tênis
> _____?_____

---

[1]**ferradura** horseshoe

B. Sim,_____.
      quando era jovem
      quando morava no Rio
      _____?

G A M E S

A. Gostaria que me explicasse o jôgo de_____.
            xadrez
            pingue-pongue
            cartas
B. Explicaria se soubesse, mas não entendo de jogos.

Leitura: CIDADES DO INTERIOR

Olhando-se um mapa do Brasil, é facil descobrir que as grandes cidades, situadas à beira do mar, não são o único elemento importante na civilização brasileira. Para dentro, para o interior, fica o mundo do campo e das cidades menores, onde a maioria dos brasileiros estão vivendo e trabalhando.

Nos Estados Unidos, a grande quantidade de estradas e as facilidades dos meios de comunicação produziu uma relativa uniformidade nas suas pequenas comunidades. No Brasil, não sendo fáceis as comunicações, os pequenos centros urbanos ficam mais ou menos isolados, e com isso mantém melhor a sua singularidade, não obedecendo a um só padrão.

Assim mesmo, há entre todos muita coisa em comum. A comunidade do interior (povoação, vila ou cidade, segundo a importância e o número de habitantes) concentra a sua vida na praça principal, que é sempre larga e quadrada, com um repuxo, jardim e bancos (nas cidades mais antigas não falta a alamêda de palmeiras). Ali ficam a Prefeitura e a Câmara; a igreja, onde se celebra a grande festa do ano, no dia do santo padroeiro. Ali toca a banda de música nas tardes de domingo, quando os jovens se reunem na praça para passear e namorar. Na praça, ainda, se realizam os comícios políticos quando os candidatos às eleições falam ao povo, pedindo-lhe votos.

Mas é numa praça secundária que se realiza outro acontecimento importante na vida da cidade do interior: a feira. A feira é um ponto de encontro, num dia certo da semana, para os que vivem no campo, longe da cidade, e ali têm ocasião de comprar o que precisam e vender o que produzem. A feira vem nos lembrar que, apesar de todo o esfôrço urbano pela industrialização, o Brasil ainda é um país agrícola. Nem se deve esquecer que o café e o algodão são os seus principais produtos de exportação.

Review Quiz: Units XI-XV

I. TRANSFORMAÇÃO

Mude as frases para o imperfeito.

EXEMPLO: Êle gostava muito de ler.   Êle lia muito.
1. Nós pensamos em viajar.
2. Dona Amélia põe a mesa muito cedo.
3. O professor não se esquece de nada.
4. João não é assim.

II. TRANSFORMAÇÃO

Acrescente* os pronomes reflexivos.

EXEMPLO: Êle levantou cedo.   Êle se levantou cedo.
1. Patrícia lembra disso.
2. Eu deitei na cama.
3. Nós sentamos ali.

III. TRANSFORMAÇÃO

Combine as duas partes usando uma preposição.

EXEMPLO: Êle canta/gosta muito   Êle gosta muito de cantar.
1. Êles insistiam/partir logo
2. João se lembra/todos os jogos
3. Aconselhou-me/escrever cartas

IV. SUBSTITUIÇÃO

Dê o oposto das palavras indicadas.

EXEMPLO: Êle mora **perto**.   Êle mora longe.
1. A igreja fica ali **em frente**.
2. O livro está **em cima** do jornal.
3. Joãozinho está **dentro** da casa.
4. A casa dela é **à esquerda** da nossa.

---

*acrescente   add

V. TRANSFORMAÇÃO

Mude do imperfeito para o passado progressivo.

EXEMPLO: Ela preparava o almôço.   Ela estava preparando o almôço.
1. Elas gostavam dos rapazes.
2. Os cursos acabavam.
3. Êle começava a entender.
4. Êles conversavam sôbre as garôtas.

VI. TRANSFORMAÇÃO

Mude do imperfeito para o pretérito ou do pretérito para o imperfeito.

EXEMPLO: Elas sempre olhavam para mim.   Elas sempre olharam para mim.
Êle pôde chegar na hora.   Êle podia chegar na hora.
1. Ela saía da casa dêle.
2. Eu a conheci.
3. Nós não achávamos nada mau nisso.
4. Ela quis entrar naquela escola?
5. Meus amigos vieram de São Paulo.
6. Nós soubemos disso.
7. Elas não estavam doentes?
8. José trabalhou em Pernambuco?

VII. TRANSFORMAÇÃO

Mude as duas frases numa só fazendo uma comparação.

EXEMPLO: Los Angeles é grande. Nova Iorque é muito grande.   Nova Iorque é maior do que Los Angeles.
1. Êste café é bom. Aquêle café é muito bom.
2. Eu tenho vinte anos. Êle tem dezoito.
3. Helena escreve mal. Eu escrevo muito mal.
4. Nós falamos devagar. Êles falam muito devagar.
5. Sua casa é pequena. O apartamento é muito pequeno.

VIII. TRANSFORMAÇÃO

Mude do infinitivo para a construção em -ndo.

EXEMPLO: Nós vimos êle fazer a fantasia.   Nós vimos êle fazendo a fantasia.
1. Êles ouviram o homem reclamar o café.
2. Elas viram os brancos cantar e dançar.
3. Eu ouvi o músico tocar um samba nôvo.
4. Nós ouvimos todo mundo falar português.

IX. P E R G U N T A   E   R E S P O S T A

Responda a pergunta segundo a sugestão.

EXEMPLO: A que horas você sai?   **eu/sair às sete**   Eu saio às sete.
1. O que é preciso fazer?   **a gente/ler mais**
2. Quando você sai de casa?   **às oito da manhã**
3. Onde ela viu o homem?   **na rua**

X. T R A N S F O R M A Ç Ã O

Mude para o futuro do indicativo.

EXEMPLO: Êles vão morar aqui.   Êles morarão aqui.
1. Os passistas vão dançar mais tarde?
2. Vou trazer a minha mala.
3. Cada grupo vai apresentar seu próprio samba?
4. Êles vão me fazer êsse favor?

XI. P E R G U N T A   E   R E S P O S T A

Responda a pergunta segundo a sugestão.

EXEMPLO: Quando você vai conhecer o nosso amigo?   **quando vocês/o trazer**
  Vou conhecê-lo quando o trouxerem.
1. Quando êles vão sair?   **quando eu/fazer o trabalho**
2. Quantos livros vão ficar?   **todos os livros/êles não vender**
3. Quando nós assistiremos um ensaio?   **assim que os passistas/chegar**
4. Quando nós assistiremos um ensaio?   **quando nós/ter tempo**

XII. T R A N S F O R M A Ç Ã O

Mude para o condicional.

EXEMPLO: Você pode me ajudar?   Você poderia me ajudar?
1. Êle gosta de comprá-lo.
2. Êles nos ajudaram?
3. Nós trouxemos um presente.
4. Eu morei em Copacabana.

XIII. T R A N S F O R M A Ç Ã O

Mude do presente do indicativo e do subjuntivo para o imperfeito do indicativo e do subjuntivo.

EXEMPLO: É possível que êle traga o dinheiro.   Era possível que êle trouxesse o dinheiro.
1. Eu quero que êles nos acompanhem.

2. É preciso que nós cheguemos na hora.
3. É pena que ela esteja cansada.
4. Elas duvidam que você saiba disso.

XIV. T R A N S F O R M A Ç Ã O

Mude do indicativo para o subjuntivo mudando o artigo.

EXEMPLO: Procurava o senhor que falava espanhol.   Procurava um senhor que
falasse espanhol.
1. Queriam a casa que custava cinco mil dólares.
2. Íamos ao lugar de onde podíamos ver tudo.
3. Desejava comprar o carro que tinha bons pneus.
4. Êle mandou chamar o mecânico que conhecia o carro.

XV. T R A N S F O R M A Ç Ã O

Combine as duas partes em uma só, usando o subjuntivo.

EXEMPLO: É um carro bom/quero comprar   Eu quero comprar um carro que
seja bom.
1. É um livro fácil/preciso de
2. É uma aluna paulista/desejo conhecer
3. Foi uma peça boa/desejava ver
4. Era um sistema simples/procurava

XVI. T R A N S F O R M A Ç Ã O

Mude os infinitivos em parênteses para o particípio passado usado como adjetivo.
Siga o modêlo.

EXEMPLO: O artigo foi_____ no jornal.   O artigo foi
                              (pôr)

_____no jornal.   A carta_____em inglês já chegou,
     (pôsto)   (escrever)
      (pôr)
e as coisas_____   sôbre aquilo foram boas. Aquêle homem
              (dizer)

_____ comprou uma casa; agora êle é o dono da casa que êle
     (casar)

tinha_____.
          (alugar)

XVII. T R A N S F O R M A Ç Ã O

Mude do pretérito para **ter** *com particípio passado.*

EXEMPLO: Nunca vi tanto entusiasmo.   Nunca tinha visto tanto entusiasmo.
1. Êles foram lá muitas vêzes.
2. Patrícia torceu pelo Flamengo.
3. Nós já vimos a partida.
4. Eu não fiz isso.

XVIII. T R A N S F O R M A Ç Ã O

Combine as duas partes usando o verbo **ter** *no subjuntivo.*

EXEMPLO: Dr. Álvaro esperava/eu ter visto êsse jôgo   Dr. Álvaro esperava
que eu tivesse visto êsse jôgo.
1. Era provável/a prova ter sido fácil
2. Êles jogaram como se/ter muito tempo para fazer gol
3. Flávio não saiu antes que/os demais ter chegado
4. Sua mãe esperava/ela não ter saído com êsse rapaz

UNIDADE DEZESSEIS

Diálogo principal: FEIRA LIVRE

Vão à feira livre[1] Dona Teresa, Patrícia e Penha; esta empurra um carrinho para as compras. A feira é cheia de barracas coloridas e ocupa grande extensão da rua, indo além de três quarteirões.

1. D. TERESA: Patrícia, que tal as alfaces? Não tenho visto por aí alfaces tão frescas assim.
2. PATRÍCIA: São ótimas. Gosto muito de alface e de cenoura crua.
3. D. TERESA: Já meus filhos são o contrário: o seu bom exemplo não serviu de nada para êles.
4. PENHA: Minha madrinha, vou do lado de lá procurar feijão[2] prêto, antes que tenham vendido tudo.
5. D. TERESA: Está bem. Nós iremos andando até a barraca dos abacaxis.

Penha sai empurrando o seu carrinho e desaparece no meio do povo.

6. PATRÍCIA: Dona Teresa, por que a senhora não faz as suas compras no supermercado? Será que aqui é mesmo mais barato?
7. D. TERESA: Acho que não. Mas quando criaram as feiras livres tudo era realmente mais barato.
8. PATRÍCIA: Dr. Álvaro diz que o carioca vem à feira por amor à tradição.
9. D. TERESA: Talvez. E Penha adora vir à feira. E por falar nela, onde terá ido essa criatura?
10. PATRÍCIA: Lá vem ela. Estava conversando muito animada com a vendedora de ovos.
11. D. TERESA: Às vêzes tenho mêdo de que Penha saia lá de casa e venha ser feirante!

Fazendo compras numa feira.

AT THE MARKET

Dona Teresa, Patricia, and Penha go to the market [free fair]; the latter (Penha) is pushing a shopping cart. The market is filled with colorful booths (stands), and it takes up a large section of the street, extending for more than three blocks.

1. D. TERESA: Patricia, how is the lettuce? I haven't seen such fresh heads of lettuce around here.
2. PATRICIA: They're very good. I am very fond of lettuce and of raw carrots.
3. D. TERESA: My children are just the opposite: your good example has not had any effect on them [not served any purpose for them].
4. PENHA: Godmother, I'm going over in that direction to look for black beans before they've sold them all.
5. D. TERESA: All right. We will go on [walking] to the pineapple stand.

Penha goes off pushing her cart and disappears in the crowd.

6. PATRICIA: Dona Teresa, why don't you shop at the supermarket? Is it [can it be] really cheaper here?
7. D. TERESA: I don't think so. But when they set up the (outdoor) markets everything really was cheaper.
8. PATRICIA: Dr. Alvaro says that the carioca comes to the market out of love for tradition.
9. D. TERESA: Perhaps. [And] Penha loves to go [come] to market. And speaking of her, where can that gadabout [creature] have gone?
10. PATRICIA: There she comes. She was having a good [animated] chat with the egg-lady.
11. D. TERESA: Sometimes I am afraid Penha will leave home and join the market people.

Explicação cultural

[1] Tôda semana, no mesmo dia, vendedores armam suas barracas em um trecho de uma rua. Começam seu trabalho de madrugada e param pouco depois do meio dia. São os feirantes das feiras livres. Vendem produtos de tôda espécie, embora os artigos alimentícios e principalmente frutas, verduras e legumes sejam o que atrai a freguesia.

Êsse é um costume que quase desapareceu nos Estados Unidos, mas que ainda existe no Brasil. No Rio, por exemplo, cada bairro tem seu dia especial para a feira livre.

Suas barracas são transportadas em caminhões e, desta forma, êles podem se locomover com facilidade, para os diversos bairros.

Dizem que a feira se chama "livre" porque há vários anos certo prefeito do Rio estabeleceu feiras, onde os vendedores de fora da cidade pudessem vender seus produtos livremente, sem intermediários. Popularmente se acredita que as feiras livres vendem mais barato por isso.

[2] A feijoada talvez seja o prato nacional do Brasil. No Sul é feita com feijão prêto e vários tipos de carne de porco. No Norte se usa feijão mulatinho. É servida com legumes como batata doce, abóbora, mandioca e outros mais. Mas o mais característico da feijoada é a couve mineira e a laranja cortada em fatias. A feijoada, por ser uma comida muito pesada, é sempre servida no almôço e quase sempre aos sábados ou domingos. Aos sábados, quase todos os restaurantes têm feijoada como prato do dia.

Diálogo visualizado

Dr. Álvaro pergunta sôbre a altura e o pêso de Moacir.

Dr. Alvaro asks about Moacir's height and weight.

1. DR. ÁLVARO: Você tem emagrecido, não tem?

   You have gotten thinner, haven't you?

2. MOACIR: O senhor acha? Mas eu tenho comido tanto!

   Do you think so? But I have been eating so much!

3. DR. ÁLVARO: Qual é a sua altura?

   What is your height?

4. MOACIR: Um metro e sessenta.

   One meter and 60 centimeters.*

5. DR. ÁLVARO: E quanto você está pesando?

   And what do you weigh?

6. MOACIR: Cinqüenta quilos.

   Fifty kilograms.†

7. DR. ÁLVARO: Só isso? Você precisa comer mais.

   Is that all? You must eat more.

8. MOACIR: Comer mais? Só se eu comer os pratos.

   Eat more? Only if I eat the plates.

---

* 1 meter 60 cm. = approx. 5′ 2½″
† 50 kilos = approx. 110 lbs.

Vocabulário para substituição

A. Qual o preço de_____?   *How much is_____?*

        um quilo de arroz   *a kilo of rice*

        um quilo de presunto   *a kilo of ham*

        um litro de leite   *a liter of milk*

        um pacote de macarrão   *a bag of macaroni*

        uma dúzia de bananas   *a dozen bananas*

        uma lata de bananada   *a can of banana marmalade*

        uma garrafa de vinho   *a bottle of wine*

B. É barato.   *It's cheap.*

A. O que você tem comprado no Peg-Pag?[1]   *What have you been buying at Peg-Pag?*

B. Tenho comprado_____.   *I've bought_____.*

        frutas e legumes   *fruits and vegetables*

        biscoitos e bolos   *cookies and cakes*

        comida enlatada   *canned food*

        sal e manteiga   *salt and butter*

        refrigerantes   *soft drinks*

        suco de laranja   *orange juice*

        queijo   *cheese*

Estruturas básicas

§ 61 Presente do indicativo de verbos em -ear, -iar

*Present Indicative of **-ear, -iar** Verbs*

E X E M P L O S

    Eu sempre **passeio** na praça aos domingos.

    Elas **odeiam**[2] o clima de São Paulo.

    Nós **apreciamos** a música brasileira.

---

[1]**Peg-Pag** short for **Pegue e Pague** (*Pick and Pay*), name of one of several supermarket chains in Brazil.

[2]**odeiam** hate

F O R M A S

Present Indicative of **-ear** and **-iar** Verbs

Infinitive	*Stem*	*Tense-Pers.-No. Markers*
passear	passe-	io ia amos iam
apreciar	apreci-	o a amos am

F A L A E E S C R I T A

pasiÃmuS	passeamos	apresiÃmuS	apreciamos
pasEyã͂w	passeiam	apresIã͂w	apreciam
pasEya	passeia	apresIa	aprecia
pasEyu	passeio	apresIu	aprecio

Substituição simples

1. **Nós** sempre **passeamos** naquela praça.

   a. Eu/passeio

   b. Elas/passeiam

   c. José e eu/passeamos

   d. Os senhores/passeiam

   e. Êle/passeia

2. **Eu** não **odeio** ninguém.

   a. Ela/odeia

   b. Êles/odeiam

   c. A gente/odeia

   d. Minhas amigas/odeiam

3. **Êles anunciam**[3] os novos preços pela televisão?

a. Ela anuncia
b. O Sr. Barbosa anuncia
c. As fábricas

d. As companhias[4]
e. Aquela indústria[5]

4. **Êles apreciam** a música brasileira.

a. Ela aprecia
b. Seus amigos apreciam

c. Todos nós apreciamos
d. Você naturalmente[6] aprecia

Substituição de um elemento

1. **Êle** passeia pela praia.
a. Nós
b. A família Pereira
c. Dona Teresa e Iara

d. O Zé Maria e eu
e. Êles

2. **Êle** passeava muito nesta praça.

a. Nós
b. A família Pereira
c. Dona Teresa e Iara

d. O Zé Maria e eu
e. Eu e meus irmãos

3. **Dona Teresa** penteou o cabelo[7] de Patrícia.

a. Minhas irmãs
b. Minha mãe
c. Iara

d. As môças
e. Minha amiga

4. Você sabe se **êle** aprecia música clássica?

a. ela
b. êles
c. elas

d. seu tio
e. seus convidados

---

[3]**êles anunciam** they announce
[4]**companhias** companies
[5]**indústria** industry

[6]**naturalmente** naturally
[7]**penteou o cabelo** combed (Patricia's) hair

§ 62 Presente anterior do indicativo

Present Perfect Indicative

E X E M P L O S

Tenho escrito muitas cartas a meus pais.
Não **temos comprado** muitas frutas na feira.

F O R M A S

<table>
<tr><td colspan="3" align="center">Present Perfect Indicative</td></tr>
<tr><td align="center">*Auxiliary ter in Pres. Indic.*</td><td></td><td align="center">*Past Participle*</td></tr>
<tr><td align="center">tenho
tem
temos
têm</td><td align="center">+</td><td align="center">morado
vendido
servido
feito</td></tr>
</table>

The present perfect indicative is used to show an action which is both *prior* to and *relevant* to the present:

Ela tem estado doente.   *She has been sick.*
Últimamente êle tem trabalhado muito.   *Lately he has worked a lot.*
See Appendix C, Note XXVI.

Substituição simples

1. **Eu tenho lido** o jornal diàriamente.[8]

   a. Nós temos lido
   b. Êle tem lido
   c. Jorge e Rui têm lido

   d. Ela tem lido
   e. Antônio e eu temos lido

2. **Êles têm estado** viajando.

   a. Nós temos estado
   b. Ela tem estado
   c. Eu tenho estado

   d. As môças têm estado
   e. Eu tenho estado

---

[8]**diàriamente** daily

3. **Ela não tem saído** de casa ultimamente.[9]

    a. Eu não tenho saído   d. As crianças não têm saído
    b. Nós não temos saído   e. Êles não têm saído
    c. Elas não têm saído

4. **Eu tenho comido** muitas frutas aqui.

    a. Teresa tem comido   d. Êles têm comido
    b. Ela tem comido   e. João e eu temos comido
    c. Nós temos comido

5. **Tenho feito** compras no supermercado.

    a. Minha espôsa tem feito   c. Dona Teresa tem feito
    b. Nós temos feito   d. Meus colegas de apartamento têm feito

Substituição de um elemento

1. `Ultimamente **êle** tem saído muito.

    a. eu   d. Joaquim e eu
    b. as môças   e. êle e a namorada
    c. nós

2. **Eu** tenho estado doente.

    a. Nós   d. Elas
    b. Êles   e. A Sra. Machado
    c. O Sr. Ferreira

3. **Êle** tem feito compras no Peg-Pag?

    a. Elas   d. Sua mãe
    b. Você   e. As empregadas
    c. Vocês

4. **Você** tem estudado muito?

    a. Ela   d. Os senhores
    b. Elas   e. Carlos e você
    c. Vocês

---

[9]`ultimamente lately

5. **Você** tem viajado muito?

   a. Vocês

   b. Seu pai

   c. As senhoras

   d. O Sr. Cardoso

   e. Dona Maria

§ 63 Presente anterior do subjuntivo

Present Perfect Subjunctive

E X E M P L O S

Só posso ir depois que **tenha comprado** tudo.
Vou procurar feijão prêto, antes que **tenham vendido** tudo.

F O R M A S

Present Perfect Subjunctive		
Auxiliary ter in Pres. Subj.		*Past Participle*
tenha		morado
tenha		vendido
tenhamos	+	servido
tenham		feito

The present perfect subjunctive is used in the situations previously studied that require the subjunctive and that involve the past-present relevance of this tense.

Substituição simples

1. Espero que **êles já tenham ido**.

   a. elas tenham ido

   b. êle tenha ido

   c. ela tenha ido

   d. os convidados tenham ido

2. É provável que **êles já tenham saído**.

   a. elas já tenham saído

   b. todos já tenham saído

   c. o Sr. Oliveira já tenha saído

   d. José e ela já tenham saído

3. Talvez **eu tenha convidado** muita gente.

    a. êle tenha convidado   c. elas tenham convidado
    b. nós tenhamos convidado   d. vocês tenham convidado

4. Voltaremos logo que **a gente tenha feito** as compras.

    a. elas tenham feito   d. vocês tenham feito
    b. eu tenha feito   e. êles tenham feito
    c. êle tenha feito

Substituição de um elemento

1. Talvez **ela** tenha vendido tudo.

    a. êle   c. o homem
    b. a barraca da carne[10]   d. os donos[11] da barraca

2. É provável que **êle** tenha feito isso.

    a. nós   d. os estudantes
    b. elas   e. os rapazes
    c. ela

3. É possível que **a gente** tenha perdido o jôgo.

    a. seu time   d. os rapazes
    b. êle   e. nosso time
    c. êles

4. Tomara que **êles** tenham comprado sal.

    a. você   c. meu amigo
    b. elas   d. a empregada

5. Será possível que **êles** tenham esquecido os refrigerantes?

    a. eu   d. vocês
    b. êle   e. a gente
    c. Iara

---

[10]**carne** meat
[11]**donos** owners

Transformação

Mude do presente do subjuntivo para o presente anterior do subjuntivo.

(Change from the present subjunctive to the present perfect subjunctive.)

1. Espero que êle veja um médico.   Espero que êle tenha visto um médico.
2. Tenho mêdo que êles não acabem o
   trabalho.
3. Espero que vocês façam boa prova.
4. Tomara que êles não me vejam.   Tomara que êles não tenham me visto.
5. Eu espero que ela convide seus amigos.
6. Procuro uma pessoa que tenha
   informação.
7. É provável que êle não compre o   É provável que êle não tenha comprado o
   edifício.   edifício.

§ 64 Futuro anterior do presente e futuro anterior do pretérito

Future Perfect and Conditional Perfect Indicative

E X E M P L O S

Onde **terá ido** o Sr. Melo?
Elas já **terão feito** tôdas as compras?
Teríamos preferido ir de avião.
Teria sido fácil chegar às oito.

F O R M A S

Future Perfect Indicative		
Auxiliary ter in Fut. Indic.		*Past Participle*
terei		morado
terá		vendido
teremos	+	servido
terão		feito

The future perfect indicative parallels the English future perfect.

Até dezembro êle terá acabado o curso.   *By December he will have finished the course.*

Like the simple future, the future perfect is used to express conjecture:

Quem terá escrito esta carta?   *I wonder who has written (wrote) this letter?*

Conditional Perfect Indicative

Auxiliary *ter* in Conditional		Past Participle
teria		morado
teria	+	vendido
teríamos		servido
teriam		feito

The conditional perfect indicative parallels the corresponding English conditional perfect.

Por que êles teriam comido cenoura?   *Why would they have eaten carrots?*

Normalmente, teríamos acabado isto.   *Ordinarily, we would have finished this.*

Substituição simples

1. **Eu teria acabado** isso antes.

   a. Êle teria procurado
   b. Elas teriam servido

   c. O freguês teria pago
   d. A loja teria entregue

2. Onde terá ido **a vendedora**?

   a. o meu colega
   b. a minha amiga

   c. aquêle menino
   d. essa môça

3. **Teríamos preferido** ir de avião.

   a. Ela teria gostado de
   b. A gente teria podido

   c. Êles teriam preferido
   d. Você teria gostado de

4. Até têrça-feira **teremos acabado** tudo.

   a. êle terá feito
   b. eu terei comprado
   c. nós teremos visto

   d. ela terá visitado
   e. vocês terão vendido

5. Onde êles terão deixado **êsses livros**?

    a. as minhas coisas

    b. os meus livros

    c. minha camisa

    d. meus sapatos

    e. minha roupa

    f. minhas malas

Substituição de um elemento

1. Onde **êle** terá ido?

    a. elas

    b. os outros

    c. seu cunhado[12]

    d. aquêles senhores

    e. o motorista do táxi

2. **Eu** não teria gostado disso.

    a. Nós

    b. Você

    c. Meus pais

    d. Dona Teresa

    e. Seu sobrinho[13]

3. Com quem a **Penha** terá falado?

    a. êles

    b. você

    c. vocês

    d. o senhor

    e. o capitão

4. Normalmente, **eu** não teria vindo.

    a. êle

    b. os alemães

    c. elas

    d. Dona Dulce

    e. o Dr. Álvaro

5. Até primeiro de junho, **nós** teremos ido embora.

    a. ela

    b. a gente

    c. eu

    d. o pessoal[14]

    e. José e eu

---

[12]**cunhado** brother-in-law
[13]**seu sobrinho** your nephew
[14]**pessoal** the folks

Substituição de vários elementos

1. Onde **ela** terá **ido**?

    a. êle/entrar

    b. você/deixar o carro

    c. a môça/jantar

    d. os capitães/almoçar

2. Qualquer outro dia **eu** teria **ficado**.

    a. ela/voltar

    b. nós/sair

    c. êle/vir

    d. a gente/ir

3. Até quarta-feira, **ela** terá **sabido**.

    a. êle/começar

    b. nós/passar

    c. ela/acabar o serviço

    d. vocês/aprender os diálogos

4. Normalmente, **êle** não teria **cantado**.

    a. ela/sair

    b. êles/vir

    c. João e eu/ir

    d. a artista/dançar

5. **Êle** teria gostado da festa mas não **veio**.

    a. Ela/chegar

    b. Nós/ficar

    c. Eu/poder ir

    d. Nós/ter transporte[15]

Ortografia

/ŋ, n, g, k, kw, gw, e, o, e . . . a, e . . . o/

Writing Drill

Listen, say, see, copy, listen, write.

G R A F I A   D E   S O N S

/ŋ/	/n/	/g/	/k/
amanhã	dona	gostar	claro
cozinha	noite	amigo	cinco
espanhol	nome	garôto	tocar
senhora	nadar	engordar	aquêle
montanha	afinal	grande	quanto

---

[15]**transporte** transportation

/kw/	/gw/		/e/	/o/
quantos	agüente		elegante	bôlsa
qual	guardar		escrever	tomar
quatro	água		escolho	todos
tranqüilo	guaraná		perder	nome
quase	guarde		êsse	horário

D I T A D O

1. /n̦, n/
   A senhora não gosta da cozinha espanhola.
   O bondinho não vai nunca para a montanha.
2. /e, o/
   Êsse é o carro verde de Eduardo.
   O jôgo de futebol é bem popular.
3. /e . . . a, e . . . o/
   Esta mesa está reservada.
   Talvez seja cedo para vê-lo.
   Tenho mêdo de perdê-lo.
4. /k, g/
   Quantas canções portuguêsas você conhece?
   O casaco dêsse garôto é elegante.

Perguntas e revisão individual

Perguntas sôbre o Diálogo principal

1. Como é a feira livre?
2. De que Patrícia gosta muito?
3. Dona Teresa e Patrícia irão andando até que barraca?
4. O que é que Penha sai empurrando?
5. O que Patrícia perguntou a Dona Teresa sôbre o supermercado?
6. Quando os preços eram mais baratos?
7. Segundo o Dr. Álvaro, por que o carioca vai à feira?
8. Quem adora ir à feira?
9. Com quem Penha está conversando?
10. De que Dona Teresa tem mêdo?

Perguntas sôbre o Diálogo visualizado

1. O que o Dr. Álvaro nota sôbre Moacir?
2. O que Moacir tem feito, e muito, ùltimamente?
3. Qual é a altura de Moacir? E a sua, qual é?
4. Quanto você está pesando?
5. Qual é o pêso de Moacir?
6. Qual é mais fácil para você—emagrecer ou engordar? Por quê?
7. O que é que o Dr. Álvaro sugere para Moacir engordar?
8. O que Moacir acha da sugestão?

Revisão individual

A T T H E S U P E R M A R K E T

A. Você tem comprado_____ no supermercado?

    leite
    cenouras
    alfaces
    _____?_____

B. Tenho sim.

A. Você não tem comprado_____?

    laranjas
    batatas
    _____?_____

B. Não. Têm estado muito caras.

S H O P P I N G

A. Você tem feito compras hoje de manhã?
B. Tenho sim, mas ainda falta a_____.

    verdura
    carne
    _____?_____

S H O P P I N G A T T H E O P E N A I R M A R K E T

A. Onde está a barraca de_____?

    ovos
    galinha
    _____?_____

B. Ainda não vi.

A.   Os_____ estão_____?
     tomates   ·   frescos
     legumes   baratos
        ?_____   _____?_____

B.   Ainda não procurei.

Leitura: A A M A Z Ô N I A

No extremo norte do Brasil, bem em baixo da linha do Equador, fica a grande
região chamada Amazônia, ocupando a bacia do rio mais volumoso do mundo. Êsse
rio é o Amazonas, tão largo e profundo que qualquer grande navio poderá subir pelas
suas águas até Iquitos, no Peru, a 2.300 milhas do mar.

    Coberta de floresta tropical, a Amazônia ainda terá que ser conhecida e povoada,
na sua maior parte. Na floresta vivem índios e tôda espécie de animais selvagens. Pode-se
dizer que os civilizados, na Amazônia, limitam-se a ocupar a margem dos rios. Do rio
tiram o seu principal alimento, que é o peixe. O rio é a sua estrada, o seu meio de
comunicação.

    E são quase só brasileiros os homens que procuram habitar e civilizar a Amazônia;
os emigrantes europeus têm mêdo das histórias, sempre exageradas, que se contam
sôbre os perigos da floresta, as doenças e o clima quente. Preferem por isso os estados do
sul, na zona temperada.

    Assim mesmo, aos poucos, o brasileiro vai penetrando o grande território. Crescem
as fazendas de gado; não só de bois mas de búfalos, trazidos da Índia e que se ambien-
taram muito bem na região. São exploradas as riquezas minerais; no Amapá, por
exemplo, exploram-se minas de manganês, cuja renda já fêz nascer cidades modernas,
bem servidas de energia elétrica, escolas e hospitais. Exportam-se madeiras, as de uso
comum e as preciosas; castanhas, cacau e vários outros produtos da terra.

    E ainda se exporta a borracha que, no século passado, foi a grande riqueza ama-
zônica. Nessa época foi construída Manaus, a capital da borracha. com seu pôrto
flutuante, seu teatro de ópera e seus palácios. Mas ninguém sabia que poucos anos depois
a borracha cultivada do Oriente iria suplantar a borracha nativa do Amazonas e lhe
tomaria todos os mercados.

UNIDADE DEZESSETE

Diálogo principal:

A CAMINHO
DE PETRÓPOLIS

*No carro de Mário viajam Patrícia, Zé Maria e Iara. Vão passar o dia
em Petrópolis,[1] a convite de Mário.*

1. MÁRIO: Já acabou a parte baixa da estrada. Agora começamos a subir.
2. IARA: Tomara que não chova!
3. PATRÍCIA: Quer chova, quer não chova, já é muito bom não se sentir mais calor.
4. ZÉ MARIA: Se nós tivermos sorte, talvez se descubra alguma orquídea nas árvores à beira da estrada.
5. MÁRIO: Se aparecesse alguma, eu subia na árvore, apanhava a flor, e dava a Patrícia.
6. PATRÍCIA: Que maravilha se apanhar uma orquídea na árvore, em vez de comprá-la na loja!

No alto da serra, Mário pára o carro à beira da estrada.

7. MÁRIO: Esta parada é obrigatória. Daqui se pode avistar o mar, e até mesmo ver o outro lado da baía.
8. PATRÍCIA: Eu me lembro de ter visto aquelas ilhas no mapa, tal como estão ali.
9. MÁRIO: Vamos indo. Se demorarmos, encontraremos os restaurantes cheios. Há dois muito bons, segundo o guia.[2]
10. IARA: Êsses cartazes é que estragam a vista. Para onde se olha, aparece um cartaz.
11. PATRÍCIA: A propósito, quer diminuir a velocidade, Mário? Queria ler aquilo, lá adiante.
12. ZÉ MARIA: Você tem razão, Iara! Não adianta a vista scr bonita. Turista não olha nada. Só quer traduzir cartazes!

Estrada na Serra do Mar com vista do "Dedo de Deus."

ON THE WAY TO PETROPOLIS

*Patricia, Zé Maria, and Iara are riding with Mario in his car. They are
going to spend the day in Petropolis at Mario's invitation.*

1. MARIO: That's all of the lower [low] part of the road, at last. Now we begin to climb [go up].
2. IARA: I hope it doesn't rain!
3. PATRICIA: Whether it rains or not, it's [already] very nice not to feel hot any more [more heat].
4. ZÉ MARIA: If we are lucky, maybe you'll [one will] come upon some orchids [orchid] in the trees along the road.
5. MARIO: If I did see one [one appeared], I'd climb up in the tree, pick the flower, and give it to Patricia.
6. PATRICIA: How nice to [be able to] get an orchid out of a tree instead of buying it in a [flower] shop.

*On top of the mountains (range), Mario stops the car at the side of the
road.*

7. MARIO: This stop is a must. From here you can see the ocean and even [see] the other side of the bay.
8. PATRICIA: I can recall having seen those islands on the map, just as they are there.
9. MARIO: Let's get going. If we delay, we'll find the restaurants crowded [full]. There are two very good ones according to the guidebook.
10. IARA: Those billboards are what ruin the view. Wherever you look, there's a billboard.
11. PATRICIA: Speaking of that, would you slow down, Mario? I'd like to read what's up ahead.
12. ZÉ MARIA: You're right, Iara! It's no use having a pretty view. Tourists don't look at anything. All they want to do is translate billboards.

Explicação cultural

[1] Petrópolis é uma cidade serrana próxima do Rio de Janeiro (menos de duas horas de carro), privilegiada por seu clima agradável e por suas belezas naturais, tendo sido sempre um lugar predileto de veraneio de muitas famílias cariocas. Nesta cidade viveu o Imperador D. Pedro II, monarca que fêz o Brasil progredir quase cinqüenta anos até a proclamação da República em 1889. Em tôdas as cidades do país há um edifício público ou rua com o nome daquele que muito amou o Brasil. O colégio padrão no Brasil (Rio de Janeiro) chama-se Colégio Pedro II.

[2] Um dos guias mais consultados no Brasil é o guia do Brasil "Quatro Rodas." É vendido em bancas de revista em tôda parte. Êsse guia foi feito para turistas que desejam conhecer o Brasil de automóvel. Dá informações sôbre cidades do país, estradas, hotéis, restaurantes e pontos de interêsse turístico. A edição anual vem em português, espanhol e inglês.

Diálogo visualizado

Iara e Patrícia querem voltar do centro.

Iara and Patricia want to return from downtown.

1. IARA: Vamos voltar para casa agora?

   Shall we go home now?

2. PATRÍCIA: Está bem. De que é que nós vamos?

   O.K. How shall we go?

3. IARA: De ônibus, é mais barato.

   By bus. It's cheaper.

4. PATRÍCIA: Com todos êstes pacotes?

   With all these packages?

5. IARA: E a esta hora ônibus vazio só do bairro para a cidade.

   At this hour only the buses coming to town are empty.

6. PATRÍCIA: Estou é cansada. Se a fila estiver grande, nós chamamos um táxi.

   (Boy), am I tired! If the line is long, let's call a taxi.

7. IARA: Eu também. Se passasse um táxi agora, eu pegava.

   That's what I say. If a taxi passed by right now, I'd take it.

Vocabulãrio para substituição

A. E o carro?

B. Se você quiser,

_____ no pôsto.

enchemos o tanque

consertamos o carro

calibramos os pneus

botamos óleo

chamamos o mecânico

What about the car?

If you like,

_____ *at the gas station.*

we will have the tank
filled

we will have the car
fixed

we will have the tires
checked

we will have oil put in

we will call the
mechanic

A. Como é a estrada?

B. É _____.

pavimentada
de duas pistas
asfaltada
de barro
de mão única
cheia de curvas
estreita
perigosa para se dirigir

How is the road?

It's _____.

paved
a two-lane road
an asphalt road
a dirt road
a one-way road
full of curves
narrow
dangerous to drive on

Estruturas básicas

§ 65 Futuro do subjuntivo após se

Future Subjunctive in If-Clauses

E X E M P L O S

Se nós **tivermos** sorte, talvez se descubra uma orquídea.
Se **demorarmos**, encontraremos os restaurantes cheios.

FORMAS

Future Subjunctive: Relater se With Reference to Future

Main Clause Referring to Future	Relater	Dependent Clause
Vamos fazer isso *We will do that*		o senhor quiser. *you wish (it).*
Êle não vai para o Rio *He is not going to Rio.*		êles não puderem. *they cannot (do so).*
Poderemos fazer o trabalho *We can do the work*	se *if*	nós quisermos. *we wish (it).*
Você pode trazer o livro *You can bring the book*		eu precisar dêle. *I need it.*

In dependent conditional clauses introduced by **se** (*if*), referring to future time, the future subjunctive is used.

When **se** is equivalent to *whether*, the appropriate indicative tense is used:

Não sei se êle **vem (veio, virá).**   *I don't know whether he is coming (came, will come).*

Substituição simples

1. Se **chover,** não posso sair.

   a. êle chegar
   b. nós tivermos prova

   c. elas demorarem

2. Nós vamos ao teatro se **êles puderem ir.**

   a. terminarmos isto
   b. você quiser
   c. eu tiver tempo

   d. as môças vierem
   e. estudarmos antes

3. Se **você quiser,** podemos ir agora.

   a. êles tiverem tempo
   b. elas preferirem

   c. vocês acharem melhor
   d. êle concordar[1]

---

[1]**concordar** agree

4. Se **fizer sol** hoje, poderemos ir à praia.

    a. você trouxer o maiô

    b. estudarmos

    c. êles acabarem

    d. vocês chegarem logo

    e. elas fizerem o dever de casa

5. Você poderá ver o mar se **dirigir mais devagar**.

    a. diminuir a velocidade

    b. estiver claro

    c. não chover

    d. parar[2] o carro ali

Substituição de um elemento

1. Se eu **puder**, irei com vocês.

    a. ter tempo

    b. saber a data

    c. estar na cidade

    d. acabar

2. Acharemos uma orquídea se **procurarmos**.

    a. ter sorte

    b. ir a Petrópolis

    c. saber onde procurar

3. Se **fizer sol**, vamos nadar na piscina.

    a. estar muito quente

    b. fazer muito calor

    c. ser feriado

    d. não haver aula

4. Não chegaremos lá se não **enchermos o tanque**.

    a. botar óleo

    b. consertar o carro no pôsto

    c. não encher os pneus

    d. ir pela estrada pavimentada

5. Vocês vão gostar se **forem a êsse filme**.

    a. ver essa peça

    b. comer lá

    c. ler êsse livro

    d. fazer êsse curso[3]

Transformação

Mude o verbo principal do presente para o futuro e **quando** *para* **se** *em todas as frases.*

(Change the main verb from the present to the future and **quando** *to* **se** *in all clauses.)*

1. Não vou à aula quando chove.

2. Eu estudo na biblioteca quando posso.

Não irei à aula se chover.

---

[2]**parar** stop
[3]**curso** course

3. Não saio de casa quando não é necessário.

4. Só fazemos a viagem quando temos muito dinheiro.

5. Êle só diminui a velocidade quando chega.

6. O Dr. Álvaro lê a notícia quando compra o jornal.

7. Você não esquece seu espanhol quando estuda português.

§ 66 Imperfeito do subjuntivo após se

Past Subjunctive in If-Clauses

E X E M P L O S

Se **pudéssemos** morar no Brasil, aprenderíamos português.
Se eu **tivesse** mais dinheiro, poderia comprá-lo.
Seria melhor se êle **pagasse** agora.

F O R M A S

Past Subjunctive in If-Clauses: Relater **se** With Contrary-to-Fact Condition

Relater	Contrary-to-Fact Condition	Conclusion
	tivesse tempo *he had time,*	êle o faria (*or* fazia) com prazer. *he would do it with pleasure.*
Se If	pudéssemos fazê-lo *we could do it,*	estaríamos (*or* estávamos) contentes. *we would be happy.*
	dissessem a verdade *they told the truth,*	eu não acreditaria (*or* acreditava). *I wouldn't believe it.*
	eu tivesse sabido (*or* soubesse) disso *I had known about it,*	teria ido lá (*or* tinha ido lá *or* ia lá). *I would have gone there.*

The if-clause (contrary to fact or expectation) requires the past subjunctive or past perfect subjunctive; the conclusion requires the conditional or conditional perfect, or, especially in speech, the imperfect or past perfect.

Substituição simples

1. Eu faria isso se **pudesse**.

    a. êle fôsse meu amigo

    b. os senhores quisessem

    c. meu professor dissesse

    d. êle me pedisse

    e. ela preferisse

2. Nós o faríamos se **fôsse possível**.

    a. não estivéssemos ocupados

    b. não tivéssemos tanto trabalho

    c. hoje não fôsse feriado

    d. houvesse necessidade[4]

3. Eu lhes agradeceria se **pagassem meu salário**.[5]

    a. nos convidassem

    b. nos dissessem a data

    c. chamassem o mecânico

    d. consertassem meu rádio

4. Vocês aprenderiam muito se **praticassem mais**.

    a. soubessem os diálogos

    b. ouvissem as fitas

    c. assistissem as aulas

    d. tivessem amigos brasileiros

    e. viajassem pelo Brasil

Substituição de vários elementos

1. Se **nós viéssemos**, êles sairiam.

    a. nós/insistir

    b. nós/querer

    c. nós/pedir

    d. nós/dizer

2. Que diria o senhor se **eu fôsse** agora?

    a. nós/comprar vinho

    b. eu/dizer que não

    c. nós/sair mais cedo

    d. ela/não fazer o exercício

---

[4]**necessidade** necessity
[5]**salário** salary

3. Se **fizesse calor** hoje, iríamos à praia.

    a. êles/chegar
                    c. êle/não estar ocupado
    b. nós/não ter que trabalhar
           d. elas/não ir passear

4. Seria ótimo se **eu pudesse chegar na hora**.

    a. êle/estar sòzinho
               c. ela/querer ir
    b. êles/saber falar português
       d. você/trabalhar conosco

5. Se **nós lhe déssemos o dinheiro**, o que é que compraria?

    a. vocês/ser ricos
              c. vocês/ir a uma feira
    b. vocês/estar com fome
       d. vocês/dar um presente

Transformação

Mude o verbo do futuro do indicativo para o condicional e do futuro do subjuntivo para o imperfeito do subjuntivo.

(Change the verb from the future indicative to the conditional and from the future subjunctive to the imperfect subjunctive.)

1. Ela irá se eu fôr.	Ela iria se eu fôsse.
2. Êle dirá isso se puder.	Êle diria isso se pudesse.
3. Eu responderei se souber.	Eu responderia se soubesse.
4. Iremos com êle se houver lugar.	Iríamos com êle se houvesse lugar.
5. João trará o livro se você pedir.	João traria o livro se você pedisse.
6. Você chegará tarde se não tomar um táxi.	Você chegaria tarde se não tomasse um táxi.

§ 67 Pronome **se como sujeito impessoal**

*Pronoun **se** as Impersonal Subject*

E X E M P L O S

Para onde **se olhar**, aparece um cartaz.
Fala-se inglês aqui?
Não **se pode** dizer isso em português.

F O R M A S

Pronoun se as Impersonal Subject

Inverted Order

Deve-se falar devagar.*   One (you) should speak slowly.
Pode-se andar pela rua.   One (you) can walk in the street.
Fala-se depressa demais.   One (you) speak(s) too fast.

Se Preceding Verb

Não se deve falar devagar.   One (you) should not speak slowly.
Agora se pode andar pela rua.   One (you) can now walk in the street.
Eu sei que se paga em cruzeiros. I know that one pays (you pay) with cruzeiros.

---

* Only in informal conversational style may the unstressed pronoun precede the verb as the initial sentence element in the first type of sentence: **Se deve falar devagar.**

When there is a sentence element preceding the impersonal subject and its verb, the pronoun **se** precedes the verb.

Substituição simples

1. **Aprende-se** muito lá.

   a. Trabalha-se   c. Aprende-se
   b. Viaja-se   d. Estuda-se

2. Aqui **se pode fazer compras.**

   a. se estuda muito   c. se fala português
   b. se começa às sete horas d. se trabalha demais

3. É assim que **se aprende ràpidamente.**

   a. se lê a palavra   c. se diz isso
   b. se vai a Petrópolis d. se escreve a frase

4. Não **se desfila hoje.**

   a. se dança tanto lá   c. se responde dêsse jeito
   b. se ouve muito bem   d. se vai por aqui

5. Eu sei que **se vai por esta estrada**.

a. se paga aqui
b. se pára neste lugar
c. se vive bem

d. se nada no mar
e. se passeia ali

Substituição de um elemento

1. Não se **conversa** aqui.

a. dançar
b. pagar
c. ensinar isso

d. fumar
e. estacionar[6]

2. Ontem se **demorou** demais.

a. estudar
b. comer
c. dançar

d. andar
e. trabalhar

3. À noite não se **lê na cama**.[7]

a. trabalhar
b. jogar

c. nadar na piscina
d. ter aula

4. **Fala**-se demais neste lugar.

a. Jogar
b. Conversar

c. Trabalhar
d. Fumar

5. Para conhecer o Brasil se **viaja muito**.

a. viajar de carro
b. aprender a língua

c. comprar um guia

Transformação

Mude para uma construção impessoal com **se.**

(Change to an impersonal construction with **se.***)*

1. Aqui as môças sempre falam assim.   Aqui se fala assim.
2. Aqui vocês pagam em cruzeiros.   Aqui se paga em cruzeiros.

---

[6]**estacionar** park (the car)
[7]**na cama** in bed

3. Aqui Mário deve dirigir mais devagar.
4. Aqui êles gostam do Brasil.
5. Aqui os alunos falam bem português.

§ 68 Construção impessoal alternativa

Alternate Impersonal Construction

E X E M P L O S

Falam inglês aqui?
Não **vendem** livros nesta loja.
Não **servem** sanduíches neste restaurante.

F O R M A S

Alternate Impersonal Construction	
Impersonal Subj.	*Complete Sentence in Portuguese; Remainder of Sentence in English*
(Êles)* They (people)	Falam inglês aqui. *speak English here.*
	Nesta universidade estudam muito. *(have to) study a lot at this university.*
	Nesta cidade fabricam geladeiras. *manufacture refrigerators in this town.*
	Nesta aula falam só português. *speak only Portuguese in this class.*

* deleted pronoun.

The third person of the verb, with subject pronoun eliminated, forms an alternate impersonal expression.

Note that an adverb of place, for example, **aqui, nesta universidade**, etc., as shown, is usual in this construction.

Substituição simples

1. No banco **compram** dólares.

   a. vendem
   b. querem

   c. aceitam[8]
   d. têm

2. Na praia **jogam** voleibol.

   a. gostam muito de
   b. permitem[9] jogar

   c. não proíbem

3. **Falam** inglês nesta escola?

   a. Aprendem
   b. Ensinam

   c. Dão cursos de
   d. Dão importância ao

4. **Cozinham bem** neste restaurante.

   a. Servem bem
   b. Demoram bastante

   c. Tocam música
   d. Falam inglês

5. Na Faculdade **gostam muito de** literatura.

   a. ensinam
   b. dão importância à

   c. falam muito de

Substituição de um elemento

1. **Falam inglês** aqui.

   a. Vender coisas interessantes
   b. Ganhar muito dinheiro aqui

   c. Traduzir línguas
   d. Dar explicações

2. Aqui **trabalham** aos sábados.

   a. estudar o dia todo
   b. fechar as lojas[10]

   c. passear muito
   d. não ir à praia

3. Neste lugar não **consertam isso**.

   a. proibir isso
   b. aceitar cheques

   c. trocar[11] dólares
   d. falar inglês

---

[8]**aceitam** they accept
[9]**permitem** they permit

[10]**lojas** shops
[11]**trocar** to exchange

4. Me disseram que **proíbem isso aqui**.

a. falar inglês aqui
b. vender barato aqui

c. descontar cheques aqui
d. pagar em cruzeiros aqui

5. Sempre **tocam música** neste restaurante.

a. servir peixe
b. cozinhar bem

c. demorar muito

Transformação

Mude para sujeito impessoal eliminando o pronome.

(Change to impersonal subject by eliminating the pronoun.)

1. Êles descontam cheques nesta loja.   Descontam cheques nesta loja.
2. Êles discutem muito sôbre política.
3. Êles cozinham bem neste restaurante.
4. Êles não diminuem a velocidade na
   estrada.
5. Êles consertam carros neste pôsto de gasolina.[12]
6. Êles devem falar mais baixo[13] na aula.

Ortografia

/ȩ, ǫ, õỹ/, [ą̃ỹ, ą̃w̃], /ẽỹ, s, ş, z/

Writing Drill

Listen, say, see, copy, listen, write.
1. /ȩ/
   é, esta, cafés, pé, José, Amélia, leva, Zeca
   José leva sua colega à festa.
   Ela é amiga do Zeca.

---

[12]**gasolina** gasoline
[13]**mais baixo** more softly

2. /ǫ/
   avó, agora, história, bola, mora, tosse, morre, famosa
   Minha avó mora em Pirapora.
   Joguem com a bola.

3. /õỹ/
   põe, fogões, informações, calções, Camões
   Êle põe os calções na mesa.
   Meu primo compõe canções.

4. [ãỹ]
   alemães, mãe, pães, cães, mamãe
   A mãe dêle comprou dois pães.
   Êsses capitães são alemães.

5. [ãw̃]
   tragam, queriam, viram, porão, lição
   Tinham as mãos cheias.
   Falaram da boa sugestão.

6. /ẽỹ/
   passagem, comem, também, passagens, trens
   Os homens conhecem bem o Brasil.
   Os trens não vêm de Belém.

7. /s/
   cinco, praça, bossa, passagem, seis
   Quero cinco calções.
   Essa passagem vai ser cara.

8. /ş/
   chá, acho, xadrez, xará,[1] xícara
   Acha bom o chá?
   Xavier toma uma xícara de chá.

9. /z/
   mesa, prazer, fuzil, pêso, zero
   José sabe seu pêso.
   Elas puseram a mesa.

---

[1]**xará** namesake

SPELLING RULES

Rule Chart

Sound	Condition and/or Position	Spelling	Example
/ę/	When written accent is required	é	Zé
/ǫ/		ó	só
/ę/	In all other cases	e	escreve
/ǫ/		o	moro
/õỹ/	In all cases	õe	põe
[ãỹ]		ãe	mãe
/ẽỹ/	Word-final	em	tem
/ẽỹ/	Before -s	en	bens
[ãw̃]	Unstressed in verb endings	am	falam
[ãw̃]	In all other cases	ão	pão
/z/	Between vowels	s or z	mesa, fazer
/z/	Word-initial	z	zero
/ʂ/	No definitive rule for choice of spellings	ch	chama
/ʂ/		x	peixe
/s/	Before the vowels /i, ĩ, e, ẽ, ę/	c	cinco
/s/	Before other vowels if they are not word-initial	ç	almôço
/s/	Between vowels in a word	ss	essa
/s/	In all other cases	s	sala, verso
/s, ʂ, z, ʐ/*	Word-final in certain singular words	z	vez, rapaz
/s, ʂ, z, ʐ/*	In all other cases, including plurals	s	pasta, mesmos

* sibilant at end of syllables.

See also Appendix B, Note IV.

Perguntas e revisão individual

Perguntas sôbre o Diálogo principal

1. Patrícia, Zé Maria e Iara vão a Petrópolis no carro de quem?
2. Talvez êles descubram o que à beira da estrada?
3. O que Mário faria se aparecesse alguma?
4. O que Patrícia acha de apanhar orquídeas na árvore?
5. O que é obrigatório?
6. O que se avista daquela parada?
7. Patrícia se lembra de ter visto o quê?
8. Por que êles não podem demorar?
9. Por que Patrícia quer que Mário diminua a velocidade?
10. O que é que o turista sempre quer fazer?

Perguntas sôbre o Diálogo visualizado

1. Para onde Iara quer voltar?
2. O que quer dizer o balãozinho neste quadro?
3. Iara quer ir de ônibus ou de táxi? E você, qual prefere?
4. Por que Patrícia não quer ir de ônibus?
5. É fácil pegar um ônibus em sua cidade? Tem fila?
6. Como estão os ônibus agora?
7. Como é que a gente se sente após fazer compras no centro?

Revisão individual

AT A GAS STATION

A. Você já_____?
       encheu o tanque
       consertou o carro
             _____?

B. Já.

T R A V E L I N G   B Y   C A R

A. Se você quiser paramos_____.
                    no restaurante
                    à beira da estrada
                              ?

B. Boa idéia.

O N   T H E   H I G H W A Y

A. A estrada é_____?
            perigosa
            estreita
                    ?

B. É sim. É_____.
            cheia de curvas
            de mão única
                    ?

A. A estrada é_____?
            asfaltada
            pavimentada
                    ?

B. Se fôsse asfaltada eu iria de carro.

C I T Y   T R A F F I C

A. Vamos para casa de_____?
                    táxi
                    ônibus

B. Como você quiser.

Leitura: O S U L

No Brasil, são considerados genèricamente "estados do Sul," Paraná, Santa Catarina e Rio Grande do Sul. Mas quando fala no "Sul," o brasileiro quase sempre está pensando é mesmo no Rio Grande, o último, o que faz fronteira com a Argentina e o Uruguai.

Sendo o estado mais meridional do país, tem o clima mais ou menos semelhante ao do sul da Europa. Por isso é o Rio Grande do Sul o grande produtor nacional de vinho e de trigo. Emigrantes italianos trouxeram consigo não só a técnica do plantio da uva e da produção do vinho, como aclimaram nas regiões montanhosas do norte do estado as cêpas dos vinhedos trazidos da velha pátria. Hoje, a produção de vinho rio-grandense supre todo o consumo do país. E o trigo, embora não dê para fabricar todo o pão que os brasileiros consomem, já tem contudo a sua crescente importância no abastecimento nacional.

Há igualmente no Rio Grande do Sul um parque industrial florescente, com especialidades renomadas, como a cutelaria e os artigos de couro.

Mas na realidade o Rio Grande típico não é a montanha[1] com os seus vinhedos nem a cidade com as suas fábricas. O Rio Grande verdadeiro é o pampa; é a *coxilha* ondulada, imensa planície sem árvores, cujo horizonte é quase sem fim, como o do mar.

O filho do Rio Grande é "tècnicamente" chamado *rio-grandense do Sul*; mas todos lhe dão outro nome: é o *gaúcho*. Tem o gaúcho muitas semelhanças com o *cowboy* americano. Usa habitualmente o seu traje regional: largas calças ou *bombachas*, botas de montaria, esporas de prata, lenço colorido no pescoço, chapelão de abas largas. Vive da criação de gado e de ovelhas. E, quer seja o *peão*, isto é, o vaqueiro que só possui o próprio corpo e às vêzes o cavalo em que monta; quer seja o rico dono de *estância,* senhor de enormes rebanhos, o gaúcho é sempre o mesmo homem típico da fronteira, extrovertido, amante de brigas, generoso e patriota exaltado.

Como os nordestinos, o *gaúcho* representa um tipo inconfundível de brasileiro. Êle é o fruto da assimilação de vários contingentes de alemão, português, espanhol, italiano, sem falar na porcentagem habitual de negro e de índio. Mas qualquer que seja o seu sobrenome, com seu sotaque marcado e a sua personalidade única, êle só é mesmo uma coisa: é um *gaúcho*.

---

[1]**montanha** uplands

UNIDADE DEZOITO

Diálogo principal:

Patrícia e Iara encontram-se com Flávio no parque da universidade.
Flávio é candidato a presidente do DCE (Diretório Central dos
Estudantes).[1]

1. PATRÍCIA: Que é que há, Flávio? Como vai sua candidatura?
2. FLÁVIO: Vai bem. Mas se eu contasse com o apôio de mais um diretório, ia melhor.
3. IARA: Ontem aquela sua colega bonitinha apareceu no nosso DA. Vinha acompanhada de uma porção de amigas.
4. PATRÍCIA: Diz-se que a propaganda delas está muito bem planejada.
5. FLÁVIO: Aquelas meninas estão realizando um trabalhão. Mas espero que elas não insistam muito no lado político.
6. IARA: Mas Flávio, o interêsse pela política tem sido sempre uma tradição nossa. Estudante também é cidadão.
7. PATRÍCIA: Lá nos Estados Unidos, não aprovamos greves políticas.[2]

Chega Zé Maria, vindo do restaurante.

8. FLÁVIO: Eu prefiro ampliar o programa cultural: teatro, debates, conferências.
9. ZÉ MARIA: Cultura é coisa boa, mas você precisa se preocupar com o restaurante. Aquilo tem que ser melhorado!
10. IARA: Sim, melhorar o restaurante e a nossa condução para cá.
11. PATRÍCIA: E a biblioteca? Ainda não foi lembrada por ninguém.
12. FLÁVIO: Está bem, pessoal, eu concordo. Mas se eu garantir o programa, vocês me garantem os votos, não é?

Política: Um aspecto da vida estudantil brasileira.

ELECTIONS IN THE STUDENT COUNCILS

Patricia and Iara meet Flavio in the park of the university. Flavio is
running for president of the DCE (Central Student Council).

1. PATRICIA: What's new, Flavio? How is your campaign [candidacy] coming along?
2. FLAVIO: All right, but if I could count on the support of one more student council, I'd be doing better.
3. IARA: That cute little classmate of yours dropped by our [DA] student council (headquarters) yesterday. She was with [accompanied by] a lot of girl friends.
4. PATRICIA: They say that their publicity is very well planned.
5. FLAVIO: Those girls are doing a really big job. But I hope they won't overemphasize politics.
6. IARA: But, Flavio, interest in politics has always been a tradition with us. A student is a citizen too.
7. PATRICIA: In the United States we don't approve of political strikes.

Zé Maria comes in from the restaurant.

8. FLAVIO: I'd rather expand the cultural program: theater, debates, lectures.
9. ZÉ MARIA: Culture is a fine thing, but you ought to worry about the restaurant. That has to be improved.
10. IARA: Yes, [improve] the restaurant and our transportation to (and from) here.
11. PATRICIA: How about the library? Nobody has thought about it.
12. FLAVIO: All right, folks, I'm in agreement. If I guarantee the program, you will guarantee me the votes, won't you?

Explicação cultural

[1] O Diretório Central dos Estudantes (DCE) é a organização que reune os diferentes Diretórios Acadêmicos (DA) de uma mesma universidade. É uma organização central, como o próprio nome diz, que representa todos os alunos da universidade e coordena as atividades dos diferentes DA. Êstes têm suas atividades limitadas a cada faculdade.

Sua diretoria é eleita anualmente em um pleito que atrai a atenção de todos os estudantes e se equipara em importância até às eleições para cargos públicos.

O DCE trata de diversos aspectos da vida estudantil, dirigindo atividades culturais, sociais e esportivas. Sua fôrça política é bem grande, e muitos de seus diretores se dirigem para a vida política, após o término de seus estudos.

[2] Deve lembrar-se que, na verdade, os estudantes americanos fazem greve há algum tempo.

Diálogo visualizado

Patrícia e Iara numa festa de aniversário.

Patricia and Iara at a birthday party.

1. PATRÍCIA: Eu nunca tinha estado numa festa como esta. Tem tanta gente.

   I've never been to a party like this one. There are so many people.

2. IARA: Festas de aniversário de quinze anos são sempre assim.

   Debut parties are always like this.

3. PATRÍCIA: Estou ficando com sêde.

   I am getting thirsty.

4. IARA: Você quer sorvete ou um pouquinho de guaraná?*

   Would you like ice cream or a little guaraná?

5. PATRÍCIA: Guaraná. Nos Estados Unidos nós não temos e eu gosto muito.

   Guaraná. We don't have that in the United States, and I like it a lot.

6. IARA: É melhor irmos para perto da mesa.

   It would be better if we went up to the table.

7. PATRÍCIA: Por quê?

   Why?

8. IARA: Está na hora de apagar as velas e cantar "Parabéns para você."†

   It's time to blow out the candles and sing "Happy Birthday to You."

---

* **guaraná** the national soft drink in Brazil
† sung to the tune of "Happy Birthday to You"

Todos cantam.   *Everybody sings.*

       Parabéns para você   Congratulations to you
       Nesta data querida,   On this day of good wishes,
       Muitas felicidades,   Much happiness to you,
       Muitos anos de vida.   Many years of life.

Vocabulário para substituição

A. Você sabe se no Brasil se proíbe

_____?

    touradas
    o divórcio
    jogos de azar

B. Proíbe sim.

Do you know whether in Brazil

_____ *is forbidden?*

    bullfighting
    divorce
    gambling

Yes, it is.

A. O que êle foi eleito?

B. Êle foi eleito_____.

        Presidente
        Senador
        Deputado federal
        Deputado estadual
        Prefeito
        Vereador

To what (office) was he elected?

He was elected_____.

        President
        Senator
        Federal Representative
        State Representative
        Mayor
        City Councilman

A. Sabe o que dizem?

B. Fala-se que êle foi nomeado

_____.

    Ministro da Educação
    Ministro da Justiça
    Ministro da Guerra
    Ministro da Fazenda
    Reitor
    Juiz
    Diretor de Faculdade
    Consultor
    Chefe do Departamento

You know what they're saying?

They say he was appointed

_____.

    Minister of Education
    Minister of Justice
    Minister of War
    Minister of Finance
    President of the University
    Judge
    Dean of a college
    Consultant
    Department Head

Estruturas básicas

§ 69 Voz passiva

Passive Voice

EXEMPLOS

O escritor não **foi lembrado** por ninguém.
O programa cultural **foi aprovado** pelo diretório.
O restaurante tem que **ser melhorado.**

FORMAS

<table>
<tr><td colspan="4" align="center">Passive Voice</td></tr>
<tr><td>*Subject*</td><td>*A Form of ser*</td><td>*Past Participle*</td><td>*Optional Agent*</td></tr>
<tr><td>Êste trabalho</td><td>foi</td><td>feito</td><td>por mim.</td></tr>
<tr><td>*This work*</td><td>*was*</td><td>*done*</td><td>*by me.*</td></tr>
<tr><td>Os meninos</td><td>são</td><td>vistos</td><td>por êles.</td></tr>
<tr><td>*The boys*</td><td>*are*</td><td>*seen*</td><td>*by them.*</td></tr>
<tr><td>A menina</td><td>é</td><td>acompanhada</td><td>de* *or* por Maria.</td></tr>
<tr><td>*The girl*</td><td>*is*</td><td>*accompanied*</td><td>*by Mary.*</td></tr>
<tr><td>As verduras</td><td>são</td><td>compradas</td><td>na feira.</td></tr>
<tr><td>*The greens*</td><td>*are*</td><td>*bought*</td><td>*at the market.*</td></tr>
</table>

* **Está** is a possible variant when the preposition **de** follows the verb phrase.

See Appendix C, Note XXVII.

Substituição simples

1. Os candidatos **vão ser reeleitos.**[1]

a. vão ser discutidos
b. vão ser aprovados
c. vão ser esquecidos
d. vão ser apresentados
e. vão ser nomeados

---

[1]**reeleitos** reelected

2. Aquilo tem que ser **melhorado**.

    a. discutido

    b. compreendido

    c. explicado

    d. pago

    e. aceito

3. Isso não **será aberto** aqui.

    a. será estudado

    b. será entregue

    c. será pago

    d. será lido

    e. será feito

4. Minhas palavras não **foram compreendidas**.

    a. serão ouvidas

    b. serão esquecidas

    c. serão escritas

    d. serão discutidas

    e. serão repetidas

5. O programa cultural **foi aprovado** pela universidade.

    a. foi melhorado

    b. foi realizado

    c. foi ampliado

    d. foi planejado

Substituição de um elemento

1. **Ela** era esperada às duas.

    a. Os visitantes

    b. O avião dêle

    c. Nós

    d. Suas amigas

2. **Ela** foi vista lá anteontem?

    a. Suas amigas

    b. Ninguém

    c. Eu

    d. Você e Joaquim

    e. Algum de seus amigos

3. **A caixa**[2] não será aberta agora.

    a. Estas malas

    b. A loja

    c. Os pacotes

    d. O escritório

---

[2]**caixa** box

4. **A comida**[3] **de lá** terá que ser melhorada.

    a. Os cursos da Faculdade   c. Nossa comidà
    b. Êste programa   d. As aulas de história

5. **O prefeito desta cidade** não foi reeleito.

    a. Aquêles deputados   c. Êle e o irmão
    b. Os candidatos   d. O governador[4]

Transformação

Mude da voz ativa para a passiva.

(Change from the active voice to the passive voice.)

1. Êles vão convidar Carlos.   Carlos vai ser convidado por êles.
2. Nós vamos entregar o presente.   O presente vai ser entregue por nós.
3. Nós vamos dirigir a reunião.[5]
4. Ela vai aprovar Henrique no exame.
5. O professor vai repetir essa lição.
6. Êles vão esquecer os problemas políticos.

Pergunta com sugestão para resposta

1. Quando vocês foram apresentados a ela?   Fomos apresentados a ela o ano passado.
o ano passado
2. Que candidatos vão ser reeleitos? **os**   Os de meu partido vão ser reeleitos.
de meu partido[6]
3. Para onde você e o Paulo vão ser
convidados? **uma festa na casa de Iara**
4. Por que êle foi nomeado Chefe do
Departamento? **êle é muito competente.**[7]
5. Por que aquelas cartas ainda não foram
escritas? **por causa dêle**[8]

---

[3]**comida** food
[4]**governador** governor
[5]**reunião** meeting

[6]**partido** political party
[7]**competente** competent
[8]**por causa dêle** because of him

§ 70 Voz passiva com se

Alternate Passive Voice With se

E X E M P L O S

Gasta-se muito dinheiro com a educação.
Falam-se inglês e espanhol em Miami.
Ensinam-se muitas línguas na universidade.

F O R M A S

Alternate Passive Voice With se: Verb with -se + Subject

Aluga-se	esta casa.	*This house for rent.*
Vendem-se	ovos.	*Eggs for sale (are sold).*
Estudam-se	as lições.	*The lessons are studied.*
Traduzem-se	livros.	*Books are translated.*
Fala-se	português.	*Portuguese is spoken.*

The agent of the action can not be specified with the **se** passive construction.

The construction with a singular verb and plural subject may be found occasionally:
Aluga-se quartos   *Rooms for rent.*

Substituição simples

1. **Vendem-se** livros aqui.

   a. Traduzem-se   c. Emprestam-se
   b. Compram-se

2. **Alugam-se** casas e apartamentos.

   a. Vendem-se   c. Procuram-se
   b. Compram-se

3. **Fala-se** português na aula.

   a. Escreve-se   c. Pratica-se
   b. Ensina-se   d. Ouve-se

4. Procura-se uma **empregada**.

    a. cozinheira

    b. secretária

    c. datilógrafa[9]

    d. enfermeira

5. **Importam-se** coisas do Brasil.

    a. Compram-se

    b. Vendem-se

    c. Procuram-se

Substituição de um elemento

1. Vende-se **esta casa**.

    a. uma bicicleta[10]

    b. êste carro

    c. uma máquina de lavar

    d. êste hotel

2. Vendem-se **carros usados**.

    a. apartamentos na praia

    b. fogões e geladeiras

    c. uma casa no centro

    d. móveis usados

3. Alugam-se **bons quartos**.

    a. dois apartamentos

    b. bons quartos para rapazes

    c. dois andares[11] de um edifício

    d. carros

4. Ensinam-se **português e espanhol**.

    a. história e sociologia

    b. piano e violão

    c. inglês e alemão

    d. línguas e lingüística

5. Organizam-se **programas culturais**.

    a. reuniões aos sábados

    b. passeios todos os domingos

    c. várias festas durante o ano

    d. cursos de espanhol

---

[9]**datilógrafa** typist
[10]**bicicleta** bicycle

[11]**andares** floors

Transformação

Mude da voz ativa para a voz passiva com **se.**

(Change from the active voice to the passive voice with **se.***)*

1. Êles ensinam inglês lá.   Ensina-se inglês lá.
2. Êles vendem livros aqui.
3. Êles compram carros usados.
4. Ela procura uma empregada.
5. Os alunos falam inglês e francês.
6. Elas alugam apartamentos para casal.   Alugam-se apartamentos para casal.

§ 71 Adverbios com -mente; já e até

Adverbs With **-mente**; **já** *and* **até**

E X E M P L O S

Felizmente não está quente hoje.
Os filhos dela **já** saíram para a escola.
Ùltimamente tenho estudado muito.
Teremos acabado o trabalho **até** sábado.

F O R M A S

Adverbs ending in **-mente**	
Adjective	*Adverb*
normal *normal*	normalmente *normally*
semanal *weekly*	semanalmente *weekly*
último (-a) *last*	ùltimamente *lately*
especial *especial, special*	especialmente *especially*
feliz *fortunate*	felizmente *fortunately*

Adjectives that take masculine or feminine markers add **-mente** to the feminine form. In this case any *acute* accent is exchanged for the *grave*.

Adverb já

Êles **já** foram.	They have **already** gone.
Chego **já** aí.	I'll be **right** there.
O menino **já** é grande.	The boy is big **now**.
Você **já** está estudando português?	Have you started studying Portuguese **yet**?
Já não é possível falar com êle.	It is **no longer** possible to talk to him.

Some Uses of **até**

Ela espera **até** às dez.	She'll wait **until** ten.
Ela estuda **até** meia-noite.	She studies **until** midnight.
Carlos anda **até** a esquina.	Charles walks **to (as far as)** the corner.
Êle faz isso **até** de olhos fechados.	He does that **even** with his eyes closed.
Até João o faz bem.	**Even** John does it well.
Até que ela dança bem.	She **even** dances well. Or: She dances **rather** well.
Êle fala inglês **até** bem.	He does not speak English **too** badly.
Isso fica pronto **até** sábado.	That will be ready **by** Saturday.

Substituição simples

1. O menino já **é grande**.

   a. está aqui
   b. está com seu pai
   c. sabe ler
   d. fala português

2. **Êle fala inglês** até bem.

   a. Ela dança
   b. Patrícia escreve
   c. Êle canta
   d. Mário nada
   e. O menino joga

3. Elas já **fizeram o trabalho,**

    a. foram ao Brasil   d. chegaram no Brasil
    b. pagaram a conta   e. falaram comigo
    c. me disseram isso

4. **Os alunos** já fizeram êsse exercício.

    a. Todos   c. Três de vocês
    b. Até elas   d. Aquelas môças

5. O filme é impróprio[12] até **dezesseis** anos.

    a. 18   c. 21
    b. 10   d. 15

Substituição de um elemento

1. Êle recebeu a notícia **alegremente.**[13]

    a. naturalmente   c. tranqüilamente[14]
    b. calmamente

2. **Êle** disse tudo isso calmamente.

    a. Nós   c. Ela
    b. A gente   d. O professor

3. Encontrei **a casa dêle** fàcilmente.

    a. o consultório dêle   c. a Faculdade de Direito[15]
    b. o hospital   d. a loja dêles

4. Ela vem aqui **especialmente** para conhecer você.

    a. principalmente   c. sòmente
    b. exclusivamente[16]

---

[12]**impróprio** improper (not allowed)
[13]**alegremente** happily
[14]**tranqüilamente** tranquilly

[15]**Faculdade de Direito** Law School
[16]**exclusivamente** exclusively

5. Primeiramente quero **apresentar** meus amigos.

    a. levar   c. encontrar
    b. procurar   d. convidar

6. Últimamente **tenho trabalhado** muito.

    a. êles têm estudado   c. êle tem trabalhado
    b. ela tem telefonado   d. meus amigos têm aparecido

Transformação

*Mude a locução indicada para um advérbio em **-mente**.*

*(Change the item in boldface to an adverb ending in **-mente**.)*

1. Vou à casa dêle **tôda semana**.   Vou à casa dêle semanalmente.
2. Recebo dinheiro **uma vez por mês**.   Recebo dinheiro mensalmente.
3. Ela o visita **uma vez por ano**.   Ela o visita anualmente.
4. Êles resolveram tudo **com calma**.
5. Êles sempre cantavam **com alegria**.
6. **Primeiro** quero agradecer-lhe.
7. Vocês aprendem isso **rápido**.[17]
8. Ela passou no exame **com facilidade**.

§ 72 Diminutivos e aumentativos

Diminutives and Augmentatives

E X E M P L O S

Gasta-se **um dinheirão** com os filmes.
A menina está ficando **bonitinha**.
O problema é **facílimo**.

---

[17]**rápido** rapid, rapidly

FORMAS

Diminutives With Approximate Translations*

NOUNS

-inho(a)			-zinho(a)	
amiga	amiguinha	dear (little) friend (fem.)	animal	animalzinho small animal
amigo	amiguinho	dear (little) friend (masc.)	avó	avòzinha "granny"
cachorro	cachorrinho	puppy	avô	avôzinho "grandad"
casa	casinha	little house	cão	cãozinho puppy
criança	criancinha	baby, little child	cidade	cidadezinha small city
filha	filhinha	little daughter	ilha	ilhazinha small island
filho	filhinho	little son	lugar	lugarzinho little place
gato	gatinho	kitten	mãe	mãezinha "mommy"
			João	Joãozinho Johnny
			pai	paizinho "daddy"

ADJECTIVES AND ADVERBS

agora	agorinha	just now, right now	devagar	devagarzinho rather slowly (also devagarinho)
baixo	baixinho	very short	menor	menorzinho younger (youngest) (little) fellow
bonita	bonitinha	"cute"	manhã	de manhãzinha very early in the morning
perto	pertinho	quite close	bom	bonzinho pretty good
pouco	pouquinho	little bit		
tarde	à tardinha	in the late afternoon		

* partial list

The diminutive suffixes add to the basic meaning of the word a note of affection and familiarity, or of temporal and spatial emphasis.

Augmentatives

-ão, -ona   *-íssimo(a), -imo(a)*

NOUNS

casa	casarão	*big house*
casaco	casacão	*overcoat*
dinheiro	dinheirão	*pile of money*
menino	meninão	*overgrown boy*
mulher	mulherona	*stout woman*
rapaz	rapagão	*athletic type*

ADJECTIVES AND ADVERBS

bonita	bonitona	*really good-looking*	difícil	dificílimo	*very difficult*
bonito	bonitão	*really handsome*	fácil	facílimo	*very easy*
			rico	riquíssimo	*extremely rich*
			útil	utilíssimo	*extremely useful*

The augmentative suffixes add a note or degree of size; and at times, a note of awkwardness or ugliness.

Substituição simples

1. **Êle** é um meninão.

   a. Seu irmão
   b. O amigo dela

   c. Seu colega
   d. Aquêle rapaz

2. Gastamos um dinheirão **na festa**.

   a. no clube
   b. no passeio
   c. na viagem

   d. na excursão[18]
   e. na loja

3. Aquela **artista de cinema** é bonitona.

   a. colega dela
   b. sua amiga

   c. môça
   d. senhora

---

[18]**excursão** outing, sightseeing trip

4. Eu acho que **êle** mora naquele casarão ali.

   a. ela
   b. a família dêle
   c. seu amigo

   d. ninguém
   e. o professor dela

5. O nome **dêle** é Paulo mas seu apelido[19] é Paulão.

   a. de meu irmão
   b. daquele rapaz

   c. do namorado dela
   d. de meu colega de turma

6. A menina **é bonitinha**.

   a. mora pertinho de mim
   b. fala devagarzinho
   c. chega à tardinha

   d. sairá agorinha
   e. é baixinha

7. Êle gostou da **ilhazinha**.

   a. casinha
   b. criancinha

   c. cidadezinha
   d. meninazinha

8. Êles vão **comprar o gatinho**.

   a. ficar bonzinhos
   b. viajar naquele carrinho

   c. ver a cidadezinha

9. Ontem eu vi **seu amiguinho**.
   a. gatinho
   b. cachorrinho

   c. filhinho

10. O menino perguntou:—Onde está **o animalzinho**?

    a. minha maẽzinha
    b. meu paizinho

    c. minha avòzinha
    d. meu irmãozinho

Transformação

Mude a locução adjetiva para um adjetivo em **-íssimo** *ou* **-imo.**

(Change the adjective phrase to an adjective in the **íssimo** *or* **-imo** *form.)*

1. Êste livro é muito útil.   Êste livro é utilíssimo.
2. O Brasil é um país rico.

---

[19]**apelido** nickname

3. São Francisco é uma cidade linda.
4. O aluguel[20] do apartamento é caro.
5. A pronúncia dêsse nome é difícil.   A pronúncia dêsse nome é dificílima.
6. Aquela escritora é famosa.
7. A explicação que êle deu foi curiosa.
8. A festa na casa dela foi animada.
9. Os brasileiros são simpáticos.   Os brasileiros são simpaticíssimos.
10. A prova que êle deu foi fácil.

Ortografia

/x, r, z̧, ş, z, s, l, ļ, ȩ . . . a, ȩ . . . o/

Writing Drill

Listen, say, see, copy, listen, write.

GRAFIA DE SONS

/x/	/r/	/z̧/	/ş/
Rio	Iara	laranjada	chegar
correr	querer	janela	achar
repetir	para	ginásio	peixe
Roberto	morar	geléia	abacaxi
carro	carioca	longe	baixo

/z/	/s/	/ļ/	/l/
razão	isso	vermelho	hotel
quinze	pessoa	filho	bôlsa
azeitona	simples	trabalho	literatura
duzentos	condução	aconselho	ali
exemplo	décimo	mulher	lápis

DITADO

1. /x, r/
   O carro de Iara era rápido.
   O rio corre rápido pela terra rumo ao mar.
   A roupa da Rita é côr-de-rosa.

---

[20]**aluguel** rent

2. /z̧, ş/
   A xícara de chá está cheia.
   Xavier jogou o abacaxi no chão.
   A janela do ginásio está fechada.

3. /z, s/
   A próxima semana vamos ter um exemplo do exame.
   Êsse ônibus está se aproximando da casa.
   Tem razão; as azeitonas e a alface são boas para a salada.

4. /l, ļ/
   Lili leu a lição do livro.
   Aquela mulher velha tem muitos filhos.

5. /ę . . . a, ę . . . o/
   Estela conhece o poeta.
   Essa peça é moderna.

Perguntas e revisão individual

Perguntas sôbre o Diálogo principal

1. Como vai a candidatura de Flávio?
2. Quem apareceu no DA ontem?
3. O que foi que Patrícia achou da propaganda?
4. O que sempre tem sido uma tradição?
5. Nos Estados Unidos é raro haver greves de estudantes?
6. O que é que Flávio prefere fazer?
7. Com que Flávio precisa se preocupar?
8. O que tem que ser melhorado?

Perguntas sôbre o Diálogo visualizado

1. Você já estêve alguma vez numa festa de aniversário de quinze anos? Quando?
2. Como são as festas de quinze anos?
3. A Patrícia está ficando com sêde—e você?
4. Você já tomou guaraná alguma vez?
5. Por que não tem guaraná nos Estados Unidos?
6. O que quer dizer o balãozinho nesta cena?
7. Você já apagou velas em algum aniversário?
8. E você, sabe cantar "Parabéns"?

Revisão individual

C A M P U S   P O L I T I C S

A. Você acha que êle ganharia a eleição?

B. Ganharia se _____.

> fizesse mais propaganda
> insistisse no lado político
> _____?_____

E L E C T I O N S

A. Os candidatos vão ser_____?

> eleitos
> aceitos
> convidados

B. Vão sim.

A. Onde vai ser_____ a eleição?

> feita
> realizada
> _____?_____

B. Na universidade.

G O V E R N M E N T

A. Êle foi nomeado_____?

> Ministro
> Diretor
> _____?_____

B. Acho que foi.

A. E a greve, foi_____?

> aprovada
> aceita

B. O _____ não permitiu.

> Governador
> Presidente
> _____?_____

Leitura: CARTA DE PATRÍCIA A CYNTHIA

Cara Cynthia:

Esta carta é escrita de Ouro Prêto, antiga capital da chamada "zona do ouro," no Estado de Minas Gerais.

Não sei como lhe falar de Ouro Prêto—não temos nada parecido com ela, em nosso país. Talvez a nossa Williamsburg, Virginia.

Sei que você me acha por demais romântica, mas não posso negar que esta velha cidade me seduziu.

Não é uma cidade morta, mas vive mais no passado do que no presente. Tem vida ativa, comércio, hotéis, escolas, até fábricas! E tôda uma população jovem formada pelos estudantes da sua famosa escola de engenharia. Mas é ao mesmo tempo, com as suas igrejas barrocas e as suas praças e ruas coloniais, onde nenhum prédio moderno quebra a harmonia da arquitetura, tombada[1] pelo govêrno como cidade-monumento.

Ouro Prêto é o santuário de dois cultos nacionais: um, o do Aleijadinho, o escultor e arquiteto filho de escrava, que deixou verdadeira marca de gigante por tôda a zona de ouro. O outro é o do Tiradentes, o herói da resistência contra os portuguêses, morto por êles exatamente trinta anos antes de Don Pedro proclamar a independência em 1822.

Gostaria que você estivesse aqui, para lhe mostrar a cidade. As velhas igrejas com os seus altares cobertos de ouro, as esculturas do Aleijadinho, as casas seculares, as ruas íngremes calçadas de pedra, os velhos palácios que parecem fortalezas, as fontes públicas, que aqui se chamam *chafarizes*. Quem sabe você também seria vencida por tôdas estas românticas lembranças do passado?

Mas seria preciso que você viesse logo, o que é impossível. Porque de hoje a três dias devo estar no Rio, de volta aos estudos.

"Um grande abraço," como se diz aqui.

Com afeto, Pat

---

[1] **tombada** officially registered

UNIDADE DEZENOVE

OS
LVSIADAS
DE LVIS
de Camões.

¶ *Polo original antigo*
agora nouamente
impreßos.

EM LISBOA,
Com licença do Sancto
Offisio & Priuile-
gio Real

Por Manoel de Lyra. 1597.
A custa de Esteuão Lopez mer
cador de liuros.

Diálogo principal: CASAMENTO NA REITORIA

Iara e Patrícia, muito bem vestidas, estão sentadas num banco, no interior da capela da Reitoria da Universidade Federal do Rio de Janeiro. Vieram assistir ao casamento[1] *de uma colega.*

1. IARA: Hein, Patrícia? Talvez lhe pareça estranho êste nosso costume: nós só usarmos chapéu em casamentos.
2. PATRÍCIA: Achei ótimo nós recebermos o convite. Só assim posso usar meu chapéu nôvo antes de ir embora do Rio.
3. IARA: Pois eu vou lhe dizer a verdade: nem sei mais colocar um chapéu na cabeça.
4. PATRÍCIA: Iara, Zé Maria não lhe pediu para telefonar para êle antes de nós sairmos?
5. IARA: Meu Deus, eu me esqueci! E se formos telefonar agora?
6. PATRÍCIA: Impossível. Os noivos vêm entrando. Nós não podemos atravessar o corredor antes dêles chegarem ao altar.

Terminada a cerimônia, os noivos, os pais e os padrinhos começam a organizar o cortejo de saída.

7. IARA: Agora os noivos vão ficar no salão para receber cumprimentos.
8. PATRÍCIA: E nós vamos entrar na fila. Mas que calor! Cadê [2] seu leque?
9. IARA: Engraçado, eu trouxe êle comigo, me lembro bem. Agora não sei onde está.
10. PATRÍCIA: É bem capaz de ter caído no chão. Se passarmos por entre os bancos, talvez se ache.
11. IARA: Olhe quem vem ali com o meu leque na mão.
12. ZÉ MARIA: Me esqueceram, suas ingratas! Mas o fato é que vocês não podem viver sem mim. Tome o seu leque, Iara.

Edição da época, com os primeiros versos do poema Os Lusíadas (1572), *a obra mais conhecida do mundo português.*

A WEDDING AT THE CAMPUS CHAPEL

*Iara and Patricia, dressed in their best clothes, are seated on a bench in
the chapel of the Administration Building of the Federal University of
Rio de Janeiro. They have come to attend the wedding of a classmate.*

1. IARA: What do you think, Patricia? Does our custom of wearing hats only at weddings seem strange to you?
2. PATRICIA: I think it was great that we received the invitation. It's the only way I can wear my new hat before leaving Rio.
3. IARA: Well, I'll tell you this [the truth]: I don't even know how to put a hat on my head anymore.
4. PATRICIA: Iara, didn't Zé Maria ask you to telephone him before we left?
5. IARA: Good grief, I forgot! What if we telephone now?
6. PATRICIA: It's too late [impossible]. The bride and groom are (already) coming in. We can't cross the aisle before they reach the altar.

*The ceremony over, the bride and groom, the parents, and the
godparents begin to assemble in order to leave in a body.*

7. IARA: Now the bride and groom are going to be in the ballroom to receive the guests [greetings].
8. PATRICIA: And we're going to get in line. But it's so hot! Where's your fan?
9. IARA: Funny, I remember distinctly bringing it with me. Now I don't know where it is.
10. PATRICIA: It may have fallen on [it could be that it dropped to] the floor. If we walk between the benches maybe we'll find it.
11. IARA: Look [there] who's coming with my fan in his hand.
12. ZÉ MARIA: You forgot me, you ingrates [you ungrateful things]! That's gratitude for you! But anyway, [the fact is that] you can't get along without me. Here's [take] your fan, Iara.

Explicação cultural

[1] No Brasil o casamento (católico, protestante, ou outro) geralmente tem duas partes: a cerimônia religiosa na igreja e a cerimônia civil no Registro Civil.

Muitos casais preferem um casamento religioso com efeito civil. A capela da Universidade Federal do Rio de Janeiro é um lugar muito procurado para casamentos por motivo de tradição e prestígio social.

[2] **Cadê** é uma expressão típica da linguagem familiar culta, estilo característico dos diálogos dêste livro. É muito empregada em lugar de **Onde está**?

Diálogo visualizado

Zé Maria faz perguntas a Patrícia e a Iara sôbre a receita do médico.

Zé Maria asks Patricia and Iara about the doctor's prescription.

1. ZÉ MARIA: Vocês tiveram que ficar muito tempo na sala de espera?

   Did you have to stay in the waiting room a long time?

2. PATRÍCIA: Não, o médico nos atendeu na hora marcada.

   No, the doctor saw us at the appointed time.

3. ZÉ MARIA: Que remédio êle mandou vocês tomarem?

   What medicine did he recommend that you take?

4. PATRÍCIA: Uns comprimidos para* mim e umas injeções para Iara.

   Some tablets for me and some injections for Iara.

5. ZÉ MARIA: Ainda bem que êle não receitou injeção para você.

   It's a good thing he didn't prescribe an injection for you.

6. PATRÍCIA: É mesmo. Tenho muito mêdo.

   That's right. I'm very afraid of them.

7. ZÉ MARIA: Êle pediu para vocês voltarem lá?

   Did he ask you to come back?

8. PATRÍCIA: Sim, êle disse para irmos lá amanhã.

   Yes, he told us to come back tomorrow.

---

* /pra/

Vocabulário para substituição

A. Vocês estão com dor
de_____?
    cabeça
    garganta
    ouvidos
    dentes
B. Estamos.

Do you have
_____?
    a headache
    a sore throat
    an earache
    a toothache
Yes, we do.

A. Êle mandou tomarem
_____?
    êste remédio
    êste comprimido
    esta injeção
B. Não, êle mandou fazermos
_____.
    um exame de sangue
    um exame de vista
    um raio-X[1]dos pulmões

Did he tell you to take
_____?
    this medicine
    this tablet
    this injection
No, he told us to have
_____.
    a blood test
    an eye examination
    a chest x-ray (taken)

Estruturas básicas

§ 73 Infinitivo pessoal ou flexionado

Personal or Inflected Infinitive

EXEMPLOS

    É bom vocês **tomarem** êste remédio.
    Parece estranho elas só **usarem** chapéu em casamentos.
    Êles vão sair antes de nós **chegarmos**.

---

[1]/şIS/

F O R M A S

Personal Infinitive

Infinitive as Stem	*Tense-Pers. No. Markers*
passar	
parecer	-
dizer	-
ser	-mos
estar	-em
sugerir	

The personal infinitive is not used after auxiliary verbs in constructions of the type found in Unit V, Section 18 (e.g., **devemos estudar, elas podem vir, vocês vão ficar, êles gostam de ler, começamos a falar).**

Substituição simples

1. Foi ótimo **passarmos** no exame.

   a. sabermos tudo
   b. respondermos tudo

   c. escrevermos aquilo

2. Foi bom **termos pago** ao dentista.

   a. vocês terem ido
   b. nós termos telefonado

   c. êles terem pedido a conta
   d. elas não irem

3. Ela pediu para **telefonarmos para êle.**

   a. não sairmos agora
   b. entrarmos na fila
   c. estudarmos mais

   d. pagarem a despesa[1]
   e. mudarem de assunto[2]

4. Não foram à festa por estarem **cansados.**

   a. doentes
   b. fora

   c. de traje esporte
   d. sem dinheiro

---

[1]**despesa** expense
[2]**mudarem de assunto** change the subject

5. É melhor **fazermos um exame de sangue.**

    a. irmos à clínica[3] dêle   c. passarmos lá agora mesmo
    b. perguntarem se ela tomou o remédio   d. marcarmos uma hora com o médico

Substituição de um elemento

1. Foi bom **nós** termos chegado na hora.[4]

    a. êle   d. eu
    b. Patrícia e Iara   e. vocês
    c. você

2. Ela pediu para **eu** usar paletó.

    a. nós   d. vocês
    b. êle   e. êles
    c. o namorado

3. Foi uma boa idéia **ela** falar com êle.

    a. Mário   c. vocês
    b. todos   d. um de vocês

4. É melhor **nós** não aparecermos na festa.

    a. elas   c. vocês
    b. êles

5. Foi uma boa idéia **vocês** terem ido ao jôgo.

    a. eu   d. Patrícia
    b. nós   e. elas
    c. êles

Transformação

Mude do subjuntivo para o infinitivo pessoal.

(Change from the subjunctive to the personal infinitive.)

1. É melhor que vocês fiquem aqui.   É melhor vocês ficarem aqui.
2. É necessário que elas usem chapéu.

---

[3]**clínica** clinic
[4]**Foi bom nós termos chegado na hora.** It was a good thing we arrived on time.

3. É bom que nós sejamos aprovados no exame.

É bom nós sermos aprovados no exame.

4. É importante que todos nós cheguemos na hora.

É importante todos (nós) chegarmos na hora.

5. Não é possível que êles sejam reprovados[5] no exame.

6. É interessante que vocês estejam lá também.

7. É impossível que êles tenham vindo hoje aqui.

§ 74 Infinitivo pessoal e impessoal

Personal and Impersonal Infinitive

E X E M P L O S

Devemos **tomar** o remédio.
É bom nós **tomarmos** o remédio.
Vão precisar de mais dinheiro antes de **viajar**.
Antes de **viajarem**, vão precisar de mais dinheiro.

F O R M A S

Infinitives	
Personal	*Impersonal*
NO OVERT SUBJECT OF INFINITIVE	
Antes de irmos, êle chegou. *Before we left, he arrived.*	
SUBJECT AND ITS INFINITIVE WIDELY SEPARATED	
Nós achamos melhor, depois de muito pensar, **falarmos** com êle. *We thought it better, after thinking about it a lot, to talk with him.*	Nós achamos melhor, depois de muito pensar, **falar** com êle.

---

[5]**reprovados** flunked

Infinitives—*continued*

Personal	**Impersonal**
OVERT SUBJECT OF INFINITIVE	
Eu mandei vocês **voltarem**. *I ordered you to return.*	Eu mandei vocês **voltar**.
Êle nos permitiu **passarmos**. *He permitted us to pass.*	Êle nos permitiu **passar**.
Eu mandei Carlos e Zé **trabalharem**. *I ordered Charles and Zé to work.*	Eu mandei Carlos e Zé **trabalhar**.
SUBJECT CLOSE TO THE INFINITIVE	
Ao **sairmos** de casa, nós encontramos Carlos. *On leaving the house, we met Charles.*	Ao **sair** de casa, nós encontramos Carlos.

The first sentence in the chart illustrates the single instance of obligatory usage of the personal infinitive.

The usage illustrated is characteristic of spoken Portuguese; formal and literary usage may vary.

Substituição simples

1. Vou dizer à minha secretária para **comprar** isso.

   a. fazer
   b. bater[6]

   c. escrever
   d. trazer

2. Êles vão ficar aqui para **receber** os presentes.

   a. comprar
   b. apanhar

   c. ver

3. Vamos **almoçar** antes de viajarmos.

   a. jantar
   b. tomar um remédio

   c. comprar uns jornais

---

[6]**bater** to type

4. Só posso **telefonar** ao chegar em casa.

   a. perguntar a ela
   b. falar com ela

   c. resolver isso

Substituição de um elemento

1. Que tal **nós** jantarmos aqui?

   a. você e êle
   b. a gente

   c. nós dois
   d. alguns de seus amigos

2. Seria bom **nós** falarmos com êle antes.

   a. elas
   b. a gente

   c. vocês
   d. todo mundo

3. Foi ótimo **nós** recebermos convite[7] para a festa.

   a. seus amigos
   b. seus parentes

   c. a gente
   d. todos vocês

4. Um mês antes de **nós** chegarmos aqui já fazia calor.

   a. êles
   b. você

   c. vocês
   d. minha família

5. Antes de **vocês** estudarem português, o que sabiam sôbre o Brasil?

   a. elas
   b. você

   c. todos desta turma
   d. a maioria[8] de vocês

Transformação

Mude do infinitivo pessoal para o infinitivo impessoal.

(Change from the personal infinitive to the impersonal infinitive.)

1. Ao entrarmos, encontramos Carlos.   Ao entrar, encontramos Carlos.
2. Ao descermos,[9] vimos a cidade.   Ao descer, vimos a cidade.

---

[7]**convite** invitation
[8]**maioria** majority

[9]**descermos** descending, getting down

3. Ao saírem da casa fechem a porta.
4. Ao chegarem lá, mandem um telegrama.
5. Ao fecharem a casa não se esqueçam de apagar a luz.

Pergunta com sugestão para resposta

Dê uma resposta longa.

(Give a long reply.)

1. O que vocês vão dizer ao entrar na sala? **boa tarde a todos**
2. O que êles vão fazer ao chegar lá? **visitar alguns amigos**
3. Onde elas vão jantar ao terminar o trabalho? **num bom restaurante**
4. Que desculpa vocês vão dar ao encontrarem Paulo? **não tínhamos o telefone dêle**
5. O que os professôres vão fazer ao apresentarem o reitor? **pedir uma salva de palmas**[10] **para êle**

Ao entrarmos na sala vamos dizer boa tarde a todos.

§ 75 Infinitivo em vez de subjuntivo

Infinitive Instead of Subjunctive

E X E M P L O S

Êle disse para elas **telefonarem**.
Ela pediu para nós **voltarmos** depois.
Eu mandei êles não **tomarem** o remédio.

---

[10]**uma salva de palmas** a round of applause

F O R M A S

Infinitive With Subjunctive Equivalent

Infinitive	*Subjunctive*
Mando-os acabar. *I order them to finish. I order that they finish.*	Mando que êles acabem.
Mandei êles acabarem logo. *I ordered them to finish immediately. I ordered that they finish immediately.*	Mandei que êles acabassem logo.
Deixei êle voltar hoje. *I allowed him to return today. I allowed that he return today.*	Deixei que êle voltasse hoje.
Êle pediu para eu acabar. *He asked me to finish. He asked that I finish.*	Êle pediu que eu acabasse.
Eu disse para você não fazer isso. *I told you not to do it. I told you that you should not do it.*	Eu lhe disse que não fizesse isso.
Êle avisou para (nós) irmos. *He advised us to go. He advised that we go.*	Êle nos avisou que fôssemos.
Êle recomendou a mim para não demorar. *He recommended that I not delay.*	Recomendou que eu não demorasse.
Sugeri-lhe escolher isso. *I suggested that he choose this.*	Sugeri que êle escolhesse isso.

In constructions of the type shown, the verb **querer** is used only with the subjunctive option: **Eu quero que êles acabem, Êle queria que eu acabasse,** and so on.

See Appendix C, Note XXVIII.

Substituição simples

1. Deixei êle **voltar hoje.**

   a. escolher outras coisas
   b. explicar tudo
   c. chamar muita gente

   d. organizar o programa
   e. sentar na frente

2. Mande José **fazer o serviço.**

   a. demorar
   b. esperar por mim

   c. entrar na fila
   d. trazer os livros

3. Êle disse para **elas voltarem logo**.

    a. nós aprendermos o diálogo

    b. êles fazerem as substituições

    c. a gente responder as perguntas

    d. todos praticarem as frases

    e. êles melhorarem a pronúncia

4. Êle pediu para a gente **voltar depois**.

    a. acabar logo

    b. trazer a receita

    c. não falar inglês

    d. não fazer isso

    e. tomar o remédio

5. Êle deixou a gente **fazer o exame outra vez**.

    a. pagar o almôço

    b. assistir a aula

    c. trazer uns amigos

    d. fazer o exame depois

    e. usar o telefone

Substituição de um elemento

1. Êle pediu para nós **voltarmos** à tarde.

    a. chegar

    b. viajar

    c. chamar

    d. telefonar

2. Eu avisei para êles não **chegarem tarde**.

    a. fazer isso

    b. ir ao aeroporto

    c. ficar tristes

    d. organizar o programa

3. Mandei Carlos **comprar** isso no supermercado.

    a. apanhar

    b. levar

    c. deixar

4. Nós insistimos para êles **demorarem mais** aqui.

    a. morar

    b. trabalhar

    c. vir

    d. chegar logo

Pergunta com sugestão para resposta

1. Quando êle pediu para voltarmos?
amanhã à tarde

    Êle pediu para vocês voltarem amanhã à tarde.

2. Quem recomendou para êles não chegarem tarde? **nós**

3. Quanto tempo êle sugeriu passarmos na Europa? **um mês e meio**

4. O que a professôra deixou o aluno
escrever? **a composição**
5. Por que o médico insistia para você tomar
injeção? **eu ficar bom**
6. Quando vocês sugerem mandarmos o
presente para ela? **na próxima semana**

§ 76 Construções com locuções verbais

Verb Phrase Constructions

E X E M P L O S

Êle não **podia estar dormindo.**
Deve ter sido engano.
Êles **devem estar chegando** agora.

F O R M A S

Combined Verb Phrase Constructions

Tenho estudado muito.
I have studied a lot.
   +
Estou estudando muito.
I am studying a lot.

⟶ Tenho estado estudando muito.
I have been studying a lot. (Perfect Progressive)

Não posso sonhar.
I cannot dream.
   +
Não estou sonhando.
I am not dreaming.

⟶ Não posso estar sonhando.
I can't be dreaming. (Modal Progressive)

Poderia jantar.
I would be able to dine.
   +
Teria jantado antes.
I would have dined beforehand.

⟶ Poderia ter jantado antes.
I could have dined beforehand. (Modal Perfect)

The basic verb phrase patterns in both Portuguese and English may be combined to give new constructions.

Substituição simples

1. Só assim **vamos chegar** na hora.

   a. ela vai chegar
   b. o Dr. Álvaro vai chegar
   c. Carlos e Henrique vão chegar

   d. todos vamos chegar
   e. a gente vai chegar

2. **Êle tem** estado trabalhando muito.

   a. Nós temos
   b. Artur tem
   c. Maurício e Maria Helena têm

   d. Eu tenho
   e. O pessoal tem

3. **Êles poderiam** ter dado uma festa hoje.

   a. Nós poderíamos
   b. A gente poderia

   c. A turma poderia
   d. Vocês poderiam

4. Onde **êles teriam** achado êste livro?

   a. êle teria
   b. Vicente teria

   c. Reinaldo e Afonso teriam
   d. aquela aluna teria

Transformação

Combine as duas locuções verbais.

(Combine the two verb phrases.)

1. Vou ao casamento dêle/posso ir
2. Tenho trabalhado muito/estou trabalhando
3. Ela tem pensado muito nisso/está pensando
4. Êle tem fumado demais/êle anda fumando
5. Êles deveriam fazer isso/êles teriam feito
6. Ela poderia ir lá antes/ela teria ido
7. Elas vão ao Brasil/podem ir
8. Êle tem bebido/êle anda bebendo

    Vou poder ir ao casamento dêle.
    Tenho estado trabalhando muito.
    Ela tem estado pensando muito nisso.
    Êle tem andado fumando demais.
    Êles deveriam ter feito isso.
    Ela poderia ter ido lá antes.
    Elas vão poder ir ao Brasil.
    Êle tem andado bebendo.

Ortografia

Accents

Writing Drill

Listen, say, see, copy, listen, write.

Words with the stress on the second-to-last syllable contain obligatory written accents.

história, Mário, teatrólogo, influência, câmara, Amélia, comerciário
Mário toca música de câmara.
Estudamos a história do México.
O teatrólogo é mestre em diálogos.

Words in **-l, -r,** and **-s** that stress the next-to-last syllable contain obligatory written accents.

açúcar, possível, automóvel, fáceis, automóveis
O açúcar é fácil de comprar.
É possível sair de automóvel.

Words that are stressed monosyllables with pure vowels contain obligatory written accents.

lá, más, cá, dá, é, pé, só
Me dê o pé.
Lá comprei só isso.

When there is stress on the last syllable of words with two or more syllables,[1] there is an obligatory written accent.

1. Simple Vowel Endings
   você(s), café(s), avô(s), paletó(s), Ceará, Maceió
   Você vai ao café?
   Meu avô é do Ceará.
2. Diphthong Endings
   hotéis, espanhóis, faróis, também, parabéns, terão
   Os espanhóis comeram pastéis.
   A caixa contém flôres também.

---

[1]Such two-vowel clusters as **saí, daí,** and **Grajaú** do not form diphthongs; written accents show that a possible dipthong does not form.

There is no written accent on polysyllabic words when stress is given to the next-to-last syllable, except as shown in *i.* of chart on page 473.

> verde, belos, bonita, coisinhas, subo
>
> Ela é muito bonita.
>
> Tenho os olhos fechados.

There is no written accent on polysyllabic words when stress is given on the last syllable of words ending in **-l**, **-r**, and **-z**.

> natural, hotel, espanhol, comer, rapaz, professor
>
> O rapaz mora no hotel.
>
> Êsse professor é muito feliz.

There is no written accent on monosyllabic words when they are weakly stressed.

> de, o(s), lhe, se, me, no(s), a, das
>
> O amigo do senhor está na sala.
>
> Eu lhe dei o recado.

The grave accent is sometimes used as a variant of the acute accent.

pé, pèzinho, café, cafèzinho, só, sòzinho, só, sòmente, último, ùltimamente, histórico, històricamente, fácil, fàcilmente

> Fui sòzinho tomar um cafèzinho.
>
> Ùltimamente tenho chegado tarde.
>
> Êle compreende fàcilmente.

The grave accent is used to indicate combinations of the preposition **a** and the article **a** and initial **a** in a few other words.

> à(s), àquela, àqueles, àlguma
>
> Cheguei às oito horas.
>
> Vou dar isto àquele amigo.

Following is a summary of obligatory written accents for words having a certain stress pattern (in terms of sound).

Obligatory Written Accents

Sound Pattern	*Writing*	*Examples*
a. *When there is stress on the second-to-last syllable,*	*always write the accent.*	Mário, pêssego, típica
b. *When there is stress on the last syllable and the word ends in*	*always write the accent.*	
/a(s)/		xará(s)
/e(s)/		você(s)
/ę(s)/		café(s)
/o(s)/		avô(s)
/ǫ(s)/		paletó(s)
/ẽỹ(s)/,		armazém (armazéns)

Obligatory Written Accents—*continued*

Sound Pattern	*Writing*	*Examples*
c. When there is stress on the only syllable (strong monosyllables) and the word ends in	*always write the accent.*	
/a(s)/		pá(s)
/e(s)/		cê(s)
/ę(s)/		Zé
/o(s)/		nhô*
/ǫ(s)/,		nós
d. When there is stress on the next-to-last syllable and the word ends in	*always write the accent.*	
/l/		possível, fácil
/r/		açúcar
/ey(s)/,		fáceis, automóveis
or if it is a noun ending in		
[ãw̃(s)],		bênçãos
e. When there is stress on the last syllable and the word ends in	*do not write the accent.*	
/l/		natural
/r/		mulher
a diphthong not containing /ę/		azuis, papai
a diphthong not containing /ǫ/		limão, cacau
z,		rapaz
f. In certain stressed diphthongs	*write the accent.*	
/ęy/		idéia
/ęw/		céu
/ǫy/,		espanhóis, dói
g. In unstressed monosyllables (usually articles, prepositions, and some pronouns),	*do not write the accent.*	me, o, em, te, lhe, dos, na
h. When there is stress on the next-to-last syllable,	*often no accent is written.*	bola, casas, passam, ias, dizem, ordens, começo
i. When there is stress on the next-to-last syllable (as in h. above)	*often an accent is written.*	môça, pólo, vê-las, pêso, pára, comêço

---

* **nhô** master (from **senhor**; archaic usage.)

See also Appendix B, Note V.

Perguntas e revisão individual

Perguntas sôbre o Diálogo principal

1. Onde é o casamento?
2. De quem é o casamento?
3. O que Patrícia vai usar?
4. O que é que Iara não sabe mais fazer?
5. O que Zé Maria pediu a Iara?
6. De que Iara se esqueceu?
7. Onde os noivos vão receber os cumprimentos?
8. Onde está o leque de Iara?

Perguntas sôbre o Diálogo visualizado

1. Onde estiveram Iara e Patrícia?
2. Tiveram que esperar muito tempo? E você, espera muito tempo quando vai ao médico?
3. O que Moacir quer saber?
4. Você prefere comprimidos ou injeções?
5. Remédio custa mais caro agora? Em que farmácia você compra?
6. De que Patrícia tem mêdo? E você, também tem?
7. Neste quadro, o que significa o balãozinho?
8. Você também precisa ir ao médico algumas vêzes?

Revisão individual

HEALTH

A. Quem estava com_____ ontem?
   dor de ouvidos
   dor de garganta
   _____?_____

B. Ela estava.

A. Então é melhor ir ao_____.
   médico
   hospital
   _____?_____

[474]

AT THE DOCTOR'S

A. O que o médico disse?
B. Disse que_____ mais.
          descansasse
          comesse
          _____?_____

A. Êle passou uma receita?
B. Não. Mandou fazer_____.
          exame de vista
          uma radiografia
          _____?_____

HOW DO YOU FEEL?

A. Você está melhor hoje?
B. Acho que ainda estou_____.
          resfriado
          com febre
          doente
          _____?_____

PHYSICAL EXERCISE

A. Você tem_____?
          nadado
          feito exercícios
          _____?_____
B. Não. Ainda estou fraco.

GAINING OR LOSING WEIGHT

A. Você está emagrecendo?
B. Estou_____.
          fazendo regime
          comendo pouco
          _____?_____

A. Eu continuo_____.
          engordando
          emagrecendo
          com o mesmo pêso
          _____?_____

Leitura: NOTAS DE AULA DE PATRÍCIA: CURSO DE LITERATURA BRASILEIRA

Durante os tempos coloniais, não se pode dizer que houvesse ainda uma literatura brasileira, mas apenas um ramo brasileiro da literatura portuguêsa. Portugal vivia então o período áureo da sua história. Lembremos que o poema épico *Os Lusíadas* de Luis de Camões, considerado o maior monumento da língua, apareceu no século dos descobrimentos portuguêses, e celebrava, aliás, a glória dêsses descobrimentos.

No século dezessete, o Brasil já aparece com alguns nomes de valor: o Padre Antônio Vieira, um clássico poderoso, e o poeta satírico Gregório de Matos.

No século dezoito a contribuição brasileira mais importante foi a chamada "Arcádia Ultramarina," grupo literário do qual permaneceu pelo menos um grande nome, o do poeta lírico Tomás Antônio Gonzaga. A celebridade dêsse grupo deve-se entretanto ao fato de ter êle sido o núcleo do famoso movimento libertador conhecido como a "Inconfidência Mineira."[1] Todos os poetas e escritores da Inconfidência tiveram fim trágico, na prisão ou no exílio.

Depois da Independência, o primeiro marco importante do que já se pode chamar "Literatura Brasileira," é o romance *Memórias de um Sargento de Milícias*, de Manuel Antônio de Almeida. Seguiu-se o movimento conhecido como "Indianista"[2] que lançou dois dos maiores nomes de tôda a história literária brasileira: o romancista José de Alencar e o poeta Gonçalves Dias. Junta-se a êles Castro Alves, o poeta da Abolição, formando o que se pode chamar "o grande trio romântico."

Foi porém com o romancista Machado de Assis, no fim do século dezenove, que a literatura brasileira atingiu o seu ponto perfeito de amadurecimento.

Em 1922 o movimento modernista consagrou a rebelião contra a literatura conservadora, ainda submissa aos padrões de língua impostos por Portugal. Muitos grandes nomes, ainda hoje influentes, saíram do modernismo, destacando-se entre êles Manuel Bandeira e Mário de Andrade.

Em 1930 o romance teve um momento decisivo com o aparecimento do chamado "romance do Nordeste"—grupo de jovens ficcionistas dessa região do país.

Na maioria, ainda são os autores aparecidos de 1930 para cá que predominam na atual literatura brasileira. Novos nomes de valor, é claro, têm surgido. Mas marcam antes uma presença individual do que um movimento de grupo. E isso pode-se dizer mesmo quando se trata de um elemento renovador, quase revolucionário, como é, por exemplo, o romancista Guimarães Rosa.[3]

---

[1] **Inconfidência Mineira** Minas Gerais Rebellion
[2] **Indianista** "Indianist"
[3] Rosa died shortly after his election to membership in the Academia Brasileira de Letras in 1968.

UNIDADE
VINTE

Diálogo principal: DESPEDIDA NO AEROPORTO INTERNACIONAL DO GALEÃO[1]

O Dr. Álvaro, Dona Teresa, Iara, Moacir e Mário vêm assistir ao embarque de Patrícia que volta aos Estados Unidos.

1. DR. ÁLVARO: Deixe ver os seus papéis, minha filha. Passaporte, atestado de vacina, passagem, dinheiro trocado . . . Muito bem!
2. PATRÍCIA: Eu não disse que confiasse em mim? Está tudo certo.
3. MOACIR: Está aqui o cartão da bagagem. Teve que pagar de excesso dez quilos.
4. PATRÍCIA: Também, com tanto presente que ganhei! E os meus vestidos cariocas!
5. D. TERESA: Confesso que odeio despedidas! Mande notícias, Patrícia.
6. IARA: E não quero cartinhas curtas, quero relatórios compridos, contando tudo!
7. MÁRIO: Eu não peço tanto. Para mim basta um postal, dizendo que chegou.

O Dr. Álvaro leva todo o grupo até ao bar.

8. DR. ÁLVARO: Vamos tomar o último cafèzinho. Vai ser o brinde de despedida.
9. MOACIR: Patrícia, o alto-falante já está chamando os passageiros para Nova Iorque!
10. D. TERESA: Adeus, minha filha. Tenho pena de você não ser *minha* mesmo.

Patrícia beija e abraça a todos da família.

11. PATRÍCIA: Adeus a todos!

Ela aperta a mão de Mário.

12. PATRÍCIA: Será que você pode mesmo ir em dezembro?
13. MÁRIO: Hei de poder. Nem que vá nadando! Até lá, Patrícia. 'Tá?

Amazônia: Floresta tropical com seus caminhos d'água.

SAYING GOOD-BYE AT
GALEÃO INTERNATIONAL AIRPORT

Dr. Alvaro, Dona Teresa, Iara, Moacir, and Mario come to see
Patricia off as she returns to the United States.

1. DR. ALVARO: Let me see your papers, my dear.* Passport, vaccination certificate, ticket, and your money changed . . . Very good!
2. PATRICIA: Didn't I say you could trust me? Everything is in order.
3. MOACIR: Here is your baggage check [card]. You had to pay for ten kilos of overweight.
4. PATRICIA: I'm sure I did [also], with all the presents I've gotten. And the dresses I got in Rio.
5. D. TERESA: I (must) confess I hate good-byes! Now write to us, Patricia.
6. IARA: And I don't want little short letters, I want long reports telling everything!
7. MARIO: I'm not asking for so much. For me a post card will do, saying that you arrived.

Dr. Alvaro takes the entire group over to the snackbar.

8. DR. ALVARO: Let's have a last demitasse. It will be a farewell toast.
9. MOACIR: Patricia, the loudspeaker is calling for New York passengers.
10. D. TERESA: Good-bye, my dear. I'm sorry you aren't my *very own* daughter.

Patricia hugs and kisses the whole family.

11. PATRICIA: Good-bye, everybody.

She shakes Mario's hand.

12. PATRICIA: Can you really come in December?
13. MARIO: I've got to. Even if I have to swim! See you there, Patricia. O.K.?

---

* **Minha filha**, *lit.* my daughter, is widely used also as an expression of endearment.

Explicação cultural

[1] O Aeroporto Internacional do Galeão, que fica perto do Rio, é muito maior do que o Aeroporto Santos Dumont, que está situado bem no centro da cidade e serve principalmente os vôos domésticos. Lá no Galeão os grandes jatos podem aterrissar e decolar fàcilmente.

No Brasil é costume assistir-se ao embarque de parentes e pessoas amigas, como também recebê-las quer no aeroporto, na estação rodoviária,* ferroviária ou no pôrto. Esta é uma das muitas atitudes culturais que caracterizam o temperamento acolhedor do povo brasileiro. Cenas semelhantes à do diálogo se repetem diàriamente nos aeroportos brasileiros.

Diálogo visualizado

Patrícia procura lembranças numa loja do aeroporto.

Patricia looks for souvenirs at an airport shop.

1. PATRÍCIA: Quero levar uns presentes para minhas amigas.

   I want to take some presents for my friends.

2. IARA: Por que não leva algumas revistas?

   Why don't you take some magazines?

3. PATRÍCIA: Revistas, não. Elas não vão poder ler.

   Not magazines. They won't be able to read them.

4. IARA: E algumas pedras semi-preciosas?

   (What about) some semiprecious stones?

5. PATRÍCIA: É uma boa idéia.

   That's a good idea.

6. IARA: Olhe aqui estas águas-marinhas.

   Just look at these aquamarines.

7. PATRÍCIA: São muito bonitas, mas estão caras.

   They're pretty, but they're expensive.

8. IARA: Resolva logo. Já deram o primeiro aviso do seu vôo.

   Make up your mind in a hurry. They've already made the first announcement of your flight.

---

* bus station

Vocabulário para substituição

A. Que é isso?
B. São retratos para

_____.

   passaporte
   carteira de motorista
   carteira de estudante
   carteira de sócio do clube

A. Por qual companhia você viaja?

B. Por mim eu só viajaria

_____.

   por esta companhia
   pela Varig[1]
   por uma companhia americana

A. Por quanto tempo é válido o

_____.

   documento
   contrato
   atestado de vacina
   certificado

B. Por dois anos.

What's that?
They're pictures for

_____.

   a passport
   a driver's license
   a student card
   a club membership card
What airline (company) are you going to take?

If I had my way, I'd travel only

_____.

   on this airline
   on Varig
   on an American airline

How long is the
_____ *good for?*
   document
   contract
   vaccination certificate
   certificate
For two years.

Estruturas básicas

§ 77 **Preposição** por

*Preposition **por***

E X E M P L O S

   Ela chegará lá **pelas** 9:00.
   Vamos **pela** praia ou **pelo** centro?

_____

[1]abbreviation for Viação Aérea Rio Grandense

F O R M A S

The Preposition **por**

Location, Route

Êle entrou **pela** porta.
Vamos passear **pela** praia.
É **por aqui** que se vai para a praia?

He came in **through** the door.
Let's take a walk **along** the beach.
Is this **the way to** the beach?

Exchange, Substitution

Paguei um dinheirão **por** êste carro.
Eu faço o pagamento **por** você se me der
o dinheiro.

I paid a fortune **for** this car.
I'll make the payment **for** you if you will
give me the money.

Agent, Instrument

A carta foi escrita **por** êle.
Nós sempre viajamos **pela** Varig.

The letter was written **by** him.
We always travel **on** Varig.

Time Duration, Approximation, Rate

Ficou lá **por** dois dias.
Cheguei lá **pelas** três horas.
Vou à biblioteca duas vêzes **por** semana.
Êle viu Maria **pela** primeira vez.

He remained there **for** two days.
I arrived **around (about)** three.
I go to the library twice **a** week.
He saw Mary **for** the first time.

Personal Concern

Êle estava perguntando **por** você.

He was asking **about** you.

Personal Option

Por mim, êle não passaria no exame.

If I had my way, he wouldn't pass the
exam.

Benefit

Eu faço o pagamento **por** você, porque
você está sem dinheiro.

I'll make the payment **for** you because
you are out of money.

Substituição simples

1. Quanto você **pagou** por êste carro?

   a. deu
   b. recebeu

   c. pedia
   d. queria

2. Vou à casa dêle duas vêzes por **semana.**

   a. dia
   b. ano

   c. mês
   d. semestre

3. O avião dêle chega lá pelas **nove.**

   a. dez e quinze
   b. onze e meia

   c. doze
   d. duas

4. Vamos passar **pelo centro da cidade**?

   a. por lá
   b. pela biblioteca
   c. por aqui

   d. pela avenida principal
   e. pela praça
   f. pelo campus

5. Ela **assinou**[1] **o documento** por você.

   a. assinou a carteira
   b. respondeu a carta

   c. fêz os pagamentos
   d. deu a aula

6. Por **mim**, êle faria outro curso de português.

   a. você
   b. nós
   c. vocês

   d. seu pai
   e. elas

7. Por onde se vai: **por aqui ou por ali**?

   a. por esta ou por aquela estrada
   b. por esta ou por aquela rua

   c. por êste ou por aquêle caminho
   d. por esta avenida ou por aquela rua

8. O livro foi **escrito** por êle.

   a. trazido
   b. comprado

   c. emprestado
   d. vendido

---

[1]**assinou** signed

9. O médico fêz tudo o que pôde por **Maria**.
    a. Alice
    b. Amélia

    c. Ana
    d. Anita

10. Êle estêve aqui e perguntou por **você**.
    a. Iara
    b. vocês

    c. João e José
    d. seu pai

Pergunta com sugestão para resposta

Dê uma resposta longa.

(Give a long reply.)

1. Quanto ela pagou pelo vestido? **300 cruzeiros**
Pagou 300 cruzeiros pelo vestido.

2. Por onde êles entraram? **pela porta**
Entraram pela porta.

3. Por quem foi escrito o livro? **Machado de Assis**
Foi escrito por Machado de Assis.

4. Quantas aulas você tem? **cinco por semana**
Tenho cinco aulas por semana.

5. Por onde vocês vão passar? **pela avenida principal.**
Vamos passar pela avenida principal.

6. A que horas chega o ônibus? **lá pelas dez horas**
O ônibus chega lá pelas dez horas.

7. Por você[2] ela estudaria português ou espanhol? **por mim/as duas línguas**
Por mim ela estudaria as duas línguas.

8. Quem deu a aula por êle? **um instrutor brasileiro**
Um instrutor brasileiro deu a aula por êle.

§ 78 **Preposição** para

*Preposition **para***

E X E M P L O S

Você vai **para** a universidade?
Êste livro é **para** alunos de língua inglêsa.

---

[2]**por você** if you had your way

FORMAS

The Preposition **para**

Recipient

Êste livro é **para** ela.

Êle trouxe um presente **para** mim.

*This book is **for** her.*

*He brought a present **for (to)** me.*

Use, Purpose

Êste livro é **para** principiantes.

Para que você está aqui?

*This book is **for** beginners.*

***For** what purpose are you here?*

Destination

Para onde vocês vão?

Vamos **para** a biblioteca.

*(**To**) Where are you going?*

*We're going **to** the library.*

Imminence

O professor está **para** chegar.

*The teacher is **about to** arrive.*

Set Time

Marquei encontro com êle **para** têrça.

*I made an appointment with him **for** Tuesday.*

At Direction of

Êle trabalha **para** algum jornal.

*He works **for** some newspaper.*

Viewpoint

Para mim, isto é dificílimo.

***In my opinion**, this is extremely difficult.*

Substituição simples

1. Eu trouxe êste **livro** para ela.

   a. presente

   b. disco

   c. contrato

   d. atestado

2. Para onde vocês vão: **para casa ou para a faculdade?**

    a. para a biblioteca ou para o laboratório   c. para o aeroporto ou para a casa de
    b. para o escritório ou para casa   Pedro

3. Para mim êle não é **bom aluno.**

    a. bom médico   c. bom engenheiro
    b. bom dentista   d. bom escritor

4. Vocês estão aqui para **aprender a língua.**

    a. estudar a língua portuguêsa   c. melhorar sua pronúncia
    b. falar português

5. Para quando é êste trabalho escrito? Para **têrça?**

    a. segunda   c. quarta
    b. sábado   d. sexta-feira

6. O Sr. Pereira está para **chegar** a qualquer momento.

    a. ir   c. partir
    b. ir embora   d. entrar no avião

7. Êle só vai chegar lá para **domingo.**

    a. têrça-feira   c. sexta ou sábado
    b. quarta ou quinta-feira   d. segunda ou têrça

Pergunta com sugestão para resposta

Dê uma resposta longa.

(Give a long reply.)

1. Para quem êle trouxe êste livro?   Êle trouxe êste livro para a namorada dêle.
   namorada dêle
2. Para onde seus amigos vão? **biblioteca**   Vão para a biblioteca.
3. Êste livro é para que alunos? **de**   É para alunos de primeiro ano.
  primeiro ano
4. Para quando é êste exercício? **segunda-** É para segunda-feira.
  feira

5. Para que revistas êle escreve?   **nenhuma**   Êle não escreve para revista nenhuma.
6. Será que o avião está para chegar?   **a**   Está para chegar a qualquer momento.
   qualquer momento
7. Quando o professor vai ensinar isso?   **lá**   Êle só vai ensinar isso lá para têrça-feira.
   para têrça-feira
8. Para que vocês estão fazendo êste curso?   Estamos fazendo êste curso para falar bem
   para falar bem português   português.

§ 79 Ser **Comparado com** estar

Ser and estar Compared

E X E M P L O S

Eu **estou** muito velho para jogar futebol.
Hoje ela **está** doente.
Êle **é** bancário.
A lição **é** muito comprida.

F O R M A S

Ser and estar Compared

Êle é rico.
He is rich.

Êle está rico.
He's rich now (He has become rich now).

O curso é fácil.
The course is easy.

O curso está fácil para mim.
The course is (getting to be) easy for me.

Ela é adiantada.
She's an advanced student.

Ela está adiantada.
She's (gotten to be) an advanced student.

Sua roupa é muito bem feita.
Your clothes are well tailored (in general).

Sua roupa está muito bem feita.
Your clothes look well tailored (that you are wearing).

Since the choice of **ser** or **estar** may often distinguish two different personal attitudes toward the same situation, precise rules are of little use; in general, an emphasis on current state or appearance is expressed by **estar**, enduring characteristics, by **ser**.

In expressions of fixed geographical location **ser** and **ficar** are interchangeable, but **estar** may also be used for preciseness of reference, for example, **Brasília é, fica,** or **está bem no centro do país.**

In expressions of temporary location (including that of people) only **estar** is used.

Substituição simples

1. Êles são muito **ricos.**

   a. inteligentes
   b. simpáticos
   c. célebres

   d. ocupados
   e. doentes

2. A lição é muito **fácil.**

   a. chata[3]
   b. útil
   c. boa

   d. simples
   e. difícil

3. Onde é **seu escritório?**

   a. sua casa
   b. seu apartamento

   c. sua sala
   d. seu banheiro

4. O Rio é quente **em janeiro?**

   a. em fevereiro
   b. no verão

   c. em julho
   d. no mês de dezembro

5. Êles estão muito **ricos** agora.

   a. doentes
   b. inteligentes
   c. simpáticos

   d. célebres
   e. ocupados

6. A lição agora está muito **fácil.**

   a. chata
   b. útil
   c. boa

   d. simples
   e. difícil

7. Onde está **seu livro?**

   a. seu apagador
   b. seu lápis
   c. sua caneta

   d. seu carro
   e. o giz

---

[3]**chata**   dull, boring

8. Onde estão os **outros alunos**?

   a. seus amigos

   b. rapazes

   c. nossos amigos

   d. seus irmãos

   e. secretários

9. Hoje está **quente**.

   a. fazendo calor

   b. fazendo frio

   c. agradável

   d. nem quente nem frio

Substituição simples

1. Êle era **pobre**, mas agora está **rico**.

   a. feliz/infeliz

   b. antipático[4]/simpático

   c. doente/forte

2. Ela era **bonita**, mas agora está **feia**.[5]

   a. môça/velha

   b. rica/pobre

   c. simpática/antipática

3. O curso era **fácil**, mas agora está **difícil**.

   a. bom/ruim

   b. lento[6]/rápido

   c. interessante/chato

Pergunta com sugestão para resposta

Dê uma resposta com **ser** *ou* **estar** *no presente ou imperfeito.*

(Give an answer with **ser** *or* **estar** *in the present or imperfect.)*

1. Êle tinha muito dinheiro e agora não tem.   Êle era rico.
   Como era? **rico**
2. Ela usava um vestido nôvo na festa.
   Como estava? **bonita**
3. Êle nunca teve boa saúde.[7] E agora?
   doente
4. Ela sempre teve boa saúde, mas agora
   não tem. Como está? **doente**
5. Ela sempre gostou de ler. Como é?
   inteligente

---

[4]**antipático** not nice
[5]**feia** ugly

[6]**lento** slow
[7]**saúde** health

6. Êle falava mal de todo mundo na aula.
   Como era? **antipático**
7. Êle era rico em 1960, e agora? **pobre**   Êle era rico, mas já está pobre.
8. Êle estêve doente ontem, e agora? **bom**
9. O livro era nôvo no ano passado, e
   agora? **velho**
10. A camisa já está feia, mas quando
    comprou, como era? **bonita**

§ 80 Algumas formas derivadas

Some Derived Forms

E X E M P L O S

Quem trabalha num **banco** é **bancário**.
Quem dirige um **banco** é **banqueiro**.
Vendem-se **livros** na **livraria**.
Quem faz **sapatos** é o **sapateiro**.

F O R M A S

Typical Noun Suffixes			
-ário	***-aria***	***-ção***	***-eiro***
comerciário *store clerk*	sapataria *shoe store*	explicação *explanation*	barbeiro *barber*
industriário *industrial worker*	livraria *bookstore*	informação *information*	jornaleiro *newsboy*
bancário *bank clerk*	churrascaria *barbecue restaurant*	orientação *orientation*	banqueiro *banker*
-eza	***-ia***	***-idade***	***-ista***
beleza *beauty*	psicologia *psychology*	complexidade *complexity*	desenhista *draftsman*
grandeza *greatness*	antropologia *anthropology*	naturalidade *naturalness*	motorista *driver*
riqueza *wealth*	pedagogia *pedagogy*	simplicidade *simplicity*	jornalista *journalist*

Substituição de vários elementos

1. Quem trabalha **no comércio**[8] é **comerciário**.

   a. na indústria/industriário

   b. num banco/bancário

2. O lugar que vende **sapatos** é uma **sapataria**.

   a. livros/livraria

   b. churrasco/churrascaria

   c. chapéus/chapelaria[9]

   d. camisas/camisaria[10]

3. Êle nos **orientou**,[11] mas a **orientação** não foi boa.

   a. informou[12]/informação

   b. explicou/explicação

   c. apresentou/apresentação

4. Quem **tem banco** é **banqueiro**.

   a. entrega jornal/jornaleiro

   b. trabalha em barbearia[13]/barbeiro

   c. conserta sapatos/sapateiro[14]

   d. vende sorvetes/sorveteiro[15]

5. O Brasil é **belo**; falemos sôbre sua **beleza**.

   a. grande/grandeza

   b. rico/riqueza

6. Quem é **psicólogo**[16] é formado em **psicologia**.

   a. antropólogo[17]/antropologia

   b. sociólogo/sociologia

   c. pedagogo[18]/pedagogia

7. Êle acha isso **fácil**: há muita **facilidade**.[19]

   a. difícil/dificuldade

   b. simples/simplicidade

   c. complexo[20]/complexidade

   d. natural/naturalidade

8. Quem **trabalha em jornal** é **jornalista**.

   a. dirige táxi/motorista

   b. faz obras de arte/artista

---

[8]**comércio** commerce *or* business
[9]**chapelaria** hat shop
[10]**camisaria** haberdashery
[11]**orientou** oriented
[12]**informou** informed
[13]**barbearia** barber shop
[14]**sapateiro** shoemaker
[15]**sorveteiro** ice cream vendor
[16]**psicólogo** psychologist
[17]**antropólogo** anthropologist
[18]**pedagogo** pedagogue
[19]**facilidade** facility
[20]**complexo** complex

FORMAS

Typical Adjective Suffixes

-ano	*-ense*	*-ês*
mexicano *Mexican*	canadense *Canadian*	chinês *Chinese*
texano *Texan*	amazonense *native of Amazonas state*	dinamarquês *Danish*
pernambucano *native of Pernambuco state*	brasiliense *native of Brasília*	irlandês *Irish*

-al	*-oso**	*-vel*
continental *continental*	maravilhoso *wonderful*	recomendável *recommendable*
regional *regional*	mentiroso *untruthful*	admirável *admirable*
nacional *national*	horroroso *horrible*	lamentável *lamentable*

* /-Ozu, -Oza, -OzuS, -OzaS/

Substituição de vários elementos

1. Quem é **do México** é **mexicano**.

   a. do Texas/texano
   b. de Pernambuco/pernambucano
   c. da Colômbia/colombiano

2. Quem é **do Canadá** é **canadense**.

   a. do Amazonas/amazonense
   b. de Brasília/brasiliense
   c. de Recife/recifense

3. Quem nasce na **China** é **chinês**.

   a. Dinamarca/dinamarquês
   b. Irlanda[21]/irlandês
   c. Escócia[22]/escocês

4. O filme é **uma maravilha**: é **maravilhoso**.

   a. uma mentira[23]/mentiroso
   b. um horror[24]/horroroso
   c. um luxo[25]/luxuoso

---

[21]**Irlanda** Ireland
[22]**Escócia** Scotland
[23]**mentira** falsehood
[24]**horror** horror
[25]**luxo** luxury

5. São problemas **do continente**: são problemas **continentais**.

    a. da região[26]/regionais   b. da nação[27]/nacionais

6. Quando se **lamenta**[28] uma coisa, dizemos que é **lamentável**.

    a. admira[29]/admirável   b. recomenda/recomendável

Typical Negative Prefixes

des-	*i(l)-*	*im-*	*in-*
desligar *to turn off*	ilegal *illegal*	impossível *impossible*	incerto *uncertain*
desfazer *to undo*	ilimitado *unlimited*	imperdoável *unforgivable*	incompleto *incomplete*
desmentir *to refute a lie*	ilegível *illegible*	impróprio *improper*	infeliz *unhappy*

ir-	*mal-*	*sub-*
irreal *unreal*	mal-educado *ill-mannered*	subdesenvolvido *underdeveloped*
irresponsável *irresponsible*	mal-entendido *misunderstanding*	subestimar *to underestimate*
irregular *irregular*	mal-humorado *bad-humored*	subalimentação *malnutrition*

Transformação

Mude cada frase usando um prefixo negativo antes da última palavra.

(Change each sentence by using a negative prefix before the last word.)

1. Êle é educado.[30]   Êle é mal-educado.
2. O problema é de alimentação.[31]   O problema é de subalimentação.
3. Essa pessoa é responsável.[32]   Essa pessoa é irresponsável.
4. Quem disse que ela é feliz?   Quem disse que ela é infeliz?

---

[26]**região** region
[27]**nação** nation
[28]**lamenta** lament
[29]**admira** admire

[30]**educado** educated
[31]**alimentação** nutrition
[32]**responsável** responsible

5. A letra[33] do médico é legível.
6. O rádio está ligado.
7. O que êle fêz foi perdoável.[34]
8. A televisão? Vou ligá-la.
9. Quando o apartamento será ocupado?
10. O contrato? Agora êles vão fazê-lo.
11. Êles estavam interessados.
12. Ela estava penteada.

A letra do médico é ilegível.
O rádio está desligado.
O que êle fêz foi imperdoável.
A televisão? Vou desligá-la.

Ortografia

[ãw̃, sãw̃], /o . . . a, ǫ . . . a, e . . . a, u . . . a, s, z, ş, ʒ/

Writing Drill

Listen, say, see, copy, listen, write.

G R A F I A   D E   S O N S

[ãw̃]	[sãw̃]	/o . . . a/, /ǫ . . . a/
não	atenção	prova
pão	natação	corra
vão	lição	bola
avião	televisão	próxima
João	calção	vergonha

/s/	/z/	/e . . . a/	/u . . . a/	/ş/	/ʒ/
saiba	sòzinho	segunda	uma	achar	gente
calça	quinze	esperar	usar	xícara	longe
faça	confuso	entrar	duas	abacaxi	passagem
pessoa	quase	pela	rua	Xavier	viajar
êsse	Brasil	mesa	muda	Chico	queijo

D I T A D O

1. João e Adão não estão na estação.
2. Êle procura chegar às duas.
3. Vou mudar para sua rua.

---

[33]**letra** handwriting
[34]**perdoável** pardonable

4. Êles virão buscar o pão.
5. Sua aluna estuda literatura.
6. Vocês não vão ver televisão?
7. Êle não gosta de queijo azul.
8. Êles vão de São Paulo ao Japão.
9. Suba por aquela rua.
10. Êste avião não chega até São Paulo.

Perguntas e revisão individual

Perguntas sôbre o Diálogo principal

1. Quem vem assistir o embarque de Patrícia?
2. Quais são os documentos de Patrícia?
3. Quantos quilos de excesso Patrícia teve que pagar?
4. O que Patrícia ganhou?
5. De que Dona Teresa não gosta?
6. O que é que Iara quer que Patrícia escreva?
7. Para Mário basta o quê?
8. Onde o Dr. Álvaro leva o grupo?
9. O alto-falante está chamando quem?
10. O que é que Patrícia faz a todos da família?
11. Como é que Patrícia se despede de Mário?

Perguntas sôbre o Diálogo visualizado

1. Onde estão Iara e Patrícia?
2. O que Patrícia quer comprar?
3. Você sabe o nome de algumas revistas brasileiras?
4. Por que revista não seria um bom presente?
5. Que lembrança[1] você gostaria de ter do Brasil?
6. Que tal uma água-marinha? Você gostaria?
7. Patrícia acha as pedras caras? O que você acha?
8. Você já viajou de avião alguma vez?

---

[1]**lembrança** souvenir

Revisão individual

PREPARING TO TRAVEL

A. Você vai_____?
   fazer a viagem
   fazer a excursão
   _____?_____

B. Vou sim.

A. Então precisa_____.
   de passaporte
   de atestado de vacina
   _____?_____

TRAVELING BY AIR

A. Você já tem_____?
   a sua passagem
   o seu lugar reservado
   o cartão de bagagem
   _____?_____

B. Não. Vamos ao balcão da companhia.

A. Já deram o primeiro aviso do seu vôo.

Leitura: CARTA DE IARA A PATRÍCIA

Querida Pat:

A estas horas estará você aí com o seu lindo Natal debaixo de neve, enquanto nós aqui preparamos o nosso debaixo de um calor em ponto máximo. É assim mesmo: Precisa-se de muita variedade para compor um mundo!

Já terminamos a ornamentação da sala: a árvore de Natal é estilizada—idéia minha; creio que mamãe preferiria o pinheiro clássico, mas cedeu aos meus "modernismos." Mas a grande novidade é o presépio que papai trouxe de Minas, com tôdas a figuras esculpidas em madeira. Tudo primitivo, é uma belezinha. Arrumei a "lapinha"[1] (como

---

[1]**lapinha**   miniature manger scene or grotto

dizia minha avó baiana), à moda antiga, com o boi e o burro junto ao Menino Jesus deitado na palha; em redor Nossa Senhora, S. José, os Reis Magos, pastôres, anjos, soldados romanos—ao todo são trinta figuras. E fiz um lago com um espelho, plantei arroz e alpiste[2] para fazer grama de verdade, onde pastam os carneiros dos pastôres. O melhor dos bichos é um galo vermelho, maior do que os camelos dos Santos Reis, que pusemos no teto do estábulo. Penha quase chorou, lembrando-se dos presépios da infância dela.

Tenho pena de você nunca ter passado um Natal aqui, já que suas bôlsas sempre acabam antes de dezembro. Mamãe já diz que quando terminarem as festas ela terá engordado dois quilos. Pois o Natal, entre nós, além da Missa do Galo, é principalmente a ceia, com tôdas as comilanças[3] da tradição portuguêsa e mais a contribuição da Bahia, de mamãe, e a de Minas exigida por papai. Imagine só o que não é!

Estou lhe mandando pelo correio o meu presente de Natal—uma blusa de renda feita a mão—é o famoso "labirinto"[4] do Nordeste. Espero que você goste.

Com os nossos melhores votos de felicíssimo Natal, querida Pat, um abraço e as saudades da sua de sempre.

Iara

P.S. E o nosso Mário chegou aí? Afinal foi por conta da firma, não precisou ir nadando!

---

[2]**alpiste** canary grass (straw-like plant for feeding birds)

[3]**comilanças** heavy, rich foods
[4]**labirinto** a type of lace of the Northeast

Review Quiz: Units XVI–XX

I. T R A N S F O R M A Ç Ã O

Mude do Presente para o imperfeito.

EXEMPLO: Êle passeia pela praia.   Êle passeava pela praia.
1. Ela se penteia com atenção.
2. Nós apreciamos música clássica.
3. Não odeio a música.

II. T R A N S F O R M A Ç Ã O

*Mude do presente para **ter** com o particípio passado.*

EXEMPLO: Eu leio o jornal diàriamente.   Eu tenho lido o jornal diàriamente.
1. Nós comemos todos os sábados.
2. Ela fica muito em casa.
3. Eu compro os legumes lá.
4. Êle está aqui todos os dias.

III. T R A N S F O R M A Ç Ã O

Mude do mais-que-perfeito do subjuntivo para o presente anterior do subjuntivo.

EXEMPLO: Talvez ela tivesse vendido tudo.   Talvez ela tenha vendido tudo.
1. Era provável que êles já tivessem saído.
2. Esperava que êle tivesse feito isso.
3. Era possível que nos tivéssemos perdido.

IV. T R A N S F O R M A Ç Ã O

Mude do condicional para o futuro anterior do pretérito.

EXEMPLO: Preferiríamos isso.   Teríamos preferido isso.
1. Onde iria essa criatura?
2. Normalmente eu acabaria isso antes.
3. Eu gostaria muito disso.

V. T R A N S F O R M A Ç Ã O

Combine as duas partes usando o futuro do subjuntivo com **se.**

EXEMPLO:　Vamos fazer isso/o senhor quer　　Vamos fazer isso se o senhor quiser.
1. Êles vão para o Rio/êles podem
2. Poderemos fazer o trabalho/nós queremos
3. Você me dá o livro/eu preciso dêle

VI. T R A N S F O R M A Ç Ã O

Mude a primeira parte para o condicional e a segunda para o imperfeito do subjuntivo com **se.**

EXEMPLO:　Quem o traz/você não o traz?　　Quem o traria se você não trouxesse?
1. Eu o digo/eu posso
2. Vamos à praia/faz calor hoje
3. Ela o compra/é muito barato
4. O que vocês fazem/nós lhe damos dinheiro?

VII. T R A N S F O R M A Ç Ã O

Mude a palavra **o pessoal** *para pronome* **se.**

EXEMPLO:　O pessoal fala depressa no Brasil.　　Fala-se depressa no Brasil.
1. O pessoal não ouve bem aqui.
2. O pessoal deve trabalhar mais e falar menos.
3. O pessoal não pode andar pelas ruas.

VIII. T R A N S F O R M A Ç Ã O

Mude o verbo reflexivo para uma construção impessoal alternativa.

EXEMPLO:　Viaja-se de táxi ali.　　Viajam de táxi ali.
1. Ensina-se muito bem nesta escola.
2. Dança-se muito naquele clube.
3. No inverno não se nada muito.
4. Fala-se demais nesta loja.

IX. T R A N S F O R M A Ç Ã O

Mude a voz ativa para a forma passiva, segundo o exemplo.

EXEMPLO:　Êles abrem a loja às oito.　　Abre-se a loja às oito.
1. Todos falam português aqui.
2. Todos êles sempre fazem isto.
3. Êles vendem livros bons.
4. O dono aluga um apartamento.

X. T R A N S F O R M A Ç Ã O

Combine as duas partes usando **-mente** *para formar o advérbio.*

EXEMPLO: Último/trabalho muito   Ùltimamente trabalho muito.
1. Final/êle chegou
2. Feliz/êle está bem
3. Fácil/se faz isso
4. Normal/êle não está errado

XI. T R A N S F O R M A Ç Ã O

Acrescente o sufixo[1] **-inho** *ou* **-zinho** *para formar o diminutivo.*

EXEMPLO: Ela é uma **amiga** de minha filha.   Ela é uma amiguinha de minha filha.
Êle é meu **avô** querido.   Êle é meu avôzinho querido.
1. **João** é um artista espetacular.
2. Tôdas elas são **bonitas.**
3. Êle é **magro.**
4. O meu **irmão** é menor que eu.

XII. T R A N S F O R M A Ç Ã O

Acrescente os sufixos **-ão** *ou* **-íssimo** *para formar o aumentativo.*

EXEMPLO: Morar num apartamento dêsses é **muito caro.**   Morar num apartamento dêsses é caríssimo.
1. Aquêle carro custa um **bom dinheiro.**
2. Êle é apenas um **menino.**
3. Êste exame é **fácil.**
4. Ela está vestindo um **casaco.**

XIII. T R A N S F O R M A Ç Ã O

Mude do subjuntivo para o infinitivo.

EXEMPLO: Ela pediu que eu comesse.   Ela pediu para eu comer.
1. Êles recomendaram que eu não escolhesse isso.
2. O senhor Martins nos avisou que chegássemos mais cedo.
3. Eu lhe disse que fôsse.
4. Mandei que êles estudassem.

---

[1] **acrescente o sufixo**   add the suffix

XIV.   T R A N S F O R M A Ç Ã O

Mude o segundo verbo para o infinitivo.

EXEMPLO: Pedirei que minha irmã compre isso.   Vou pedir a minha irmã para comprar isso.

1. Estudarei isso depois que termine o trabalho.
2. Elas ficarão aqui até que recebam a carta.
3. Almoçaremos aqui mesmo antes que João saia.
4. Mário viajará depois que receba o dinheiro.

XV.   T R A N S F O R M A Ç Ã O

Combine as duas frases em uma só segundo o exemplo.

EXEMPLO: Estou comendo muito/tenho comido muito   Tenho estado comendo muito.

1. Êle não pode falar/não está falando
2. Você poderia trabalhar depois/teria trabalhado depois
3. Você deveria saber isso/teria sabido isso
4. Tenho estudado muito/estou estudando muito

XVI.   T R A N S F O R M A Ç Ã O

Mude do subjuntivo para o infinitivo pessoal.

EXEMPLO: É melhor que vocês fiquem aqui.   É melhor vocês ficarem aqui.

1. É bom que nós sejamos amigos.
2. É ótimo que elas possam vir.
3. Não é possível que êles cheguem atrasados.

XVII.   T R A N S F O R M A Ç Ã O

Mude as frases para a forma mais enfática, usando o verbo **ser**.

EXEMPLO: Ela é bonita.   Ela é é bonita.

1. Êle sabia português muito bem.
2. Elas estavam doentes.
3. Tinham comprado muito.
4. Nós precisamos estudar.

XVIII.   P E R G U N T A   E   R E S P O S T A

Dê uma resposta afirmativa com **ser** *ou* **estar** *segundo a sugestão.*

EXEMPLO: Êle? Simpático? **sempre**   Sim, é sempre simpático.

1. Êles? Ricos? **agora**
2. Nós? Doentes? **neste momento**
3. Que tal os cursos? Fáceis? **agora**

XIX.   P E R G U N T A   E   R E S P O S T A

Dê uma resposta negativa com **ser** *ou* **estar** *segundo a sugestão.*

EXEMPLO: Êle? Ocupado?   **já não**   Êle já não está ocupado.
1. O carro? Quebrado?   **agora**
2. Êle? Meu aluno?   **não mais**
3. Aquela môça? Feliz?   **antes**

XX.   P E R G U N T A   E   R E S P O S T A

Dê uma resposta com **por** *ou* **para** *segundo a sugestão.*

EXEMPLO: Para onde êle vai?   **aeroporto**   Êle vai para o aeroporto.
1. Quando ela chega?   **mais ou menos, seis horas**
2. Êle vai ficar no Brasil?   **dois meses**
3. Um presente? Para quem?   **Maria**
4. É verdade isso?   **em minha opinião, sim**
5. Um desfile? Nesta rua?   **passa, sim**

APPENDICES

Appendix A: Pronunciation Notes

Note I: Symbols Used in This Text

1. The symbols used in the transcription of Brazilian Portuguese refer to oral (nonnasal) vowels, nasal vowels,[1] and semivowels.

   a. Oral vowels: note the inverted triangle outlined by the symbols. The height of the triangle represents the degree of separation of the jaws when the sounds are pronounced; the distance of the sides from the center represents the front, center, or back position of the tongue.

Oral Vowels

	Tongue Front		Tongue Back
High	/i/		/u/
	/e/		/o/
		/ę/ /ǫ/	
Low		/a/	

The symbols indicate tonic (stressed) oral vowels and the three types of atonic (unstressed) vowels and their distribution.

	Stressed	Prestress	Poststress	Final
			Unstressed	
/i/	vida	ginásio	ótimo	sêde
/e/	êste	fechar	cátedra	
/ę/	ela	cafèzinho		
/a/	Marta	até	Bárbara	sua
/ǫ/	porta	sòmente		
/o/	favor	hotel	diálogo	
/u/	chuchu	rural	fórmula	Pedro

---

[1] In this appendix nasal **a**, whether singly or in a diphthong, is transcribed within slant signs as a separate phoneme /ą̃/; nasal **a** was treated as an allophone (positional variant) of /a/ in the text and was therefore shown in brackets [ą̃].

b.   Nasal vowels: pronounced with air passing through the mouth and nasal cavities.

Nasal Vowels

	Tongue Front			Tongue Back
High	/ĩ/			/ũ/
Low		/ẽ/	/ã/	/õ/

The nasal vowels conform to almost the same triangular configuration as the oral vowels.

/ĩ/	fim
/ẽ/	pente
/ã/	campo
/õ/	ontem
/ũ/	algum

c.   Semivowels: an element in a diphthong or combination of vowels with glide; these are also listed in the consonant chart.

Semivowels

	Tongue Front	Tongue Back
High	/y/	/w/

The two semivowels may appear as the initial (rising) or the final (falling) element in diphthongs. Examples of the less common rising semivowel /y/ are: **Nova *I*orque, *I*ara**. Examples of the rising semivowel /w/ are: **q*u*ando, ag*ü*ento**. Examples of falling diphthongs, both oral and nasal, are: /ey/ **brasil*ei*ra**; /ęy/ **gel*éi*a**; /ay/ **p*ai*;** /ǫy/ **her*ói*;** /oy/ **n*oi*te;** /uy/ **r*ui*vo**. Examples of diphthongs ending in /w/ are: /iw/ **v*iu*;** /ew/ **m*eu*;** /ęw/ **chap*éu*;** /aw/ **a*u*la;** /ow/ **o*u*tro**. Examples of nasal diphthongs are: /ẽỹ/ **bem;** /ãỹ/ **c*ãe*s;** /õỹ/ **p*õe*;** /ũỹ/ **m*ui*to;** /ãw̃/ **v*ão***.

d.   Consonants and semivowels: classified by point of articulation and manner of articulation. Stops and fricatives are further distinguished by voicing: voiced sounds are those involving vibration of the vocal chords.

Consonants and Semivowels

Manner of Articulation	Labial	Dental or Alveolar	Velar or Palatal
Stops			
voiceless	/p/	/t/	/k/
voiced	/b/	/d/	/g/
Fricatives			
voiceless	/f/	/s/	/ʂ/
voiced	/v/	/z/	/ʐ/
Nasals	/m/	/n/	/ɳ/
Laterals		/l/	/ḷ/
Vibrants		/r/	/x/
Semivowels	/w/	/y/	

The following are the consonant phonemes, along with two semivowels, used in the transcription of Brazilian Portuguese:

/p/	pai, praia		/ʐ/	já
/b/	bom		/m/	mãe
/t/	ter		/n/	não
/d/	dar		/ɳ/	venho
/k/	que		/l/	êle
/g/	gosto		/ḷ/	velho
/f/	falo		/r/	para
/v/	houve		/x/	roupa
/s/	Sara		/y/	Heitor
/z/	vêzes		/w/	Paulo
/ʂ/	chego			

There are three special symbols for consonants: [ţ], [ḍ], and /S/. The symbol [ţ] represents palatalized *t*: *t*inha. The symbol [ḍ] represents palatalized *d*: *d*igo. Palatalization means that [ţ] is pronounced somewhat like English *ch* (as in *cheek*) and [ḍ] somewhat like English *j* (as in *jeep*). The symbol /S/ represents any sibilant in word-final position, that is, any one of several possible pronunciations, depending on the regional variant and on the position of the sibilant in the utterance: **êle**s, **fa**z, **de**z **mil**, **a**s **casa**s, **ête**s **outro**s, **o**s **cinco,** and so on.

See Unit X and Note VII, Appendix A, on the problem of sibilants.

Brackets are used to show positional variants (allophones) in a few especially noteworthy instances and are opposed to the slant signs reserved for phonemes.

Note that the stressed syllable is shown by capitalization of the vowel: /fAlu/, /vÃw̃/, /tOdu/, /vOw/, /kAzaS/, and so on.

2.   Statements about the similarities between English and Portuguese, or any other languages, are at best approximations. Furthermore, the validity of such statements will always depend on a given speaker's English dialect as compared with a particular speaker's Portuguese dialect. With these reservations in mind, you may be able to gain some helpful information from the following chart.

Comparison of English and Portuguese Sounds

Sound	Nearest English Equivalent	Portuguese Parallel	Differences in Portuguese Sound
		ORAL VOWELS	
/i/	cheery, meal	tire, mil	*higher, tenser, lips spread wider apart*
/e/	pay, sailor	pê, sêlo	*higher, tenser, lips spread wider apart, and without the /y/ glide of* pay, day
/ę/	nest, bell	nesta, bela	*lower, laxer, a little closer to the vowel in* hat, that
/a/	father, copper	fado, capa	*tenser, with tongue further forward; see Note III*
[ą]*	soda, Maria	soda, Maria	*tenser; see Note III*
/o/	toad, bowl	todo, bolo	*higher, tenser, lips more rounded, without the /w/ glide in* know, show
/ǫ/	bawl, paw	bola, pó	*lower, laxer, lips less rounded*
/u/	two, moody	tu, mude	*higher, tenser, lips more rounded*
		NASAL VOWELS	
/ĩ/	meaner, scene	mina, sim	*similar to /i/ above, plus nasalization*
/ẽ/	tempo, lender	tempo, lenda	*similar to /e/ above, plus nasalization*
/ą̃/	dumber, sun	dama, sã	*similar to /ą/ above, plus nasalization*
/õ/	donor, tone	dona, tom	*similar to /o/ above, plus nasalization*
/ũ/	ona, whom	una, rum	*similar to /u/ above, plus nasalization*

Comparisons of English and Portuguese Sounds—*continued*

Sound	Nearest English Equivalent	Portuguese Parallel	Differences in Portuguese Sound
		CONSONANTS	
/p/	pot, copper	pato, capa	*lacks the strong aspiration of English word-initial p*
/b/	ball, cob	bola, cabo	*lacks the strong aspiration of English word-initial b*
/d/	Dallas, ardor	dá-las, arda	*articulation is dental instead of alveolar*
/t/	taxi, Carter	táxi, carta	*lacks the strong aspiration of English word-initial t*
/k/	comma, echo	cama, eco	*lacks the strong aspiration of English word-initial k*
/g/	goat, Peggy	gota, pegue	*lacks the strong aspiration of English word-initial g*
/l/†	pillar, lay	pilar, lei	*tenser, with the tip of the tongue pressed more strongly against the area above the front teeth*
/l/‡	football, talcum	futebol, talco	*made farther back in mouth*
/r/	fodder, cotter	para, cara	*both are apicoalveolar taps*
/x/	hedge, whom	rede, rum	*greater constriction in velar area; resist tendency to round lips and use English r*

* The phonetic symbol is used here for precision, but in the textbook both the "strong" and the "weak" varieties of this central vowel are shown by /a/. See Note III, this appendix.

† syllable-initial

‡ syllable-final

Note II: Unit I: Intonation

1.   Brazilian Portuguese intonation (its melodic pattern or "tune") is different from that of American English. It is important that the beginning student do his best to imitate creditably Portuguese intonation, not only to speak acceptable Portuguese but in many cases to make himself understood. Utterances in Portuguese must not be accompanied by English intonation pattern.

We may describe the intonation of a sentence by indicating the sequence of pitch levels occurring while the words are uttered. For this we need a scale of three numbers indicating in very general terms the relative levels of voice pitch. For our purposes, it will be sufficient to indicate the pitch level of only the first syllable of an utterance, the last strongly stressed syllable, and that portion of the utterance from the last strongly stressed syllable. This means three points in an utterance where pitch level will be shown. Consider the following utterance. It is normally said

```
3 _____ di- _____
2 _____
1  bom          a
   Bom     dia.
```

Good morning.

The voice pitch begins at level (1), which may be considered the normal level for a speaker. On the last strongly stressed syllable, the pitch rises to level (3) and then drops to level (1):

```
3 ____ O _____
2 _____
1 O          O
```

If we connect the three points by straight lines, we can represent the intonation pattern of this utterance. When the last pitch level occurs, the pitch may remain steady, rise, or fall. These further voice changes are indicated by an arrow. In the case of **Bom dia** the voice falls somewhat after the last pitch level is established:

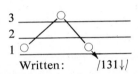

Written: /131↓/

Some speakers may begin an utterance at the next highest level, level (2). In the drills, however, it will be assumed that all speakers begin an utterance, or final contour of an utterance if it has been preceded by a pause, at level (1).

Following are explanations of some essential intonation patterns and exercises:

2. Simple statement and informational question intonation

a. /131↓/: On the three-level pitch scale this pattern begins at the normal level, rises to a fairly high pitch on the last strongly stressed syllable and immediately drops to the lowest level and continues to fall, as indicated by the arrow.

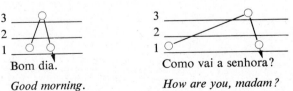

Bom dia.

Good morning.

Como vai a senhora?

How are you, madam?

b. /132↓/: This pattern differs from the previous one in that after the highest pitch level on the last strongly stressed syllable the pitch drops to level (2) instead of to level (1). This pattern is basically an emphatic version of the previous pattern. Both patterns are used for simple, concluded statements and for questions that request information rather than a Yes or No answer (in English questions requesting information mostly begin with *wh-*: *who*, *whom*, *what*, *which*, *where*, *when*, and *how*).

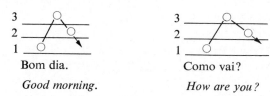

Bom dia.

Good morning.

Como vai?

How are you?

3. Yes-no question intonation: /113↓/ or /113↑/

a. /113↓/: This pattern begins at the normal pitch level (1), keeps the same pitch level until the last strongly stressed syllable is in progress, and then rises on that syllable to the highest level before a fall occurs. This pattern is used to mark questions that request a Yes or No answer rather than information. Very often in Portuguese there is no difference in words or their order in statements and questions, as in **O senhor é do Rio.** (*You are from Rio.*) and **O senhor é do Rio?** (*Are you from Rio?*). Here, the statement or question meaning is signaled solely by the intonation pattern:

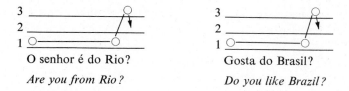

O senhor é do Rio?

Are you from Rio?

Gosta do Brasil?

Do you like Brazil?

b. /113↑/: Many Brazilians use this variant pattern rather than the pattern above; some speakers use one or the other at will. The essential difference is that instead of a fall after the highest pitch level is reached, there is a rise.

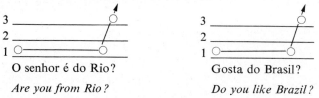

O senhor é do Rio?

Are you from Rio?

Gosta do Brasil?

Do you like Brazil?

4. Nonconcluded intonation patterns: sustained pitch

a. /132→/: Within utterances that mark a series, each item in the series is accompanied by its own intonation pattern, an alteration of the simple statement /131↓/ pattern. "Pseudo endings" end on level (2) with sustained pitch, producing the /132→/ pattern for each item in the series except the last, which is accompanied by the /131↓/ pattern:

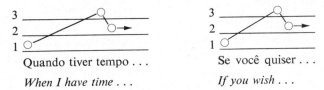

um,	dois,	três,	quatro
one,	*two,*	*three,*	*four*

Note that since the first syllable is also the last occurring strongly stressed syllable, the contours begin with level (3) rather than level (1).

b. /132→/: This pattern, identical to the series marker, occurs with utterances that precede another utterance when a pause, or "vocal" comma, separates the utterances. The utterance that follows the dependent utterance is accompanied by its own intonation pattern.

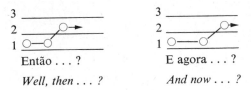

Quando tiver tempo . . .   Se você quiser . . .

When I have time . . .   *If you wish . . .*

c. /112→/: This pattern accompanies utterances that introduce implied questions intended to be fully understood by the listener.

Então . . . ?   E agora . . . ?

Well, then . . . ?   *And now . . . ?*

Note III: Unit II: Oral and Nasal Vowels

1. The vowels /e/ and /ę/ are often called "close e" and "open e," respectively; /o/ and /ǫ/ are called "close o" and "open o." An open vowel is pronounced with the tongue somewhat lower, the lips less tensely spread or rounded, and with a lower pitch than the corresponding close vowel. Speakers accustomed to Spanish may have difficulty hearing or reproducing this distinction in Portuguese. Aside from the contrast between open and close e and o to distinguish word meanings, Portuguese makes use of this distinction in grammar; for example, many verbs show alternations of close and open vowels in the present tense.

2. Because of the part of the mouth in which they are formed, the vowels /i/, /e/, and /ę/ are called "front vowels," and /u/, /o/, and /ǫ/ are called "back vowels." Sometimes /i/ may alternate with /e/ or /u/ with /o/: **pequeno**, for example, may be pronounced /pi-kẼ-nu/ or /pe-kẼ-nu/; **polícia** may be pronounced /pu-lI-si-a/ or /po-lI-si-a/. Some verbs make use of alternations among front or back vowels. It is useful to think of Portuguese vowels and some other sounds in sets or groups.

3.   Portuguese has five nasalized vowels, that is, vowel sounds pronounced with part of the air stream passing out the nòse. The four nasal vowels presented in this paragraph form sets with corresponding oral (nonnasal) vowels: i/ĩ, e/ẽ, o/õ, u/ũ. Brazilians do not usually nasalize ę or ǫ. Once again, this has consequences for the grammar, particularly the verb system.

Some English speakers nasalize the vowel in words like *mean, moon, main, moan*. Such vowels may resemble Portuguese /ĩ/, /ũ/, /ẽ/, and /õ/, respectively. When these vowels occur syllable-final in words like **vinda, mundo, tempo,** and **bomba,** the Brazilian may or may not pronounce a consonant sound like /n/ or /m/. In other words, he may say /vĩ-da/ or /vĨn-da/, /mŨ-du/ or /mŨn-du/, /tẼ-pu/ or tẼm-pu/, bÕ-ba/, or bÕm-ba/. When /ĩ/, /ũ/, or /õ/ occurs word-final, the usual pronunciation will not include a consonant—that is, **sim** is pronounced /sĨ/, not /sĨm/ or /sĨn/; **atum** is /a-tŨ/, not /a-tŨm/ or /a-tŨn/; **tom** is pronounced /tÕ/, not /tÕm/ or /tÕn/. This distinction may require attention in early stages of learning.

4.   The vowel /a/ is called a central vowel: it is neither front nor back. It has two basic variants: a "weak" sound, which usually occurs when the vowel is unstressed in the last syllable of a word, and a "strong" sound elsewhere. The weak sound, represented here as [ą], is sometimes called "schwa" and is similar to the sound with which many Americans pronounce *cut, but, must, sod*a *,California*. The "strong" sound, represented by /a/, may be similar to the way some New England speakers pronounce *Ha*rvard, *b*ath, *h*alf—the so-called broad /a/. Another comparison, less exact, is to the way Atlantic Seaboard speakers say *hot, father, bond.* Imitation of the native model is the best way to acquire /a/.

5.   In Portugal, the strong and weak sounds of /a/, [a, ą], constitute separate speech sounds. This is not the case in Brazil, although some Brazilians occasionally pronounce **mas** (*but*) as [mąs]. The nasal vowel corresponding to /a/ is /ą̃/, as will be seen in Note IV.

Note IV: Unit IV: Oral and Nasal Diphthongs and /ą̃/ and /ņ/

1.   As pointed out in Note III, the nasal vowel corresponding to oral /a/ is /ą̃/; that is, nasal **a** is usually a nasalized form of the so-called weak variant of /a/. When an /a/-type vowel occurs syllable-final followed by a nasal consonant, as in words like **pa-no, america-no, ca-ma,** and **la-ma,** there is usually but not always nasalization. Individual speakers differ in this regard.

2.   The diphthong /ą̃ỹ/ is fairly uncommon in Portuguese, whereas /ẽỹ/, /õỹ/, and /ą̃w̃/ are frequent. Diphthongs /ẽỹ/ and /ą̃w̃/ occur both stressed and unstressed: compare **amem** (*love*), **amém** (*amen*); **viram** (*they saw*), **virão,** (*they will come*). Difficulties the student may have with the two versions of each diphthong may be partly due to the spelling. The diphthong /õỹ/ is most often found as part of a plural formation common in Portuguese: **limões, ações, paixões,** and so on.

3.   /ņ/ is often pronounced as though it were the last part of a nasal diphthong like /ẽỹ/, /õỹ/, or /ą̃ỹ/, in other words, like a nasalized /-y/ glide. At other times, it may be pronounced as a nasal consonant (alveopalatal nasal). In the latter case, this Portuguese speech sound is equivalent to Spanish ñ (*señor, maña*). Traditionally, /ņ/ is considered a consonant and is written **nh**.

4. The sounds practiced in this unit are mostly nasalized versions of sounds generally described in Unit II. Portuguese has three front vowels—/i, e, ę/; the first two have nasal counterparts. It has three back vowels—/u, o, ǫ/; the first two have nasal counterparts. It has one basic central vowel /a/, with two variants: [a, ạ]; the latter has a nasal counterpart. Basic vowels may be combined with a /-y/ or /-w/ glide (with nasal counterparts /ỹ/ and /w̃/ to create diphthongs /ey, ǫy, aw, ẽỹ, ạw̃/, and so on.

Oral and Nasal Vowels

	Front	Central	Back
Oral	/i, e, ę/	[ạ], /a/	/u, o, ǫ/
Nasal	/ĩ, ẽ/	/ạ̃/	/ũ, õ/

---

5. A diphthong may be defined as the combination, in the same syllable, of one of the basic vowels with a /y/ or /w/-like glide. The first syllable of words like **pai, cau-sa, fei-ra, qua-tro,** and **pois** contains a diphthong; this is not true for words like **a-nun-ci-a, pa-ís, ra-i-nha, lu-ar,** and others that happen to have two vowels in contact, each in its own syllable. Diphthongs may involve oral or nasal vowels, some combinations are more common than others, but not all possible combinations occur in Portuguese.

6. The student's difficulties in pronouncing various diphthongs or distinguishing between them are probably due to his difficulties with the simple vowel sounds themselves. For example, he should be able to differentiate **seu** (*his*) from **céu** (*sky*) if he can differentiate /e/ from /ę/.

7. There are cases in which a simple /e/ contrasts with the diphthong /ey/—for example, compare cê (*letter "c"*) with *sei* (*I know*). There appear to be few cases in which whole sentences may be distinguished by the difference between /e/ and /ey/, because the isolated words involved usually constitute different parts of speech. Furthermore, there is some fluctuation in Brazilian speech between /e/ and /ey/; some speakers pronounce the last syllable of **português** either /gES/ or /gEyS/ or the last syllable of **vocês** either /sES/ or /sEyS/. Likewise, the common endings **-eiro** and **-eira** may occur as either /Eyru, Eyra/ or /Eru, Era/. **Primeiro, bandeira** and so forth may have similar pairs of endings. The student should avoid reducing /ey/ to /e/, because in some areas at least this is considered substandard.

8. Portuguese traditionally contrasts a simple /o/ with the diphthong /ow/, for example **côro** (*chorus*), **couro** (*leather*). For a great many speakers, however, such a distinction seems to be disappearing; for them, **pouca** rhymes with **bôca, cenoura** with **professôra,** and so on. Contrasts like /o/ and /ow/, /e/ and /ey/, /ey/ and /ęy/, /ew/ and /ęw/, and /oy/ and /ǫy/, where they occur, usually involve words that are unable or unlikely to alternate with one another in the same sentence.

9. The remarks above are not meant to minimize the importance of vowel-diphthong distinctions, but rather to point out some of the problems involved in a language that has a fairly complex vowel system.

Note V: Unit VI: /l, ļ, r, x/

1.   Portuguese /l/ is pronounced with greater tension than English /l/; in some ways, the Portuguese sound varies according to its position in the syllable as does English /l/. When the /l/ in both languages is pronounced at the end of a syllable, as in Portuguese **balcão**, and in **natural**, the tongue tends to lower and relax somewhat, the lips become slightly rounded, and a lower pitched, velarized sound results. A consequence of this for Portuguese is that words like **mal** (*badly*) and **mau** (*bad*), **alto** (*tall*) and **auto** (*car*), are pronounced alike by many speakers, especially in relaxed conversation; that is, velarized /l/ is confused with the /w/ glide.

2.   Portuguese /ļ/ is, traditionally, an alveopalatal lateral consonant, that is, it resembles the *ly* cluster in English words like *million, stallion*, as commonly pronounced. Some Brazilian speakers pronounce /ļ/ as a /y/ glide; thus, **velho** may be pronounced /vĘyu/, **ôlho** may be /Oyu/ and so on. Brazilian scholars say that this practice is substandard or rustic; it should be avoided by the American student. Nevertheless, the student may expect to hear such pronunciation of /ļ/ in many areas of Brazil. The difference between /ļ/ and /li/ is practically nonexistent; **olhos** (*eyes*) and **óleos** (*oils*) are pronounced alike.

3.   Portuguese /r/, at least between vowels (**para, quero**) and after consonants like /p, f, t/ (**prata, fresco, três**), is a flap: a sound made by a rapid strike of the tongue against the fleshy ridge just above the front teeth. Some English speakers produce a flap when they pronounce *t* or *d* between vowels, as in *water, bottle*, and *fodder*. Whether or not an English speaker pronounces such words in this way, he may hear Portuguese flapped /r/ as though it were a *t* or *d*, because English *t* and *d* are pronounced on the alveolar ridge. Portuguese /t/ and /d/ are pronounced differently (see Unit VIII).

4.   Portuguese /x/ varies in pronunciation according to its position in the word and according to the Brazilian dialect being spoken. Typically, /x/ is pronounced in the velar region, that is, the back of the mouth, where /k/ and /g/ are produced. The result is a sound *somewhat* similar to English *h*; thus, the word **rum** (*rum*) may resemble English *whom*, or the first syllable of **Rio** may resemble English *he*. Sometimes this pronunciation of Portuguese /x/ has been likened to velar sounds of other languages, such as the *j* of Spanish *ajo* or the *ch* of German *Sache*. Another, somewhat less frequent pronunciation of /x/ is as a trilled /r/, a sound occurring in Spanish and Italian. The student's best guide is the speech of his native model.

5.   The consonants /r/ and /x/ form a set because, among other things, some Brazilian speakers use /x/ where others use /r/, namely, at the end of syllables. Words like **vermelho, parte, morno** may be pronounced /vex-mE-ļu/ or /ver-mE-ļu/, /pAx-ti/ or /pAr-ti/, /mOx-nu/ or /mOr-nu/, respectively. In each example the first pronunciation is more common in Rio and the Northeast, the second in southern areas like Rio Grande do Sul. When pronouncing /r/ or /x/, the student should avoid rounding his lips or otherwise making these Portuguese sounds resemble English *r*, as in *red, rat*, and *carry*.

Note VI: Unit VIII: /b, p, g, k, d, t/

1. The six consonants /b, p, g, k, d, t/ are called "stops" and are "voiced"—/b, d, g/—or "voiceless"—/p, t, k/.

2. One important difference between Portuguese and English voiceless stops is that English ones are commonly aspirated at the beginning of words and in some other cases. Aspiration means pronouncing the sound with such force that a little puff of breath comes out. Say a few words beginning with *p, t,* or *k*—for example, *pat, tip,* and *kill*—and hold the back of your hand an inch or so from your mouth. You will probably feel a slight puff of air. Portuguese voiceless stops are said with little or no aspiration; say **pata, tipo,** and **quilo,** and notice whether you feel a strong puff of air on your hand. If you do, you are aspirating too strongly.

3. Whereas /b/ and /p/ and /g/ and /k/ are quite similar to English sounds except for the matter of aspiration, the set /d/ and /t/ have an added difference. They are pronounced with the tip of the tongue touching the back of the incisors; hence, they are called "dental" sounds. The English sounds *d* and *t* are pronounced somewhat higher in the mouth, generally on the fleshy ridge above the front teeth. Say some English words with *d* or *t*—for example, *top, mad, dim, hit, two*—and note where the tip of your tongue strikes. As you imitate your native model, get into the habit of making /d/ and /t/ on the teeth and not where you make English *d* and *t*. You may note that Portuguese /d/ and /t/ have a higher pitched sound than English *d* and *t*.

4. Another feature of /d/ and /t/ is that when they are followed by an /i/-like sound, they are often pronounced so that they resemble English *ch* or *j*. Thus, you may hear Portuguese **tire** as resembling *cheery* and Portuguese **diga** as resembling *jigger*. In this case Portuguese /d/ and /t/ become palatalized; in other words, the speaker anticipates the following /i/ sound by pronouncing these consonants with his speech organs moving into the /i/ position.

Note VII: Unit X: /v, f, z, s, ẓ, ṣ/

1. The Portuguese consonants /v, f, z, s, ẓ, ṣ/ are physically quite similar to English sounds, except that the last two, /ẓ/ and /ṣ/, are formed without the slight retraction of the tongue that some English speakers make when pronouncing the sounds emphasized in such words as *pleasure, treasure,* sh*ack,* *ashes.* Nevertheless, these consonants pose certain special problems because of the way they function in Portuguese.

2. /v/ contrasts with /b/, for example, **vôa** (*fly*) versus **boa** (*good*). This contrast should be no great problem for the English speaker, who is accustomed to distinguishing between words like *vat* and *bat, very* and *berry,* and so on. Portuguese is studied by many who have some knowledge of Spanish; they will have learned that Spanish has a single *b-*/ or *v*-like consonant. Because of other evident similarities between the two languages, such students may carry over speech habits acquired from Spanish.

3. The four consonants /z, s, ẓ, ṣ/ form the set of "sibilants," that is /s/-like sounds. They are further divided into two subsets: "hissing sibilants," /z/ and /s/; "hushing sibilants," /ẓ/

and /ş/. Finally, the four may be divided into "voiced sibilants," /z/ and /ʒ/; and "voiceless sibilants," /ş/ and /s/.

4. All four of these sibilants may occur within words at the beginning of syllables: /s/, **assa** (*roasts*); /z/, **asa** (*wing*); /ş/, **acha** (*finds*); /ʒ/, **haja** (*have*). Otherwise, there is a fairly complex alternation of sibilants, which will be outlined briefly below.

5. At the end of syllables (but not word-final), a sibilant will be voiced or voiceless (see above) according to the type of consonant that follows. It will be voiceless in such words as **pasta, estamos,** and **esfera,** in which it is followed by a voiceless consonant (see Unit VIII on stops). A sibilant will be voiced in such words as **vesgo, mesmo,** and **asma,** because it is followed by a voiced consonant. Voicing or unvoicing are common occurrences in language: the pronunciation of a given speech sound depends on its environment.

6. At the end of syllables (but not word-final), a sibilant will be hissing—/z, s/—or hushing —/ʒ, ş/—according to the dialect being spoken. This is why the exercises included the statement "If the native model uses /ʒ/ (or /ş/), consider this a drill on /ʒ/ (or /ş/)." A great many Brazilians, including speakers from Rio, tend to use a hushing sibilant syllable-final: they will pronounce **pasta** /pAş/-ta/ and **esfera** /eş-fĘra/; they will pronounce **vesgo** /VEʒ-gu/ and **lesma** /lEʒ-ma/. On the other hand, speakers from the south of Brazil and elsewhere tend to use a hissing sibilant in such words: **pasta** is pronounced /pAs-ta/, **esfera** /es-fĘra/; **vesgo** is pronounced /vEz-gu/, **lesma** /lEz-ma/.

7. When a sibilant occurs at the end of words, we must consider an aspect of grammar: namely, what occurs to words in the context of the sentence. In general, the statements in (5) and (6) apply here as well, with an additional pair of rules: (1) When the word ending in a sibilant is followed by a pause or silence, as when one ends a sentence, reads an isolated word from a list, and so on, the sibilant is voiceless. (2) When the word ending in a sibilant is followed by a word beginning in a vowel, the sibilant is /z/: such phrases as **os alunos, os amigos,** and **êstes homens** are said with /z/ for the italicized sibilants.

8. The notes above are meant for reference; they will be better understood when the student has had some acquaintance with Portuguese. Ordinary Portuguese spelling is quite misleading in regard to sibilants, and here as elsewhere the student must rely on careful imitation of the native speaker.

Appendix B: Spelling

Note I: Unit XI

1. The student should not omit written accents, principally acute (´) or circumflex(ˆ) in the present exercises. If used, these will be placed only on stressed vowels.

2. In Unit XIX, accents are extensively reviewed in terms of the speech sounds that they reflect in the written language. Until that time, the following simplified rules are provided for the student wishing to concentrate on reading aloud and writing.

 a. If a word has an acute accent or a circumflex accent, stress the vowel so indicated: **avó, avô, Mário, você, táxi, importância**.

 b. If a word has a **til** (indicating nasal quality), stress and nasalize the vowel so indicated: **vão, irmã, irmãos**. (Exceptions are rare.)

 c. If there is no written accent or **til**, stress the next-to-last syllable of words ending in **-a(s), -e(s), -o(s), -ens, -am, -em**, as in **casa(s), fale, quero, homens, chegam, cheguem**.

 d. Words written with final **r, z, l**, and the vowels **i**(s) and **u**(s) are stressed on the last syllable unless there is a written accent elsewhere: **senhor, natural, rapaz, escrevi, civis, Peru**, and **tatus** are all stressed on the last syllable. (Examples of exceptions are **açúcar, cônsul, lápis**, and **ônibus**.)

3. The commonest uses of the hyphen occur in the following verbal constructions:

 a. Infinitive plus atonic (unstressed) pronoun: **dizer-lhe, bebê-la, pegá-los**.

 b. Future or conditional stem plus mesoclitic (inserted) pronoun: **fá-lo-ei, dir-lhes-ia, comê-lo-ão**. (These constructions are found principally in writing and are not drilled in this text.)

 c. Finite verb form plus atonic pronoun: **dizia-lhe, chamam-na, leva-nos**.

 d. Present participle plus atonic pronoun: **levando-o, dizendo-me**.

4. A second fairly common use of the hyphen is to separate the members of certain compound adjectives: **azul-marinho, amor-perfeito**.

5. Written accents in Portuguese have four main functions, which sometimes occur simultaneously:

 a. A written accent may be used to mark the vowel having the strongest stress: **está, êste**.

 b. Sometimes a written accent also reflects a certain pronunciation of the stressed vowel sound, for example, **avó, avô**. Portuguese has more vowel sounds than it has "spelling for vowels," that is, more than the traditional **a-e-i-o-u**.

 c. A written accent may also reflect a fact of grammar; for instance, the presence or absence of an accent may identify a word as a noun, a verb, a preposition plus an article, and so on—for example, **almôço** (noun), **almoço** (verb).

 d. A written accent may be used to distinguish homonyms, secondary stress, and miscellaneous cases, for example, **última, ùltimamente, dá** (verb), **da** (preposition plus article).

Note II: Unit XIII

1. The interpretation of Portuguese nasal vowels and consonants in Unit XIII assumes that such words as **lenda, campo,** and **bomba,** have the structure /lẼ-da/, /kÃ-pu/, and /bÕ-ba/, respectively. It assumes that Portuguese has simple nasal vowels. Not all students of the language agree with this analysis. If one accepts simple nasal vowels, it may be said that the consonants /m, n, ɲ/ occur only at the beginning of syllables, in words like **ca-*ma*, a-*no*,** and **ve-*nha*.** This treatment of nasals promises a simpler description of the writing system.

2. Note that /ẽ/ does not occur word-final; the closest sound that does occur word-final is the diphthong /ẽỹ/, which is written according to rules that appear in Unit XVII.

3. The traditional spelling assumes that Portuguese has a diphthong /ow/, written **ou,** supposedly distinct from a simple /o/; compare **côro** (*chorus*) and **couro** (*leather*). For many Brazilians there is no distinction; thus, for example, **pouca** may rhyme with **bôca.** The most frequent occurrence of **ou** is as a verb ending: **levou, morou, pegou,** and so on.

Note III: Unit XV

1. According to this analysis, /r/ can occur only at the beginning of syllables within words (**Pará, quero**) or after certain consonants (words like **prato, fresco, abril**).

2. The sound /x/ is assumed to occur in word-initial position (***Rio*, roupa**), syllable-final position (**parte, verde**), and word-final position (**comer, querer**).

3. Concerning /e/ and /o/, the statement in Unit XV "When written stress is required" is purposely vague. When this condition is met, the close vowels /e/ and /o/ will be written with a circumflex accent: **ê** and **ô,** respectively. The same is true of the open vowels /ę/ and /ǫ/, which may be written with an acute accent: **é** and **ó.** Both pairs of vowels are written without accents in many cases. As will be seen in Unit XIX, the system of Portuguese spelling in this text uses a written accent only when the accent is obligatory. No attempt has been made to list all possible occurrences of the written accent.

Note IV: Unit XVII

1. Sibilants constitute the major spelling problem in Portuguese because there are at least two choices of spelling available to the writer, even within the simple rules presented here. The sound /ʃ/ may occur as **ch** or **x**; /z/ between vowels may be represented by **s** or **z**; /ʒ/ before front vowels may occur represented by **g** (**gente, agir**) or **j** (**jeito**). Finally, /s/ may be written according to either of two independent solutions involving the choices **c** or **ç** and **ss** or **s**. There are a number of homonyms, like **cassar** (*to dismiss from employment*) and **caçar** *(to hunt)*; **sê** (an imperative of the verb **ser**) and **cê** (the letter "c"). Only a fair knowledge of etymologies will give a reasonably accurate guide to which of the possible rules are to be applied. For

example, **passagem** is predictable from English *passage*—theoretically, it could be **paçagem**; **sentimento** may be predicted from *sentiment*—it could be **centimento**. Or compare words like **centímetro** and **civilização** with English *centimeter*, and *civilization*. Students who know other Romance languages will be helped to some extent by the spelling of cognates in those languages. In Section 3 and the following sections, there are some hints on general trends in this regard.

2.   A further, but minor complication in the spelling of sibilants is that there are words or sets of words that use the letter **x** to represent /s/ or /z/. For example, /z/ occurs in words with initial **ex-**: **exército, existir, executivo, ex-ministro**. And /s/ occurs in a few words like **máximo, próximo**, and **sintaxe**, and in a stem of the verb **trazer**: **trouxe, trouxesse**.

3.   In this text a variety of ways to represent sibilants have been reduced to a few rules based on pronunciation; these rules cover a large number of cases. The learner's problem is not how to pronounce a certain letter, but how to represent a certain sound through the spelling system. Sounds are written systematically, but matters of grammar and etymology sometimes affect the way sounds are written.

4.   Portuguese has four sibilants that must be accounted for: /z/ (as in **José**), /s/ (as in **cinco**), /ʒ/ (as in **já**), and /ʂ/ (as in **chá**). In the examples just given, sibilants occur *only* at the beginning of syllables.

5.   Recall Appendix A, Note VII, concerning the pronunciation of sibilants and their alternation according to dialect and/or the nature of the following consonant or word boundary. Consider such words as **pasta, mesmo, êstes, rapaz, os homens, asma, bolas**. Here sibilants do not occur at the beginning of syllables. They occur at the end of syllables or words. Our treatment assumes that these are just "sibilants," *not* /s/, /ʒ/, and so on. We cannot predict which of the four sibilants is going to occur until we know more about the nature of the following sound and sometimes the dialect of the speaker. If we ask what sibilant occurs at the end of a particular word, say **as**, there is no answer until we know more about where this word occurs. The word written **as** may be pronounced /as/, /aʂ/, /az/, or /aʒ/. If we know about the dialect being spoken and the position of the word in a context, we can predict the pronunciation, as we can that of the unspecified sibilants in **pasta, rapaz, estamos, vesgo**, and so on. The spelling rule given earlier is quite simple: for unspecified "sibilants" write **z** in a certain set of words (**rapaz, voz, capaz, fêz**, etc.), otherwise write **s** (**êste, lesma, verdes, bolas**, etc.).

6.   The considerations above mean that a distinction is made between sibilants that must be specified and sibilants that need not be specified. At the beginning of words and syllables, we must distinguish between four different sibilant consonants: /z/, as in **asa** (*wing*); /s/, as in **assa** (*roasts*); /ʒ/, as in **haja** (*have*); and /ʂ/, as in **acha** (*finds*). There are definite rules for writing each sibilant that has to be specified. When a sibilant occurs at the end of syllables or words, however, we need not specify which of the four is involved, because the pronunciation depends on dialect and grammar, which make pronunciation automatic. Here, too, we have a rule: write unspecified (syllable- or word-final) sibilants as **z** in some words, otherwise as **s**. Note that in some cases it is possible to predict how a sibilant will be written. Prediction requires some familiarity with the prefixes and suffixes that occur in Portuguese and English.

Sibilants as Affixes

Sound	English Equivalent	Portuguese Spelling	Examples
/eS/, /eyS/	ex-	ex-	extensão
/ez/	ex-	ex-	exibir
/trãS/	trans-	trans-	trânsito, transferir
/sãw̃/	-tion	-ção	ação, civilização, constituição
/Ozu/	-ous	-oso	famoso, glorioso

Note V: Unit XIX

1.   Written accents appear only on stressed vowels, with one exception: see (3) below. Hence, an unstressed vowel is not marked by an accent.

2.   Portuguese uses two basic accents: circumflex (^) and acute ('). They are selected according to the vowel sound involved:

a.   Write a circumflex (^) on /e/, /o/, and /a/ when /a/ is followed by a nasal consonant (m, n, nh): ê, ô, â (as in câmara).

b.   Otherwise write an acute ('): é, í, ú, á, and so on.

3.   The grave accent (`) is used primarily in two cases:

a.   As a substitute for (') in words that take certain suffixes, notably the -(z)inho diminutive and the -mente adverbial: só + mente = sòmente; pé + zinho = pèzinho.

b.   To show crase, that is, the combination of the preposition a (to) with the article a(s)—à(s) = a + a(s)—and with certain pronominals—àquela, àlguma, and so on.

4.   Rules (h) and (i) in the chart on written accents must be taken together; sometimes an accent is used, sometimes not. This point will be amplified below.

5.   In general, words stressed on the second-from-last syllable always take a written accent; words stressed on the last syllable (rules[b] and [e] in the chart) take a written accent if they end in certain ways. The main problem is the set of words stressed on the next-to-last syllable.

6.   For purposes of indicating only the stress, the majority of words stressed on the next-to-last syllable need take a written accent only when they end in /l/ or /r/, written z, and in a few other cases (rule [d] in the chart). The use of the letters e = /i/, o = /u/, am = /ãw̃/, em = /ẽỹ/, and ens /ẽỹS/ in itself is a way of indicating that stress is on the next-to-last syllable. Thus, in such words as verde(s), bonito(s), passagem (passagens), and gostam, the spelling conventions represent certain sounds and they also represent the stress pattern, next-to-last syllable stressed and last syllable unstressed.

7.   Sometimes it is said that the student's problem is to recognize the pronunciation indicated by an unmarked e or o: Is it open—/ę/ or /ǫ/—or closed—/e/ or /o/? Conversely, the student may ask just when a vowel should be accented if the rules given in the chart on written accents, particularly (h) and (i), appear to contradict each other. To this there is no simple

answer: the use of written accents may depend on grammar, etymology, or other considerations, and the beginning student cannot be expected to have an adequate background in Portuguese; he cannot be expected to know, for example, whether a certain word has a homonym from which it must be distinguished.

8. Here are four examples of the use of written accents to indicate some grammatical feature—for example, the contrasts of singular versus plural, of masculine versus feminine, of noun or adjective stems versus related verb stems, or of strongly stressed words with a given meaning versus weakly stressed homonyms with different meanings:

a. Some masculine nouns with /o/ in their stressed syllable—for example, **pôrto**, **ôlho**, **ôsso**—contrast with the same masculine nouns in the plural with /ǫ/: **portos, olhos, ossos**.

b. Some masculine pronominals—for example, **êle(s)**, **aquêle(s)**, **êsse(s)**—contrast with their feminine counterparts: **ela(s)**, **aquela(s)**, **essa(s)**.

c. Some nouns or adjectives having /e/ or /o/ in their stems—for example, **comêço**, **pêso**, **gôsto**—also have corresponding verb forms with /ę/ and /ǫ/: **começo, peso, gosto**.

d. Some words that normally have strong stress—for example, **dá** (*he gives*), **pára** (*he stops*), **pôr** (*to put*)—also have weakly stressed homonyms with different meanings: **da** (*of the, from the*), **para** (*for, to*), **por** (*for*).

Appendix C: Structure Notes

Note I: Unit I, Section 1

1. The **tu** and **vós** forms, which are rarely or inconsistently used in the Rio de Janeiro dialect of Portuguese, are omitted from this section and from the drills in the book. **Vós** is used in addressing the Deity and in addressing the audience of a formal gathering. With **tu** and **vós** removed, note that the second and third persons share the same verb forms: **é** or **são**.

Note II: Unit I, Section 3

1. As in English, there are two sets of articles. The definite article refers to something in the field of focus—for example, **o vôo** (the flight that Patricia has just made) or **o professor** (the teacher who is known or has been spoken about). The indefinite article refers to a thing or person not in the field of focus, something that has not been previously mentioned or is not unique in the context—for example, **Vejo uma casa** (a house not previously mentioned or not unique in the context).

Note III: Unit III, Section 11

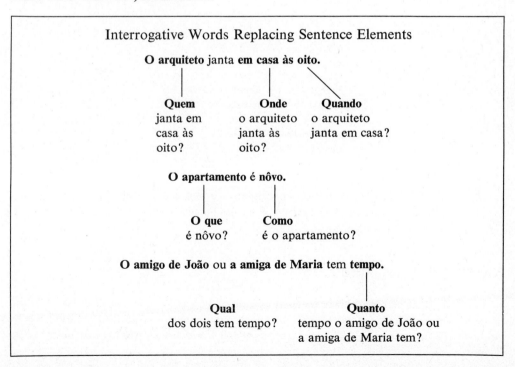

Interrogative Words Replacing Sentence Elements

O arquiteto janta **em casa às oito.**

Quem janta em casa às oito?
Onde o arquiteto janta às oito?
Quando o arquiteto janta em casa?

O apartamento é **nôvo.**

O que é nôvo?
Como é o apartamento?

O amigo de João ou **a amiga de Maria** tem **tempo.**

Qual dos dois tem tempo?
Quanto tempo o amigo de João ou a amiga de Maria tem?

1.   Any sentence element except the verb phrase may be substituted for by an interrogative word, which normally takes first position in the question. The form **Onde êle trabalha?** is considered the norm; **Êle trabalha onde?** is possible, but is not emphasized in this text.

2.   After the interrogative word, the noninterrogative word order frequently occurs, though an option may exist. A native speaker's "ear" may be the final arbiter of such questions.

3.   There are no equivalents for the English interrogative auxiliaries *do-does, did*; for example, *When does he eat?* (**Quando êle come?**).

4.   **É que** is commonly used in speech to expand interrogative words that it may follow. **Quem janta em casa?** is approximately equal to **Quem é que janta em casa?** Both are translated as *Who is having supper at home?* Optionally, and colloquially, **é que** may be inserted after a noun, singular or plural, modified by an interrogative word: **Que homem é que tem dois carros? Quantas casas é que êste doutor tem?**

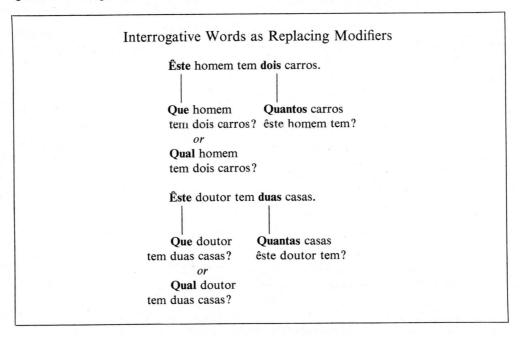

Interrogative Words as Replacing Modifiers

Êste homem tem **dois** carros.

Que homem   **Quantos** carros
tem dois carros?   êste homem tem?
          or
Qual homem
tem dois carros?

Êste doutor tem **duas** casas.

Que doutor   **Quantas** casas
tem duas casas?   êste doutor tem?
          or
Qual doutor
tem duas casas?

5.   Sentence elements with initial prepositions are replaced by interrogative words preceded by the same prepositions. For example, **Êle é dos Estados Unidos. De onde êle é? O calção é do Sr. Moreira. De quem é o calção?**

Note IV: Unit IV, Section 15

1.   **Dêle(s), dela(s)** result from the combination of **de** plus **êle(s)** and **de** plus **ela(s)**, respectively. In informal educated speech such forms are increasingly used instead of **seu(s), sua(s)**. One can say, for example, **Mário é arquiteto; o pai dêle é professor** or **Mário é arquiteto; seu pai**

é professor. There is a choice between **dêle(s)**, **dela(s)**, and **seu(s)**, **sua(s)**. Without other context, an isolated sentence such as **Seu professor é brasileiro** is assumed to mean *Your teacher is a Brazilian.*

1. **Um amigo meu**, **um meu amigo**, and **uns amigos meus**, **uns meus amigos**, correspond to the English phrases *a friend of mine* and *some friends of mine.*

Note V: Unit IV, Section 16

1. Standard constructions of the type **Eu o conheço** have an equivalent, **Eu conheço êle**, which is used in very familiar or informal situations by Brazilians. The student who learns Portuguese as a foreign language should stick to the first construction, since it is socially acceptable in all circumstances.

2. The construction of the type **Quer me apresentar a êle?** has an alternate: **Quer apresentarme a êle?** The latter is used in very formal situations and is not drilled in this book.

3. In formal written Portuguese other assimilated forms are used: **-no(s)**, **-na(s)**:

Conhecem-no bem = Êles o conhecem bem
Conhecem-na bem = Êles a conhecem bem

Note also the plural command **chamem-na !** *(call her!)*; the forms **-no(s)** and **-na(s)** occur after a verb ending in a nasal consonant. Unlike Spanish, Portuguese uses a hyphen to separate the verb from the pronoun. Another instance of formal written style is when the verb form ends in **-s** or **-z** /-S/. In this case, such ending is dropped and the object pronouns change and are linked to the verb by a hyphen as follows: **o** > **-lo**, **a** > **-la**, **os** > **-los**, **as** > **-las**.

Conhecemo-lo = Nós o conhecemos
Conhecemo-los = Nós os conhecemos

Note VI: Unit VI, Section 22

1. In the Portuguese language there are several "modes" (mental ways in which a native speaker may be considered to view reality or the absence of reality). Two of the modes are the indicative (the mode studied in units thus far) and the subjunctive. A native speaker's choice between the indicative and the subjunctive is no doubt automatic, involving no conscious contrast. If we analyze this choice, however, we observe the major contrast between the indicative and the subjunctive: the indicative is the realm of fact, or what the speaker feels is experienced or known reality; the subjunctive is the realm of uncertainty, or what the speaker feels is not experienced, not known, and hence subject to doubt.

2. The indicative may appear in either independent clauses or in dependent clauses:

Êle o sabe. *He knows it.* (one independent clause)
Sei **que êle o sabe.** *I know **that he knows it.*** (one independent and one dependent clause)

3.   The subjunctive usually appears only in dependent clauses; important exceptions are commands (practiced in Unit V) and expressions with *perhaps* (practiced in Unit VI).

4.   With few exceptions dependent clauses are joined to the independent clause by a relater (or subordinating conjunction); for example, **que**, **onde**, and **se**.

Note VII: Unit VI, Section 23

1.   The speaker's attitude is important; the form in which his utterance is cast is also crucial. We may look upon the switch from the indicative to the subjunctive as a *transformation* produced in this single string of Portuguese words by the cue **talvez** *(perhaps)*, which "triggers" the subjunctive when preceding the verb and when uncertainty is present.

2.   There is another aspect of the subjunctive realm of uncertainty, which we may call "causality." That is, the subjunctive may be required (if certain other structural elements are present) in connection with expressions that cause, condition, influence, affect, or are expected to affect, some other action or state.

3.   The cue **tomara que** *(would that)* signals a strong wish that affects or seeks to affect the subsequent action. The cue produces a switch from the indicative to the subjunctive, in the single string of Portuguese words.

4.   Indirect commands may be understood as depending upon a speaker's wish (causality), which, though not expressed lexically, is nevertheless signaled by the word order.

a.   Note that when the subject is emphasized, **que** follows the subject in the indirect command. Such a construction signals the exclusion of any related or parallel action: **Êle que pague a conta. Eu não tenho dinheiro.** *(Let him pay the bill. I have no money.)*.

b.   The negative of this construction, with **que não** following the subject, is characterized by a note of admonition on the part of the speaker: **Ela que não repita essa história.** *(She'd better not repeat that story.)*.

Note VIII: Unit VII, Section 27

1.   As observed in connection with uncertainty transformations **(talvez)** and strong hopes and wishes **(tomara que)** expressing causality, one or the other of these two related attitudes underlies the use of the subjunctive.

2.   In the accompanying transformations contrasting English and Portuguese, we assume that the dependent noun clause in the complex sentence may arise from sequences of two simple sentences in the indicative. It may be helpful to understand that the noun clause plus **que** is substituted for the nominal **isso, isto** *(it, that, this)*.

3.   Note that in the complex sentences of the type shown below, the expression of uncertainty or causality is in the main clause and the subjunctive is in the dependent clause:

> Quero que você vá ao baile.
> O professor quer que todos repitam.
> Duvido (não acho) que ela vá ao baile.

4. In the examples below the uncertainty expression is in the main clause, as is the causal event. The subjunctive is in the dependent clause:

> É preciso que vocês tirem o paletó.
> É provável que Mário já saiba dançar.
> É possível que toquem um samba.

5. In these examples the causal event may be in the dependent clause:

> Estou contente (de) que você esteja aqui.
> Êle sente muito que Zé não possa viajar.
> Nós temos mêdo (de) que o exame seja difícil.

Note IX: Unit VIII, Section 31

1. Note that **êste, esta,** and **isto** often indicate "proximity" or reference (though imprecise or abstract) to the person speaking; **êsse, essa,** and **isso,** to the person spoken to; **aquêle, aquela,** and **aquilo,** to the person spoken about. In spatial terms, the adverbs **aqui, aí,** and **ali** correspond roughly to the grammatical concept of person:

> O que é isto aqui?
> O que é isso aí?
> O que é aquilo ali?

2. In informal speech, there is a tendency for the **ss** forms (**êsse, essa, isso**) to replace the more standard **st** forms (**êste, esta, isto**) with the result that pairs of statements such as the following may have the same meaning:

> Quero êste aqui. ⎫
> Quero êsse aqui. ⎭   *I want this one (here).*

> De quem é esta mesa? ⎫
> De quem é essa mesa? ⎭   *Whose table is this?*

> O que é isto? ⎫
> O que é isso? ⎭   *What's this?*

3. The contrast between **êste** and **aquêle** remains clear: the latter refers to what is relatively remote.

Note X: Unit VIII, Section 32.2

Unstressed and Stressed Forms in Combination: Standard Usage

Verb and Direct Object: Unstressed	Prepositional Pronoun As Indirect Object: Stressed	
a. Êle não o manda	para mim.	*He doesn't send it to me.*
b. Não o mande	para mim!	*Don't send it to me!*
c. Ela que o mande	para mim!	*Let her send it to me!*
d. Mande- o	para mim!	*Send it to me!*
e. Êle o manda	para mim.	*He sends it to me.*
f. Êle vai mandá- lo	para mim.	*He will send it to me.*
g. Êle está mandando- o	para mim.	*He is sending it to me.*

1.   In informal conversational style, the prepositional form often substitutes for the unstressed indirect object forms (**me, nos, lhe[s]**). **Mande-me isso!** *(Send that to me!)* becomes **Mande isso para mim!** with the same meaning.

2.   Also in informal conversational style, two object pronouns may be reduced to one: the direct object is omitted and the unstressed indirect object is placed before the verb. The context makes the meaning clear. The following are shortened versions of sentences, as numbered in the foregoing chart:

> a. Êle não me manda.
> b. Não me mande!
> c. Ela que me mande!
> d. Mande-me (isso)![1]
> e. Êle me manda.
> f. Êle vai me mandar (isso).
> g. Êle está me mandando (isso).

3.   In connection with indirect objects chart, note that sometimes a verb may be followed by either the preposition **a** or by **para**, in free variation, with no difference in meaning:

> Vou dar isso a êle.
> Vou dar isso para êle. } *I'm going to give this to him.*

> Conte a ela.
> Conte para ela. } *Tell her.*

---

[1] **Isso** or **isto** sometimes stands in place of the direct object pronoun.

Note XI: Unit IX, Section 34

1.   English has one simple past tense, but Portuguese has two: the preterite and the imperfect indicative. The preterite indicates the beginning or end of a past action. The word "perfective," which may be applied to the preterite and its special way of looking at an action (aspect), is helpful in understanding this type of past action in contrast with the other.

The imperfect indicative emphasizes the middle of an action, action that is viewed as ongoing. The term "imperfective," which may be applied to the aspect of the imperfect indicative, is useful in understanding this type of incomplete past action.

2.   Note that in the following sentences the English present perfect indicative is matched by the Portuguese preterite indicative:

Eu já estudei inglês.	*I have already studied English.*
Ela ainda não leu o livro.	*She hasn't read the book yet.*
Êles já partiram?	*Have they left yet?*
Você já visitou o Brasil?	*Have you ever visited Brazil?*

Note XII: Unit IX, Section 36

1.   There are no irregularities in the present group. There are only two slight irregularities among the following irregular verbs studied thus far: **ir, indo** and **pôr, pondo.**

Formation of Present Participle (Imperfective Participle)

Stem	Infinitive Marker	Imperfective Participle	
diz-	er	dizendo	*saying*
est-	ar	estando	*being*
faz-	er	fazendo	*doing*
	ir	indo	*going*
ouv-	ir	ouvindo	*hearing*
ped-	ir	pedindo	*asking*
perd-	er	perdendo	*losing*
pod-	er	podendo	*being able (rare)*
pô-	r	pondo	*putting*
quer-	er	querendo	*wishing*
s-	er	sendo	*being*
t-	er	tendo	*having*
traz-	er	trazendo	*bringing*
v-	er	vendo	*seeing*
v-	ir	vindo	*coming*

2.   In contrasting perfective and imperfective aspects, it was noted earlier that the latter emphasizes an event reported as ongoing and as seen in its middle. The so-called present progressive tense shows an action in progress; it stresses the aspect of duration (durative aspect) in the nonpast. **Estamos saindo** is very similar to English *We are leaving* (stressing a current action), except that the latter, unlike the Portuguese, may mean future intention: *We are leaving tomorrow.* Compare this sentence with Portuguese **saímos (vamos sair) amanhã.**

3.   The present progressive (nonpast imperfective aspect) is found with other auxiliaries that combine with the imperfective participle and result in peculiar shades of meaning.

Present Progressive Construction

Infinitive	*Middle of Event*	*Semantic Note*
estar	Êle está chegando. *He is arriving now.*	
vir	Êle vem chegando. *He is arriving (and is approaching).*	focus on immediacy
ir	Êle vai chegando agora. *He is arriving (starting to arrive).*	focus on initiation of an action
andar	Êle anda estudando muito. *He has been studying a lot (and is continuing to study).*	focus on continuation of an action

---

4.   When using some verbs, Portuguese speakers may have a choice between the simple present and the progressive construction that is not matched by English. Greater emphasis on duration is achieved by the longer of the two constructions in Portuguese.

Êle quer passear.
Êle está querendo passear.   } *He wants to go for a walk.*

Você precisa de alguma coisa?
Você está precisando de alguma coisa?   } *Do you need anything?*

Compreende tudo?
Está compreendendo tudo?   } *Do you understand everything?*

Vejo bem daqui.
Estou vendo bem daqui.   } *I can see well from here.*

Gosto do meu trabalho.
Estou gostando do meu trabalho.   } *I'm enjoying my work.*

Note XIII: Unit X, Section 39

1.   The following examples illustrate some adjectives that vary somewhat in meaning as they appear before or after the noun:

Êle é um pobre homem.	*He is an (poor) unfortunate man.*
Êle é um homem pobre.	*He is an (poor) impoverished man.*
Êle é um grande homem.	*He is a great man.*
Êle é um homem grande.	*He is a large man.*
Êle é um simples funcionário.	*He is just a civil servant.*
Êle é um funcionário simples.	*He is a plain civil servant.*
Êle é um mau aluno.	*He is a poor (bad) student.*
Êle é um homem mau.	*He is a bad man.*
Quero um nôvo livro.	*I want another book.*
Quero um livro nôvo.	*I want a new book.*
o primeiro dia	*the first day (in a series, week, month, year, and so on).*
o dia primeiro	*the first day in a month (a set date)*

2.   In some cases a limiting adjective may appear either before or after its head (word it modifies) without a change in meaning:

os sete últimos meses	
os últimos sete meses	*the last seven months*
mais dois cafés	
dois cafés mais	*two more cups of coffee*
na próxima semana	
na semana próxima	*next week*

3.   When two descriptive adjectives appear in postnominal position, the adjective more closely associated with the noun will be located nearer the noun.

os médicos famosos alemães	*the famous doctors who are German*
os médicos alemães famosos	*the German doctors who are famous*

a.   In Portuguese two descriptive adjectives may be joined by **e**, just as in English they may be joined by *and*. The more closely associated adjective stands closer to the head:

o médico velho e respeitado   *the old and respected doctor*

b.   Whereas in English two descriptive adjectives precede the head without *and*, in Portuguese one may put two adjectives joined by **e** after the head or place one adjective in —1 position and the other in +1 position:

o homem pobre e triste	
o pobre homem triste	*the poor, sad man*

Note XIV: Unit X, Section 40

1.   The Portuguese nominalized adjective is paralleled in English by a noun phrase including *one* or *ones*, or less commonly, the nominalized adjective alone; for example, *the rich, the poor, the French.*

2.   Portuguese nominalized adjectives in the singular denoting abstract qualities are often translated as *what is* plus the adjective or by the adjective plus *thing* or *matter.*

3.   Possessive pronouns are formed by the deletion of nouns:

o meu **livro:** o meu   *my book : mine*

a nossa **casa:** a nossa   *our house : ours*

The article is required.

Note XV: Unit XI, Section 41

1.   The imperfect indicative is regular in its formation, except for five verbs to be studied— **ser, ir, ter, pôr, vir**—and contrasts with the preterite tense or perfective aspect. It emphasizes the middle of an action, continuation, or lack of completion; the term "imperfective" applies to the view of past action represented by this tense.

2.   The following are the chief uses of the imperfect indicative:

a.   Descriptions in the past ("background"): **O edifício era grande.**

b.   Telling time in the past: **Era uma hora.**

c.   Expressions of politeness (to be studied in Unit XIV): **Eu queria reservar um quarto.**

d.   Frequent colloquial substitute for the conditional tense: **Se eu tivesse isso, dava.**

Note XVI: Unit XI, Section 43

1.   A number of very common verbs have variant forms, either reflexive or nonreflexive with the same meaning:

levantar-se *or* levantar	*to get up*	Êle levantou cedo. *or* Êle se levantou cedo.
sentar-se *or* sentar	*to sit down*	Êle se sentou. *or* Êle sentou.
lembrar-se *or* lembrar	*to remember*	Êle se lembra disso. *or* Êle lembra disso.
deitar-se *or* deitar	*to lie down*	Êle se deitou. *or* Êle deitou.
acordar-se *or* acordar	*to wake up*	Êle se acordou. *or* Êle acordou.

The verbs above can also be used transitively (that is, they can be followed by a direct object) with a change of meaning:

levantar	*to wake*	Levantei meu irmão.
sentar	*to seat*	Sentei meu irmão na cadeira.
lembrar	*to remind*	Lembrei isso a meu irmão.
deitar	*to put to bed*	Deitei o meu irmão.
acordar	*to awaken*	Acordei o meu irmão.

Note XVII: Unit XII, Section 45

1.   The perfective aspect (or way of looking at an action) is associated with the idea of completion. To express this concept Portuguese uses the preterite, which emphasizes the beginning or end of a past action.

2.   The imperfective aspect is associated with incompletion, that is, the ongoing quality of an action. Here Portuguese uses the imperfect, which emphasizes the middle of an action, or to put it negatively, is not concerned with the beginning or end of an action.

3.   When simultaneous imperfective activities are reported in Portuguese, the imperfect tense is used in reporting each activity. English uses the preterite for one activity and a *was-were* plus *-ing* construction for the others: **Êle ganhava muito quando trabalhava lá.** *He earned a lot when he was working there.*

4.   A series of verbs in the preterite is possible; so is a series of verbs in the imperfect: **Êle trabalhava, estudava, e jogava futebol, mas não se cansava.** *He worked, studied, and played soccer, but he didn't get tired.*

5.   Just as a room may be looked upon as "half full" or "half empty," depending on whether one stresses fullness or emptiness, so an action may be looked upon as requiring either the preterite or the imperfect, in accordance with the speaker's intention—mainly whether he wishes to stress completion or incompletion.

Comparison of Perfective and Imperfective Aspects

Preterite Tense	*Imperfect Tense*
Eu tive um carro. *I had a car.* (but something happened to it; end of my owning it is stressed)	**Eu tinha um carro.** *I had a car.* (middle of action: no indication of special circumstances)
Ela cantou bem. *She sang well.* (a report on her performance, perhaps as observed by speaker)	**Ela cantava bem.** *She sang well.* (general statement, in past, on her singing ability)
José ficou doente. *Joe got sick.* (beginning of action, implying sudden change in condition)	**José ficava doente.** *Joe remained sick.* (middle of action, with Joe seen in the midst of illness)
Eu a conheci. *I met her.* (beginning of acquaintanceship)	**Eu a conhecia.** *I knew her.* (acquaintanceship already in progress; no stress on beginning or end)
Êle pôde falar. *He was able to speak.* (beginning of action; suggests possibly overcoming some kind of obstacle)	**Êle podia falar.** *He could speak.* (middle of action; general descriptive statement of his physical or mental ability)

6. The preceding chart illustrated implicit differences between the preterite and the imperfect indicative forms. Naturally, additional adverbs (especially those of time) and other clues concerning context help to clarify which aspect is intended:

> Ela **sempre** cantava bem.
> Êle pôde falar **ontem.**
> Eu a conheci **há três anos.**
> **Quando era jovem,** ela queria entrar na Universidade.
> **Ela quis entrar** mas não pôde.

7. The perfective and imperfective aspects often exist side by side in the same utterance:

Achei que o sistema de lá era melhor do que o daqui.
  (*The speaker gives his opinion, referring to a past time, when he was in the United States*; era *reflects the imperfect used in summary or descriptive statements.*)
Ela disse que a princípio sentia diferença.
  (*Her utterance was a single completed action*; *what she said was viewed as ongoing, though it is obviously completed.*)
O môço chegou enquanto esperavam o café.
  (*The perfective is clearly differentiated from the imperfective in this instance.*)

Note XVIII: Unit XII, Section 46

1. *Than* corresponds to **do que** (or less commonly to **que**) except when an affirmative comparison of numerals is intended, in which case *than* corresponds to **de:**

Temos menos de dez dias.	*We have fewer than ten days.*
Temos mais de dez dias.	*We have more than ten days.*
Não temos mais que dez dias.	*We have no more than ten days.*

If *more than* numerals are being compared (for example, an entire idea), *than* corresponds to **do que** (or **que**):

Vinte dias valem mais do que (valem) dez.	*Twenty days are better than ten (are).*
Dois carros custam mais do que (custa) um.	*Two cars cost more than (one) costs.*

2. Subject 2 (the subject of the dependent clause in this construction) is the subject of an elliptical verb; it is optional in English but omitted in Portuguese.

3. In certain adverbial phrases, *as . . . as* is given by the use of the article plus **mais** plus the adverb **possível:**

o mais cedo possível	*as early (soon) as possible*
o mais rápido possível	*as quickly as possible*

Note XIX: Unit XII, Section 47

1.   The present progressive (studied in Unit IX as the nonpast imperfective aspect stressing duration) resembles the two past progressive constructions as to auxiliary (**estar, andar, ir,** and so on) and **-ndo** form. Another similarity is that all these constructions are *durative*: they stress the middle of an action.

2.   The new constructions, however, are past, one being imperfective and the other being perfective. The difference between them also corresponds roughly, as noted in the text, to the difference between the imperfect and preterite tenses—a difference noted precisely in the two aspects of **estar** or any other verb used as an auxiliary. The major problem in learning this distinction is that English distinguishes between these two types of aspect in a different way.

    a.   Duration: **Êle trabalhava lá.** (*He used to work there.*).

    b.   Explicit duration: **Êle estava trabalhando quando eu cheguei.** (*He was working when I got there.*).

    c.   Limited duration: **Êle estêve trabalhando até eu chegar.** (*He kept working until I got there.*).

3.   Note that the English translation of the progressive construction is different in (2b) and (2c). In (2b) the action is ongoing or imperfective; in (2c) it is perfective (stressing in this case the end of the action). In (2b) the duration is specific but not limited; in (2c) the duration is limited to the period established.

4.   In the example given in (2a), **Êle trabalhava lá** could also mean *He was working there,* but its duration is not explicit.

Note XX: Unit XIII, Section 49

1.   Among the three tenses showing futurity, simple present or nonpast (**vou amanhã**), periphrastic (**vou ler**), and the regular future shown here, the last is the least common in speech, being of course more frequent in writing.

2.   The future tense is used to show probability, possibility, or conjecture:

Quanto custarão os sapatos?	*I wonder how much the shoes will cost.*
A quanto estará o dólar?	*I wonder what the dollar rate will be.*
Será que êle vem?	*Can he be coming?*

Note XXI: Unit XIII, Section 50

1.   **Assim que, logo que, depois que,** and, on rare occasions, **quando** may also be followed optionally by the present subjunctive, but the four are the more common relaters associated with this construction of futurity in the dependent clause.

2.   **Quando** thus far has introduced dependent clauses containing only the indicative. Reference was to past or present time—not futurity.

Adjectival Clauses of Futurity: Uncertainty

Main Clause	Dependent Clause
a. Depositaremos todo o dinheiro	que nós tivermos.
We will deposit all the money	*that we will have.*
b. Depositem o dinheiro	que vocês receberem.
Deposit the money	*that you will get.*

---

3. The use of the future subjunctive in adjectival clauses parallels the use of the present subjunctive in such clauses (Unit VIII). The chief difference between them is the former's greater emphasis on futurity in the cases illustrated above.

4. Note that in adjectival clauses of marked futurity many Brazilians use the present subjunctive instead of the future subjunctive: **Deposite o dinheiro logo que o receba.** (*Deposit the money as soon as you receive it.*).

Note XXII: Unit XIV, Section 53

1. The conditional tense is used:

a. In the conclusion of an expressed or implied condition:
Gostaria de comprá-lo. (*I would like to buy it* [*if I had money*].).

b. In polite requests: **Você me poderia fazer isto?** (*Could you do this for me?* [*Would you do it if convenient?*]).

c. To show futurity with reference to the past: **Êle disse que o compraria amanhã.** (*He said that he would buy it tomorrow.*).

d. To show probability or conjecture: **Êle estaria em casa agora?** (*Do you suppose he is at home now? Could he be at home now?*) **Êle teria chegado ontem?** (*Could he have arrived yesterday?*).

2. In informal conversation the imperfect indicative is often used interchangeably with the conditional: **Se você fôsse lá, acho que gostava (gostaria).** (*If you went there, I think you would enjoy it.*).

Note XXIII: Unit XIV, Section 54

1. Only the past subjunctive and past perfect subjunctive are used in clauses introduced by **como se** (*as if*): **Êle fala como se fôsse brasileiro.** (*He speaks as if he were a Brazilian.*).

2. The past subjunctive is used in dependent clauses when they refer to past time (see

Sections 27 in Unit VII, 30 in Unit VIII, 35 in Unit IX, 38 in Unit X for uses of the subjunctive mode in dependent clauses):

> Eu quero que êles conheçam meus amigos.
> Eu queria que êles conhecessem meus amigos.
> É preciso que eu tenha o dinheiro.
> Era preciso que eu tivesse o dinheiro.
> Ela duvida que êle seja brasileiro.
> Ela duvidava que êle fôsse brasileiro.

3.   The past subjunctive is required in the dependent noun clause when the main clause refers to the past and contains an impersonal expression, expresses doubt or uncertainty, or influences the verbal event of the dependent noun clause.

4.   The past subjunctive may be used in the dependent noun clause even if the main clause does not refer to the past; the reference to the past is solely in the dependent noun clause:

> E provável que êle chegasse a tempo ontem.
> Duvido que êle tivesse o dinheiro a semana passada.

Note XXIV: Unit XV, Section 57

1.   An impersonal form of **ter** paralleling that of **haver** is used in conversational style:

Há tempo. Tem tempo.	*There is time.*
Há duas razões. Tem duas razões.	*There are two reasons.*

2.   Unlike the impersonal forms, the personal forms of **haver** are little used in speech, except in a few idiomatic expressions:

Hei de fazê-lo.	*I've got to do it.*

Note XXV: Unit XV, Section 59

1.   As in the case of the corresponding tense in English, the past perfect tense indicates an action or state that took place in the past, prior to some other action or state in the past. Note the tenses in the following:

Êle saiu.	*He left.*
Eu já o tinha visto quando êle saiu.	*I had already seen him when he left.*

2.   Portuguese has a simple past perfect tense that is used only in formal literary writing.

Simple Past Perfect Tense

3rd Pl. Pret. Stem†   **Tense-Pers.-No. Markers**

mora-	⎧ ra
conhece-	⎪ ra
servi-	⎨ ramos*
	⎩ ram

---

* Note that the first, second, and third person singular,
and the first person plural of **ser** and **ir** are written **fôra,**
fôramos, and that final vowel **e** of regular verbs is written
ê in the first person plural: **escrevêramos, conhecêramos.**
† Less **-ram**

---

3.   The simple past perfect survives in speech in a few set phrases:

Tomara que não chova!   *I hope it doesn't rain!*

Quem (me) dera falar português bem!   *I wish I could speak Portuguese well!*

Quisera ser rico!   *I wish I were rich!*

Note XXVI: Unit XVI, Section 62

1.   The present perfect tense reflects repetition, prolongation, or habitual performance of an action up to the moment of speaking:

Tenho lido o jornal diàriamente.   *I have read the newspaper every day (up to now).*

Não tenho visto por aí alfaces tão frescas.   *I haven't seen such fresh lettuce around here (in a period past and extending up to now).*

Ela tem estado doente.   *She has been sick (and the effects are lasting up to now).*

Êle sempre tem comido farinha.   *He has always eaten manioc meal (habitually, up to now).*

2.   The use of such expressions as **ùltimamente** or **de uns tempos para cá** *(for some time now)* with the present perfect indicative emphasizes the notion of repetition; that is, the imperfective aspect. The middle of the action is seen, inasmuch as the action continues from the past to the present.

3.   As seen in Unit IX, the preterite indicative is the usual way of reflecting the perfective aspect, which is expressly *not relevant* or is *not shown to be relevant* to the present, especially where some adverb such as **já** *(yet, already)* is stated or implied. Note the divergent constructions in English and Portuguese.

Ainda não o li.	*I haven't read it yet.*
Vocês já escolheram?	*Have you made a selection?*
Você já viu ela?	*Have you seen her (yet, already)?*

4. Recall that the present indicative is used to show the passage of time prior to and continuing into the present; an expression of time is involved.

Há dois anos que êle está aqui.	*He has been here for two years.*
or	
Faz dois anos que êle está aqui.	
Êle mora aqui desde 1950.	*He has lived here since 1950.*

Note XXVII: Unit XVIII, Section 69

1. The passive voice is used less in Portuguese than in English. When the agent of an action is not named, impersonal construction with **se** or a third person verb with the subject deleted are often used in Portuguese, whereas the passive voice might be used in English.

2. In Portuguese the past participle matches the subject in gender and number.

3. In Portuguese the expression of the agent, instrument, or means of an action is optional.

4. The preposition **por** introduces the agent, instrument, or means when expressed, except that **de** may introduce the agent when a state or condition is expressed: **Ela é acompanhada por Maria** or **Ela é (or está) acompanhada de Maria**, depending on whether action or state is emphasized.

5. Some verbs, such as **suspender**, have both a regular and an irregular past participle, the latter being used in the passive voice; for example, **O aluno foi suspenso pelo diretor.** *(The student was suspended by the dean.)* Compare this sentence with **O diretor tem suspendido muitos alunos.** (The dean has suspended many students.)

6. Only **ser** is used to form the passive voice. Other verbs meaning *to be* such as **estar**, **ficar**, **andar**, and so on, are never used to form the passive; past participles used with those verbs function as adjectives, and an agent is not expressed: **A porta está aberta. A porta fica aberta.**

Note XXVIII: Unit XIX, Section 75

1. Causative verbs in Portuguese may be followed by either an infinitive (impersonal or personal) construction or a clause with the subjunctive. Some causative verbs in English may also be followed by either type of construction: for example, *He asked me to finish* or *He asked that I finish.* Other verbs in English must be followed by one or the other construction: for example *He told me to do that*, but not *He told that I do that; He suggested that I do it*, but not *He suggested me to do it.*

2. Unlike the verbs in the chart, the verb **querer** is followed only by **que** plus the subjunctive: **Quer que eu fique aqui?** *(Do you want me to stay here?).*

Interference from English may cause the student to produce a non-Portuguese construction involving **querer**.

3.   The subject of infinitives (personal or impersonal) may be shown by:

   a.   Direct object or subject pronouns: **Mando-os acabar(em)** or **Mando êles acabar(em)**.

   b.   Subject pronouns after the preposition **para**: **Êle pediu para eu acabar. Êle pediu para (nós) acabarmos.**

   c.   Prepositional pronouns after prepositions except **para**: **Insisti com êle para comprar isso. Recomendou a mim para não demorar.**

   d.   Indirect object pronouns: **Sugeri-lhes escolher(em) isso. Ela me permitiu ir.**

4.   After **para** the subject pronoun **nós** is optional with the personal infinitive; **nós** with the impersonal infinitive is substandard.

5.   The **para**-plus-infinitive construction is typical in informal conversation.

Appendix D: Verb and Pronoun Charts

Regular Verbs[1]

Non-Finite Forms

	-A- Verbs	-E- Verbs	-I- Verbs (One-Stem)
Infinitive *Infinitivo*	morar[2] *to dwell*	beber *to drink*	partir *to leave*
Present Participle: **-ndo** Form *Gerúndio: Forma em* **-ndo**	morando	bebendo	partindo
Past Participle: **-do** Form *Particípio* *passado: Forma em* **-do**	morado	bebido	partido

Finite Forms (Simple, No Auxiliary)

INDICATIVE

	-A- Verbs	-E- Verbs	-I- Verbs (One-Stem)
Present *Presente do indicativo*	mọro (mọras)[3] mọra moramos (morais) mọram	bebo (bẹbes) bẹbe bebemos (bebeis) bẹbem	parto (partes) parte partimos (partis) partem

[1]Because of the complexity of the Portuguese sound system, a **cedilha** is used to show the *open* variety of stressed stem vowels **e** and **o** (/ẹ/ and /ọ/) in verbs where it is not marked by an acute accent.

[2]Bear in mind that such -A- verbs as **falar, fechar, contar, voar,** and **apreciar** are invariable as to stem vowel; that is, they do not have the alternation between the stressed and unstressed stem vowels /o, ọ/ or /e, ẹ/ found in the models **morar** and **beber**. Similarly, an -E- verb such as **comer** lacks vowel alternation of the kind shown in the model **beber**. The problem of vowel alternation is not present in -I- verbs of the one-stem type. -I- verbs of the two-stem type are found at the end of the section on regular verbs.

[3]The second person singular and plural forms have not been included in the text and are indicated in the verb charts by parentheses.

Imperfect *Imperfeito*	morava	bebia	partia
	(moravas)	(bebias)	(partias)
	morava	bebia	partia
	morávamos	bebíamos	partíamos
	(moráveis)	(bebíeis)	(partíeis)
	moravam	bebiam	partiam

Preterite *Pretérito*	morei	bebi	parti
	(moraste)	(bebeste)	(partiste)
	morou	bebeu	partiu
	moramos	bebemos	partimos
	(morastes)	(bebestes)	(partistes)
	moraram	beberam	partiram

Past Perfect[4] *Mais-que-perfeito*	morara	bebera	partira
	(moraras)	(beberas)	(partiras)
	morara	bebera	partira
	moráramos	bebêramos	partíramos
	(moráreis)	(bebêreis)	(partíreis)
	moraram	beberam	partiram

Future *Futuro*	morarei	beberei	partirei
	(morarás)	(beberás)	(partirás)
	morará	beberá	partirá
	moraremos	beberemos	partiremos
	(morareis)	(bebereis)	(partireis)
	morarão	beberão	partirão

Conditional *Condicional*	moraria	beberia	partiria
	(morarias)	(beberias)	(partirias)
	moraria	beberia	partiria
	moraríamos	beberíamos	partiríamos
	(moraríeis)	(beberíeis)	(partiríeis)
	morariam	beberiam	partiriam

SUBJUNCTIVE

Command *Imperativo*	more	beba	parta
	morem	bebam	partam

[4]literary use

Present	*Presente do subjuntivo*	mọre	beba	parta
		(mọres)	(bebas)	(partas)
		mọre	beba	parta
		moremos	bebamos	partamos
		(moreis)	(bebais)	(partais)
		mọrem	bebam	partam
Imperfect	*Imperfeito do subjuntivo*	morasse	bebesse	partisse
		(morasses)	(bebesses)	(partisses)
		morasse	bebesse	partisse
		morássemos	bebêssemos	partíssemos
		(morásseis)	(bebêsseis)	(partísseis)
		morassem	bebessem	partissem
Future	*Futuro do subjuntivo*	morar	beber	partir
		(morares)	(beberes)	(partires)
		morar	beber	partir
		morarmos	bebermos	partirmos
		(morardes)	(beberdes)	(partirdes)
		morarem	beberem	partirem

Personal Infinitive[5]

Personal Infinitive, inflected *Infinitivo pessoal, flexionado*	morar	beber	partir
	(morares)	(beberes)	(partires)
	morar	beber	partir
	morarmos	bebermos	partirmos
	(morardes)	(beberdes)	(partirdes)
	morarem	beberem	partirem

[5]The exact correspondence of the future subjunctive with the personal (inflected) infinitive is limited to regular verbs; compare the future subjunctive of **estar**—**estivẹr, estivẹres, estivẹr, estivẹrmos, estivẹrdes, estivẹrem**—and its corresponding personal infinitives—**estar, estares, estar, estarmos, estardes, estarem.**

Finite Forms (Combined With Auxiliary)[6]

INDICATIVE

		-A- Verbs	-E- Verbs	-I- Verbs (One-Stem)
Present Perfect *Presente anterior*	tenho (tens) tem temos (tendes) têm	morado	bebido	partido
Past Perfect *Mais-que-perfeito*	tinha (tinhas) tinha tínhamos (tínheis) tinham	morado	bebido	partido
Future Perfect *Futuro anterior do presente*	terei (terás) terá teremos (tereis) terão	morado	bebido	partido
Conditional Perfect *Futuro anterior do pretérito*	teria (terias) teria teríamos (teríeis) teriam	morado	bebido	partido

[6]**Ter** is the usual and preferred perfect tense auxiliary in spoken Portuguese. Note, however, that forms of **haver**, primarily in the past perfect tense, may occur in formal speech and writing.

SUBJUNCTIVE

Present Perfect *Presente anterior* *do subjuntivo*	tenha (tenhas) tenha tenhamos (tenhais) tenham	morado	bebido	partido
Past Perfect *Mais-que-perfeito* *do subjuntivo*	tivẹsse (tivẹsses) tivẹsse tivéssemos (tivésseis) tivẹssem	morado	bebido	partido
Future Perfect *Futuro anterior* *do subjuntivo*	tivẹr (tivẹres) tivẹr tivẹrmos (tivẹrdes) tivẹrem	morado	bebido	partido

-I- Verbs (Two-Stem)[7]

---

dormir   *to sleep*
Pres. Indic.   **durmo** (dọrmes) dọrme dormimos (dormis) dọrmem (§ 13.2)[8]
Pres. Subj.   **durma (durmas) durma durmamos (durmais) durmam**

---

repetir   *to repeat*
Pres. Indic.   **repito** (repẹtes) repẹte repetimos (repetis) repẹtem (§ 13.2)
Pres. Subj.   **repita (repitas) repita repitamos (repitais) repitam**

---

seguir   *to follow*
Pres. Indic.   **sigo** (sẹgues) sẹgue seguimos (seguis) sẹguem (§ 13.2)
Pres. Subj.   **siga (sigas) siga sigamos (sigais) sigam**

---

[7]The second stem is found only in the present indicative or, usually, in the related present subjunctive forms: forms based on the second stem appear in boldface.
[8]References to relevant sections of Basic Structures are given in parentheses.

servir   *to serve*

Pres. Indic.   **sirvo** (sęrves) sęrve servimos (servis) sęrvem (§ 13.2)
Pres. Subj.   **sirva** (**sirvas**) **sirva sirvamos** (**sirvais**) **sirvam**

subir   *to go up*

Pres. Indic.   subo (**sǫbes**) **sǫbe** subimos (subis) **sǫbem** (§ 29)
Pres. Subj.   suba (subas) suba subamos (subais) subam

tossir   *to cough*

Pres. Indic.   **tusso** (tǫsses) tǫsse tossimos (tossis) tǫssem (§ 13.2)
Pres. Subj.   **tussa** (**tussas**) **tussa tussamos** (**tussais**) **tussam**

Verbs in -ear, -iar (Two-Stem)[9]

passear   *to stroll*

Pres. Indic.   **passeio** (**passeias**) **passeia** passeamos (passeais) **passeiam** (§ 61)
Pres. Subj.   **passeie** (**passeies**) **passeie** passeemos (passeeis) **passeiem**

odiar   *to hate*

Pres. Indic.   **odeio** (**odeias**) **odeia** odiamos (odiais) **odeiam** (§ 61)
Pres. Subj.   **odeie** (**odeies**) **odeie** odiemos (odieis) **odeiem**

[9]The second stem is found only in the present indicative or the related present subjunctive forms: forms based on the second stem appear in boldface.

Irregular Verbs[1]

dar   *to give*

Pres. Indic.   **dou** (dás) dá damos (dais) dão (§ 17)
Pret. Indic.   **dei** (dęste) deu demos (dęstes) dęram (§ 37)
Pres. Subj.   **dê** (**dês**) **dê dêmos** (**deis**) **dêem** (§ 25)

[1]Only those tenses having irregular forms (shown by boldface) are listed. Irregular forms that are predictable in their irregularities are not listed—for example, the present subjunctive based on an irregular first person singular present indicative (**venho: venha, venhas,** and so on) or the imperfect subjunctive based on an irregular third person plural preterite indicative (**fizęram: fizęsse, fizęsses,** and so on). Second person (**tu, vós**) forms are shown in parentheses; they are not used in this text.

dizer *to say* **dito** *said* (§ 58)

Pres. Indic.	**digo** (dizes) **diz** dizemos (dizeis) dizem (§ 17)
Pret. Indic.	**disse (dissęste) disse dissemos (dissęstes) dissęram** (§ 37)
Fut. Indic.	**direi (dirás) dirá diremos (direis) dirão** (§ 49)
Cond. Indic.	**diria (dirias) diria diríamos (diríeis) diriam** (§ 53)

estar *to be*

Pres. Indic.	**estou** (estás) **está estamos** (estais) **estão** (§ 9.1)
Pres. Subj.	**esteja (estejas) esteja estejamos (estejais) estejam** (§ 25)
Pret. Indic.	**estive (estivęste) estêve estivemos (estivęstes) estivęram** (§ 37)

fazer *to make* **feito** *made* (§ 58)

Pres. Indic.	**faço** (fazes) **faz** fazemos (fazeis) fazem (§ 17)
Pret. Indic.	**fiz (fizęste) fêz fizemos (fizęstes) fizęram** (§ 37)
Fut. Indic.	**farei (farás) fará faremos (fareis) farão** (§ 49)
Cond. Indic.	**faria (farias) faria faríamos (faríeis) fariam** (§ 53)

haver *to be, impersonal*

Pres. Indic.	**há** (§ 57)
Pret. Indic.	**houve** (§ 57)
Pres. Subj.	**haja** (§ 57)

haver *to have, as auxiliary in certain cases*

Pres. Indic.	**hei (hás) há** havemos (haveis) **hão** (§ 57)
Pret. Indic.	**houve (houvęste) houve houvemos (houvęstes) houvęram** (§ 57)
Pres. Subj.	**haja (hajas) haja hajamos (hajais) hajam** (§ 57)

ir *to go* **ido** *gone* (§ 58)

Prcs. Indic.	**vou (vais) vai vamos** (ides) **vão** (§ 13.1)
Impf. Indic.	**ia (ias) ia íamos (íeis) iam** (§ 42)
Pret. Indic.	**fui (fôste) foi fomos (fôstes) foram** (§ 37)
Pres. Subj.	**vá (vás) vá vamos (vades) vão** (§ 25)

ouvir *to hear*

Pres. Indic.	**ouço** (ouves) **ouve** ouvimos (ouvis) ouvem (§ 17)

pedir *to request*

Pres. Indic.	**peço (pędes) pęde pędimos** (pedis) **pędem** (§ 17)

perder *to lose*

Pres. Indic. **perco** (pęrdes) pęrde perdemos (perdeis) pęrdem (§ 22)

poder *to be able*

Pres. Indic. **pǫsso** (pǫdes) pǫde podemos (podeis) pǫdem (§ 17)
Pret. Indic. **pude** (pudęste) pôde pudemos (pudęstes) pudęram (§ 37)

pôr *to put*   **pôsto** *put* (§ 58)

Pres. Indic. **ponho (pões) põe pomos (pondes) põem** (§ 33)
Impf. Indic. **punha (punhas) punha púnhamos (púnheis) punham** (§ 42)
Pret. Indic. **pus (pusęste) pôs pusemos (pusęstes) pusęram** (§ 37)

querer *to wish*

Pres. Indic. quęro (quęres) **quęr** queremos (quereis) quęrem (§ 21.2)
Pret. Indic. **quis (quisęste) quis quisemos (quisęstes) quisęram** (§ 37)
Pres. Subj. **queira (queiras) queira queiramos (queirais) queiram** (§ 25)

saber *to know*

Pres. Indic. **sei** (sabes) sabe sabemos (sabeis) sabem (§ 21.1)
Pret. Indic. **soube** (soubęste) soube soubemos (soubęstes) soubęram (§ 37)
Pres. Subj. **saiba (saibas) saiba saibamos (saibais) saibam** (§ 25)

ser *to be*

Pres Indic. **sou (és) é somos (sois) são** (§ 1)
Impf. Indic. **ęra (ęras) ęra éramos (éreis) ęram** (§ 42)
Pret. Indic. **fui (fôste) foi fomos (fôstes) foram** (§ 37)
Pres. Subj. **seja (sejas) seja sejamos (sejais) sejam** (§ 25)

ter *to have*

Pres. Indic. **tenho (tens) tem temos (tendes) têm** (§ 5.1)
Impf. Indic. **tinha (tinhas) tinha tínhamos (tínheis) tinham** (§ 42)
Pret. Indic. **tive (tivęste) teve tivemos (tivęstes) tivęram** (§ 37)

trazer *to bring*

Pres. Indic. **trago** (trazes) **traz** trazemos (trazeis) trazem (§ 17)
Pret. Indic. **trouxe (trouxęste) trouxe trouxemos (trouxęstes) trouxęram** (§ 37)
Fut. Indic. **trarei (trarás) trará traremos (trareis) trarão** (§ 49)
Cond. Indic. **traria (trarias) traria traríamos (traríeis) trariam** (§ 53)

ver *to see*   **visto** *seen* (§ 58)

Pres. Indic. **vejo (vês) vê vemos (vêdes) vêem** (§ 33)

Pret. Indic. **vi (viste) viu vimos (vistes) viram** (§ 37)

---

vir *to come*   **vindo** *come* (§ 58)

Pres. Indic. **venho (vens) vem vimos (vindes) vêm** (§ 33)

Impf. Indic. **vinha (vinhas) vinha vínhamos (vínheis) vinham** (§ 42)

Pret. Indic. **vim (viẹste) veio viemos (viẹstes) viẹram** (§ 37)

Personal Pronouns

Summary of Personal Pronouns*						
Person	Subject†	Prepositional‡	Direct Object §	Indirect Object ‖	Reflexive #	Possessive**
			SINGULAR			
1st	eu	mim	me	me	me	meu(s), minha(s)
2nd	tu / você††	ti‡‡ / você	te / o, a você etc.	te	te	teu(s), tua(s)
3rd	êle / ẹla	êle / ẹla	o, êle / a, ẹla	lhe	se§§	seu(s), sua(s)
			PLURAL			
1st	nós	nós	nos	nos	nos	nosso(s), nossa(s)
2nd	vós / vocês etc.	vós‖‖ / vocês etc.	vos / os, as vocês, etc.	vos	vos	vosso(s), vossa(s)
3rd	êles / ẹlas	êles / ẹlas	os, êles / as, ẹlas	lhes	se	seu(s), sua(s)

---

*This summary includes second person forms, which are omitted from the text. Omitted forms appear in bold face

†Section 2

‡Section 32.1

§Section 16

‖Section 19

#Section 43

**Section 15

††você(s), (o)s senhor(es), a(s) senhọra(s), etc.

‡‡Com + ti = contigo

§§The prepositional form corresponding to se is si both singular and plural

‖‖Com + vós = convosco

VOCABULARY LIST

The Vocabulary contains all words used in the text except those in the phonology and orthography explanations and drills.

Entries for nouns show gender, while adjectives are unmarked except when gender markers are irregular or thought to present doubt. Regular adjectives are listed under the masculine singular form. No distinction is made between noun and adjective when the form is identical, but gender is shown. Verbs are listed under the infinitive form, except that there are also listed a number of irregular verb stems and the first person singular of the present indicative (because of an irregularity and to provide a key to the present subjunctive stem).

The **cedilha** ( ) shows open vowel quality of stressed **e** and **o** when that quality is not marked by acute accent (′). The **cedilha** used for this purpose *must not be considered* a feature of actual spelling.

Abbreviations used in the Vocabulary are:

abbr.	abbreviation	*interj.*	interjection
adj.	adjective	*irreg.*	irregular
adv.	adverb	*lit.*	literally
aug.	augmentative	*m.*	masculine
colloq.	colloquial	*obj.*	object
comb.	combination	*past part.*	past participle
cond.	conditional	*pl.*	plural
conj.	conjunction	*prep.*	preposition
dim.	diminutive	*pres.*	present
f.	feminine	*pret.*	preterite
fut.	future	*pron.*	pronoun
imper.	imperfect	*sg.*	singular
inf.	infinitive	*subj.*	subjunctive

a, *f.* the; *pron* it *(f.)*, her, you *(f.)*; *prep.* to, on, at; —— **fim de** in order to; **aos sábados** on Saturdays

à *comb. of prep.* **a** *and* **a** *f.*

aba, *f.* brim (of a hat), edge

abacaxi, *m.* pineapple

abandonar to abandon

abastecimento, *m.* production

abęrto, *past part. of* **abrir** open

abertura, *f.* opening

abóbora, *f.* pumpkin

abolição, -ções, *f.* abolition

abraçar-se to embrace

abraço, *m.* embrace, hug

abril, *m.* April

abrir to open

acabar to finish; —— **de** *plus inf.* to have just

acadêmico academic

aceitar to accept

aceito, *past part. of* **aceitar** accepted

acender to turn on (electricity)

acendido, *past part. of* **acender** turned on

aceno, *m.* wave, gesture, sign

aceso, *past part. of* **acender** turned on (electricity)

achar to find, think, believe

aclimar to acclimate

acolhedor, -res, *m.* warm, friendly

acomodar-se to fit

acompanhado, *past part. of* **acompanhar** accompanied

acompanhar to accompany, keep up with

aconselhar to advise, counsel, —— **a** *plus inf.* to advise to

acontecimento, *m.* event, happening

acordar to wake up

acostumar-se to become accustomed, —— **com** or **a** *plus obj.*

acreditar to believe

açúcar *m.* sugar; **pão de** —— sugar loaf

açucareiro pertaining to sugar

adaptação, -ções, *f.* adaptation

adaptar to adapt

adeus, *interj.* good-bye

adiantado, *past part. of* **adiantar** fast, ahead (of time), advanced

adiantar to advance

adiante, *adv.* straight ahead

admirável, -veis, *m. f.* admirable

adorar to adore

advogado, *m.* lawyer

aeroporto, *m.* airport

afęto, *m.* affection

afilhada, *f.* god-daughter

afinal, *adv.* after all, finally

afirmar to state, say

afirmativa, *f.* affirmative

aflito, *m.* worried, distressed

agarrado, *past part. of* **agarrar** hanging on

agarrar to grasp, seize

agência, *f.* agency

agora, *adv.* now; **agorinha,** *adv., dim. of* **agora** right away

agôsto, *m.* August

agradável, -veis, *m. f.* pleasant

agradecer to thank (for)

agrícola, *m. f.* agricultural

agricultura, *f.* agriculture

água, *f.* water

água-marinha, *f.* aquamarine

ah, *interj.* ah

aí, *adv.* (over) there

ainda, *adv.* still, yet; —— **assim,** *conj.* even so; —— **que,** *conj.* although

ajudar to help

alamêda, *f.* tree-covered square or park

álbum, *m.* album

alcançar to succeed in, achieve

alegre, *m. f.* happy
alegremente, *adv.* happily
alegria, *f.* happiness
além, *adv.* beyond; —— de *prep.* besides
alemã, *f.* German
alemão, -mães, *m.* German
alface, *f.* lettuce, head of lettuce
algodão, *m.* cotton
alguém, *pron.* someone, somebody
algum, *m. sg.*; alguma, *f. sg* some; ——
    coisa, *f.* something; alguns, *m. pl.* some
ali, *adv.* there (distant)
aliás, *adv.* furthermore, rather, however
alimentício edible
alimento, *m.* nourishment
almoçar to lunch
almôço, *m.* lunch
alô, *interj.* hello
alpiste, *m.* canary grass
altar, *m.* altar
alternar-se to alternate
altitude, *f.* altitude
alto high; alto-falante, *m.* loudspeaker
altura, *f.* height
alugar to rent
aluguel, *m.* rent
aluna, *f.* -o, *m.* pupil, student
alvorada, *f.* dawn, daybreak
amador, -res, *m.* amateur
amadorismo, *m.* amateur activity
amadurecimento, *m.* maturity
amanhã, *adv.* tomorrow
amanhecer to dawn
amante, *m.* lover, fond one
amar to love
amarelo yellow
amável, -veis, *m. f.* kind
amazonense, *m. f.* pertaining to Amazonas
    state, a person from Amazonas state
amazônico pertaining to Amazonas state
ambientado, *past part. of* ambientar accus-
    tomed
ambientar to accustom
ambiente, *m.* atmosphere
americano American
amiga, *f.* friend, girl friend
amigo, *m.* friend, boy friend

amiguinha, *f. dim. of* amiga
amiguinho, *m. dim. of* amigo
amor, *m.* love
ampliar to amplify, expand
ancestral, -trais, *m.* ancestor
andar to walk; ——, -res, *m.* floor, story
    (of a building)
Andes, *m. pl.* Andes Mountains
anexo adjoining, attached
animado lively
animal, -mais, *m.* animal
animalzinho *dim. of* animal
aniversário, *m.* anniversary, birthday
anjo, *m.* angel
ano, *m.* year
anotar to write down, note
anteontem, *adv.* day before yesterday
antes, *adv.* first; —— de before; —— que,
    conj. before
antigamente, *adv.* formerly
antigo old (not of people)
antipático unpleasant
antropologia, *f.* anthropology
antropólogo, *m.* anthropologist
anual, *m. f.* annual
anualmente, *adv.* annually
anular to cancel
anunciar to announce
anúncio, *m.* announcement, advertisement
ao *comb. of prep.* a *and* o *m.*
aonde, *adv.* (toward) where
aos *comb. of prep.* a *and* os
apagador, -res, *m.* eraser
apagar to turn off (electricity), extinguish
apanhar to pick up
aparecer to appear
aparecido, *past part. of* aparecer appeared
aparecimento, *m.* appearance
apartamento, *m.* apartment
apelido, *m.* nickname
apenas, *adv.* scarcely, just, only
apertar to shake (hands)
apesar de, *prep.* in spite of
apôio, *m.* support, assistance
apontar to point
após, *adv.* after
apostar to wager, bet

apreciar to enjoy, appreciate
aprender to learn
apresentar to introduce, present
aprovar to approve
aproveitar to take advantage (of)
aproximadamente, approximately
aproximar-se to approach, draw near
aquęla, *f.* that (distant)
àquęla *comb. of prep.* **a** *and* **aquela**
aquęlas, *f.* those (distant)
aquêle, *m.* that (distant)
àquele *comb. of prep.* **a** *and* **aquêle**
aquêles, *m.* those (distant)
aqui, *adv.* here
aquilo that (no reference to a noun)
àquilo *comb. of prep.* **a** *and* **aquilo**
ar, *m.* air
árabe, *m.* Arab, person from a Near Eastern country
ar-condicionado, *m.* air conditioning
área, *f.* area
aristocracia, *f.* aristocracy
aristocrata, *m. f.* aristocrat
armado reinforced (concrete)
armar to assemble, set up
arquibancada, *f.* bleacher's stand
arquitęto, *m.* architect
arquitetura, *f.* architecture
arrojado daring, bold
arroz, *m.* rice
arrumar to arrange, straighten up (a room)
arte, *f.* art
artificial, -ciais *m. f.* artificial
artigo, *m.* article, thing
artista, *m. f.* artist (painter, musician, actor, etc.)
árvore, *f.* tree
as *f.* the
às *comb. of prep.* **a** *and* **as**
asfaltado paved, asphalted
aspecto, *m.* aspect
assim, *adv.* thus, so, that way; —— **mesmo** *conj.* even so; —— **que** *conj.* as soon as
assimilação, *f.* assimilation
assimilado, *past part. of* **assimilar** assimilated
assimilar to assimilate

assistente, *m. f.* assistant, attendant
assistir to attend, *optionally followed by* **a** *plus the name of an event*
associação, -ções *f.* association
associado associated
assunto, *m.* topic, matter
até, *adv.* even; *prep.* up to, until, by; —— **amanhã** see you tomorrow; —— **logo** good-bye; —— **que** *conj.* until
atenção, *f.* attention
atender to attend to, take care of, answer (telephone)
aterrissar to land (airplane)
atestado, *m.* certificate
atingir to reach, attain
atitude, *f.* attitude
atividade, *f.* activity
ativo active
atômico atomic
ator, -res, *m.* actor
atrair to attract
atrás, *adv.* behind; —— **de** ... behind
atrasado, *past. part. of* **atrasar** slow, late
atrasar to delay
através, *prep.* through
atravessado, *past. part. of* **atravessar** crossed
atravessar to cross
atual, *m. f.* present (day)
auditório, *m.* auditorium
aula, *f.* class
áureo golden
autógrafo, *m.* autograph
automóvel, -veis, *m.* automobile
autor, -res, *m.* author
autoria *f.* authorship
avenida *f.* avenue
avião -viões, *m.* airplane
avisar to advise
aviso, *m.* announcement
avistar to see (in the distance), have a view
avô, *m.* grandfather
avó, *f.* grandmother
avòzinha *dim. of* **avó**
avôzinho *dim. of* **avô**
azar, *m.* chance, (bad) luck; **jogos de** —— gambling (games)
azeitona, *f.* olive

azul, -zuis, *m. f.* blue
azulejo, *m.* tile

bacalhau, *m.* codfish
bacalhoada, *f.* codfish stew
bacia, *f.* basin
bagagem, *f.* baggage
bahia, *f. alternate spelling for* baía bay
baía, *f.* bay
baiana, *f.* Negro woman from Bahia state
baiano pertaining to Bahia state
bailarino, *m.* dancer
baile, *m.* dance
bairro, *m.* neighborhood
baixinho *dim. of* baixo
baixo short, low, em ―― de, *prep.* below
balãozinho, *m.* balloon (as found around words in comic strip)
balcão, *m.* serving counter
banana, *f.* banana
bananada, *f.* banana marmalade
banca, *f.* stand; ―― de revista magazine stand
bancário, *m.* bank clerk
banco, *m.* seat, bench, bank (money depository)
banda, *f.* band (music)
bandeira, *f.* westward exploratory expedition; flag
banhar to bathe
banheiro, *m.* bathroom
banho, *m.* bath, tomar ―― to take a bath
banqueiro, *m.* banker
bar, *m.* snack-bar
barato cheap
barba, *f.* beard; fazer a ―― to shave
barbear to shave
barbearia, *f.* barbershop
barbeiro, *m.* barber
barco, *m.* boat
barraca, *f.* booth, stand
barreira, *f.* barrier
barro, *m.* dirt
barroco baroque
barulho, *m.* noise
basquete, *m.* basketball

bastante, *adj.* enough, considerable; *adv,* quite, very
bastar to be sufficient, enough
batata, *f.* potato
bateria, *f.* percussion instruments
batida, *f.* beat, rhythm
batizar-se to be baptized
beber to drink
beijar to kiss
beijo, *m.* kiss
beira, *f.* edge
beisebol, *m.* baseball
beleza, *f.* beauty
belezinha, *f. dim. of* beleza
belo pretty
bem, *adv.* well
biblioteca, *f.* library
bicho, *m.* animal
bicicleta, *f.* bicycle
bife, *m.* steak
biscoito, *m.* cookie
bloco, *m.* group
blusa, *f.* blouse
boa, *f.* good
boi, *m.* ox
bola, *f.* ball
bôlo, *m.* cake
bôlsa, *f.* scholarship
bom, *m.* good
bombachas, *f.* wide, loose-fitting riding pants
bondinho, *m.* elevated cable car
bonitão, *m. aug. of* bonito
bonitinha, *f. dim. of* bonita
bonito pretty
bonitona, *f. aug. of* bonita
bons, *m. pl.* good
bonzinho, *m. dim. of* bom
borracha, *f.* rubber
bossa, *f.* flair, knack (slang); ―― nova, *f. a kind of dance or music*
bota, *f.* boot
botânico botanical
botar to put
boutique, *f.* women's wear shop
branco white
brasileiro Brazilian
brasiliense, *m. f.* pertaining to Brasília

bretão, *m.* British
briga, *f.* fight
brincadeira, *f.* prank, trick
brincar to play, take part in
brinde, *m.* tōast
búfalo, *m.* buffalo
burro, *m.* donkey
busca, *f.* search
buscar to look for, to pick up (person who is waiting)

cá, *adv.* here, hither
cabeça, *f.* head
cacau, *m.* cacao
cachorrinho, *m. dim. of* cachorro
cachorro, *m.* dog
cada, *m. f.* each, every
cadê, *colloq.* where is; *cf.* que é de? where is
cadeira, *f.* chair
caderno, *m.* notebook
cães, *m. pl.* dogs
café, *m.* coffee
cafeeiro pertaining to coffee
cafèzal, -zais, *m.* coffee plantation
cafèzinho, *m.* thick coffee served in a demi-tasse
caído, *past. part. of* cair fallen
cair to fall
caixa, *f.* box
caixão, *m. aug. of* caixa big box
calça, *f.* sports pants
calçada, *f.* sidewalk
calção, *m.* pair of swim trunks, shorts
calçar to put on shoes
calças, *f.* trousers
cálculo, *m.* calculation
calibrar to check for accuracy; —— os pneus to check the (automobile) tires
calma, *f.* calm
calmamente, *adv.* calmly
calor, *m.* heat
calouro, *m.* freshman
camada, *f.* level (social)
câmara, *f.* chamber
camarão, -rões, *m.* shrimp
camelo, *m.* camel

caminhão, -nhões, *m.* truck
caminhar to travel (on foot)
caminho, *m.* way, road
camisa, *f.* shirt
camisaria, *f.* haberdashery
campeonato, *m.* championship
campo, *m.* country(side)
campus, *m.* campus
canadense, *m. f.* pertaining to Canada
canção, *f.* song
candidato, *m.* candidate
candidatura, *f.* candidacy
caneta, *f.* fountain pen
cansado, *past part. of* cansar tired
cantar to sing
cão, cães, *m.* dog
cãozinho, *m. dim. of* cão
capaz, -zes, *m. f.* capable
capęla, *f.* chapel
capital, *f.* capital (city)
capitão, -tães, *m.* captain
característico characteristic
caracterizar to characterize
caranguejo, *m.* crab
cardápio, *m.* menu
cargo, *m.* post, position
carioca, *m. f.* a native or resident of Rio de Janeiro
carnaval, -vais, *m.* carnival
carnavalesco pertaining to a carnival
carne, *f.* meat
carneiro, *m.* lamb
caro expensive, dear
carreira, *f.* career
carrinho, *m.* compact automobile, cart
carro, *m.* automobile
carta, *f.* letter (correspondence)
cartão, *m.* cardboard, card
cartas, *f.* playing cards
cartaz, -zes, *m.* sign, billboard
carteira, *f.* license, registration card
cartinha, *f. dim. of* carta
casa, *f.* house
casação, *m. aug. of* casaco
casaco, *m.* coat
casado, *past part. of* casar married
casal, casais, *m.* married couple

casamento, *m.* marriage
casar to marry, get married
casarão, *m. aug. of* casa mansion
casinha, *f. dim. of* casa
caso, *conj.* in case
castanha, *f.* nut
catedrático, *m.* highest ranking professor, holding a permanent chair
católico Catholic
catorze fourteen
causa, *f.* cause; por ——— de because of
cavalheiro, *m.* gentleman
cavalo, *m.* horse
ceder to accede, give in
cedo, *adv.* early
ceia, *f.* supper
celebrar to celebrate
célebre, *m. f.* famous
celebridade, *f.* celebrity
cem one hundred (items)
cena, *f.* scene
cenoura, *f.* carrot
cento one hundred (number)
central, -trais, *m. f.* central
centro, *m.* center, downtown area
cêpa, *f.* grapevine
cêrca, *adv.* near, close by
cerimônia, *f.* ceremony
certeza, *f.* certainty
certificado, *m.* certificate
certo certain
cerveja, *f.* beer
cesta, *f.* basket
chafariz, -rizes, *m.* fountain
chamado, *past part. of* chamar called, named
chamar to call; chamar-se to be named
chaminé, *f.* smokestack, chimney
chão, *m.* floor (not in sense of story)
chapelão, *m. aug. of* chapéu
chapelaria, *f.* hat shop
chapéu, *m.* hat
chato dull, boring
chefe, *m.* chairman, head
chegada, *f.* arrival
chegar to arrive, come
cheio full

cheque, *m.* check
chinês, *m.* pertaining to China
chofer, -res, *m.* driver, chauffeur
chorar to cry, weep
chôro, *m.* crying, weeping
chover to rain
chuchu, *m.* squash-like vegetable
churrascaria, *f.* barbecue restaurant
churrasco, *m.* barbecued meat
chuva, *f.* rain
cidadão, *m.* citizen
cidade, *f.* city; cidade-monumento, *f.* historical city
cidadezinha, *f. dim. of* cidade
ciência, *f.* science
cientista, *m.* scientist
cima, *f.* top; em ———, *adv.* above; em ——— de, *prep.* on top of
cinco five
cinema, *m.* movie (theater)
cinqüenta fifty
civil, -vis, *m. f.* civil
civilização, -ções, *f.* civilization
civilizado, *past part. of* civilizar civilized
civilizar to civilize
claro, *adj.* light-colored; *interj.* of course
clássico classical
clima, *m.* climate
clínica, *f.* clinic
clube, *m.* club
coberto, *past part of* cobrir covered
cobrar to collect, charge
coisa, *f.* thing
colega, *m. f.* colleague
colégio, *m.* secondary or primary educational institution
colher, -res, *f.* spoon
colocado, *past part of* colocar placed
colocar to place, put
colônia, *f.* colony
colonial, -ais colonial
colonização, -ções, *f.* colonization
colonizador, -res colonizing
colorido, *m.* color; *adj.* colored
com, *prep.* with
combinação, -ções, *f.* combination
começar to begin; ——— a *plus inf.* to begin to

começo, *m.* beginning
comentar to comment on
comer to eat
comerciante, *m.* businessman
comerciário, *m.* store clerk
comércio, *m.* commerce, business
comício, *m.* assembly
comida, *f.* meal, food
comido, *past part. of* comer eaten
comigo, *comb. of prep.* com *and pron.* me
    with me
comilança, *f.* feasting
comilão, -lões, *m.* gluttonous
comilona, *f.* gluttonous
como, *adv.* how, by what means; *prep.* like;
    conj. since (because);—— se, *conj.* as if
companheiro, *m.* companion
companhia, *f.* company
comparação, -ções, *f.* comparison
comparar to compare
competente, *adj.* competent
completamente, *adv.* completely
complexidade, *f.* complexity
compõe, *2nd-3rd sg. pres. of* compor
compor to make up, compose
comportar-se to behave, conduct oneself
composição, -ções, *f.* composition
compositor, -res, *m.* composer
composto, *past part. of* compor comprised,
    made up
compra, *f.* purchase
comprado *past part. of* comprar bought, pur-
    chased
comprar to buy, purchase
compras, *f.* purchases; fazer —— to go
    shopping
compreender to understand
compreensão, *f.* understanding
compreensivo understanding, sympathetic
comprido long
comprimido, *m.* tablet (medicine)
comum, *m. f.* common
comunicação, -ções, *f.* communication
comunidade, *f.* community
concentrar to concentrate
concordar to agree
concorrência, *f.* competition

concorrente, *m. f.* competitor
concreto, *m.* concrete
condicionado *past part. of* condicionar condi-
    tioned
condicionar to condition
condução, *f.* transportation
conferência, *f.* lecture
confessar to confess
confiar to trust, confide
confundir to confuse
confuso, *past part. of* confundir confused,
    mixed up
conhecer to know (through acquaintance)
conhecido, *past part. of* conhecer known
conjunto, *m.* general view
conosco, *comb. of prep.* com *and pron.* nós
    with us
conquistar to conquer
consagrar to consecrate, devote, dedicate
conseguido, *past part. of* conseguir succeeded
conseguir to manage, succeed, get, obtain
consertar to repair
conservador, -ra, *m. f.* conservative
conservar to keep, conserve
considerado, *past part. of* considerar consid-
    ered
considerar to consider
consigo, *1st sg. pres. of* conseguir; *comp. of*
    prep. com *and pron.* si *with him(self),*
    etc. in 3rd pers.
consomem, *2nd-3rd pl. pres. of* consumir
constituir to constitute
construído, *past part. of* construir constructed
consultado, *past. part. of* consultar consulted
consultar to consult
consultor, -res, *m.* consultant
consultório, *m.* doctor's office
consumir to consume
consumo, *m.* consumption
conta, *f.* bill, expense, account
contador, -res, *m.* accountant
contanto que, *conj.* provided that
contar to tell, count; —— com to count on
contente, *m. f.* happy
continental, *m. f.* continental
continente, *m.* continent
contingente, *m.* contingent

continuar to continue
contra, *prep.* against
contrário contrary
contraste, *m.* contrast
contrato, *m.* contract
contribuição, -ções, *f.* contribution
contudo, *adv.* nevertheless
conversa, *f.* conversation
conversar to converse
convidado, *past. part. of* **convidar** invited
convidados guests, visitors
convidar to invite
convite, *m.* invitation
conviver to live, exist
coordenar to coordinate
copa, *f.* cup (trophy)
copo, *m.* (drinking) glass
coquetel, *m.* cocktail
côr, *f.* color
coração, -cões, *m.* heart
coragem, *f.* courage
cordilheira, *f.* mountain range
côro, *m.* chorus
corpo, *m.* body
corredor, -res, *m.* hall, corridor
correio, *m.* mail; **pôr no** —— to mail
correios, *m.* post office
corrente, *f.* current, trend
correr to run
cortar to cut; **cortar-se** to cut oneself
cortejo, *m.* cortege, procession
cortesia, *f.* courtesy
cosmopolita, *m. f.* cosmopolitan
costa, *f.* coast
costume, *m.* costume
couro, *m.* leather
couve, *f.* collards
coxilha, *f.* sloping pasture land
cozinha, *f.* kitchen
cozinhar to cook
creio, *1st sg. pres. of* **crer**
crer to believe
crescente, *m. f.* growing
crescer to grow
criação, *f.* raising of animals
criança, *f.* child, infant
criancinha *f. dim. of* **criança**

criar to create
criatura, *f.* gad-about, creature
cru, *m.* raw
crua, *f.* raw
cruzar to cross
cruzeiro, *m. Brazilian monetary unit*
cuidar to take care of, look after
cujo whose
cultivado, *past part. of* **cultivar** cultivated
cultivar to cultivate
culto, *m.* cult; *adj.* learned, cultivated
cultura, *f.* culture
cultural, -rais cultural
cumprimentos, *m.* greetings, congratulations
cunhado, *m.* brother-in-law
curiosidade, *f.* curiosity
curioso curious
curso, *m.* course
curto short
curva, *f.* curve
custa, *f.* expense
custar to cost
cutelaria, *f.* cutlery

D., *abbr. for* **dona**
da, *comb. of prep.* **de** *and* **a** *f.*
dá, *2nd-3rd sg. pres. of* **dar**
DA, *abbr. for* **Diretório Acadêmico** Academic Directorate
dado, *past part. of* **dar** given
d'água, *comb. of prep.* **de** *and* **água**
daí, *comb. of prep.* **de** *and adv.* **aí**
dali, *comb. of prep.* **de** *and* **ali**
dança, *f.* dance
dançar to dance
dançarino, *m.* dancer
dão, *2nd-3rd pl. pres. of* **dar**
daquela, *comb. of prep.* **de** *and* **aquela**
daquele, *comb. of prep.* **de** *and* **aquêle**
daqui, *comb. of prep.* **de** *and adv.* **aqui**
daquilo, *comb. of prep.* **de** *and* **aquilo**
dar to give
das, *comb. of prep.* **de** *and* **as**
data, *f.* (calendar) date
datar to date, put a date on
datilógrafa, *f.* typist

datilografado, *past part. of* **datilografar** typed

datilografar to type

DCE *abbr. for* **Diretório Central dos Estudantes** Central Student Directorate

de, *prep.* of, from, with, by

dê, *2nd-3rd sg. pres. subj. of* **dar**

debaixo, *adv.* underneath; —— **de,** *prep.* underneath

debate, *m.* debate

decidir to decide

décimo, *m.* tenth

decisivo decisive

decolar to take off (airplane)

decorar to memorize

dedicar to dedicate

dedo, *m.* finger

dêem, *2nd-3rd pl. pres. subj. of* **dar**

deitado, *past part. of* **deitar** in bed

deitar-se to go to bed, lie down

deixar to leave, allow, permit

dęla, *comb. of prep.* **de** *and pron.* **ęla**

dęlas, *comb. of prep.* **de** *and pron.* **ęlas**

dêle, *comb. of prep.* **de** *and pron.* **êle**

dêles, *comb. of prep.* **de** *and pron.* **êles**

delírio, *m.* delirium

demais, *adv.* too, too much; **por** —— too much

demọra, *f.* delay

demorar to delay

dente, *m.* tooth

dentista, *m.* dentist

dentro, *adv.* inside; —— **de,** *prep.* inside

departamento, *m.* department

depender (de) to depend (on)

depois, *adv.* afterward; —— **de** after; —— **que,** *conj.* after

depositar to deposit

deprẹssa, *adv.* quickly, rapidly

deputado, *m.* deputy, representative

derramar to spill

derrọta, *f.* defeat

desafio, *m.* challenge

desaparecer to disappear

dẹsce, *2nd-3rd sg. pres. of* **descer**

descendente, *m. f.* descendant

descer to descend

descobẹrta, *f.* discovery

descobẹrto, *past part. of* **descobrir** discovered

descobrimento, *m.* discovery

descobrir to discover

descontar to cash (check)

descubra, *2nd-3rd sg. pres. subj. of* **descobrir**

desculpar to excuse

desde, *prep.* since; —— **que,** *conj.* since

desejar to desire

desembocadura, *f.* mouth (of river)

desenhista, *m.* draftsman

desẹrto deserted, empty

desfazer to undo

desfilar to parade

desfile, *m.* parade

desligar to disconnect, turn off (electricity)

deslocar to change position

desmentir to deny

despedida, *f.* leave-taking, saying farewell

despesa, *f.* expense

dẹssa, *comb. of prep.* **de** *and* **ęssa**

dẹsse, *2nd-3rd sg. past subj. of* **dar**

dêsse, *comb. of prep.* **de** *and* **êsse**

dẹssem, *2nd-3rd pl. past subj. of* **dar**

déssemos, *1st pl. past subj. of* **dar**

dêsses, *comb. of prep.* **de** *and* **êsses**

dẹsta, *comb. of prep.* **de** *and* **esta**

destacar-se to distinguish oneself

dêste, *comb. of prep.* **de** *and* **êste**

Deus, *m.* God

devagar, *adv.* slowly

devagarinho, *dim. of* **devagar**

devagarzinho, *dim. of* **devagar**

dever ought, should, to be obliged; *m.* homework (school assignments)

devido owing

dẹz ten

dezembro, *m.* December

dezena, *f.* amount equal to ten

dezenọve nineteen

dezesseis sixteen

dezessẹte seventeen

dezoito eighteen

dia, *m.* day; —— **feriado** holiday

diálogo, *m.* dialogue; —— **principal** main dialogue; —— **visualizado** visualized dialogue

diante, *adv.* in front; —— **de**, *prep.* in front of

diária, *f.* rate by the day

diàriamente, *adv.* daily

dieta, *f.* diet

diferença, *f.* difference

diferente, *m. f.* different

difícil, -ceis, *m. f.* difficult

dificílimo very difficult

dificuldade, *f.* difficulty

digo, *1st sg. pres. of* **dizer**

diminuir to diminish, lower

dinamarquês -ses, *m.* pertaining to Denmark

dinheirão, *m. aug. of* **dinheiro** a lot of money

dinheiro, *m.* money

diploma, *m.* diploma

diplomar-se to graduate

dir-, *irreg. stem of* **dizer**, *fut. and cond.*

direita, *f.* right (hand); **à** —— **(de)** on the right (of)

direito, *m.* law

diretor, -res, *m.* director, dean

diretoria, *f.* board of directors

diretório, *m.* directorate, council

dirigir to direct, drive (car); **dirigir-se para** to head for

discar to dial (telephone)

disco, *m.* phonograph record

discreto discreet

discutir to discuss, argue

dispensar to do without

dispersivo tending to disperse

disponha, *2nd-3rd sg. pres. subj. of* **dispor** just ask

dispor to dispose

diss-, *irreg. stem of* **dizer**, *pret., past and fut. subj.*

disso, *comb. of prep.* **de** *and* **isso**

distância, *f.* distance

distinção, *f.* distinction

distrito, *m.* district

disto, *comb. of prep.* **de** *and* **isto**

dito, *past part. of* **dizer** said

diversidade, *f.* diversity

diverso diverse, different

divertir to divert, amuse; **divertir-se** to have a good time

dividido, *past part. of* **dividir** divided

dividir to divide

divórcio, *m.* divorce

diz, *2nd-3rd sg. pres. of* **dizer**

dizer to say, tell

do, *comb. of prep.* **de** *and* **o** *m.;* —— **que** than

doce, *m. f.* sweet; **batata** —— sweet potato

documento, *m.* document

doença, *f.* illness

doente, *m. f.* sick

dois, *m.* two

dólar, *m.* dollar

doméstico domestic

dominar to dominate

domingo, *m.* Sunday

dona, *f.* an honorific used with women's first names

dono, *m.* owner

dor, *f.* pain, ache

dormir to sleep

dormitório, *m.* dormitory

dos, *comb. of prep.* **de** *and* **os**

dou, *1st sg. pres. of* **dar**

doutor, -res *m.* doctor

doze twelve

Dr., *abbr. for* **doutor** doctor

drama, *m.* drama, play

duas, *f.* two

dum, *comb. of prep.* **de** *and* **um**

dumas, *comb. of prep.* **de** *and* **umas**

duns, *comb. of prep.* **de** *and* **uns**

durante, *adv.* during

durmo, *1st sg. pres. of* **dormir**

dúvida, *f.* doubt

duvidar to doubt

duzentos two hundred

dúzia, *f.* dozen

e, *conj.* and

é, *2nd-3rd sg. pres. of* **ser**

economia, *f.* economy

econômico economical, economic

edição, *f.* edition

edifício, *m.* building

editôra, *f.* publishing firm

editorial, *m.* editorial

educação, *f.* education
educado, *past part. of* educar educated
educar to educate
efeito, *m.* effect
ẹla, *pron.* she
ẹlas, *f. pron.* they
êle, *pron.* he
elegante, *m. f.* elegant
eleger to elect
eleição, -ções, *f.* election
eleito, *past part. of* eleger elected
elemento, *m.* element
êles, *m. pron.* they
elétrico electric
elevação, -ções, *f.* elevation
elevador, -res, *m.* elevator
elevado, *past part. of* elevar elevated, high
elevar to elevate
em, *prep.* in, at
emagrecer to grow thin
emagrecido, *past part. of* emagrecer learner, having lost weight
embaixada, *f.* embassy
embaixo, *adv.* below
embarque, *m.* embarcation
embọra, *adv.* away; *conj.* although; ir ―― to go away
emigração, -ções, *f.* emigration
emigrante, *m. f.* emigrant
empregada, *f.* maid, servant
emprestado, *past part. of* emprestar lent
emprestar to lend
empurrar to push
encher to fill
encontrar to find; encontrar-se to meet
encontro, *m.* meeting, encounter
enderêço, *m.* address
energia, *f.* energy
enfeitar to decorate; ―― de to decorate with
enfermeira, *f.* nurse
engano, *m.* error, mistake
engenharia, *f.* engineering
engenheiro, *m.* engineer
engenho, *m.* sugar mill
engordado, *past part. of* engordar fattened
engordar to fatten, to become fatter

engraçado funny
engraxar to shine (shoes)
enlatado, *past part. of* enlatar canned
enlatar to can
enọrme, *m. f.* enormous
enquanto, *conj.* while
ensaiar to practice, try out
ensaio, *m.* rehearsal, essay
ensinar to teach
ensino, *m.* teaching
então, *adv.* then
entender to understand
entendido, *past part. of* entender understood
entendimento, *m.* understanding, agreement
entrada, *f.* entrance, entry, ticket
entrar to enter, come in
entre, *prep.* between, among
entregado, *past part. of* entregar delivered
entregar to deliver, hand over
entrẹgue, *m. f. past part. of* entregar delivered
entretanto, *adv.* meanwhile, however
entusiasmo, *m.* enthusiasm
épico epic
época, *f.* epoch, period of time
equador, *m.* equator
equiparar-se to equal; ―― em to equal in
er-, *irreg. stem of* ser, *imper.*
escọla, *f.* school
escolher to choose, select
esconder to hide
escondido, *past part. of* esconder hidden
escore, *m.* score
escrava, *f.* slave
escravatura, *f.* slavery
escrever to write
escrito, *past. part. of* escrever written
escritor, -res, *m.* writer
escritório, *m.* business office
esculpido, *past part. of* esculpir sculptured
esculpir to sculpt
escultor, *m.* sculptor
escultura, *f.* sculpture
escutar to listen to
esfôrço, *m.* effort
espanhọl, -nhóis, *m.* Spanish, Spaniard
espanhọla, *f.* Spanish, Spanish woman
espantoso astonishing, frightening

especial, *m. f.* special
especialidade, *f.* specialty
especializado, *past part. of* **especializar** specialized, specializing
especializar to specialize
especialmente, *adv.* especially
espécie, *f.* species, kind, type
espelho, *m.* mirror
esperança, *f.* hope
esperar to hope, wait for
espetacular, -res, *m. f.* spectacular
espetáculo, *m.* spectacle
espírito, *m.* spirit
espora, *f.* spur
esporte, *m.* sport
esportivo sport, sportive, sporting
espôsa, *f.* wife
espôso, *m.* husband
esquecer to forget; **esquecer-se** to forget; —— **de** to forget about
esquerda, *f.* left (hand)
esquina, *f.* corner (street)
essa, *f.* that; *pron.* that (one)
essas, *f.* those; *pron.* those
êsse, *m.* that; *pron.* that (one)
êsses, *m.* those; *pron.* those
esta, *f.* this; *pron.* this (one)
está, *2nd-3rd sg. pres. of* **estar**
estabelecer to establish
estábulo, *m.* stable
estação, -ções, *f.* season, station
estacionar to park (car)
estada, *f.* stay
estádio, *m.* stadium
estado, *m.* state
estadual, *m. f.* pertaining to a state
estância, *f.* ranch
estão, *2nd-3rd pl. pres. of* **estar**
estar to be
estas, *f.* these; *pron.* these
êste, *m.* this; *pron.* this (one)
estej- *irreg. stem. of* **estar** *pres. subj.*
estender to extend
êstes, *m.* these; *pron.* these
estêve, *2nd-3rd sg. pret. of* **estar**
estilizado, *past part. of* **estilizar** stylized
estilizar to stylize

estilo, *m.* style
estiv-, *irreg. stem of* **estar,** (*except 2nd-3rd sg. pret.*) *pret. past and fut. subj.*
estou, *1st sg. pres. of* **estar**
estrada, *f.* road
estragar to ruin, spoil
estrangeiro foreign
estranho strange
estreito narrow
estruturas básicas basic structures
estudante, *m. f.* student
estudantil, *m. f.* pertaining to students
estudar to study
estudo, *m.* study
etc., *abbr. for* **et cetera** and so forth
eu, *pron.* I
Europa, *f.* Europe
europeu, *m.* European
exagerado, *past part. of* **exagerar** exaggerated
exagerar to exaggerate
exaltado, *past part. of* **exaltar** exalted, exaggerated
exaltar to raise, exalt
exame, *m.* examination
exatamente, *adv.* exactly
excelente, *m. f.* excellent
excesso, *m.* excess
exceto, *prep.* except
exclusivamente, *f.* exclusively
excursão, -sões, *f.* outing, trip
exemplo, *m.* example
exercício, *m.* exercise
exibir to exhibit, display
exigido, *past part. of* **exigir** demanded, required
exigir to require
exílio, *m.* exile
existir to exist
expediente, *m.* working hours
explicação, -ções, *f.* explanation; —— **cultural** cultural notes
explicado, *past part. of* **explicar** explained
explicar to explain
explorado, *past part. of* **explorar** explored
explorar to explore
exportar to export
expressão, -sões, *f.* expression

extensão, -sões, *f.* length
extremo, *m.* extreme; *adj.* extreme
extrovertido extroverted

fábrica, *f.* factory
fabricação, *f.* manufacturing
fabricar to manufacture
faca, *f.* knife
fachada, *f.* facade
fácil, -ceis, *m. f.* easy
facilidade, *f.* facility, ease
facílimo very easy
fàcilmente, *adv.* easily
faço, *1st sg. pres. of* fazer
faculdade, *f.* school, college (university)
fala, *f.* speech
falado, *past. part. of* falar spoken
falar to speak
falta, *f.* lack, need, scarcity
faltar to be lacking
fama, *f.* fame
família, *f.* family
familiar, *m. f.* familiar
famoso famous
fantasia, *f.* costume (especially for carnival)
far-, *irreg. stem. of* fazer, *fut. and cond.*
farmácia, *f.* drugstore
farol, -róis, *m.* headlight, beacon
fase, *f.* phase
fatia, *f.* slice
fato, *m.* fact, point
fator, fatôres, *m.* factor
favela, *f.* slum
favor, *m.* favor; fazer (o) ___ de please
faz, *2nd-3rd sg. pres. of* fazer
fazenda, *f.* finance, treasury
fazer to do, make; ___ a barba to shave; ___ cursos to take courses
fechar to close
federal, -rais, *m. f.* federal
feio ugly
feijão, *m.* bean(s)
feijoada, *f.* Brazil's national dish of meat and beans
feira, *f.* market
feirante, *m. f.* vendor at an open market

feito, *past part. of* fazer done, made
felicidades, *f.* good wishes, congratulations
felicíssimo very happy
feliz, *m. f.* happy, fortunate
felizmente, *adv.* happily, luckily
feriado, *m.* holiday
férias, *always pl. f.* vacation
ferradura, *f.* horseshoe
ferroviário pertaining to railroad(s)
festa, *f.* feast, party
festejar to celebrate
fevereiro, *m.* February
fêz, *2nd-3rd sg. pret. of* fazer
ficar to remain, stay, be, become; ___ em pé remain standing
ficcionista, *m. f.* fiction writer
fiél, -éis, *m. f.* faithful
figurante, *m. f.* person in costume
fila, *f.* line (of people)
filé, *m.* filet (fish or beef), steak
filha, *f.* daughter
filhinha, *f. dim. of* filha
filhinho, *m. dim. of* filho
filho, *m.* son
filhos, *m.* children, sons
filmar to film, take photographs
filme, *m.* film, movie
filosofia, *f.* philosophy
fim, *m.* end; a ___ de, *prep.* in order to
fingir to feign, pretend
fio, *m.* thread
firma, *f.* business firm
físico, *m.* physicist
fita, *f.* (recording) tape
fiz-, *irreg. stem. of* fazer, (*except 2nd-3rd sg. pret.*) *pret., past and fut. subj.*
flor, *f.* flower
florescente, *m. f.* flourishing, flowering
floresta, *f.* forest
fluminense, *m. f.* fluvial, pertaining to Rio de Janeiro state
flutuante, *m. f.* floating
fo-, *irreg. stem of* ser *and* ir, (*except 1st, 2nd-3rd sg. pret.*) *pret., past and fut. subj.*
fogão, *m.* cookstove, oven
foi, *2nd-3rd sg. pret. of* ser *and* ir

folga, *f.* leisure

fome, *f.* hunger; **estar com** —— to be hungry

fones de ouvido, *m.* headphones

fonética, *f.* phonetics

fonte, *f.* fountain

fora, *adv.* outside; —— **de,** *prep.* besides, outside of

fôrça, *f.* force; —— **elétrica** electric power

forma, *f.* form, shape

formação, *f.* development

formado, *past part. of* **formar** formed

formar to form

fortaleza, *f.* fortress

forte, *m. f.* strong, well

fortuna, *f.* fortune, wealth

fox, *f.* foxtrot

francês, -cêses, *m.* French, Frenchman

francêsa, *f.* French, Frenchwoman

franciscano Franciscan

frango assado, *m.* fried chicken

frase, *f.* sentence

freguês, *m.* customer

freguesia, *f.* clientele

frei Friar

freira, *f.* nun

frente, *f.* front; **de** —— in front; **em** —— **de,** *prep.* in front of, opposite

freqüentar to attend (school)

fresco cool, fresh, chilly

frio, *m.* cold; **estar com** —— to be cold

frisar to emphasize

fritas, *f.* fried potatoes

fronteira, *f.* frontier, border

fruta, *f.* fruit

fruto, *m.* fruit, gain, profit

fui, *1st sg. pret. of* **ser** *and* **ir**

fumar to smoke (tobacco)

funcionar to run (mechanism), work well, function

funcionária, *f.* employee

funcionário, *m.* employee

fundado, *past part. of* **fundar** founded

fundar to found, establish

futebol, *m.* soccer football

futuro, *m.* future; *adj.* future

fuzil, -zis, *m.* rifle

gado, *m.* cattle

galo, *m.* rooster; **missa de** —— midnight mass

ganhar to earn, win, get

ganho, *past part. of* **ganhar** earned, won

garantir to guarantee

garçom, *m.* waiter

garfo, *m.* fork

garganta, *f.* throat

garôta, *f.* girl

garôto, *m.* boy

garrafa, *f.* bottle

gás, *m.* gas

gastado, *past part. of* **gastar** spent

gastar to spend, use (up)

gasto, *past part. of* **gastar** spent

gatinho, *m., dim. of* **gato**

gato, *m.* cat

gaúcho, *m.* cowboy of southern Brazil

geladeira, *f.* refrigerator

geléia, *f.* jelly, preserves

genèricamente, *adv.* generally

gênero, *m.* kind, type

generoso generous

gênio, *m.* mind, genius, disposition

gente, *f.* people; *pron.* one, we

gentil, *m. f.* gentle

gentileza, *f.* kindness, gentleness

geral, -rais, *m. f.* general

geralmente, *adv.* generally

gerente, *m.* manager

gigante, *m.* giant

ginásio, *m.* junior high school

giz, *m.* chalk

glória, *f.* glory

gol, *m.* goal

gôlfe, *m.* golf

gordo fat; **a têrça-feira gorda** Shrove Tuesday (Mardi Gras)

gostar to like; —— **de** to like (something)

gôsto, *m.* taste, liking

gostoso good tasting

governador, *m.* governor

govêrno, *m.* government

graça, *f.* charm, spirit

graças, *f.* thanks; —— **a** thanks to

grama, *f.* grass

grande, *m. f.* large, big, great
grandeza, *f.* greatness
gravador, -res, *m.* tape recorder
gravata, *f.* necktie
gręve, *f.* strike
gritar to cry (out), shout
grito, *m.* shout, cry
grupo, *m.* group
guaraná *name of a popular soft drink in Brazil*
guarda, *m.* policeman, guard
guardar to watch (over), keep, retain, put away (car)
guęrra, *f.* war
guia, *m.* guide, list, directory

há, *2nd-3rd sg. pres. of* haver; *3rd sg. and pl. pres. of* haver there is, there are; ago
hábil, -beis, *m. f.* skilled, adept
habitante, *m. f.* inhabitant, resident
habitar to inhabit, dwell (in)
habitual, *m. f.* usual
habitualmente, *adv.* usually
haj-, *irreg. stem of* haver, *pres. subj.*
harmonia, *f.* harmony
haver to be, exist, have (in certain expressions)
hei, *1st sg. pres. of* haver
hein, *interj.* what?, eh?, huh?
hem, *interj.* eh?
herança, *f.* heritage
herói, *m.* hero
história, *f.* history, story, tale
historiador, -res, *m.* historian
histórico historical, historic
hoje, *adv.* today; —— de manhã this morning; —— de tarde this afternoon; —— de noite tonight
holandês, -deses, *m.* Dutch, Dutchman
homem, *m.* man
homens, *m.* men
homogeneidade, *f.* homogeneity
hǫra, *f.* hour; na —— on time
horário, *m.* schedule
horizonte, *m.* horizon
horroroso horrible, awful

hospedado housed, lodged
hospital, -tais, *m.* hospital
hotęl, -téis, *m.* hotel
houv-, *irreg. stem of* haver, *pret., past and fut. subj.*
humorado natured; bem —— good natured

iate, *m.* yacht
ida, *f.* trip
idade, *f.* age
ideal, ideais, *m. f.* ideal
idéia, *f.* idea
idioma, *m.* language
ido, *past part. of* ir gone
igreja, *f.* church
igual, iguais, *m. f.* equal
igualmente, *adv.* equally
igualzinho, *dim. of* igual
ilegal, -gais, *m. f.* illegal
ilegível -veis, *m. f.* illegible
ilha, *f.* island
ilhazinha, *dim. of* ilha
ilimitado unlimited
iludir to elude
imagem, -gens, *f.* image
imaginar to imagine
imensidão, *f.* immensity
imenso immense
imperador, -res, *m.* emperor
imperdoável inexcusable
império, *m.* empire
impor to impose
importância, *f.* importance
importante, *m. f.* important
importar to import
impossível, -veis, *m. f.* impossible
imposto, *past part. of* impor imposed
imprensa, *f.* press
impressão, -sões, *f.* impression
impróprio improper
improvisado, *past part. of* improvisar improvised
improvisar to improvise
incęrto uncertain
incomplęto incomplete
inconfidência, *f.* disloyalty (rebellion)

inconfundível, -veis, *m. f.* unmistakable

incorporado, *past part. of* incorporar incorporated

incorporar to incorporate

independência, *f.* independence

Índia, *f.* India

indianista, *m. f.* Indianist

índio Indian

individual, -duais, *m.* individual

individualismo, *m.* individualism

individualmente, *adv.* individually

industrial, -triais, *m.* industrialist

industrialização, *f.* industrialization

industriário, *m.* industrial worker

inédito original, unpublished

infância, *f.* childhood

infantil, *m. f.* childish

infeliz, *m. f.* unhappy

influência, *f.* influence

influente, *m. f.* influential

informação, -ções, *f.* (piece of) information

inglês, *m.* English, Englishman

inglêsa, *f.* English, Englishwoman

inglêses, *m.* English, Englishmen

ingrato ungrateful

íngreme, *m. f.* steep, abrupt

injeção, -ções, *f.* injection

insistir to insist; ____ em to insist on

instituição, -ções, *f.* institution

instituto, *m.* institute

instrutor, *m.* instructor

inteiro entire, whole

intelectual, -tuais, *m. f.* intellectual

inteligente, *m. f.* intelligent

interessante, *m. f.* interesting

interêsse, *m.* interest

interior, *m.* interior

intermediário, *m.* middleman

internacional, *m. f.* international

interurbano interurban

invęrno, *m.* winter

Iorque York

ir to go

irlandês, *m.* Irish, Irishman

irmã, *f.* sister

irmão, *m.* brother

irreal, -reais, *m. f.* unreal

irregular, -res, *m. f.* irregular

irresponsável, -veis, *m. f.* irresponsible

isolado, *past part. of* isolar isolated

isolamento, *m.* isolation

isso, *neut. pron.* that, this

isto, *neut. pron.* that, this

italiano, *m.* Italian, Italian (man)

já, *adv.* yet, already, now; até ____ see you later; ____ que, *conj.* since

jacaré, *m.* a surfboard *(lit.* alligator)

janeiro, *m.* January

janęla, *f.* window

jantar to dine; ____, -res, *m.* dinner

jardim, -dins, *m.* garden, yard

jeito, *m.* way, skill; dar um ____ to fix things

Joãozinho, *dim. of* João

jogador, -res, *m.* player

jogar to play

jôgo, jǫgos, *m.* game

joguinho, *dim. of* jôgo

jóia, *f.* jewel

jornal, -nais, *m.* newspaper

jornaleiro, *m.* newsboy

jornalismo, *m.* journalism

jornalista, *m. f.* journalist

jǫvem, -vens, *m.* young man, young person

juiz, *m.* referee, judge

julho, *m.* July

junho, *m.* June

juntar to join, put together, associate with

junto, *adv.* together; ____ a, *prep.* adjoining, next to, together with

juntos together

justiça, *f.* justice

lá, *adv.* there

labirinto, *m.* kind of lace from northeastern Brazil

laboratório, *m.* laboratory

lado, *m.* side; ao ____ de, *prep.* beside, at the side of, next to

ladrão, -drões, *m.* thief

lago, *m.* lake

lagosta, *f.* lobster

lamentável, -veis, *m. f.* regrettable
lançar to launch
lanchar to snack
lanche, *m.* snack, snack time
lapinha, *f.* miniature manger scene
lápis, *m.* pencil
laranja, *f.* orange
laranjada, *f.* orangeade
largo broad, wide; *m.* (town) square, small parkway
lata, *f.* (tin) can
latim, *m.* Latin language
latino Latin
lavar to wash
lê, *2nd-3rd sg. pres. of* ler
legume, *m.* vegetable
leio, *1st sg. pres. of* ler
leite, *m.* milk
leitura, *f.* reading
lembrança, *f.* souvenir, remembrance
lembrar to call to mind, remind; lembrar-se to remember; —— de to remember (something)
lenço, *m.* kerchief, bandana
lento slow
leque, *m.* ladies' fan
ler to read
leste, *m.* east
letivo pertaining to school; ano —— school year
letra, *f.* handwriting, letter (of alphabet)
letreiro, *m.* sign
levantar-se to get up
levar to take, carry
lhe, *pron.* (to or for) him, her, it
lhes, *pron.* (to or for) them
libertador, -res, *m.* liberator
lição, -ções, *f.* lesson
licença, *f.* permission
ligação, -ções, *f.* connection (telephonic, electrical)
ligar to connect, turn on (electricity)
limitado, *past part. of* limitar limited
limitar to limit
limpar to clean
lindo beautiful, pretty
língua, *f.* tongue, language

linguagem, *f.* language (style or manner of speaking)
lingüística, *f.* linguistics
linha, *f.* line
lírico lyric, lyrical
literário literary
literatura, *f.* literature
litoral, *m.* coast line, shore
litorâneo pertaining to the coast
litro, *m.* liter *(slightly more than one quart)*
livraria, *f.* book store
livre, *m. f.* free
livremente, *adv.* freely
livro, *m.* book
local, -cais, *m. f.* local
locomover to move around
locução, *f.* phrase
lògicamente, *adv.* logically
logo, *adv.* soon, immediately; —— que, *conj.* as soon as
loja, *f.* store
longe, *adv.* far away, distant
longo, *m.* length
lotado, *past part. of* lotar full
lotar to divide into lots
loura, *f.* blonde
louro, *adj.* blonde
lugar, -res, *m.* place, spot, room (for something)
lugarzinho, *m. dim. of* lugar
luta, *f.* fight, struggle
lutar to fight, struggle
luxo, *m.* luxury
luxuoso luxurious
luz, *f.* light

má, *f.* bad
macarrão, *m.* macaroni
madeira, *f.* wood, lumber
madrinha, *f.* godmother
madrugada, *f.* dawn
mãe, *f.* mother
mãezinha, *f. dim. of* mãe
mago, *m.* wise man
maio, *m.* May
maiô, *m.* woman's swim suit

maior, -res, *m. f.* greater, larger

maioria, *f.* majority

mais, *adv.* more; —— **ou menos** so-so

majestoso majestic

mal, *adv.* badly

mala, *f.* suitcase

mal-educado ill-mannered

mal-entendido misunderstood

mal-humorado ill humored

mamãe, *f. dim. of* **mãe**

mamão, *m.* papaya

manchete, *m.* headline

mandar to order, command, send

mandioca, *f.* manioc

maneira, *f.* manner, way; **de** —— **que,** *conj.* so that

manganês, *m.* manganese

manhã, *f.* morning; **da** —— a.m.; **de** —— in the morning

manhãzinha, *f., dim. of* **manhã**

manteiga, *f.* butter

manter to maintain, support

mão, *f.* hand; —— **única** one-way (street)

mapa, *m.* map

máquina, *f.* machine

mar, *m.* sea, ocean

maracanã, *m.* macaw (bird)

maracanãzinho, *m. dim. of* **maracanã** name of Rio sports arena

maravilha, *f.* marvel

maravilhosamente, *adv.* marvelously

maravilhoso marvelous

marca, *f.* mark, stamp

marcado, *past part. of* **marcar** marked, set

marcar to mark, set (a time, date)

maracatu, *m.* group of street dancers

marco, *m.* mark, achievement

março, *m.* March

margem, -gens, *f.* bank (of body of water), border

marrom, *m. f.* brown

mas, *conj.* but

massa, *f.* mass

matemática, *f.* mathematics

mato, *m.* scrub, thicket, brush

matrícula, *f.* registration fee

mau, *m.* bad

máximo greatest

me, *pron.* me, (to, for) me, myself

mecânico, *m.* mechanic

médico, *m.* doctor, physician; **no** —— at the doctor's

médio, *m. f.* medium

mêdo, *m.* fear

meia-noite, *f.* midnight

meio, *m.* means, way; *adj.* mid, half; **meio-dia,** *m.* noon

melhor, *m. f.* better; *adv.* better

melhorar to improve

memórias, *f.* memoirs

memorizar to memorize

mencionado, *past part. of* **mencionar** mentioned

mencionar to mention

menina, *f.* girl, little girl

meninão, *m., aug. of* **menino**

menino, *m.* little boy

menor, -res, *m. f.* smaller, younger

menorzinho, *m. dim. of* **menor**

menos, *adv.* less, minus

mensalmente, *adv.* monthly

mentiroso untruthful

mercado, *m.* market

mergulhar to dive

meridional, *m. f.* southerly

mês, meses, *m.* month

mesa, *f.* table

mesmo same; —— *adv.* indeed; —— **quando** *conj.* even when; —— **que,** *conj.* even if, even though

metade, *f.* half

metro, *m.* meter (about 1 1/12 yd)

meu, *m.* my, mine

mexicano Mexican

microfone, *m.* microphone

mil one thousand, a thousand

milha, *f.* mile

milhão, -lhões, *m.* million

milícia, *f.* militia

militar, -res, *m.* career army man

mim, *pron.* me

mina, *f.* mine

mineiro, *m.* person from Minas Gerais state

mineral, -rais, *m.* mineral

minha, *f.* my, mine
ministro, *m.* minister
minuto, *m.* minute
missa, *f.* (religious) mass
mobiliado, *past part. of* mobiliar furnished
mobiliar to equip with furniture
môça, *f.* girl, young woman
môço, *m.* boy, young man; *adj.* young
moda, *f.* style, mode
modêlo, *m.* model
modernismo, *m.* modernism
modernista, *m. f.* modernist
moderno modern
modesto modest
momento, *m.* moment
monarca, *m.* monarch
montanha, *f.* mountain
montanhoso mountainous
montaria, *f.* mount, saddle horse
monumento, *m.* monument
morar to live, reside
moreno, dark skinned, brunette
morrer to die
morro, *m.* hill
morto, *past part. of* morrer dead
mostrar to show
motivo, *m.* motive, reason
motorista, *m. f.* motorist, driver
móveis, *m.* (piece of) furniture
movimento, *m.* movement
mudar to change, transform, move (residence, place)
muitas, *f.* many
muito, *adv.* much, a lot, very; *adj.* much
muitos, *m.* many
mulatinho, *m.* little mulatto; feijão —— brown beans
mulher, *f.* woman
mulherona, *f. aug. of* mulher
mundial, -diais, *m. f.* world, world-wide
mundo, *m.* world, earth
municipal, -pais, *m. f.* municipal
museu, *m.* museum
música, *f.* music, piece of music

na, *comb. of prep.* em *and* a *f.*
nacional, -nais, *m. f.* national

nacionalidade, *f.* nationality
nação, -ções, *f.* nation
nada, *m.* nothing, anything; de —— you're welcome
nadar to swim
namorada, *f.* girl friend, sweetheart
namorado, *m.* boyfriend, sweetheart
namorar to flirt
não, *adv.* no, not
naquela, *comb. of prep.* em *and* aquela
naquele, *comb. of prep.* em *and* aquêle
naquilo, *comb. of prep.* em *and* aquilo
nas, *comb. of prep.* em *and* as
nascer to be born
nascimento, *m.* birth
natação, *m.* swimming
Natal, *m.* Christmas
nativo native
natural, -rais, *m. f.* natural
naturalidade, *f.* naturalness
naturalmente, *adv.* naturally
navegador, -res, *m.* navigator
navio, *m.* ship
necessário necessary
negar to deny
negativo negative
negócio, *m.* an item of business
negócios, *m. pl.* business
negro black
nela, *comb. of prep.* em *and* ela
nêle, *comb. of prep.* em *and* êle
nem, *adv.* nor, not even, neither; nem . . . nem neither . . . nor
nenhum, nenhuns, *m.* no, not any, any
nenhuma, *f.* no, not any, any
nervoso nervous
nessa, *comb. of prep.* em *and* essa
nesse, *comb. of prep.* em *and* êsse
nesta, *comb. of prep.* em *and* esta
neste, *comb. of prep.* em *and* êste
nevar to snow
neve, *f.* snow
nhô, *m.* master (from senhor)
ninguém, *m.* no one, nobody, anybody
nisso, *comb. of prep.* em *and* isso
nisto, *comb. of prep.* em *and* isto

no, *comb. of prep.* **em** *and* **o** *m.*

noite, *f.* night, evening

noiva, *f.* bride

noivado, *m.* engagement (to be married)

noivo, *m.* fiancé, bridegroom

nome, *m.* name

nomeado, *past part. of* **nomear** named, appointed

nomear to name, appoint

nordęste, *m.* Northeast (of Brazil)

nordestino, *m.* native of Northeast Brazil

normal, *m. f.* normal

normalmente, *adv.* normally, usually, ordinarily

nǫrte, *m.* north

nos, *pron.* us, (to, for) us, ourselves; *comb. of prep.* **em** *and* **os**

nós, *pron.* we, us

nǫsso our

nǫta, *f.* note, bill, check

notar to note, take notice

noticiário, *m.* news report

notícias, *f. pl.* news

nǫva, *f.* new, young

nǫve nine

novecentos nine hundred

novęla, *f.* TV soap opera

novembro, *m.* November

noventa ninety

novidade, *f.* happening, new event

nôvo, *m.* new, young

nublado cloudy

núcleo, *m.* nucleus

num, *comb. of prep.* **em** *and* **um**

numa, *comb. of prep.* **em** *and* **uma**

numas, *comb of prep.* **em** *and* **umas**

número, *m.* number

nunca, *adv.* never

nuns, *comb. of prep.* **em** *and* **uns**

o, *m.* the; *m. pron.* it, him, you

obedecer to obey

obrigado thank you

obrigatório obligatory, required, necessary

ocasião, -siões, *f.* occasion

ocupado busy, occupied

ocupar to occupy, make busy, be busy

odeamos, *1st pl. pres. of* **odiar**

odeia, *2nd-3rd sg. pres. of* **odiar**

odeiam, *2nd-3rd pl. pres. of* **odiar**

odeio, *1st sg. pres. of* **odiar**

odiar to hate

oferecer to offer

oficial, -ciais, *m. f.* official

oitenta eighty

oito eight

oitocentos eight hundred

olá, *interj.* hello

óleo, *m.* oil (petroleum)

olhar to look at

ôlho, ǫlhos, *m.* eye

onda, *f.* wave

onde, *adv.* where; **aonde** (toward) where?

ondulado waved, curled

ônibus, *m.* bus

ontem, *adv.* yesterday

onze eleven

ópera, *f.* opera

operário, *m.* worker

opinião, -niões *f.* opinion

ǫra, *adv.* now; *interj.* aw; **por —— ** at present

oral, *m. f.* oral

organização, -ções, *f.* organization

organizar to organize

órgão, -gãos, *m.* organ

orientação, *f.* orientation

orientar-se to orient oneself

oriente, *m.* Orient

ornamentação, *f.* decoration, act of decorating

orquídea, *f.* orchid

ortografia orthography

ortográfico pertaining to spelling

os, *m.* the; *m. pron.* them

ótimo excellent

ou, *conj.* or

ouço, *1st sg. pres. of* **ouvir**

ouro, *m.* gold

ousado bold, daring

outono, *m.* fall, autumn

outra vez, *f.* again

outro another, other

outubro, *m.* October

ouvido, *m.* ear
ouvir to hear
ovelha, *f.* sheep
ôvo, ǫvos, *m.* egg

paciência, *f.* patience
pacífico peaceful
pacǫte, *m.* package
padrão, -drões, *m.* pattern, model
padre, *m.* priest, clergyman
padrinho, *m.* godfather
padrinhos, *m.* godparents
padroeiro, *m.* patron; santo ―― *m.* patron saint
pães, *m. pl.* loaves of bread
pagado, *past part. of* pagar paid
pagamento, *m.* payment
pagar to pay
página, *f.* page
pago, *past part. of* pagar paid
pai, *m.* father
pais, *m.* parents
país, *m.* country (nation)
paisagem, *f.* landscape
paixão, *f.* passion
paizinho, *m. dim. of* pai
palácio, *m.* palace
palavra, *f.* word
palco, *m.* stage (theater)
palǫstra, *f.* informal talk
paletó, *m.* man's jacket
palha, *f.* straw
palma, *f.* palm (of hand)
palmeira, *f.* palm tree
palmito, *m.* heart of palm (a delicacy)
pampa, *m.* grassy prairie
pão, pães, *m.* bread, loaf of bread
papagaio, *m.* kite
papai, *m.* Father
papǫl, -péis, *m.* paper
par, *m.* couple, pair
para, *prep.* to, for, in order (to); ―― que, *conj.* in order that
pára, *2nd-3rd sg. pres. of* parar
parabéns, *always pl., m.* congratulations
parada, *f.* stopping place, (bus) stop

paralelamente, *adv.* likewise
parar to stop
parecer to seem
parecido, *m. f.* similar
parede, *f.* wall
parente, *m. f.* relative
parque, *m.* park
parte, *f.* part; por tôda ―― everywhere
participar to participate; ―― de to participate in
particular, -res, *m. f.* private (not public)
partida, *f.* departure
partir to depart, leave
passado, *m.* past (former time); *adj.* last (in sequence of time); o ano ―― last year; bem ―― well done (of meat); mal ―― rare (of meat)
passageiro, *m.* passenger
passagem, -gens, *f.* fare, ticket
passaporte, *m.* passport
passar to pass
passear to go on an outing, stroll, walk
passeio, *m.* outing, walk
passista, *m. f.* dancer
passo, *m.* step, pace
pastar to pasture
pastor, pastôres *m.* shepherd
pátria, *f.* one's country, homeland
paulista, *m. f.* resident or native of São Paulo
pavimentado paved
paz, *f.* peace
pé, *m.* foot; ir a ―― to walk
peão, peões *or* peães, *m.* peon, poor rural resident
pǫça, *f.* play, room (of house or apartment)
pǫço, *1st sg. pres. of* pedir
pedaço, *m.* piece, bit, portion
pedagogia, *f.* pedagogy
pedagogo, *m.* pedagogue
pedido, *past part of* pedir ordered
pedir to order, request, ask for
pǫdra, *f.* rock, stone
pegar to take, get, pick up, grasp
peito, *m.* chest (of body)
peixe, *m.* fish
pela, *comb. of prep.* por *and a f.*
pelas, *comb. of prep.* por *and as*

pęle, *f.* skin

pelo, *comb. of prep.* **por** *and* **o** *m.*

pelos, *comb. of prep.* **por** *and* **os**

pena, *f.* pity, shame

penetração, -ções, *f.* penetration

penetrar to penetrate

pensar to think; —— de to have an opinion about; —— em to entertain thoughts about

pentear to comb (the hair)

pequena, *f.* girl, girl friend; *adj.* small

pequeno, *m.* boy; *adj.* small

perco, *1st sg. pres. of* **perder**

perder to lose

perdido, *past part of* **perder** lost

perdoável, *adj.* pardonable

perfeito perfect

pergunta, *f.* question; —— **e resposta** question and answer; **pergunta com sugestão para resposta** question and cued answer

perguntar to ask (a question)

perigo, *m.* danger

perigoso dangerous

período, *m.* period (of time), age (not of person)

permanecer to remain

permitir to permit

pęrna, *f.* leg

personagem, -gens, *m./f.* character (of a story, play, etc.)

personalidade, *f.* personality

pertencer to belong

pertinho, *adv., dim. of* **perto** very close

pęrto, *adv.* near, nearby; **de** —— up close; —— **de,** *prep.* close to

pesado heavy

pesar to weigh

pescoço, *m.* neck

pêso, *m.* weight

péssimo very bad

pessoa, *f.* person

pessoal, *m.* folks

piada, *f.* witty saying

pico, *m.* peak

pingue-pongue, *m.* ping-pong

pinheiro, *m.* pine tree

pioneiro, *m.* pioneer

pior, -res, *m. f.* worse; —— *adv.* worse

piscina, *f.* swimming pool

pista, *f.* lane (highway, street)

placar, *m.* scoreboard

planalto, *m.* plateau

planejado, *past part. of* **planejar** planned

planejar to plan

planície, *f.* plain (land)

plantado, *past part. of* **plantar** planted

plantar to plant

plantio, *m.* planting

platéia, *f.* orchestra section (of theater)

pleito, *m.* election, contest

pleno, full

pneu, *m.* tire (automobile)

pôde, *2nd-3rd sg. pret. of* **poder**

poder to be able; *m.* power (of government)

poderoso powerful

põe, *2nd-3rd sg. pres. of* **pôr**

põem, *2nd-3rd pl. pres. of* **pôr**

poema, *m.* poem

poęta, *m.* poet

pois, *adv.* so, then, therefore; —— **não** of course, indeed

politécnico, polytechnical

política, *f.* politics, policy

político, *m.* politician

pomos, *1st pl. pres. of* **pôr**

ponho, *1st sg. pres. of* **pôr**

pontifício, Pontifical

ponto, *m.* point, place, topic; —— **de interrogação** question mark; **ao** —— medium (of meat); **em** —— on the dot, exactly

população, -ções, *f.* population

popular, -res, *m. f.* popular

popularmente, *adv.* popularly

por, *prep.* around, through, along, by; —— **causa dêle** because of him; —— **você** if you had your way (a condition)

pôr to put, place; —— **no correio** to mail

por que why, **por quê** *(when last words in written sentences)*

porção, -ções, *f.* quantity, large number

porcentagem, -gens, *f.* percentage

porco, *m.* pig

porém, *conj.* but, however, yet, nevertheless

porque, *conj.* because

porta, *f.* door

pôrto, *m.* port

português, -ses, *m.* Portuguese, Portuguese (man, person)

portuguêsa, *f.* Portuguese, Portuguese (woman)

pôs, *2nd-3rd sg. pret. of* pôr

pós-escrito postscript

posse, *f.* control, possession, take-over

possível, -veis, *m. f.* possible

posso, *1st sg. pres. of* poder

possui, *2nd-3rd sg. pres. of* possuir

possuir to possess

postal, -tais, *m. f.* postal

pôsto, *m. past part. of* pôr placed; ____ de gasolina service station

pouca, *adv.* little

poucas, *f.* few

pouco, *adv.* little

poucos, *m.* few; aos ____ little by little, gradually

pouquinho, *adv., dim. of* pouco

povo, *m.* people, common folk

povoação, -ções, *f.* settlement

povoado, *past part. of* povoar populated

povoar to populate

praça, *f.* (town) square

praia, *f.* beach

prata, *f.* silver

prática, *f.* practice

prato, *m.* dish, plate

prazer, *m.* pleasure

precioso, precious

precisar to need; ____ de to need (something)

preciso necessary

preço, *m.* price

preconceito, *m.* prejudice

predileto, favorite

prédio, *m.* building

predominantemente, *adv.* predominately

predominar to predominate

prefeito, *m.* mayor

prefeitura, *f.* municipal administration building

preferência, *f.* preference

preferir to prefer

prefiro, *1st sg. pres. of* preferir

premiado, *past part. of* premiar awarded

premiar to award

prêmio, *m.* prize

preocupação, -ções, *f.* preoccupation, worry; preocupar-se to worry

preparar to prepare

presença, *f.* presence

presente, *m.* present (time), gift; estar ____ to be present

presépio, *m.* Nativity scene

presidencial, -ciais, *m. f.* presidential

presidente, *m.* president

presidir to preside (over)

pressa, *f.* hurry, haste; estar com ____ to be in a hurry

prestação, -ções, *f.* loan; à ____ on time (of a purchase)

prestígio, *m.* prestige

presunto, *m.* ham

preta, *f.* black

pretender to pretend

prêto, *m.* black

prima, *f.* cousin

primário primary

primavera, *f.* spring (season)

primeiramente, *adv.* first, firstly

primeiro first

primitivo primitive

primo, *m.* cousin

principal, -pais, *m. f.* principal

principalmente, *adv.* principally

principiante, *m. f.* beginner

princípio, *m.* beginning; a ____ at first

prisão, -sões, *f.* prison

privilegiado, privileged

privilégio, *m.* privilege

problema, *m.* problem

proclamação, -ções, *f.* proclamation

proclamar to proclaim

procurado, *past part. of* procurar sought after

procurar to try, seek

produção, *f.* production

produto, *m.* product

produtor, -res, *m.* producer

produzir to produce

prof., *abbr. for* **professor**
professor, *m.* teacher, professor
professôra, *f.* teacher, professor
profissão, -sões, *f.* profession
profissional, -nais, *m. f.* professional
profundo, deep
programa, *m.* program
progredir to progress
proibir to prohibit
pronome, *m.* pronoun
pronto, *adj.* ready
pronúncia, *f.* pronunciation
propaganda, *f.* publicity
propósito, *m.* purpose
próprio, own, exact, proper, appropriate
protestante, *m. f.* Protestant
protestar to protest
prova, *f.* contest, examination, test
provável, -veis, *m. f.* probable
provàvelmente, *adv.* probably
próximo next
P.S., *abbr. for* **pós-escrito** postscript
psicologia, *f.* psychology
psicólogo, *m.* psychologist
público public
PUC, *abbr. for* **Pontifícia Universidade Católica** Pontifical Catholic University
pud-, *irreg. stem of* **poder,** *pret., past and fut. subj.*
pular to jump, leap
pulmão, -mões, *m.* lung
pus-, *irreg. stem of* **pôr,** *pret., past and fut. subj.*

quadrado square
quadro-negro, *m.* blackboard
quais, *pl. of* **qual,** *m. f.* which, what; *pron.* who, whom, which, that, what
qual, quais, *m. f.* which, what; *relative pron.* which, that, what
qualidade, *f.* quality
qualquer, quaisquer, *m. f.* any, whoever, whomever, whichever
quando, *adv.* when; **mesmo —** *conj.* even when
quantidade, *f.* quantity

quanto, *adv.* how much; **— mais . . . mais** the more . . . the more; **tanto —** as much as
quantos, *adj. m. pl.* how many
quarenta forty
Quaresma, *f.* Lent
quarta, *f. short for* **quarta-feira** Wednesday;
quarta-feira, *f.* Wednesday
quarteirão, -rões, *m.* (city) blocks
quarto, *m.* room; *m. f.* fourth
quase, *adv.* nearly, almost
quatro four
quatrocentos four hundred
que, *adj. m. f.* what, which; *pron.* who, which, that, whom, what; **do —** than; **o —** what, which, that which, the one which
quê *stressed form of* **que** *(in sentence-final position in writing)*
quebrado, *past part. of* **quebrar** broken
quebrar to break
queijo, *m.* cheese
queimado, *past part. of* **queimar** (sun) burned
queimar to burn
queir-, *irreg. stem of* **querer,** *pres. subj.*
quem, *pron. m. f.* who, whom
quente, *m. f.* hot
quer, *2nd-3rd sg. pres. of* **querer; quer . . . quer** whether . . . or
querer to want, like, love
querido, *past part. of* **querer** dear
quilo, *m.* kilogram (about 2.2 lbs.)
quilômetro, *m.* kilometer (about .6 mile)
quinhentos five hundred
quinta, *f. short for* **quinta-feira** Thursday,
quinta-feira, *f.* Thursday
quinze fifteen
quinzena, *f.* two weeks, fortnight
quis-, *irreg. stem of* **querer,** *pret., past and fut. subj.*

raça, *f.* race (of people)
racial, -ciais, *m. f.* racial
rádio, *m.* radio
radiola, *f.* phonograph
raio-x, *m.* x-ray

ramo, *m.* branch
rapagão, *m. aug. of* **rapaz**
rapaz, *m.* boy, young man
ràpidamente, *adv.* rapidly
rápido rapid, quick
raquęte, *f.* racket, beach tennis; —— **de praia** beach tennis
raramente, *adv.* rarely, seldom
raro strange
razão, -zões, *f.* reason; **ter** —— to be right
realidade, *f.* reality
realizado, *past part. of* **realizar** realized, performed, carried out
realizar to realize, perform, carry out
realmente, *adv.* really
rebanho, *m.* flock, herd
rebelião, -liões, *f.* rebellion
recado, *m.* brief message
receber to receive, meet
receita, *f.* prescription
receitar to prescribe
recém-chegado, *m.* newcomer
recente, *m. f.* recent
recheado, *past part. of* **rechear** stuffed
rechear to stuff
reclamar to demand
recomendar to recommend
recomendável, -veis, *m. f.* recommendable
recreio, *m.* recreation
redor, -res, *m., usually pl.* surroundings; **ao** —— **de,** *prep.* sourrounding, around; **em** —— **de,** *prep.* surrounding, around
reeleger to reelect
reeleito, *past part. of* **reeleger** reelected
refeição, -ções, *f.* meal
referir-se a to refer to
reflęxo, *m.* reflection
refrigerante, *m.* soft drink
região, -giões, *f.* region
regional, -nais, *m. f.* regional
registro, *m.* registry
regular, -res, *m. f.* average
regularmente, *adv.* regularly, usually
rei, *m.* king
reitor, -res, *m.* university president
reitoria, *f.* (university) administration building

relativamente, *adv.* relatively
relativo relative
relatório, *m.* report, account, narration
religião, -giões, *f.* religion
relógio, *m.* clock, watch
remédio, *m.* remedy, medicine
renda, *f.* income, revenue
renomado renowned
renovador, -res, *m. f.* renovating
repartição, -ções, *f.* government office, bureau
repetir to repeat
repito, *1st sg. pres. of* **repetir**
representar to represent
reprovado, *past part. of* **reprovar** flunked, disapproved
reprovar to disapprove, flunk
república, *f.* republic
repuxo, *m.* fountain
resęrva, *f.* reserve (team)
reservar to reserve
resfriado, *m.* common cold
residência, *f.* residence
resistência, *f.* resistance
resolver to decide, settle
respeito, *m.* respect; **a** —— **de** with respect to
responder to reply, answer, respond
respọsta, *f.* reply
restaurante, *m.* restaurant
ręsto, *m.* remainder, rest
resultado, *m.* result
retrato, *m.* portrait, picture
reunião, -niões, *f.* meeting
reunir to meet, unite
revisão individual individualized review
revista, *f.* magazine, revue
revoltado, *past part. of* **revoltar** rebellious
revoltar to revolt
revolução, - ções, *f.* revolution
revolucionário, *m.* revolutionary
riacho, *m.* stream
rico rich
rigor, *m.* rigor, severity; **traje** —— formal attire
rio, *m.* river; **rio-grandense,** *m. f.* pertaining to Rio Grande do Sul state
riqueza, *f.* wealth

riquíssimo very rich
ritmo, *m.* rhythm
roda, *f.* wheel
rodear to surround
rodoviário pertaining to travel by car or bus;
    estação —— bus station
romance, *m.* novel
romancista, *m. f.* novelist
romano Roman
romântico romantic
rosa, *m. f.* pink; *f.* rose (flower)
rosto, *m.* face
roupa, *f.* clothing, article of clothing
roupas, *f.* clothing, costumes
rua, *f.* street
ruim, *m. f.* bad, awful
ruivo red-headed

S., *abbr. for* **São, Santo, Santa** Saint
sábado, *m.* Saturday
saber to know (have knowledge), know how
sacerdote, *m.* clergyman
sai, *2nd-3rd sg. pres. of* **sair**
saia, *f.* skirt
saib-, *irreg. stem of* **saber,** *pres. subj.*
saída, *f.* exit
saio, *1st sg. pres. of* **sair**
sair to leave, go out
sal, *m.* salt
sala, *f.* room, living room
salada, *f.* salad
salão, -lões, *m.* ballroom; *pl.* large rooms
salário, *m.* salary, pay, wages
saltar to get off, jump
salva de palmas, *f.* round of applause
samba, *m.* samba (music, dance)
sambar to dance the samba
sanduíche, *m. f.* sandwich
sangue, *m.* blood
santa, *f.* saint, holy
santo, *m.* saint, holy
santuário, *m.* sanctuary
são, *2nd-3rd pl. pres. of* **ser**
sapataria, *f.* shoe store
sapateiro, *m.* shoemaker
sapatos, *m.* pair of shoes

sargento, *m.* sergeant
satírico satiric(al)
satisfazer to satisfy
saudades, *f.* fond remembrances, nostalgic
    memories
saúde, *f.* health
se, *pron.* himself, herself, yourself, oneself,
    themselves, yourselves, one, a person,
    conj. if
secretária, *f.* secretary
secular, -res, *m. f.* age-old
século, *m.* century
secundário secondary
sede, *f.* headquarters
sêde, *f.* thirst; **estar com** —— to be thirsty
seduzir to enchant, attract
seguinte, *m. f.* following
seguir to follow, adhere to, continue
segunda, *short for* **segunda-feira** Monday;
    segunda-feira, *f.* Monday
segundo, *adj.* second; *prep.* according to
sei, *1st sg. pres. of* **saber**
seis six
seiscentos six hundred
sej-, *irreg. stem. of* **ser,** *pres. subj.*
selagem mecânica, *f.* postage meter (*lit.*
    mechanical stamping)
selvagem, -gens, *m. f.* wild, savage
sem, *prep.* without; —— **que,** *conj.* without
semana, *f.* week
semanal, -nais, *m. f.* weekly
semanalmente, *adv.* weekly
semelhança, *f.* similarity
semelhante, *m. f.* similar
semestre, *m.* semester
semi-precioso, semi-precious
sempre, *adv.* always
senador, -res, *m.* senator
senhor, *m.* gentleman, sir, Mr., man; **o** ——,
    m. you
senhora, *f.* lady, madam, Mrs., woman; **a**
    ——, *f.* you
senhores, *m. pl. and m. f.* Mr. and Mrs.
sentado, *past part. of* **sentar-se** seated,
    sitting
sentar to sit down; **sentar-se** to sit down
sentir to feel, regret

ser to be; a não ——— que, *conj.* unless
sério serious
serra, *f.* mountain range
serrano pertaining to mountains
sertão, *m.* back country
serviço, *m.* service, job, work
servir to serve
sessenta sixty
sete seven
setecentos seven hundred
setembro, *m.* September
setenta seventy
seu, *m.* his, your, its, her, their
sexta, *short for* sexta-feira Friday; sexta-feira, *f.* Friday
sexto sixth
sido, *past part. of* ser been
sigla, *f.* acronym
significar to mean
sigo, *1st sg. pres. of* seguir
sim, *interj.* yes
símbolo, *m.* symbol
simpático likeable, friendly, sympathetic
simples, *m. f. sg. and pl.* simple
simplicidade, *f.* simplicity
singularidade, *f.* uniqueness
sinto, *1st sg. pres. of* sentir
sirvo, *1st sg. pres. of* servir
sistema, *m.* system
situação, -ções, *f.* situation
situado, *past part. of* situar situated, located
situar to situate
só, *adv.* only; *adj.* alone
sob-, *2nd-3rd sg. and pl. pres. stem of* subir
sobrado, *m.* multistoried townhouse
sôbre, *prep.* above, about, on
sobrenome, *m.* family name
sobrinho, *m.* nephew
social, -ciais, *m. f.* social
sociedade, *f.* society
sócio, *m.* member
sociologia, *f.* sociology
sociólogo, *m.* sociologist
sofrer to suffer
sol, *m.* sun
soldado, *m.* soldier
solteira, *f.* old maid

solteiro, *m.* bachelor
somente, *adv.* only
somos, *1st pl. pres. of* ser
sonhar to dream; ——— com to dream about
sonho, *m.* dream
sorte, *f.* luck
sorvete, *m.* ice cream (bar, cone, dish)
sorveteiro, *m.* ice cream vendor
sotaque, *m.* accent (regional)
sou, *1st sg. pres. of* ser
soub-, *irreg. stem of* saber, *pret., past and fut. subj.*
sòzinho, *dim. of* só all alone
Sr., *abbr. for* senhor Mr.
Sra., *abbr. for* senhora Mrs.
sua, *f.* his, your, its, her, their
suar to perspire, sweat
subalimentação, *f.* undernourishment
subdesenvolvido underdeveloped
subestimar to underestimate
subir to go up, ascend
submisso submissive
substituição simples simple substitution; ——— de um elemento item substitution; ——— de vários elementos multiple item substitution
substituir to substitute
subúrbio, *m.* suburb
suco, *m.* juice
sugerir to suggest
sugiro, *1st sg. pres. of* sugerir
sul, *m.* south
sulamericano South American
supermercado, *m.* supermarket
suplantar to supplant
suplemento, *m.* supplement
suprir to supply
surgido, *past part. of* surgir emerged, appeared
surgir to emerge, develop, come to be
suspender to suspend
suspendido, *past part. of* suspender suspended
suspenso, *past part. of* suspender suspended

tá, *colloquial form of* está, *2nd-3rd sg. pres. of* estar

tal, tais, *m. f.* such (a); **que** ⸺ how about, what about; ⸺ **como** just as, like

talvez, *adv.* perhaps

também, *adv.* also, too

tanque, *m.* tank

tanto, *adj.* as much; *adv.* as much, so much; ⸺ ... **quanto** as much ... as

tantos as many

tão, *adv.* so

tarde, *f.* afternoon; *adv.* late; **da** ⸺ p.m.

tardinha, *f. dim. of* **tarde**

taxa, *f.* fee

táxi, *m.* taxi

tchao, *interj., Portuguese spelling for* ciao *an Italian word, used in place of* **até logo** goodbye, *colloquial* so long

teatro, *m.* theater

teatrólogo, *m.* dramatist

técnica, *f.* technique

tècnicamente, *adv.* technically

telefonar to telephone

telefone, *m.* telephone

telefonema, *m.* telephone call

telefonista, *f.* telephone operator

telégrafos, *always pl., m.* telegraph and cable office

telegrama, *m.* telegram, cable

televisão, *f.* television

televisor television set

tem, *2nd-3rd sg. pres. of* **ter**; there is, etc.

têm, *2nd-3rd pl. pres. of* **ter**

tema, *m.* theme, topic

temperado temperate

tempo, *m.* time, climate, weather; **a** ⸺ on time

tempos, *m.* times, era

tenho, *1st sg. pres. of* **ter**

tênis, *m.* tennis

ter to have, possess; *impersonal* there is, etc.

têrça, *short for* **têrça-feira** Tuesday; **têrça-feira,** *f.* Tuesday

terminado, *past part. of* **terminar** finished

terminar to finish

término, *m.* end

terra, *f.* earth, country (land)

territorial, -riais, *m. f.* territorial

território, *m.* territory

teste, *m.* test

teto, *m.* roof

teve, *2nd-3rd sg. pret. of* **ter**

texano Texan

tia, *f.* aunt

time, *m.* team

tinh-, *irreg. stem. of* **ter**, *imper.*

típico typical

tipo, *m.* type

tirar to take out, take off, get, obtain

título, *m.* title

tiv-, *irreg. stem of* **ter**, *pret., past and fut. subj.*

tocadiscos, *m. sg.* record player

tocar to play (instrument)

tôda, *f.* all, each

todo, *m.* all, each

tomar to take, drink; ⸺ **banho** to take a bath

tomara que, *conj.* I hope that, may that

tomate, *m.* tomato

tombado officially registered

torcer to root (for), to cheer (for)

tornar-se to become

tossir to cough

tostado, *past part. of* **tostar** toasted

tostar to toast

total, *m.* total

touradas, *f. pl.* bullfights

trabalhador, -res, *m.* hard-working, industrious

trabalhadora, *f.* hard-working, industrious

trabalhão, *aug. of* **trabalho**

trabalhar to work

trabalho, *m.* work

tradição, -ções, *f.* tradition

trágico tragic

trago, *1st sg. pres. of* **trazer**

traje, *m.* attire, apparel, clothing, clothes; ⸺ **de banho** swimsuit

transformação, -ções, *f.* transformation

transportação, *f.* transportation

transporte, *m.* transportation

trar-, *irreg. stem of* **trazer**, *fut. and cond.*

tratamento, *m.* form of address

tratar to treat, try; ⸺ **de** to be concerned (with), to address a person; **tratar-se de** to be a matter of

traz, *2nd-3rd sg. pres. of* **trazer**
trazer to bring
trecho, *m.* stretch
três three
treze thirteen
trezentos three hundred
trigo, *m.* wheat
trinta thirty
trio, *m.* threesome, trio
triste, *m. f.* sad
trocado, *past part. of* **trocar** changed
trocar to exchange
tropical, -cais, *m. f.* tropical
troux-, *irreg. stem of* **trazer,** *pret., past and fut. subj.*
tudo, *neuter pron.* everything, all
turista, *m. f.* tourist
turístico tourist
turma, *f.* group, class group
tusso I cough
t.v., *abbr. for* **televisão** television

ùltimamente, *adv.* lately
último last, latest
ultramarino overseas
um, *m.* one, a
uma, *f.* one, a
umas some
único only, unique, sole
unidade, *f.* unit
unido, *past part. of* **unir** united
unificador, -res, *m.* unifying
uniforme, *m.* uniform
uniformidade, *f.* uniformity
unir to unite
universidade, *f.* university
universitário pertaining to a university
universitários, *m. pl.* university or college students
uns, *m.* some
urbano urban
usado, *past part. of* **usar** used
usar to use, wear
uso, *m.* use, custom
útil, *m. f.* useful; **dia** —— weekday
utilíssimo very useful
uva, *f.* grape

vá, *2nd-3rd sg. pres. subj. of* **ir**
vacina, *f.* vaccine; **atestado de** —— vaccination certificate
vai, *2nd-3rd sg. pres. of* **ir**
valer to be worth; —— **a pena** to be worthwhile
válido valid
valor, *m.* worth, value, worthiness
vamos embora let's go
vantagem, -gens, *f.* advantage
vão, *2nd-3rd pl. pres. of* **ir**
vaqueiro, *m.* cowboy
variedade, *f.* variety
vários several
vazio empty
vê, *2nd-3rd sg. pres. of* **ver**
vêem, *2nd-3rd pl. pres. of* **ver**
veio, *2nd-3rd sg. pret. of* **vir**
vejo, *1st sg. pres. of* **ver**
vela, *f.* candle
velho old
velocidade, *f.* speed
vêm, *2nd-3rd sg. pres. of* **vir**
vencer to win, beat
vencido, *past part. of* **vencer** won
vendedor, -res, *m.* salesman
vendedora, *f.* saleswoman
vender to sell
vendido, *past part. of* **vender** sold
venho, *1st sg. pres. of* **vir**
ventar to blow (the wind)
ver to see
veraneio, *m.* summer holidays
verão, -rões, *m.* summer
verbo, *m.* verb
verdade, *f.* truth
verdadeiramente, *adv.* truly
verdadeiro true, real
verde green
verdura, *f.* green vegetable
vereador, -res, *m.* city councilman
vergonha, *f.* shame
vermelho red
verso, *m.* line of poetry
vestido, *past part. of* **vestir** dressed
vestir to dress, wear
vez, *f.* occasion, time

vêzes, *f.* occasions, times
viagem, -gens, *f.* trip
viajar to travel
vida, *f.* life
vie-, *irreg. stem of* vir, *pret.* (*pl. only*), *sg. and pl. past and fut. subj.*
vigilância, *f.* vigilance, watchful eye
vila, *f.* village
vim, *1st sg. pret. of* vir
vindo, *past part. of* vir come, arrived
    pres. part of vir coming, arriving
vinh-, *irreg. stem of* vir, *imper.*
vinhedo, *m.* vineyard
vinho, *m.* wine
vinte twenty
violão, *m.* guitar
vir to come
vi-, *irreg. stem. of* ver, *pret., past and fut. subj.*
virtude, *f.* virtue
visita, *f.* visit
visitante, *m. f.* visitor; *adj.* visiting
visitar to visit
vista, *f.* view; **até a ____** be seeing you; **à ____** cash (purchase)
visto, *past part. of* ver seen
visual, visuais, *m.* visual aids

vitamina, *f.* vitamin
vitrine, *f.* showcase, shop window
viver to live
vivo alive, lively
vocabulário, *m.* vocabulary; **____ para substituição** vocabulary substitution
você, *pron.* you
vocês, *pron.* you *pl.*
voleibol, *m.* volleyball
volta, *f.* return; **de ida e ____** round trip
voltar to return
volumoso voluminous, abundant
vontade, *f.* will, desire, volition; **boa ____** good will
vôo, *m.* flight
votos, *m.* wishes, good wishes
vou, *1st sg. pres. of* ir

x, *symbol for prep.* **a** to (in a score)
xadrez, *m.* chess
xará, *m. f.* namesake
xícara, *f.* cup, demitasse

zelador, *m.* building custodian
zero, *m.* zero
zona, *f.* zone

INDEX

accents, orthographic, 471–73, 520, 523–24
adjectival clause
  with past subjunctive, **55**:355
  with present subjunctive, **30**:201
adjective
  demonstrative, **31**:203–4
  ending in –o, –e, **7**:49–50
  gender, **14**:98–99
  in comparisons, **46**:308–10; 536
  limiting, descriptive, 533
  nominalization, **40**:260; 534
  number, irregular plurals, **10**:73–75
  position, **39**:255–57
  possessive, **15**:101–2
  suffixes, **80**:493
adverb
  ending in –**mente**, **71**:444
  in comparisons, **46**:308–9; 536
  of place, **31**:204; 529
  related to prepositions, **44.2**:291
adverbial clause
  causality, present subjunctive, **38**:253–54
  uncertainty, present subjunctive, **35**:231–32
article, 525
  definite, **3**:24
  indefinite, **3**:25
aspect, perfective compared with imperfective,
    531–32, 535–36
até
  adverb **71**:445
augmentative suffixes, **72**:449
auxiliary
  with infinitive, **18**:123–24

colors, 304
combinations
  em, de, a, por, with articles, **6**:46–47; 526–27
  preposition **com**, irregular pronoun, **32.1**:207
  preposition with demonstratives, **31**:204
commands, 530
  –**A**–, –**E**–, –**I**– verbs, **20**:128
  certain irregular verbs, **22**:149

comparison
  of adjective and adverb, **46**:308–10; 536
conditional, **53**:349; 538
conditional perfect indicative, **64**:404
conjunction
  subordinating, **26**:173–75
  see also relaters
contraction, *see* combinations

dates, **24**:154–55
days
  of the month, 222
  of the week, 91–92
demonstrative
  adjectives, **31**:203–4; 529
  pronouns, **31**:203–4
diminutive suffixes, **72**:447–48
direct object pronouns, **16**:105–16; **32.2**:209;
    530

–**ear** verbs, **61**:396–97
emphatic construction
  with **mesmo** and **ser**, **52**:336–37
estar
  auxiliary, progressive construction, **36**:234
  compared with **ser**, **79**:488
  in expressions of feeling, 68
  in expressions of weather, 68
exclamations, **11**:78; 90
exhortation
  vamos plus infinitive, **20.2**:130

fazer
  in time expressions, 541
future indicative
  forms, **49**:328
  periphrastic, 537
  present for, **12**:81–82
future perfect indicative, **64**:403

About the Authors

Richard Barrutia, Associate Professor of Linguistics and Foreign Languages at the Irvine campus of the University of California, received a B.A. and an M.A. from Arizona State University and a Ph.D. from the University of Texas. He has served as an instructor at the American Institute of Foreign Trade, as assistant professor and Peace Corps director at Arizona State University, and as a consultant on foreign language teaching problems in public school systems. He is an active member of ACTFL, MLA and The Linguistic Society of America as well as an associate editor of *Hispania*. Professor Barrutia is especially interested in programmed instruction and applied linguistics. He has published numerous articles in this field along with the recent book, *Linguistic Theory of Language Learning as Related to Machine Teaching*.

Fred P. Ellison, Professor of Spanish and Portuguese at the University of Texas, was graduated from the University of Texas with a B.A. and from the University of California with an M.A. and a Ph.D. He has written, translated and co-authored a number of books which include *Brazil's New Novel: Four Northeastern Masters* and a translation from the Portuguese of *Memórias de Lázaro* by Adonias Filho. Professor Ellison is a frequent contributor to a wide variety of scholarly journals. He has lectured at many important language conferences in the United States and Brazil and has served as a member of the editorial board of *Revista Iberoamericana* and *The Luso-Brazilian Review*. In 1964, he became chairman of the Portuguese Language Development Group of the Modern Language Association.

Francisco Gomes de Matos, Director of the Centro de Linguística Aplicada at the Instituto de Idiomas Yázigi in São Paulo, Brazil, received his B.A. from the University of Recife, Brazil, and his M.A. from the University of Michigan. Since 1962, he has served as a professor of linguistics at the Universities of Pernambuco and Paraiba and the Catholic University of São Paulo. He has published several textbooks for Brazilian students of English as well as a number of journal articles in *Hispania*, *IRAL*, *The Linguistic Reporter*, and *Estudos*

Lingüísticos. During the past few years, Professor Gomes de Matos has participated in several important linguistic conferences and has been a guest lecturer on many university campuses in the United States and Canada.

Frederick G. Hensey, Assistant Professor of Spanish and Portuguese at the University of Texas, was graduated from the University of the Americas with a B.A. and from the University of Texas with a Ph.D. His areas of specialization are theoretic, applied, and sociological linguistics, as well as Portuguese language and literature. He is a frequent contributor to both American and Brazilian journals such as *Hispania,* the *Journal of Interamerican Studies,* and *Estudos Lingüísticos.* During the 1964–65 academic year, Professor Hensey held a Fulbright Fellowship. In 1969 he was awarded a grant by The American Council of Learned Societies for further study in Brazil, and in 1970 he received a second ACLS grant for dialect study in Portugal.

Henry W. Hoge, Professor of Modern Languages at Florida State University, received his B.A. from Indiana University and his M.A. and Ph.D. from the University of Wisconsin. He has published a number of articles and monographs, which cover a wide variety of linguistic and literary topics. He has written or co-authored five books, including an intensive oral manual for Brazilian Portuguese and a four-part study of contemporary Brazilian Portuguese syntax. Professor Hoge's experience in Latin American studies has been broad and varied. One of his special interests is higher education in Brazil. He is now completing a book-length study of the Brazilian university system. Since 1968 Professor Hoge has been chairman of the Department of Modern Languages at Florida State University.

James L. Wyatt, Professor of Foreign Languages at the Arlington campus of the University of Texas, received the B.A. from the University of Texas, the M.A. and Ph.D. from the National University of Mexico, and the Ph.D. from the University of Texas. After completing his B.A., he worked as a staff correspondent for United Press International in Mexico and later held the position of Assistant Cultural Attaché at the United States Embassy in Rio de Janeiro. Professor Wyatt was formerly chairman of the Department of Foreign Languages at the University of Texas in Arlington and has served as acting Dean of the Graduate School there. His recently completed book, *A Computer-Validated Portuguese-to-English Transformational Grammar*, is to be published soon by Mouton & Company in The Hague.

Picture Credits

A NOTE ON THE TYPE

The text of this book was set on the Monotype in a face called
TIMES ROMAN, designed by Stanley Morison for The Times
(London), and first introduced by that newspaper in 1932.
Among typographers and designers of the twentieth century,
Stanley Morison has been a strong forming influence, as typo-
graphical advisor to the English Monotype Corporation, as a
director of two distinguished English publishing houses, and as
a writer of sensibility, erudition, and keen practical sense.

DESIGNED BY HERMANN STROHBACH